高职高专教育“十三五”规划建设教材
中央财政支持高等职业教育动物医学专业建设项目成果教材

动物药理与毒理

（动物医学类专业用）

冯志华　黄文峰　主编

中国农业大学出版社
·北京·

内 容 简 介

本教材是以技术技能人才培养为目标，以动物医学专业疾病防制方面的岗位能力需求为导向，坚持适度、够用、实用及学生认知规律和同质化原则，以过程性知识为主、陈述性知识为辅；以实际应用知识和实践操作为主，依据教学内容的同质性和技术技能的相似性，将疗效高、应用广、有代表性的药物及实训、毒物作用及安全性评价等知识和技能列出，进行归类和教学设计。其内容体系分为模块、项目和任务三级结构，每一项目又设"学习目标"、"学习内容"、"学习要求"、"知识拓展"、"知识链接"等教学组织单元，并以任务的形式展开叙述，明确学生通过学习应达到的识记、理解和应用等方面的基本要求；有些项目的相关理论知识或实践技能，可通过扫描二维码、技能训练、知识拓展或知识链接等形式学习，为实现课程的教学目标和提高学生学习的效果奠定良好的基础。

本教材文字精练，图文并茂，通俗易懂，运用新媒体——扫描二维码，现代职教特色鲜明，既可作为教师和学生开展"校企合作、工学结合"人才培养模式的特色教材，又可作为企业技术人员的培训教材，还可作为广大畜牧兽医工作者短期培训、技术服务和继续学习的参考用书。

图书在版编目(CIP)数据

动物药理与毒理/冯志华，黄文峰主编. —北京：中国农业大学出版社，2016.7
ISBN 978-7-5655-1639-9

Ⅰ.①动… Ⅱ.①冯… ②黄… Ⅲ.①兽医学-药理学-高等职业教育-教材 ②动物学-毒理学-高等职业教育-教材 Ⅳ.①S859.7 ②R996.3

中国版本图书馆 CIP 数据核字(2016)第 163118 号

书　　名　动物药理与毒理
作　　者　冯志华　黄文峰　主编

策划编辑　康昊婷　　**责任编辑**　洪重光
封面设计　郑　川　　**责任校对**　王晓凤
出版发行　中国农业大学出版社
社　　址　北京市海淀区圆明园西路 2 号　　**邮政编码**　100193
电　　话　发行部 010-62818525,8625　　读者服务部 010-62732336
编辑部 010-62732617,2618　　出　版　部 010-62733440
网　　址　http://www.cau.edu.cn/caup　　**E-mail** cbsszs@cau.edu.cn
经　　销　新华书店
印　　刷　北京时代华都印刷有限公司
版　　次　2016 年 8 月第 1 版　2016 年 8 月第 1 次印刷
规　　格　787×1 092　16 开本　20.5 印张　505 千字
定　　价　43.00 元

编审人员
CONTRIBUTORS

主　编　冯志华（甘肃畜牧工程职业技术学院）
　　　　黄文峰（辽宁职业学院）

参　编　（以姓氏笔画为序）
　　　　陈化靓（甘肃畜牧工程职业技术学院）
　　　　张　亮（甘肃畜牧工程职业技术学院）
　　　　张国权（甘肃畜牧工程职业技术学院）
　　　　戴命子（甘肃省静宁县威戎镇畜牧兽医站）

审　稿　王治仓（甘肃畜牧工程职业技术学院）

前言 PREFACE

为了认真贯彻落实国发〔2014〕19号《国务院关于加快发展现代职业教育的决定》、教职成〔2015〕6号《教育部关于深化职业教育教学改革，全面提高人才培养质量的若干意见》、《高等职业教育创新发展行动计划》(2015—2018)等文件精神，切实做到专业设置与产业需求对接、课程内容与职业标准对接、教学过程与生产过程对接、毕业证书与职业资格证书对接、职业教育与终身学习对接，自2012年以来，甘肃畜牧工程职业技术学院动物医学专业在中央财政支持的基础上，积极开展提升专业服务产业发展能力项目研究。项目组在大量理论研究和实践探索的基础上，制定了动物医学专业人才培养方案和课程标准，开发了动物医学专业群职业岗位培训教材和相关教学资源库。其中，高等职业学校提升专业服务产业发展能力项目——动物医学省级特色专业建设于2014年3月由甘肃畜牧工程职业技术学院学术委员会鉴定验收，此项目旨在创新人才培养模式与体制机制，推进专业与课程建设，加强师资队伍建设和实验实训条件建设，推进招生就业和继续教育工作，提升科技创新与社会服务水平，加强教材建设，全面提高人才培养质量，完善高职院校“产教融合、校企合作、工学结合、知行合一”人才培养机制。为了充分发挥该项目成果的示范带动作用，甘肃畜牧工程职业技术学院委托中国农业大学出版社，依据国家教育部《高等职业学校专业教学标准(试行)》，以项目研究成果为基础，组织学校专业教师和企业技术专家，并联系相关兄弟院校教师参与，编写了动物医学专业建设项目成果系列教材，期望为技术技能人才培养提供支撑。

本套教材专业基础课以技术技能人才培养为目标，以动物医学专业群的岗位能力需求为导向，坚持适度、够用、实用及学生认知规律和同质化原则，以模块→项目→任务为主线，设“学习目标”、“学习内容”、“学习要求”三个教学组织单元，并以任务的形式展开叙述，明确学生通过学习应达到的识记、理解和应用等方面的基本要求。其中，识记是指学习后应当记住的内容，包括概念、原则、方法等，这是最低层次的要求；理解是指在识记的基础上，全面把握基本概念、基本原则、基本方法，并能以自己的语言阐述，能够说明与相关问题的区别及联系，这是较高层次的要求；应用是指能够运用所学的知识分析、解决涉及动物生产中的一般问题，包括简单应用和综合应用。有些项目的相关理论知识或实践技能，可通过扫描二维码、技能训练、知识拓展或知识链接等形式学习，为实现课程的教学目标和提高学生的学习效果奠定基础。

本套教材专业课以“职业岗位所遵循的行业标准和技术规范”为原则，以生产过程和岗位任务为主线，设计学习目标、学习内容、学习要求、知识拓展和知识链接等教学组织单元，尽可能开展“教、学、做”一体化教学，以体现“教学内容职业化、能力训练岗位化、教学环境企业化”特色。

本套教材建设由甘肃畜牧工程职业技术学院王治仓教授和康程周副教授主持，其中尚学俭、敬淑燕担任《动物解剖生理》主编；黄爱芳、祝艳华担任《动物病理》主编；冯志华、黄文峰担任《动物药理与毒理》主编；杨红梅担任《动物微生物》主编；康程周、王治仓担任《动物诊疗技术》主编；李宗财、宋世斌担任《牛内科病》主编；王延寿担任《猪内科病》主编；张忠、李勇生担任《禽内科病》主编；高啟贤、王立斌担任《动物外产科病》主编；贾志江担任《动物传染病》主编；刘娣琴担任《动物传染病实训图解》主编；张进隆、任作宝担任《动物寄生虫病》主编；祝艳华、黄文峰担任《动物防疫与检疫》主编；王选慧担任《兽医卫生检验》主编；刘根新、李海前担任《中兽医学》主编；李海前、刘根新担任《兽医中药学》主编；王学明、车清明担任《畜禽饲料添加剂及使用技术》主编；杨孝列、郭全奎担任《畜牧基础》主编；李和国、马进勇担任《畜禽生产技术》主编；田启会、王立斌担任《犬猫疾病诊断与防治》主编；李宝明、车清明担任《畜牧兽医法规与行政执法》主编。本套教材内容渗透了动物医学专业方面的行业标准和技术规范，文字精练，图文并茂，通俗易懂，并以微信二维码的形式，提供了丰富的教学信息资源，编写形式新颖、职教特色明显，既可作为教师和学生开展“校企合作、工学结合”人才培养模式的特色教材，又可作为企业技术人员的培训教材，还可作为广大畜牧兽医工作者短期培训、技术服务和继续学习的参考用书。

《动物药理与毒理》的编写分工为：模块一的项目一、项目二和模块二由冯志华编写，模块一的项目五、项目八由黄文峰编写，模块一的项目三由张亮编写，模块一的项目四由张国权编写，模块一的项目六由戴命子编写，模块一的项目七由陈化靓编写。全书由冯志华修改定稿。

承蒙甘肃畜牧工程职业技术学院王治仓教授对本教材进行了认真审定，并提出了宝贵的意见；编写过程中得到编写人员所在单位的大力支持，在此一并表示感谢。作者参考著作的有关资料，不再一一述及，谨对所有作者表示衷心的感谢！

由于编者初次尝试“专业建设项目成果”系列教材开发，时间仓促，水平有限，书中错误和不妥之处在所难免，敬请同行、专家批评指正。

编写组

2015 年 12 月

目录 CONTENTS

模块二　动物毒理

附　录

绪论

一、课程简介

动物药理与毒理是从事动物疾病诊治工作人员需要学习和掌握的基本知识和基本理论，是推动动物疾病防制不断发展的重要理论基础和技术指南，是畜牧兽医专业重要的专业基础课，它包括动物药理知识和毒理学基本知识两部分。

动物药理与毒理主要阐明药物的理化性质、作用、主要的适应症和禁忌症，毒物及其安全性评价，为兽医临床合理用药提供理论依据。动物疾病预防控制在现代动物生产中起着重要的作用，是决定动物是否健康生长的关键因素。提高动物生产性能，除加强饲养管理外，在很大程度上取决于预防疾病。动物疾病预防控制工作不仅是经营养殖业成败的关键，而且与人类生活、健康密不可分。

学习动物药理与毒理的最终目的是充分掌握药物作用的基础上，学会正确选药、合理用药、提高疗效、减少不良反应，以达到动物疾病预防治疗、减少病原菌耐药性和充分提高动物生产性能的效果，并为进行临床前药理实验研究、开发新药及新制剂创造条件。

二、课程性质

动物药理与毒理是畜牧兽医及其相关专业的专业基础课，具有较强的理论性和实践性。一方面，它介绍药物的理化性质、作用机理及应用范围，基于畜牧兽医专业的职业活动、应职岗位需求，培养学生运用药物对动物疾病预防控制的专业能力，同时注重学生职业素质的培养。另一方面，作为专业基础课，它所阐述的基本理论与方法具有更多的疾病防制的指导意义，能为其他专业课程的学习和毕业后从事畜牧兽医工作奠定扎实的理论基础。

三、课程内容

本课程内容编写是以技术技能人才培养为目标，以畜牧兽医专业动物疾病防制方面的岗位能力需求为导向，坚持适度、够用、实用及学生认知规律和同质化原则，以过程性知识为主、陈述性知识为辅。

本课程内容排序尽量按照学习过程中学生认知心理顺序，与专业所对应的典型职业工作顺序，或对实际的动物疾病防制来分类序化知识，将陈述性知识与过程性知识整合、理论知识与实践知识整合，意味着适度、够用、实用的陈述性知识总量没有变化，而是这类知识在课程中的排序方式发生了变化，课程内容不再是静态的学科体系的显性理论知识的复制与再现，而是着眼于动态的行动体系的隐性知识生成与构建，更符合职业教育课程开发的全新理念。

本教材的内容除了药效学和药动学之外，还包括药物的理化性质、制剂、用法、用量、不良反应及应用注意等，理论和实践紧密结合，将药物应用的相关知识和关键技能列出，依据教学内容的同质性和技术技能的相似性，进行归类和教学设计，划分为两大模块、十一个项目，即：

模块一　动物药理

　项目一　药理基础知识

　项目二　神经系统药理

　项目三　内脏系统药理

　项目四　新陈代谢调节药理

　项目五　抗过敏药理与解热镇痛抗炎药理

　项目六　抗微生物药理

　项目七　抗寄生虫药理

　项目八　解毒药药理

模块二　动物毒理

　项目九　毒理学概论

　项目十　毒物的毒性作用

　项目十一　毒理学安全性评价

每一项目又设“学习目标”、“学习内容”、“学习要求”、“知识拓展”、“知识链接”等教学组织单元，并以任务的形式展开叙述，明确学生通过学习应达到的识记、理解和应用等方面的基本要求；有些项目的相关理论知识或实践技能，可通过扫描二维码、技能训练、知识拓展或知识链接等形式学习。

四、课程目标

掌握药物的基本知识，能够解决养殖生产中的实际问题。使学习者达到以下目标：

1. 了解动物药理与毒理的基础知识，熟悉常用药物的理化性质及作用。

2. 学习药物的作用、主要适应症及禁忌症。

3. 结合临床实际，为各类动物疾病提出治疗和预防方案。

4. 运用相应的动物药理与毒理技术技能，充分发挥养殖者的智慧，生产高品质的动物产品。

5. 建立动物疾病用药档案，为提高养殖场经济效益、预防疾病提供一定的技术支撑。

模块一　动物药理

项目一　药理基础知识

项目二　神经系统药理

项目三　内脏系统药理

项目四　新陈代谢调节药理

项目五　抗过敏药理与解热镇痛抗炎药理

项目六　抗微生物药理

项目七　抗寄生虫药理

项目八　解毒药药理

Project 1

药理基础知识

学习目标

掌握药物的概念，药物作用的方式，药物作用的两重性，量效关系，药物的体内过程，影响药物作用的因素以及处方。

理解构效关系，合理用药的原则，兽药的制剂与剂型及其特点。

了解兽药的来源，兽药管理及保管与贮存。

【学习内容】

任务一　概述

一、基本概念

药物是指用于疾病预防、治疗或诊断的安全、有效和质量可控的各种化学物质。以动物为使用对象的药物统称为兽药，此外，兽药还包括能促进动物生长发育、提高生产性能的各种物质，包括动物保健品和饲料药物添加剂等。毒物是指对动物机体产生损害作用的物质。毒物和药物之间没有绝对的界限，并且可以相互转化。

二、药物的来源

药物的种类很多，来源也很广泛，大体分为两大类：

1.天然药物

是利用自然界的物质，经过适当加工而作为药用者。包括植物药，如黄连、板蓝根；动物药，如胰岛素、胃蛋白酶；矿物药，如氯化钠、硫酸钠；抗生素及生物制品，如青霉素、疫苗。其中植物药中所含有的有效成分非常丰富。例如：生物碱、苷类、有机酸、挥发油、鞣酸，它们在制剂中都有不同的生物活性。

2.人工合成和半合成药物

是用化学方法合成的药物，如磺胺药、喹诺酮类药物。或根据天然药物的化学结构，用化学方法制备的药物，如肾上腺素、麻黄碱。所谓半合成药物，多数是在原有天然药物的化学结构基础上，引入不同的化学基团，制得的一系列化学药物，如半合成抗生素。人工合成和半合成药物的应用非常广泛，是药物生产和获得新药的主要途径。

三、药物的制剂与剂型

根据《中华人民共和国兽药典》或其他法定的处方，将原料药和辅料等经过适当加工，制成应用方便，便于保存、运输，能更好地发挥疗效的制品，称为制剂。经过加工后药物的各种物理形态，称为剂型。

兽药制剂通常按形态分为液体剂型、半固体剂型、固体剂型、气体剂型和注射剂5类，疗效速度一般以注射剂最快，其次是气体剂型和液体剂型，固体剂型较慢，半固体剂型多为外用药。

1.液体剂型

从外观上看呈液体状态。其特点是：吸收快，生物利用度高，能迅速发挥药效；给药途径广，可内服也可外用；胃肠道刺激小，且剂量较易控制，便于使用；稳定性差（易降解、霉变）；储存、运输以及携带均不方便。

根据溶媒的种类、溶质的分散情况以及使用方法不同，可分为：

(1)溶液剂　一般指非挥发性药物的透明溶液。药物呈分子或离子状态分散于溶媒中。

其溶媒多为水、醇、油。主要用于内服或外用，也用于洗涤、点眼、灌肠等，如高锰酸钾溶液(二维码 1)、维生素 A 油溶液。

(2)芳香水剂　一般指芳香挥发性药物的近饱和水溶液。如薄荷水。

(3)醑剂　一般指挥发性药物的乙醇溶液，可供外用或内服。如樟脑醑、芳香氨醑。

(4)酊剂　是用不同浓度的乙醇浸制生药或溶解化学药物而成的液体剂型，如陈皮酊、大蒜酊。以碘溶解于乙醇所制成的溶液，习惯上也称酊剂(二维码 2)。供内服或外用。

(5)合剂　是两种或两种以上药物的透明溶液或均匀混悬液。主要用做内服，起局部作用或全身作用，如胃蛋白酶合剂、三溴合剂。混悬液服用时注意振荡均匀。

(6)乳剂　是指两种以上不相混合或部分混合的液体，以乳化剂的形式制成乳状混浊液。油和水是不相混合的液体，如制备稳定的乳剂，需加入第二种物质即乳化剂。常用的乳化剂有阿拉伯胶、明胶、肥皂等。乳剂的特点是增加药物表面积，可促进吸收和改善药物对皮肤、黏膜的渗透性。如鱼肝油乳剂(二维码 3)、双甲脒乳油(临用时再加水稀释成乳剂)。

二维码 1　高锰酸钾溶液　　二维码 2　酊剂　　二维码 3　乳剂

(7)擦剂　是刺激性药物的油性或醇性液体制剂，如松节油擦剂、四三一擦剂。擦剂专供外用，涂擦于完整皮肤表面，一般不用于破损的皮肤。

(8)煎剂及浸剂　煎剂及浸剂均为生药的水浸出制剂。煎剂一般是指将生药加水煎煮一定时间，去渣内服的液体剂型。浸剂是生药用沸水、温水或冷水浸泡一定时间去渣使用。如槟榔煎剂、鱼藤浸剂。中草药常用这种剂型，因易长霉菌，宜临用前配制，不能储存。

(9)流浸膏剂　是将中草药浸出液经浓缩，除去部分溶媒而成的浓度较高的液体剂型。除特别规定外，1 mL 流浸膏剂相当于原药 1 g，如大黄流浸膏、番木鳖流浸膏。

2.半固体剂型

从外观上看呈半固体状态。

(1)软膏剂　是指药物与适宜的基质(凡士林、羊毛脂、豚脂等)混合，制成具有适当黏稠度易涂布于皮肤、黏膜或创面的外用半固体剂型(二维码 4)。在软膏中，药物发挥主要的局部治疗作用，基质具有保护皮肤、辅助药物发挥疗效的作用，如鱼石脂软膏。

二维码 4　软膏剂

(2)糊剂　通常是将粉末状药物与甘油、液体石蜡或水均匀混合而成的半固体剂型，可内服，也可外用，如氧化锌水杨酸糊剂。

(3)浸膏剂　是将中草药浸出液经浓缩后的膏状半固体或粉末状固体剂型，如甘草浸膏、颠茄浸膏。

(4)舔剂　将药物与适宜的辅料混合，制成粥状或糊状黏稠的药剂。具备一定形状便于畜禽舔食。多为诊断后临时配制的剂型。常用的辅料有甘草粉、淀粉、米粥、糖浆、蜂蜜、植物油等。

3.固体剂型

从外观上看呈固体状态。固体剂型的优点是比较稳定,便于储藏、运输,使用方便,应用广泛。

(1)散剂　又叫粉剂,指一种或多种药物经粉碎后均匀混合而制成的干燥粉末制剂。如氟哌酸散、健胃散等(二维码5)。

(2)颗粒剂　指药物与赋形剂混合制成的干燥小颗粒状物,主要用于内服、混饮等。如甲磺酸培氟沙星颗粒等(二维码6)。

(3)片剂　是将一种或多种药物,加入赋形剂加压制成的圆片形剂型(二维码7)。片剂的制造、分发和服用都很方便。主要供内服用,是临床应用最多的一种制剂,如酵母片、土霉素片、精制敌百虫片。

二维码5　散剂　　二维码6　颗粒剂　　二维码7　片剂

(4)丸剂　通常是将一种或多种药物细粉或药物提取物加入适宜的黏合剂或辅料制成的圆球形固体制剂,专供内服用。黏合剂可用蜂蜜、水、米糊或面糊,所制成的丸剂分别称为蜜丸、水丸、糊丸。丸剂药物以中草药为多,如牛黄解毒丸、麻仁丸(二维码8)。

(5)胶囊剂　是将药物装入空心胶囊或软胶囊中制成的剂型,供内服。味苦或具有刺激性的药物往往制成胶囊剂应用,如红霉素胶囊(二维码9)。

(6)微囊剂　利用天然的或合成的高分子材料(通称囊材)将固体或液体药物(通称囊心物)包裹而成的微型胶囊。一般直径为1～5 000 μm,如多种维生素A微囊、大蒜素微囊。

(7)栓剂　是药物与适宜基质制成供腔道给药的固体制剂。其种类主要有直肠栓、尿道栓、耳道栓、鼻用栓、肛门栓、阴道栓等(二维码10)。

二维码8　丸剂　　二维码9　胶囊　　二维码10　栓剂

4.气体剂型

气体剂型通过呼吸道吸入后经肺泡毛细血管迅速吸收,速率仅次于静脉注射。气体剂型使用方便,药物分布均匀,对创面可减小局部给药的机械刺激作用,剂量准确,奏效快,是近年来用于气雾免疫、环境消毒及治疗呼吸道疾病等的主要剂型。

(1)烟雾剂　是通过化学反应或加热而形成的药物过饱和蒸气,又称凝聚气雾剂。如甲醛溶液遇高锰酸钾产生高温,前者即形成蒸气,常供畜禽舍、孵化器、禽蛋消毒时用。

(2)喷雾剂　是借助机械(喷雾器或雾化器)作用,将药物喷成雾状的制剂。药物喷出时,成雾状微滴或微粒,直径 0.5～5.0 μm,供吸入给药,也可用于环境消毒。

(3)气雾剂　是将药物和适宜的抛射剂,共同封装于具有特制阀门系统的耐压容器中。使用时,揿按阀门,借抛射剂的压力,将药物抛射成雾。供吸入全身治疗、外用局部治疗以及环境消毒。

5.注射剂

注射剂亦称针剂,是指灌封于特别容器中的灭菌药物制剂。从药物性状看,有溶液型、混悬型和粉剂型,必须用注射法给药。注射剂是供直接注入动物体内而迅速发挥药效的一类制剂,其特点是吸收快,药效迅速,剂量准确,作用可靠。

根据使用方法的不同,注射剂分为 4 种类型。

(1)溶液型安瓿剂　安瓿是盛装注射用药物的玻璃密封小瓶,在安瓿中装有药物的溶液剂(二维码 11),可直接用注射器抽取应用。

(2)混悬型注射液　有些在水中溶解度较小的药物制成混悬型注射液,如普鲁卡因青霉素、醋酸可的松。此剂型仅作肌内注射,由于吸收缓慢,有延长药效的意义。

(3)粉剂型安瓿剂(俗称粉针)　在灭菌安瓿中填放灭菌药粉,一般采用无菌操作生产。此剂型适用于在水溶液中不稳定,易分解失效的药物。如注射用头孢噻呋钠(二维码 12)。

(4)大型输液剂　大型输液剂是作为补充体液用的制剂,溶媒均为注射用水,均作静脉注射,如等渗葡萄糖注射液,复方氯化钠注射液(二维码 13)。

二维码 11　安瓿剂　　**二维码 12　粉针剂**　　**维码 13　大型输液剂**

6.其他制剂

(1)透皮制剂　是一种透皮吸收的剂型,一般是在药液中加入透皮剂,将该制剂涂擦、浇泼或泼洒在动物皮肤上,能透过皮肤屏障,达到治疗目的。如左旋咪唑透皮吸收剂、恩诺沙星透皮吸收剂。

(2)项圈　项圈是一种用于犬、猫的缓释剂型,一般由杀虫药与树脂通过一定工艺制成,可以套在动物颈部,主要用于动物驱虫(二维码 14)。

二维码 14　项圈

任务二　药物对机体的作用

药物对机体的作用,即药物效应动力学(简称药效学)主要研究药物对机体的作用、剂量与效应之间的关系以及药物作用机理等内容。它不仅是药理学的理论基础,而且也是指导临床合理用药的依据。

一、药物的基本作用

(一)药物作用的基本表现

在药物对机体发生作用的过程中,药物是外因,机体是内因,外因通过内因而发挥作用,即通过影响机体细胞所固有的生理功能而发挥作用。因此,药物的作用实际上是机体器官原有功能水平的改变,而不是产生新的机能。药物的基本作用是指药物的兴奋作用和药物的抑制作用。药物的兴奋作用是指使机体器官、组织的生理、生化功能增强的作用,例如咖啡因能使大脑皮层兴奋,使心脏活动加强,属兴奋药;药物的抑制作用是指使机体器官、组织的生理、生化功能减弱的作用,如氯丙嗪可使中枢神经抑制、体温下降,属抑制药。有些药物对不同器官的作用可能引起性质相反的效应,如阿托品能抑制胃肠平滑肌和腺体活动,但对中枢神经却有兴奋作用。药物之所以能治疗疾病,就是通过其兴奋或抑制作用调节和恢复机体被病理因素破坏的平衡。

(二)药物作用的方式

1.局部作用与吸收作用

药物可通过不同的方式对机体产生作用,从药物作用发生的部位来看,分为局部作用与吸收作用。药物未吸收入血液之前在用药局部出现的作用称为局部作用。例如灌服硫酸钠在肠道不易吸收,发挥导泻作用;普鲁卡因在其浸润的局部使神经末梢失去感觉功能。吸收作用是指药物吸收进入血液后所出现的作用,也称全身作用。例如肌内注射青霉素后出现的抗感染作用,内服氨基比林后产生的退热作用和吸入麻醉药产生的全身麻醉作用均属于吸收作用。

2.直接作用与间接作用

按药物作用发生的顺序可分为直接作用和间接作用。药物对所接触的组织器官直接产生的作用称为直接作用,又称原发作用。由直接作用所引起其他器官的效应称为间接作用,又称继发作用。如洋地黄毒苷被机体吸收后,直接作用于心脏,加强心肌收缩力,改善全身血液循环,这是洋地黄的直接作用。由于全身循环改善,肾血流量增加,尿量增多,使心衰性水肿减轻或消除,这是洋地黄的间接作用。

(三)药物作用的选择性

药物对机体不同器官、组织的敏感性表现出明显的差别。药物在适当剂量时,只对某些组织器官发生作用,而对其他组织器官作用小或无作用,药物作用的这个特点称为药物作用的选择性或药物的选择性作用。如缩宫素只对子宫平滑肌作用比较强,对其他平滑肌作用较弱。但药物的选择作用一般是相对的,往往与剂量有关,如治疗剂量的咖啡因对大脑皮层表现明显的兴奋作用,但随着剂量的增加,也能兴奋延髓乃至脊髓。故随着剂量的加大,选择性也可能降低。

选择性的产生可能有几方面的原因,首先是药物对不同组织亲和力不同,能有选择性地分布于靶组织,如碘分布于甲状腺的量比其他组织高1万倍左右;其次是在不同组织中的代谢速率不同,因为不同组织中酶的分布和活性有很大差别;最后是受体分布的不均一性,不同组织受体分布的多少和类型存在差异。

药物作用的选择性在理论与实践中均有重要意义。正是出于多数药物具有各自的选择性，我们才能将药物进行分类，才能根据药物的特性掌握其适应症和毒性，为合理用药提供理论依据。药物作用的选择性高，针对性强，产生很好的治疗效果，很少或无副作用；反之，选择性低，针对性不强，副作用也较多。与选择作用相反，有的药物对各组织器官都有类似的作用，毫无选择性，称为普遍细胞毒作用或原生质毒作用，如消毒防腐药甲醛、酚类等。

（四）药物的治疗作用与不良反应

药物作用于机体，会对机体产生两种不同性质的作用，即治疗作用与不良反应。治疗作用与不良反应是药物作用的正反两个方面，是相对的而不是固定不变的，有时二者相互转化。

1.治疗作用

凡符合用药目的或能达到防治效果的药物作用称治疗作用。治疗作用又分为对因治疗和对症治疗。针对引起疾病发生的原因进行治疗称对因治疗，如细菌感染性疾病应用抗菌药治疗；消除或控制疾病的症状称对症治疗，如使用解热药使发热动物的体温下降。对因治疗与对症治疗是相辅相成的，在临床实践中应根据实际情况灵活掌握。当疾病严重，特别是危及生命时，则应首先考虑对症治疗；当症状缓解时，应积极进行对因治疗，遵循“急则治其标，缓则治其本，标本兼治”的基本治疗原则。

2.不良反应

药物在防治疾病的同时可能出现不利于机体的反应。常见的有：

(1)副作用　是指药物在治疗剂量内出现的与治疗目的无关的作用。它是药物所固有的药理作用，因此是可以预知的，且一般较轻微，可以自行恢复。这些药物多具有选择性低、作用多方面性的特点，因此当利用其某一作用为治疗目的时，其他作用就成为副作用；当改变治疗目的时，所谓的副作用也就成为治疗作用。例如，应用阿托品解除胃肠道平滑肌痉挛时，可出现腺体分泌减少，口腔干燥的副作用；但后者在应用阿托品作为麻醉前给药时却成为治疗作用，同时也必定出现胃肠平滑肌弛缓的副作用。由于副作用是用药前可以预料到的，因此当其较严重时是可以设法纠正或加以消除的。

(2)毒性反应　是指药物用量过大或用药时间过久导致药理作用的延伸和加重，而出现对机体的损害，称为毒性反应。各种药物毒性反应不同，但也是可以预知和预防的。一次用量过大而立即发生中毒者，称为急性中毒。因此为避免急性中毒，应防止盲目地靠增加剂量来增强药物的疗效。长期用药而蓄积后逐渐产生中毒者，称为慢性中毒。因此，临床用药除注意掌握用药的剂量外，还应控制用药的期限，避免毒性反应的产生。

(3)过敏反应　是指极少数动物个体在应用某药致敏后，再次用该药时发生的一种特殊反应。这是免疫反应异常的表现，又称为变态反应。致敏原可能是药物本身，也可能是药物在体内的代谢产物，或是药物制剂中的杂质。它们本身多为半抗原，进入体内后与蛋白结合形成全抗原，刺激免疫机制产生抗体。当药物再次进入机体时，抗原与抗体结合形成抗原-抗体复合物，从而导致组织细胞损伤或功能紊乱，发生变态反应。这种反应与药物剂量无关，也不属于药物所固有的药理作用。一般表现皮疹、支气管哮喘、血清病综合征以至过敏性休克。对此可皮下或静脉注射肾上腺素进行抢救。

(4)继发性反应　是指在应用药物治疗之后所引起的一种不良后果。例如反刍动物瘤胃内有多种微生物，这些菌群之间因存在着相互制约的关系而维持着平衡的共生状态。当长期应用广谱抗生素（如四环素类）时，许多敏感的细菌被抑制，一些不敏感的细菌（包括真菌)则大量繁殖,菌群间的平衡状态遭到破坏,从而导致真菌大量繁殖,引起真菌性胃肠炎的继发性感染。这又称为二重感染。

(5)后遗效应　某些药物使用后,血药浓度已降到阈值以下,但还残存某种药理效应。这种效应可能对机体产生不利影响,如长期使用糖皮质激素可导致药源性疾病;有些药物也可能对机体产生有利影响,如某些抗生素可提高吞噬细胞的吞噬能力。

此外,有的药物在临床应用时尚须注意其致突变、致畸和致癌等作用。

二、量效关系与构效关系

(一)量效关系

药物的效应随着剂量的增加而增强,这种剂量与效应之间的关系称为量效关系。

剂量是指药物的用量,它是决定药物效应的关键因素。在一定范围内,剂量愈大,药物在体内的浓度愈高,效应也愈强。但超过一定的剂量范围就可以由量变引起药物作用的质变,发生中毒,甚至死亡。

药物的剂量过小,不产生任何效应的量,称为无效量。达到开始出现疗效的剂量,称为最小有效量。随着剂量的增加,治疗作用也逐渐增强,其中对50%个体有效的剂量称半数有效量;达到最大治疗量(最大安全量)时,称为极量。极量再增加,即可引起中毒,最低的中毒量,称为最小中毒量。剂量再增加,中毒严重以致引起死亡的剂量,称为致死量(最小致死量)(图1-1),引起半数动物死亡的剂量称为半数致死量。

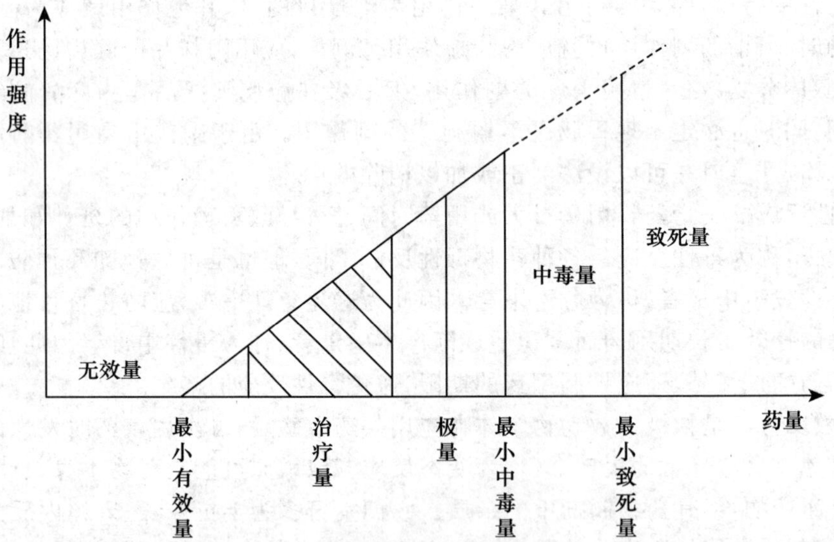

图1-1　剂量与药物作用关系示意

临床用药为了安全而有效,常采用比最小有效量大些,比极量小些的剂量,作为治疗量或常用量。对此,药典上都规定有一定的剂量范围。药典对极量的规定。除非在特殊情况下,一般应用以不超过极量为宜。

药物的最小有效量与最小中毒量之间的距离称为安全范围,范围愈大,用药愈安全,反之,安全性小。药物的半数致死量和半数有效量的比值称为治疗指数,此数值越大,药物越安全。

(二)构效关系

药物的化学结构与药理效应或活性之间的关系，称为构效关系。药理作用的特异性取决于药物特定的化学结构，因为药物的化学结构决定了化学反应，而化学反应又决定了药理效应。具有相同或相似基本结构的化合物一般能与同一受体或酶结合，产生相似(拟似药)或相反(拮抗药)的作用。例如去甲肾上腺素、肾上腺素、异丙肾上腺为拟肾上腺素药，普萘洛尔为抗肾上腺素药，它们具有相似的化学结构。但基本结构的相似只能决定药物作用的性质，药物作用大小的差异往往取决于官能团的差异，磺胺类药物都具有对位氨基的结构，但由于其他取代基的不同，磺胺类药物的作用大小有明显的差异。另一方面，许多化学结构完全相同的药物还存在光学异构体，具有不同的药理作用，多数左旋体药物有药理活性，而右旋体无作用，如左旋氯霉素具抗菌活性，左旋咪唑有抗线虫活性，但它们的右旋体没有作用。

三、药物作用机理

药物作用机理是药效学的重要内容，揭示了药物作用的本质，即研究药物是怎样选择性作用于组织细胞而发挥作用的。阐明这些问题有助于理解药物的治疗作用和不良反应，并为深入了解药物对机体的生理、生化功能的调节提供理论基础。

(一)药物作用的受体机制

受体是对特定的生物活性物质具有识别能力并可选择性结合的生物大分子。对受体具有选择性结合能力的生物活性物质叫作配体，生物活性物质包括机体内固有的内源性活性物质与来自体外的外源性活性物质，前者包括神经递质、激素、活性肽、抗原、抗体等，后者则指药物及毒物等。受体大分子大多存在于膜结构上，并镶嵌在双脂质膜结构中，大都具有蛋白质的特性。现已确定受体有两种功能，即与配体结合和传递信息的功能，因此推测受体内存在配体结合部位和效应部位。

药物与受体的结合，不仅需要有亲和力，而且还必须有内在活性，又称效应力。药物与其作用物(主要是受体或酶)相结合的能力，称亲和力，亲和力大则结合多，亲和力小则结合少。如能进一步引起反应，则称有内在活性。药物产生最大效应的能力取决于内在活性的大小。若既有较强的亲和力，又有较强的内在活性则称为激动剂；若只有较强亲和力，但缺乏内在活性则称为拮抗剂。拮抗剂本身不能引起生理效应，却能阻断激动剂作用。

(二)药物作用的非受体机制

药物的化学结构多种多样，机体的功能千变万化，因此决定了药物对机体作用的机制是十分复杂的生理生化过程，上述药物的特异性作用机制仅是药物作用机制之一。很多药物并不直接作用于受体也能引起器官、组织功能发生变化，因此，应该在更广泛的基础上研究和了解药物作用的机制，只有这样才能认识药物作用的多样性和复杂性，才能更好地掌握各类药物的特征，更多地寻找和发现新药。按照目前的认识水平，药物作用还存在如下各种非受体机制。

1. 对酶的作用

酶是机体生命活动的基础，种类繁多，分布广泛。许多药物是通过影响酶的功能而发挥作用，除了受体介导某些酶的活动外，药物可直接对酶产生作用而改变机体的生理生化功能，如咖啡因抑制磷酸二酯酶，青霉素能抑制细菌的肽基转移酶，从而影响了细菌细胞壁黏肽的合成。

2. 影响离子通道

在细胞膜上除了具有受体蛋白外，还有一些离子通道，如 Na^{+}、K^{+}、Ca^{2+} 通道。有些药物可直接作用于这些通道而产生药理效应，如普鲁卡因可阻断 Na^{+} 通道而产生局部麻醉作用，以及 Ca^{2+}、K^{+} 通道阻滞剂的抗心律失常作用等。

3. 对核酸的作用

许多药物对核酸代谢的某一环节产生作用而发挥药效，如几乎所有抗癌药都能影响核酸代谢，有些抗菌药物也可影响细胞的核酸代谢。

4. 影响神经递质或机体自身活性物质

神经递质或自身活性物质在体内的生物合成、贮存、释放或消除的任何环节受干扰或阻断，均可产生明显的药理效应，如麻黄碱促进去甲肾上腺素的释放，利血平（利舍平）阻断神经递质进入囊泡，解热镇痛药抑制前列腺素的合成等。

5. 参与或干扰细胞代谢

如一些维生素或微量元素可直接参与细胞的正常生理生化过程，使缺乏症得到纠正；磺胺药由于阻断细菌的叶酸代谢而抑制其生长繁殖。

6. 影响免疫机能

有些药物通过影响免疫机能而起作用，如左旋咪唑有免疫增强作用，环孢素有免疫抑制作用。

7. 理化条件的改变

有的药物通过简单的理化反应或改变体内的理化条件而产生药物作用，如甘露醇高渗溶液的脱水作用，抗酸药中和胃酸治疗消化性溃疡，螯合剂解除重金属中毒等。

任务三　机体对药物的作用

在药物影响机体的生理、生化功能产生效应的同时，动物组织器官也不断地作用于药物，使药物发生变化。药物进入机体到排出体外的过程称为药物的体内过程。包括吸收、分布、转化和排泄。

一、药物的跨膜转运

药物自给药部位进入血液循环，分布到各组织、器官，经生物转化后从体内排出要经过一系列的细胞膜或生物膜，这一过程称为跨膜转运（图 1-2，虚线表示膜）。

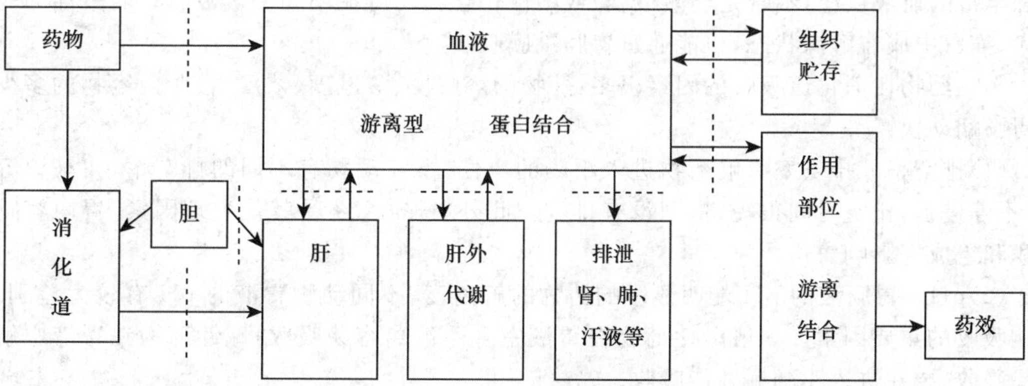

图 1-2　药物在体内跨膜转运示意

1. 被动转运

是药物顺浓度差向膜的对侧扩散或滤过。药物依其脂溶性的大小通过双分子层脂膜，脂溶性越大，越易溶于液态脂质中，易扩散。绝大多数药物以这种简单扩散进行转运。通过膜孔转运称为滤过，受药物分子大小的影响，分子越小越易滤过。

2. 主动转运

又称逆流转运。这是药物逆浓度(或电位)差的转运，即药物从浓度低的一侧向浓度高的一侧转运。它需要膜中的特殊载体，并为之提供能量。这种载体被认为是一种蛋白质成分或脂蛋白。它具有特异选择性，转运能力有一定限度。如果两种类似的药物都由该载体转运，则彼此间转运出现竞争性抑制。

3. 易化扩散

又称促进扩散，也是载体介导的转运，故也具有饱和性和竞争性的特征。但是易化扩散是顺浓度梯度转运，不需要消耗能量，这是它跟主动转运的区别。氨基酸、葡萄糖进入红细胞，维生素 B_{12} 从肠道吸收等都是易化扩散。

4. 胞饮/吞噬作用

由于生物膜具有一定的流动性和可塑性，因此细胞膜可以主动变形而将某些物质摄入细胞内或从细胞内释放到细胞外，这种过程称胞饮或胞吐作用，摄取固体颗粒称为吞噬作用。大分子(相对分子质量超过 900)的药物进入细胞或穿过组织屏障一般是以胞饮或吞噬的方式，用这一方式转运的物质包括蛋白质、破伤风毒素、肉毒毒素、抗原、脂溶性维生素等。

二、药物的体内过程

(一)吸收

吸收是指药物自用药部位进入血液循环的过程。除了局部用药和静脉注射给药外，其他给药方法均有吸收过程。给药途径、剂型，药物的理化性质对药物吸收过程有明显的影响；内服给药时，由于不同种属动物的消化系统结构和功能有较大差别，吸收也存在较大差异。这里重点讨论不同给药途径的吸收过程。

1. 消化道给药

多数药物可经内服给药吸收，主要吸收部位在小肠。因为小肠绒毛有非常广大的表面积和丰富的血液供应，不管是弱酸、弱碱或中性化合物均可在小肠中被吸收。弱酸性的药物在犬、猫胃中成非解离状态，也能通过胃肠黏膜吸收。

影响药物在消化道吸收的因素很多：药物的溶解度、酸碱度、浓度、胃肠内容物的多少以及胃肠蠕动快慢等。

(1)排空率　排空率影响药物进入小肠的快慢，不同动物有不同的排空率，如马胃容积小，不停进食，排空时间很短；牛则没有排空。此外，排空率还受其他生理因素、胃内容物的容积和组成等影响。

(2)pH　胃肠液的 pH 能明显影响药物的解离度，不同动物胃液的 pH 有较大差别，是影响吸收的重要因素。一般酸性药物在胃液中多不解离容易吸收，碱性药物在胃液中解离不易吸收，要在进入小肠后才能吸收。

(3)胃肠内容物的充盈度　大量食物可稀释药物，使浓度变得很低，影响吸收。据报道，猪饲喂后对土霉素的吸收少而且慢，饥饿时猪的生物利用度可达 23%，饲喂后猪的血药峰浓度只为饲喂前猪的 10%。

(4)药物的相互作用　有些金属或矿物质元素如钙、镁、铁、锌的离子可与四环素类、氟喹诺酮类等在胃肠道发生螯合作用，从而阻碍药物吸收或使药物失活。

(5)首过效应　内服药物从胃肠道吸收经门静脉系统进入肝，在肝药酶和胃肠道上皮酶的联合作用下进行首次代谢，使进入全身循环的药量减少的现象称为首过效应，又称“首过消除”。不同药物的首过效应强度不同，强首过效应的药物可使生物利用度明显降低，若治疗全身性疾病，则不宜内服给药。

2.注射给药

常用的注射给药主要有静脉、肌内和皮下注射。快速静脉注射可立即产生药效，并可以控制用药剂量。肌内注射药物后，药物常以被动扩散的方式进入血液循环，吸收速率决定于注射部位的血流速度、药物的解离程度、药物的脂溶性、注射液的体积及其溶媒等因素。

乳管内注射常用于牛乳腺炎。全身用药后可分布到乳腺，适用于急性炎症，而乳管内注射则对局部起直接治疗作用。

3.呼吸道给药

气体或挥发性液体麻醉药和其他气雾剂型药物，可通过呼吸道吸收。肺有很大的表面积，血流量大，经肺的血流量为全身的 10%～12%，肺泡细胞结构较薄，故药物极易吸收、且快而完全。

4.皮肤给药

透皮剂是经皮肤吸收的一种剂型，它必须具备两个条件：一是药物必须从制剂基质中溶解出来，然后穿过角质层和上皮细胞；二是药物通过被动扩散吸收，因此必须是脂溶性的。在此基础上，药物浓度是影响吸收的主要因素，其次是基质，如二甲基亚砜、氮酮可促进药物吸收。由于角质层是穿透皮肤的屏障，一般药物在完整皮肤上很难吸收，但个别脂溶性高的药物(如敌百虫)易通过皮肤吸收，甚至还引起中毒，临床应引起注意。目前，透皮制剂的应用增强了皮肤的吸收作用，有时也用作全身治疗。如恩诺沙星透皮剂经皮肤吸收治疗仔猪白痢。

在实践中，应根据病情和用药的目的，采取适当的措施，选择药物剂型和给药途径，以加快或延缓药物的吸收速度，从而适应病情需要。如在心脏衰弱甚至发生休克时，由于皮下或肌内注射的吸收速度相对较慢，故必须立即采用静脉给药、才能达到抢救的目的。普鲁卡因青霉素混悬液肌内注射后，吸收缓慢，可延长药物作用时间。

(二)分布

药物的分布是指吸收后的药物，随血液或淋巴液穿过各组织间的屏障转运到各组织器官的过程，绝大多数药物只有经过分布后才能产生药效。同时药物的分布与药物在体内的蓄积性和副作用密切相关。药物的分布过程会影响药物在血液或靶组织、靶细胞中的浓度；如果药物的作用取决于药物在靶组织中的浓度，则药物的分布会直接影响药物的效应强度；分布过程会使血液的药物浓度降低，因此，药物的分布过程也是药物从血浆中消除的方式之一。由于药物的理化性质、药物与血浆蛋白的结合力、各组织器官的血流量及其相应的生理屏障和各种体液的 pH 不一致，所以药物在体内的分布多数是不均匀的。通常药物在组织器官内的浓度越大，对该组织器官的作用就越强。但也有例外，如强心苷主要分布于肝和骨骼肌组织，却选择性地作用于心脏。影响药物在组织中的分布因素较多，主要有组织器官的血流量，药物与组织细胞的亲和力，药物与血浆蛋白的结合率以及机体的生理屏障等。

1.药物与血浆蛋白的结合力

药物能与血浆中的血浆蛋白结合，所以药物在血浆中常以两种形式存在，结合型与游离型药物始终处于动态平衡。药物与血浆蛋白结合后分子增大、不易透过血管壁，限制了它的分布，也影响其从体内消除。不结合的游离型药物则可被转运到作用部位产生药理效应。药物与血浆蛋白结合是可逆性的，也是一种非特异性结合，但有一定的限量，当药物剂量过大，血液浓度增高至血浆蛋白结合能力达到饱和后，游离型药物会突然增多而使作用增强，甚至出现毒性反应。此外，若同时使用两种都对血浆蛋白有较高亲和力的药物，则将发生竞争性抑制现象，一种药物可把另一种药物从结合部位置换出来。

血浆中游离型药物由于分布或消除使浓度下降时，药物便可从结合状态下分离出来，从而延缓了药物从血浆中消失的速度，使半衰期延长，因此，药物与血浆蛋白结合实际上是一种储存功能。药物与血浆蛋白结合率的高低，主要决定于化学结构，同类药物中，也有很大差别，如磺胺类的磺胺地索辛在犬血浆中的蛋白结合率为 81%，而磺胺嘧啶只有 17%。另外，动物的种属、生理病理状态也可能影响药物与血浆蛋白结合率。

2.体内屏障

体内屏障是指组织屏障或细胞膜屏障。

(1)血脑屏障　是指毛细血管壁与神经胶质细胞形成的，血浆与脑细胞之间的屏障和由脉络丛形成的血浆与脑脊液之间的屏障。这些膜的细胞间连接比较紧密，并比一般的毛细血管壁多一层神经胶质细胞，因此，通透性较差，许多分子较大、极性较高的药物限制通过，不能进入脑内，特别是当药物与血浆蛋白结合后，分子变大就更不能通过血脑屏障。在治疗脑膜炎疾病中，磺胺嘧啶可作为磺胺类药物中的首选药物，主要是磺胺嘧啶与血浆蛋白结合率低。初生幼畜的血脑屏障发育不全或脑膜炎患畜，血脑屏障的通透性增加，药物进入脑脊液增多，例如头孢西丁在实验性脑膜炎犬的脑内药物浓度比健康犬高出 5 倍。

(2)胎盘屏障　胎盘屏障是将母体血液与胎儿血液隔开的屏障，它的通透性与一般的生物膜没有明显区别。脂溶性高、解离度低、分子量小、不带电荷的药物如乙醇、水合氯醛、氯丙嗪、磺胺类、绝大部分抗生素、喹诺酮类、巴比妥类等药物，都可通过被动转运的方式透过胎盘屏障。药物与血浆蛋白的结合，对药物通过胎盘有很大影响，生理状态下，只有非结合游离型药物才能透过胎盘屏障。胎盘屏障的选择性比血脑屏障要低一些，特别是妊娠后期，绝大部分药物都可通过胎盘进入胎儿体内。

(三)生物转化

药物在机体内发生化学变化生成代谢产物的过程称为生物转化，通常称药物代谢。

1.药物转化的方式和步骤

生物转化通常分两步(相)进行，第一步包括氧化、还原和水解反应，第二步为结合反应。第一步生物转化使药物分子产生一些极性基团，如—OH、—COOH 和—NH_2等，这些官能团有利于药物与内源性物质结合进行第二步反应。生成的代谢物，大多数药理活性降低或消失，称灭活；但也有部分药物经第一步转化后的产物才具有活性(如百浪多息)，或者作用加强(如水合氯醛)，这种现象称为代谢活化。无活性母体药称为前药。经第一步代谢生成的极性代谢物或未经代谢的原形药物(如磺胺类)能与内源性化合物如葡萄糖醛酸、醋酸、硫酸和氨基酸等结合，称为结合反应。通过结合反应生成极性更强、更易溶于水、更利于从尿液或胆汁排出的代谢产物，药理活性完全消失，称为解毒作用。

药物生物转化的主要器官是肝，此外，血浆、肾、肺、脑、皮肤、胃肠黏膜和胃肠道微生物也能进行部分药物的生物转化。各种药物在体内的生物转化过程不尽相同，有的只经第一步或第二步反应，有的则有多种反应过程。药物经生物转化的多少，不同药物或不同种属动物间有很大的差别，例如恩诺沙星在鸡体内约有50%代谢为环丙沙星，但在猪体内生成的环丙沙星却很少。此外，还有一些药物大部分或全部不经过生物转化而以原形从体内排出。

2.药物代谢酶系

(1)肝微粒体药物代谢酶系　也称混合功能氧化酶系或单加氧酶系(简称药酶)，存在于肝细胞滑面内质网内，主要催化药物等外源性物质的代谢，是一类特异性不高的代谢酶。微粒体是肝细胞匀浆超速离心后的沉淀物，实际上是内质网碎片形成的微粒。

(2)非微粒体药酶系统　只有少数药物由非微粒体酶系代谢。一般说来，凡属结构类似体内正常物质、脂溶性小、水溶性大的药物，均由这组酶系代谢。包括：①细胞浆中酶系，如醇脱氢酶。一些药物经微粒体药酶氧化生成醇或醛后，由这组酶继续代谢。②线粒体中酶系，如单胺氧化酶。它能使儿茶酚胺类、5-羟色胺等体内活性物质和外源性胺类等氧化成醛。③血浆中酶系，如胆碱酯酶。血浆中的假性胆碱酯酶能水解琥珀胆碱和普鲁卡因。

(3)肠道菌群的药酶系统　这组酶系的临床意义在于：有些药物的代谢物经胆汁排入肠中，经肠道菌群转变为原形后又被吸收形成肠肝循环，能使药物作用时间延长，也增加了肝内药酶的负担。

(四)排泄

药物的排泄是指药物的代谢产物或原形通过各种途径从体内排出的过程。大多数药物都通过生物转化和排泄两个过程从体内消除，但极性药物和低脂溶性的化合物主要是由排泄消除。最重要的排泄器官是肾脏，多数药物主要经肾排泄，如青霉素、氧氟沙星；也有一些药物由胆汁排出，此外，还可通过乳腺、肺、唾液、汗腺排泄少部分药物。

1.肾排泄

是极性高(离子化)的代谢产物或原形药的主要排泄途径，肾小球毛细血管的通透性较大，在血浆中的游离和非结合型药物，可从肾小球基底膜滤过，肾小球滤过药物的数量决定于药物在血浆中的浓度和肾小球的滤过率。

有些药物及其代谢物可在肾小管分泌(主动转运)排泄,这个过程需要消耗能量。参与转运的载体相对来说是非特异性的,既能转运有机酸也能转运有机碱,同时其转运能力有限,如果同时给予两种利用同一载体转运的药物,则出现竞争性抑制,亲和力较强的药物就会抑制另一药物的排泄。如青霉素和丙磺舒合用时,丙磺舒可抑制青霉素的排泄,使其半衰期约延长1倍。

从肾小球血管排泄进入小管液的药物,若为脂溶性或非解离的弱有机电解质,可在远曲小管发生重吸收,因为重吸收主要是被动扩散,故重吸收的程度取决于药物的浓度和在小管液中的解离程度。从肾排泄的原形药物或代谢产物由于小管液水分的重吸收,生成尿液时可以达到很高的浓度,甚至可产生治疗作用,如青霉素和链霉素大部分以原形从尿液排出,可用于治疗泌尿道感染。但有的可能产生毒副作用,如磺胺代谢产生的乙酰磺胺由于浓度高可析出结晶,引起晶尿或血尿,尤其易出现于犬、猫等尿液呈酸性的动物,故应同服碳酸氢钠,提高尿液的 pH,增加药物溶解度。

2.胆汁排泄

虽然肾是原形药物和大多数代谢产物最重要的排泄器官,但也有些药物主要从肝进入胆汁排泄,这主要是相对分子质量300以上并有极性基团的药物。许多药物经肝排入胆汁,某些脂溶性的药物(如四环素)可在肠腔内又被重吸收,或葡萄糖苷酸结合物被肠道微生物的 *β*-葡萄糖苷酸酶所水解并释放出原形药物,然后被重吸收,即称肠肝循环。当药物剂量的大部分可进入肠肝循环时,便会延缓药物的消除,延长半衰期。已知吗啡、洋地黄毒苷、己烯雌酚、吲哚美辛、红霉素等能形成肠肝循环。

3.乳腺排泄

大部分药物还可从乳汁排泄,一般为被动扩散。由于乳汁的 pH(6.5~6.8)较血浆低,故碱性药物在乳中的浓度高于血浆,酸性药物则相反。药物从乳汁排泄关系到人体的健康,尤其是抗菌药物、毒性大的药物都要确定弃奶期。

药物自体内排出的速度直接影响药物在血浆中的浓度,也影响药物对机体的作用,血药浓度是制订给药方案的重要依据,一般来说,血药浓度越高,药效越强。由于多数药物在某一种动物体内的半衰期是固定的,故可根据半衰期长短决定给药次数,预计连续用药时血浆药物浓度达到相对稳定的时间,以及停药后,药物从体内消除的时间。既维持有效血药浓度,保证疗效,又不引起毒性反应。因此,半衰期具有重要的实际意义。当肝、肾功能不全时,药物的半衰期会延长,应适当酌减药量或延长给药间隔时间。

三、药物代谢动力学的基本概念

药物代谢动力学简称药动学,是研究药物在体内的浓度随时间发生变化规律的一门学科。测定体内的药物浓度主要是借助血、尿等易得的样品进行分析。常用的血药浓度是按用药后不同时间采血分析获得的,然后再借助特定的房室模型及数学表达式,计算出一系列动力学参数,从速度与量两个方面进行描述、概括并推论药物在体内的动态过程规律,从而为制订给药方案提供合适的剂量和间隔时间,以此达到预期的治疗效果。现介绍几个药物动力学的基本概念。

1. 血药浓度

一般指血浆中的药物浓度，是体内药物浓度的重要指标。虽然它不等于作用部位（靶细胞或靶受体）的浓度，但作用部位的浓度与血药浓度以及药理效应一般呈正相关。血药浓度随时间发生的变化，不仅能反映作用部位的浓度变化，而且也能反映药物在体内吸收、分布、转化和排泄过程总的变化规律。另外，由于血液的采集比较容易，对机体损伤小，故常用血药浓度来研究药物在体内的变化规律。

2. 血药浓度-时间曲线

药物在体内吸收、分布、转化和排泄是一个连续变化的动态过程。在药动学研究中，给药后不同时间采集血样，测定其药物浓度，常以时间作横坐标，以血药浓度作纵坐标，绘出的曲线称为血药浓度-时间曲线，简称药时曲线。从曲线中可定量地分析药物在体内的动态变化与药物效应的关系。

3. 峰浓度与峰时

给药后达到的最高血药浓度称血药峰浓度（简称峰浓度）。连续多次给药后的血浆峰值浓度称为血浆稳态浓度，其高低与给药间隔时间和单位时间内给药量有关。达到峰浓度所需的时间称达峰时间（简称峰时），它取决于吸收速率和消除速率。

4. 生物半衰期

是指血浆中药物浓度下降到一半时所需的时间，又称为血浆半衰期或消除半衰期等，一般称为半衰期（$t_{1/2}$）（图 1-3）。它反映了药物在体内的消除速度。同一药物对于不同动物种类、不同品种、不同个体，半衰期都有差异，例如，磺胺间甲氧嘧啶在黄牛、水牛、奶山羊体内的 $t_{1/2}$ 分别为 1.49 h，1.43 h，1.45 h；而在马体内为 4.45 h；猪为 8.75 h，是反刍动物的近 6 倍。又如，林可霉素在黄牛体内 $t_{1/2}$ 为 4.13 h，在水牛体内却为 6.93 h。绝大多数药物有固定的半衰期，增加用药剂量只能增加血浆的药物浓度，并不能显著延长药物在体内的消除时间。半衰期的改变也能反映肝、肾消除器官的功能状态。$t_{1/2}$ 数值小，即半衰期短，表示药物的代谢和排泄均迅速；数值大，即半衰期长，表示该药物代谢和排泄均缓慢，在体内维持时间较长。对于半衰期短的药物，为了长期维持比较恒定的有效血药浓度，除采用有效的药物剂量外，还须注意重复给药，一般给药间隔时间不宜超过药物的半衰期；对于半衰期长的药物，为了避免药物蓄积中毒，给药间隔时间一般不宜短于该药的半衰期，所以半衰期是制订给药间隔时间的重要依据，也是预测连续多次给药后体内药物达到稳态浓度和停药后从体内消除时间的主要参数。一般在按照半衰期间隔给药 4～5 次即可达稳态浓度（图 1-4）。停药后经 5 个半衰期的时间，则体内药物消除约达 95%。经过计算，一般药物的休药期可定为 10 个半衰期。

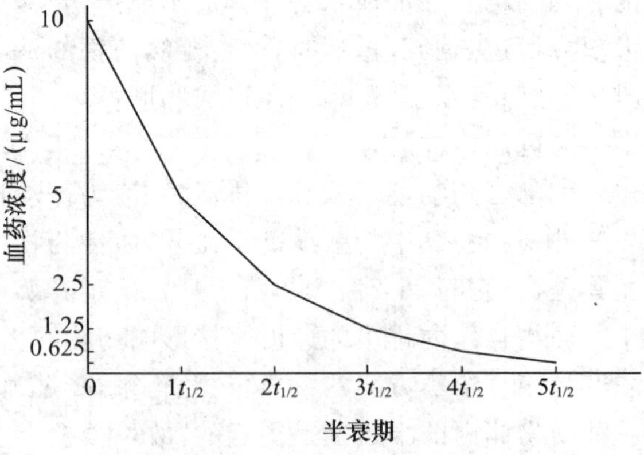

图 1-3　血药浓度与半衰期的关系

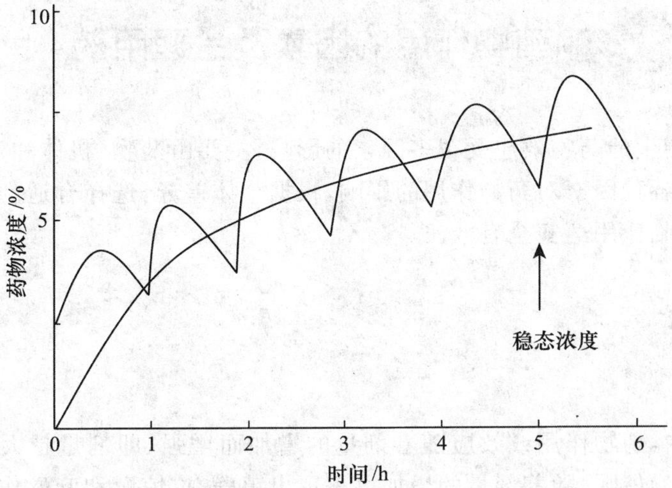

图 1-4　重复给药的稳态浓度

5.表观分布容积

表观分布容积是药物在体内分布达到平衡时，体内药量(D)和血药浓度(c)之间的比值常数。常用V_d来表示，即$V_d=D/c$。表观分布容积是反映药物在体内分布的范围大小和特性的一个药物动力学参数。一般条件下。分布容积大，说明药物在体内分布广泛，大部分可到达全身组织细胞外液和细胞内液；分布容积小，说明大部分药物分布到血液和细胞外液中。

6.生物利用度

生物利用度是指药物以一定的剂型从用药部位吸收进入全身血液循环的数量和速度。主要是指药物的吸收程度。一般用吸收百分率(%)表示，即

$$F=\frac{D}{A}\times 100\%$$

式中，F为吸收百分率，%；D为药物实际吸收量；A为用药剂量。

药物的生物利用度小于100%时，可能和药物的理化性质或生理因素有关，包括药物产品在胃肠液中解离不好(固体剂型)，在胃肠内容物中不稳定或有效成分被灭活，在穿过肠黏膜上皮屏障时转运不良，在进入全身循环前在肠壁或肝发生首过效应等。如果由于首过效应使药物的生物利用度降低，则可能误认为吸收不良。如果药物的生物利用度超过100%，则该药物可能存在肠肝循环现象。

内服剂型的生物利用度存在相当大的种属差异，在单胃动物与反刍动物间尤其如此。另外，同一药物，因剂型的不同、原料的不同、赋形剂的不同，甚至生产批号的不同等，其生物利用度可能有很大差别。因此，为了保证药剂的有效性，必须加强生物利用度的测定工作。

7.体清除率

体清除率(消除率)是指单位时间内。机体通过各种消除过程(包括生物转化和排泄)消除药物的数量。它是体内各种清除率的总和，包括肾清除率、肝清除率和其他如肺、乳汁、皮肤清除率等。

任务四　影响药物作用的因素及合理用药

药物在机体产生的药物效应受很多因素的影响，主要由药物、机体和环境等方面。在临床用药时，应熟悉各种因素对药物作用的影响，根据个体差异，选择合适的药物和剂型，做到给药个体化，确保临床用药安全有效。

一、药物方面

1.剂量

在一定范围内，药物作用或效应随着剂量的增加而增强，即剂量越大，作用越强。例如巴比妥类药，小剂量催眠，随着剂量的增加可表现出镇静、抗惊厥和麻醉作用，这些都是对中枢的抑制作用，可以看作量的差异。但是也有少数药物，随着剂量或浓度的不同，作用的性质也会发生变化，如大黄小剂量健胃、中剂量止泻、大剂量泻下。碘酊在低浓度(2%)时表现杀菌作用，但在高浓度时(10%)则表现为刺激作用。因此，药物的剂量是决定药效的重要因素。临床用药时，除根据法规决定用药剂量外，还要根据药物的理化性质、毒副作用和病情发展的需要适当调整剂量，才能更好地发挥药物的治疗作用。大群混饲给药时，要拌均匀，防止个别动物摄入过量。

2.药物的剂型和给药途径

同一药物的不同剂型和不同的给药途径对药物的作用可产生显著的影响，因为两者均可直接影响到药物的体内过程。同一药物的不同剂型其体内过程不同，因此注射剂比内服制剂起效快、疗效好。内服制剂吸收由快到慢的顺序是：溶液剂、散剂、胶囊剂、片剂。另外，药物的剂型中所用赋形剂不同也可影响药物的吸收及消除。

给药途径不同可直接影响药物的疗效，不同给药途径吸收速度由快到慢的顺序是：静脉注射、吸入、肌内注射、舌下、皮下、内服、直肠、皮肤。给药途径不同甚至可改变药物的作用性质，如硫酸镁内服导泻，肌内注射解痉、镇静。

3.药物的相互作用

药物的相互作用源于合并用药，临床上常采用联合应用两种或两种以上的药物以增强药物疗效或减少其不良反应。药物在体内的相互作用包括药动学和药效学两个方面，药动学的相互作用是指一种药物在体内的吸收、分布、代谢和排泄过程被另一种药物所改变，从而直接或间接地影响药物的作用，如抑制肾小管分泌的药物丙磺舒与青霉素合用，可抑制青霉素排泄而延长其疗效。药效学的相互作用与药物的作用部位和受体有关，如氨基糖苷类抗生素与硫酸镁合用时，前者可抑制神经肌肉接头传递作用，从而加强硫酸镁引起的呼吸麻痹毒性反应。两种以上药物联合应用时，效应增强称协同作用，效应减弱称拮抗作用。临床应选用疗效协同而毒性拮抗的药物配伍应用。

两种以上药物混合使用可能发生体外的相互作用，出现使药物中和、水解、破坏失效等理化反应，这时可能发生混浊、沉淀、产生气体及变色等外观异常的现象，称为配伍禁忌。例如，在静脉滴注的葡萄糖注射液中加入磺胺嘧啶钠注射液，可见液体中有微细的结晶析出，这是磺胺嘧啶钠在 pH 降低时必然出现的结果；又如进行外科手术时，将肌肉松弛药琥珀胆碱与麻醉药硫喷妥钠混合，虽然看不到外观变化，但琥珀胆碱在碱性溶液中可水解失效。所以临床在混合使用两种以上药物时必须十分慎重，避免配伍禁忌。

二、动物方面

1. 种属差异

多数药物对各种动物一般都有类似的作用，但由于动物品种繁多，各种动物的解剖结构、生理机能、生化特点以及进化程度等不同，对同一药物的敏感性存在差异。但多数情况下表现为量的差异，即作用的强弱和维持时间的长短不同，如家禽对 NaCl 较敏感，日粮超过 0.5％出现不良反应；还对呋喃类药物非常敏感，易中毒。兔内服四环素易造成二重感染；北京鸭对硫双二氯酚敏感；如苦味健胃药，其他动物经口用药效果好，而家禽味觉乳头少，食物在口腔停留时间短，所以家禽消化不良时不宜使用。

药物在不同种属动物的作用除表现量的差异外，少数药物还可表现质的差异，如吗啡对人、犬、大鼠、小鼠表现为抑制，但对猫、马和虎则表现为兴奋。

2. 生理因素

不同年龄、性别，怀孕或哺乳期动物对同一药物的反应往往有一定差异，这与机体器官组织的功能状态，尤其与肝药物代谢酶系统有密切的关系。如初生动物生物转化途径和有关的微粒体酶系统功能不足，肾功能在大多数动物的幼畜也较弱（牛例外）。因此，在幼畜由微粒体酶代谢和肾排泄消除的药物，半衰期将延长。老龄动物也有上述现象，一般对药物的反应较成年动物敏感，所以临床用药剂量应适当减少。

除了作用于生殖系统的某些药物外，一般药物对不同性别动物的作用并无差异，只是怀孕动物对拟胆碱药、泻药或能引起子宫收缩加强的药物比较敏感，可能引起流产，临床用药必须慎重。哺乳期动物则因大多数药物可从乳汁排泄，会造成乳中的药物残留，故要严格遵守弃奶期规定。

3. 病理状态

药物的药理效应一般都是在健康动物试验中观察得到的，机能状态不同常能影响药物的作用，一般动物在病理状态下对药物的反应较敏感，甚至要在病理状态下才呈现药物的作用，例如：治疗剂量的解热药对正常体温无影响，但能使升高的体温恢复正常。洋地黄对慢性充血性心力衰竭有很好的强心作用，对正常功能的心脏则无明显作用。

肝、肾功能障碍时，会影响药物的转化和排泄，导致药物蓄积、作用时间延长，从而增强药物的作用，严重时能引起毒性反应，故应慎用。但也有少数药物在肝生物转化后才有作用，如可的松、泼尼松，对于肝功能不全的患病动物作用减弱。

严重的寄生虫病、失血性疾病或瘦弱、营养不良的患畜，由于血浆蛋白质大大减少，可使高血浆蛋白质结合率药物的血中游离药物浓度增加，一方面使药物作用增强，同时也使药物的生物转化和排泄增加，半衰期缩短。

4. 个体差异

同种动物中，在年龄、性别、体重等基本条件相同的情况下，每个个体对药物敏感性也不相同，称为个体差异。有少数个体对某些药物特别敏感，只应用较少剂量就产生较强的药理作用，甚至引起中毒，称高敏性；另有少数个体对某些药物特别不敏感，必须用较大剂量才能产生应有的治疗效应，称耐受性。因此，相同剂量的药物，在不同个体中，有效血药浓度、作用强度和作用维持时间有很大差异。这种个体之间的差异，在最敏感和最不敏感之间约差10倍。

个体差异除表现药物作用量的差异外，有的还出现质的差异。这就是个别动物应用某些药物后产生变态反应，有时也称为过敏反应。例如马、犬等动物应用青霉素后，个别出现变态反应。这种反应在大多数动物都不发生，只在极少数具有特殊体质的个体才发生的现象，称为特异质。

三、饲养管理和环境方面

1.饲养管理

动物的健康主要取决于饲养和管理水平。饲养方面要注意饲料营养全面，根据动物不同生长时期的需要合理调配日粮的成分，以免出现营养不良或营养过剩。管理方面应考虑群体的大小，防止密度过大，注意通风、采光和动物活动的空间，要为动物的健康生长创造较好的条件，这就是近年来提倡的动物福利问题。尤其是对患病动物更有必要，动物疾病的恢复，单纯依靠药物是不行的，一定要配合良好的饲养管理，加强病畜护理，提高动物机体抵抗力，使药物的作用得到更好的发挥。例如用镇静药治疗破伤风时，要注意环境的安静，最好将病畜安放在黑暗的房舍；全身麻醉的动物，应注意保温，给予易消化的饲料，使患畜尽快恢复健康。

2.环境条件

环境生态条件对药物的作用也能产生直接或间接的影响，例如，不同季节、温度和湿度均可影响消毒药、抗寄生虫药的疗效。环境若存在大量的有机物可大大减弱消毒药的作用，通风不良、空气污染（如高浓度的氨气）可增加动物的应激反应，加重疾病过程，影响疗效。

3.病原体状态和抵抗力

各种抗菌药物都有其一定的抗菌谱，即敏感细菌的种类。但对其敏感细菌的不同状态，药效也不尽一致。如青霉素对繁殖型的细菌效果好，对生长型的细菌效果差。有的抗寄生虫药只对成虫有效，对幼虫却无效果。化学治疗中更普遍存在的问题是病原体对药物产生耐受性，即耐药性问题。一旦病原体对某药产生耐药性之后，必须改用其他药物才能奏效。因此应用化学治疗药时，应特别注意防止耐药性的产生。

四、合理用药原则

动物药理学为临床合理用药提供了理论依据，但要做到合理用药却不是件容易的事，必须理论联系实际，不断总结临床用药的实际经验，在充分考虑上述影响药物作用因素的基础上，正确选择药物，制订对动物和病情都合适的给药方案，一般应遵循以下几个原则。

1.正确诊断

任何药物合理应用的先决条件是正确的诊断，没有对动物发病过程的认识，药物治疗便是无的放矢，不但没有好处，反而可能延误诊断，耽误了疾病的治疗。

2. 用药要有明确的指征

要针对患畜的具体病情，选用药效可靠、安全、方便、价廉易得的药物制剂。反对滥用药物，尤其不能滥用抗菌药物。

3. 熟悉药物在靶动物的药动学

根据药物的作用和在动物体内的药动学特点，制订科学的给药方案。药物治疗的错误包括用错药物，但更多的是给药方案的错误。

4. 制订周密的用药计划

根据疾病的病理生理学过程和药物的作用特点，以及它们之间的相互关系，药物的效应是可以预期的。几乎所有的药物不仅有治疗作用，也存在不良反应，临床用药必须注意疾病的复杂性和治疗的复杂性，按治疗过程做好详细的用药计划，认真观察将出现的药效和毒副作用，随时调整用药计划。

5. 合理的联合用药

在确定诊断以后，兽医师的任务就是选择最安全、有效的药物进行治疗，一般情况下不应同时使用多种药物（尤其是抗菌药物），因为多种药物极大地增加了药物相互作用的概率，也给患畜增加了危险。除了具有确实协同作用的联合用药外，要慎重使用固定剂量的联合用药（如某些复方制剂），因为它使兽医师失去了根据动物病情需要调整药物剂量的机会。

6. 正确处理对因治疗和对症治疗的关系

对因治疗和对症治疗的关系前已述及，一般用药首先要考虑对因治疗，但也要重视对症治疗，两者巧妙地结合将能取得更好的疗效。

7. 避免动物性产品中的兽药残留

食品动物用药后，药物的原形或其代谢产物和有关杂质可能蓄积、残存于动物组织、器官或食用产品（如蛋、奶）中，这样便造成了兽药在动物性食品中的残留。使用兽药必须遵守《中国兽药典 兽药使用指南》的有关规定，严格执行休药期，以保证动物性产品兽药残留不超标。

任务五 兽药管理与处方

兽药是一类特殊的商品，既要安全、有效，还要质量可控。现代兽药安全的概念，包括兽药对使用的靶动物，对生产、使用兽药的人，对动物性食品的消费者，以及对生态环境的安全。其中对动物性食品消费者的安全，关系人的健康，尤其值得重视。

我国大量的兽药主要用于食品动物，因此必须重点考虑动物性食品安全和环境污染问题。兽药与养殖业产品的安全有着密切的联系。随着养殖业的发展，兽药用于食品动物一般都是群体用药，一旦使用不当，即可造成动物性食品出现兽药残留，给众多消费者的健康带来威胁。兽药的使用还给环境带来问题，大量兽药及其代谢产物从动物排泄物进入环境，给局部（动物养殖场周围）甚至大范围（通过施肥、特别是水产用药）环境造成污染。

一、兽药的管理法规和标准

1.兽药管理条例

我国第一个《兽药管理条例》(以下简称《条例》)是1987年5月21日由国务院发布的,它标志着我国兽药管理法制化的开始。《条例》自发布以来,2001年和2004年分别经过两次较大的修改。现行的《条例》为2004年3月24日经国务院第45次常务会议通过,以国务院第404号令发布并于2004年11月1日起实施。

为保障《条例》的实施,与之配套的规章有:兽药注册办法,兽药产品批准文号管理办法,处方药和非处方药管理办法,生物制品管理办法,兽药进口管理办法,兽药标签和说明书管理办法,兽药广告管理办法,兽药GMP(二维码15),兽药GSP(二维码16),兽药非临床研究质量管理规范(good laboratory practice,GLP)和兽药临床试验质量管理规范(good clinical practice,GCP)等。

二维码15　兽药GMP证书

二维码16　兽药GSP证书

2.兽药国家标准

《条例》第四十五条规定,"国家兽药典委员会拟定的、国务院兽医行政管理部门发布的《中华人民共和国兽药典》(以下简称《中国兽药典》)和国务院兽医行政管理部门发布的其他兽药标准为兽药国家标准"。因此,兽药只有国家标准,没有地方标准。兽药国家标准包括《中国兽药典》和农业部发布的其他兽药标准。

《中国兽药典》是国家为保证兽药产品质量而制定的具有强制约束力的技术法规,是兽药生产、经营、进出口、使用、检验和监督管理部门共同遵守的法定依据。它不仅对我国的兽药生产具有指导作用,而且是兽药监督管理和兽药使用的技术依据,也是保障动物源食品安全的基础。根据《中华人民共和国标准化法实施条例》,兽药标准属强制性标准。

《中国兽药典》先后于1990年、2000年、2005年和2010年出版发行四版。现行2010年版《中国兽药典》分为一、二、三部。一部收载化学药品、抗生素、生化药品及药用辅料共592种;二部收载中药材和饮片、植物油脂和提取物、成方制剂和单味制剂共1 114种;三部收载生物制品共123种。全书共收载1 892个品种。与《中国兽药典》配套书《中国兽药典　兽药使用指南》(以下简称《兽药使用指南》)是兽医临床用药方面的规范,具有法规性、权威性、科学性和实用性。

《中国兽药典》的颁布和实施,对规范我国兽药的生产、检验及临床应用起到了显著效果。为我国兽药生产的标准化,管理的规范化,提高兽药产品质量,保障动物用药的安全有效,防治畜禽疾病等方面都起到积极的作用,促进我国新兽药研制水平的提高,为养殖业发展提供有力保障。

二、兽药管理体制

1. **兽药监督管理机构**

兽药监督管理主要包括兽药国家标准的发布、兽药产品质量的监督检查、上市兽药不良反应的报告、兽药生产企业和经营企业的管理、新兽药上市的审批、兽药产品批准文号的发放、兽药安全使用监督检验、兽药广告管理、假劣兽药的查处以及兽医行政管理部门、兽药检验机构及其工作人员的监督等。根据新《条例》的规定,国务院兽医行政管理部门负责全国的兽药监督管理工作。县级以上地方人民政府兽医行政管理部门负责本行政区域内的兽药监督管理工作。

水产养殖动物的兽药使用、兽药残留检测和监督管理以及水产养殖过程中违法用药的行政处罚,由县级以上地方人民政府渔业行政主管部门及其所属的渔政监督管理机构负责。但水产养殖业的兽药研制、生产、经营、进出口仍然由兽医行政管理部门管理。

2. **兽药注册制度**

兽药注册制度,是指依照法定程序,对拟上市销售的兽药的安全性、有效性、质量可控性等进行系统评价,并做出是否同意进行兽药临床或残留研究、生产兽药或者进口兽药决定的审批过程,包括对申请变更兽药批准证明文件及其附件中载明内容的审批制度。

兽药注册包括新兽药注册、进口兽药注册、变更注册和进口兽药再注册。新兽药注册和进口兽药注册属于首次注册,境内申请人按照新兽药注册申请办理,境外申请人按照进口兽药注册申请办理。新兽药注册申请,是指未曾在中国境内上市销售的兽药的注册申请。进口兽药注册申请,是指在境外生产并合法销售的兽药在中国上市销售的注册申请。变更注册申请,是指新兽药注册、进口兽药注册经批准后,改变、增加或取消原批准事项或内容的注册申请。进口兽药再注册申请是指境外申请人注册的兽药有效期 5 年到期后的延展注册申请。

3. **标签和说明书要求**

对兽药使用者而言,除《兽药使用指南》以外,产品的标签和说明书也是正确使用兽药必须遵循的有法定意义的文件。《条例》规定了一般兽药和特殊兽药在其包装标签和说明书上的内容。兽药包装必须按照规定印有或者贴有标签并附有说明书,并必须在显著位置注明"兽用"字样,以避免与人药混淆。凡在中国境内销售、使用的兽药其包装标签及所附说明书的文字必须以中文为主,提供兽药信息的标志及文字说明应当字迹清晰易辨;标示清楚醒目,不得有印字脱落或粘贴不牢等现象。

兽药标签和说明书必须经国务院兽医行政管理部门批准才能使用。兽药标签或者说明书必须载明:①兽药的通用名称。即兽药国家标准中收载的兽药名称。通用名称是药品国际非专利名称(INN)的简称,通用名称不能作为商标注册。标签和说明书不得只标注兽药的商品名。按照国务院兽医行政管理部门的有关规定,兽药的通用名称必须用中文显著标示。②兽药的成分及其含量。兽药标签和说明书上应标明兽药的成分和含量,以满足兽医和使用者的知情权。③兽药规格。便于兽医和使用者计算使用剂量。④兽药的生产企业名称。⑤兽药批准文号(进口兽药注册证号)。⑥产品批号,以便对出现问题的兽药溯源检查。⑦生产日期和有效期。兽药有效期是涉及兽药效能和使用安全的标识,必须按规定在兽药标签和说明书上予以标注。⑧适应症或功能主治、用法、用量、配伍禁忌、不良反应和注意事项等涉及兽药使用须知、保证用药安全有效的事项。

特殊兽药的标签必须印有规定的警示标志。为了便于识别,保证用药安全,对麻醉药品、精神药品、剧毒药品、放射性药品、外用药品、非处方兽药,必须在包装、标签的醒目位置和说明书中注明,并印有符合规定的标志。

4.兽药广告管理

《条例》规定,在全国重点媒体发布兽药广告的,须经国务院兽医行政管理部门审查批准,取得兽药广告审查批准文号。在地方媒体发布兽药广告的,应当经省(自治区、直辖市)人民政府兽医行政管理部门审查批准,取得兽药广告审查批准文号。未取得兽药广告审查批准文号的兽药广告,不得发布或刊登。

《条例》还规定,兽药广告的内容应当与兽药说明书的内容相一致。兽药的说明书包含有关兽药的安全性、有效性等基本信息。主要包括:兽药名称、性状、药理毒理、药物动力学、适应症、用法用量、不良反应、禁忌症、注意事项、有效期限、批准文号、生产企业等内容。

兽药广告的内容是否真实,对正确指导养殖者合理用药、安全用药十分重要,直接关系到动物的生命安全和人体健康。因此,兽药广告的内容必须真实、准确、对公众负责,不允许有欺骗、夸大情况。夸大的广告宣传不但会误导经营者和养殖户,而且延误动物疾病的治疗。

三、兽用处方药与非处方药管理制度

为保障动物用药安全和人的食品安全,《条例》规定,"国家实行兽用处方药和非处方药分类管理制度",从法律上确立了兽药的处方药管理制度。所谓兽用处方药,是指凭兽医师开写的处方方可购买和使用的兽药。兽用非处方药,是指由国务院兽医行政管理部门公布的、不需凭兽医处方就可以自行购买并按照说明书使用的兽药。

处方药管理的一个最基本的原则就是兽药要凭兽医的处方方可购买和使用。因此,未经兽医开具处方,任何人不得销售、购买和使用处方兽药。通过兽医开具处方后购买和使用兽药,可以防止兽药滥用尤其抗菌药物的滥用,避免或减少动物产品中发生兽药残留等问题,达到保障动物用药规范、安全有效的目的。

兽用处方药和非处方药分类管理制度包括以下几个方面:①对兽用处方药的标签或者说明书的印制提出特殊要求,规定兽用处方药的标签或者说明书还应当印有国务院兽医行政管理部门规定的警示内容;兽用非处方药的标签或者说明书还应当印有国务院兽医行政管理部门规定的非处方药标志。②兽药经营企业销售兽用处方药的,应当遵守兽用处方药管理办法。③禁止未经兽医开具处方销售、购买和使用国务院兽医行政管理部门规定实行处方药管理的兽药。④开具处方的兽医人员发现可能与兽药使用有关的严重不良反应,有义务立即向所在地人民政府兽医行政管理部门报告。

《条例》规定,"兽药经营企业,应当向购买者说明兽药的功能主治、用法、用量和注意事项。销售兽用处方药的,应当遵守兽用处方药管理办法"。批发销售兽用处方药和兽用非处方药的企业,必须配备兽医师或药师以上药学技术人员,兽药生产企业不得以任何方式直接向动物饲养场(户)推荐、销售兽用处方药。兽用处方药必须凭兽医师或助理兽医师处方销售和购买,兽药批发、零售企业不得采用开架自选销售方式。

四、不良反应报告制度

不良反应是指兽药在按规定用法用量正常应用的过程中产生的与用药目的无关或意外有害的反应。不良反应与兽药的应用有因果关系,一般撤销使用兽药后即会消失,有的则需要采取一定的处理措施才会消失。

《条例》规定,"国家实行兽药不良反应报告制度。兽药生产企业、经营企业、兽药使用单位和开具处方的兽医人员发现可能与兽药使用有关的严重不良反应,应当立即向所在地人民政府兽医行政管理部门报告"。首次以法律的形式规定了不良反应的报告制度。

有些兽药在申请注册或者进口注册时,由于科学技术发展的限制或者人们认识水平的限制,当时没有发现对环境或者人类有不良影响,在使用一段时间后,该兽药的不良反应才被发现,这时,就应当立即采取有效措施,防止这种不良反应的扩大或者造成更严重的后果。为了保证兽药的安全、可靠,最终保障人体健康,在使用兽药过程中,发现某种兽药有严重的不良反应,兽药生产企业、经营企业、兽药使用单位和开具处方的兽医师有义务向所在地兽医行政主管部门及时报告。

五、处方

(一)定义

处方是临床治疗和药剂配制的重要书面文件,处方开写正确与否,直接影响治疗效果和病畜安全。

书写处方时应注意:一定要严肃、认真、负责;防止浪费和滥用药品;要注意药量。每次用药的剂量不得超过极量(最大耐受量),如超过极量,则可能引起畜禽中毒,甚至死亡。但在某些情况下,兽医可根据病畜的情况,应用超过规定的剂量,此时,应向有关人员说明。处方书写完毕,应仔细检查,以免错误。检查内容包括:①是否按病畜体质和病情选药;②投予何种畜禽;③剂量是否准确;④投药方法、次数和时间等是否恰当;⑤药物配合有无配伍禁忌;⑥是否签名及书写日期。

(二)格式

第一部分,包括动物诊疗机构名称、处方编号、动物信息(畜别、年龄、性别、特征等)、畜主信息(姓名、住址等)。

第二部分,在处方的左上角写有"Rp"或"R"符号。

①按药物的名称、规格、数量顺序,每药一行,逐行书写。

②药物或制剂的名称写在左边,药物的剂量写在右边。药品数量和剂量一律用阿拉伯数字书写。药物名称应按照药典规定的名称书写,剂量按国家规定的法定计量单位开写。剂量保留小数点后一位,各药的小数点上下对齐。

③以 g 或 mL 为单位时可省略,其他单位必须注明。

④处方中各种药物应该按照它们的作用依次排列，一般为主药、辅药、矫正药、赋形药等。

⑤写清药物的用法，每日几次，用药时间等。

第三部分，处方开写完毕，兽医师、药剂师应仔细核对，确认无误后签名并注明时间。

(三)处方种类

(1)普通处方　处方中的药物均为《中国兽药典》《中华人民共和国兽药规范》(以下简称《兽药规范》)及农业部颁布的兽药质量标准上规定的制剂，其成分、含量及配制方法都有明确规定，开写时，只需写出制剂的名称、用量及用法即可(图 1-5)。

×××××动物医院处方笺

No:　　　　　　　　　　　　　　　　　　　　　　　　年　　月　　日

畜主		地址					
畜别		性别		年龄		特征	

Rp:

①注射用硫酸链霉素　　100 万 U×6 支

注射用水　　30 mL

用法:肌内注射，每次 100 万 U，每天 2 次，连用 3 天

②大黄苏打片　　0.3 g×60 片

用法:每次 10 片，每天 3 次

药价:

兽医师(签名):　　年　月　日　　药剂师(签名):　　年　月　日

图 1-5　普通处方笺

(2)临时调配处方　兽医师根据畜禽病情做出诊断后，书写的《中国兽药典》《兽药规范》及农业部颁布的兽药质量标准上没有规定的处方，需要将药物写在一张处方上，由药房临时配制(图 1-6)。

×××动物医院处方笺

No:　　　　　　　　　　　　　　　　　　　　　　　　年　　月　　日

畜主		地址					
畜别		性别		年龄		特征	

Rp:

磺胺嘧啶　　2.0 g

非那西汀　　0.6 g

碳酸氢钠　　4.0 g

甘草粉　　6.0 g

常水　　适量

配制方法:调制成糊状

用法:一次投服

药价:

兽医师(签名):　　年　月　日　　药剂师(签名):　　年　月　日

图 1-6　临时调配处方笺

任务六　药物的保管与贮存

［目的要求］

通过教师讲解和参观药房，使学生掌握药物保管与贮存的基本知识和方法。

［材料］

借用学校附设兽医院药房/药库或兽药经销店。

［方法和步骤］

1. 药物的保管

制定严格的保管制度，包括出入库检查、验收，建立药物消耗和盘存账册，逐月统计填写药物消耗、报损和盘存表，制订药物采购和供应计划。药物保管负责人若有变动，应由接受、移交人会同有关领导共同盘点，填写移交表一式三份，交接人和单位领导各执一份，办理好交接手续。

(1)麻醉药、毒剧药品的保管　应按国家颁布的有关条例，必须专人、专库(柜)、专账，加锁保管，并在标签上标有明显的标记；称量必须精确，禁止估量取药；无处方不能给予或借用。

(2)危险品的保管　危险品是指受光、热、空气、水分、撞击等外界因素影响可引起燃烧、爆炸或具有腐蚀性、刺激性、剧毒和放射性的药品。保管时要注意遮光、防晒、防潮和防止振动和撞击、防止接近明火，经常检查贮放情况，并配备必要的消防设备。

(3)处方的保管　接受和调配处方，是药物管理中的一个重要环节，兽医师对处方负有法律责任，药剂人员有监督责任，在接受处方后，应认真复查、调配，以免出现差错。复查的内容主要有处方列举各药是否具备，有无配伍禁忌，各药的剂量有无超过极量和处方是否有兽医签字。一般来说，普通药处方要保存1年，毒、剧药品处方则须保存2年，麻醉药品处方保存3年。

2. 药物的贮存

为了保证药物的质量和疗效，对药物的生产、包装、贮存都有相应的规定和要求。药物管理人员应在熟悉药物的物理、化学变化以及影响药物质量的外界因素的基础上，严格按规定贮存，若贮存不当，不仅造成浪费，还可影响疗效，甚至因毒性增加而发生意外。

影响药物质量的外界因素：

(1)空气与湿度　药物与空气接触后能发生氧化或碳酸化而变质，如硫酸亚铁可由原来的浅绿色，逐渐氧化为棕黄色的高铁盐而失效；新胂凡纳明粉针可被氧化为深黄色或带红色的粉末而毒性增加；有些氢氧化物如氢氧化钙能吸收二氧化碳而生成碳酸盐。

空气中湿度大时，能使许多药物潮解、稀释、分解，并能促使微生物滋生而发霉变质。如胃蛋白酶可吸湿黏结；甘油可吸湿而被稀释；青霉素可吸湿而分解；片剂因吸湿而膨胀破裂；各种中草药、糖衣片，可因吸湿而易生虫、发霉。

空气中的湿度小时，有些含有结晶水的药物如硫酸钠、硫酸铜等，易失去结晶水而成为粉末，且其药用单位质量不符合要求。

空气中湿度一般以湿度计测得。药品在相对湿度为75％左右保存较为适宜。湿度太大，应通风降湿，并按药物性质及贮存条件，选用生石灰、氯化钙、无水硅胶、木炭等以防潮。

易受空气及湿度影响的药物，均应密闭贮存于干燥处。

(2)温度　药物应在适宜的温度下贮存。温度过高或过低均会影响药物的质量。

温度过高可使易挥发的药物加速挥散，使生物制品、抗生素、酶制剂、脏器制剂及某些激素变质失效等。降温措施可采用冰箱、冰柜等方法。

温度过低能使有些药物冻结、凝固、分层、沉淀。液体制剂可因冻结而致容器破裂；甲醛溶液在低于9℃以下发生聚合失效；乳剂在低温下会破坏而分层；葡萄糖酸钙注射液在冷处置后，可析出结晶而不易再溶解。

为避免药物受温度的影响，在有条件时，可按药物的性质，在药房(库)内安装空调器。

(3)光线　日光中的紫外线常能促使药物发生氧化、还原、分解、聚合等作用而使之变质，如肾上腺素受光线的影响而变为红色；银盐和汞盐被还原析出游离状态的银和汞；青霉素的β-内酰胺环裂解等。对易受光线影响的药物应使用遮光容器，如棕色玻璃瓶，或于包装外贴以黑纸等方法，达到遮光的目的。

光线的作用与温度，空气中的氧气、二氧化碳、水分等有密切关系。如上述因素相互作用，可加速药物变质。

(4)时间　有些药物，虽然贮存条件适宜，但贮存过久，也会发生品质的变化。根据药物标准的有关文件，药物包装上必须注明批号或有效期、失效期。批号是用来表示药物生产日期的一种编号，一般以六位数字表示，如140818，表示生产日期为2014年8月18日。如该日生产有两批以上同种药品，则常在末尾数字后加“-”和1、2等数字。如140818-2，以示区别。有效期一般以使用年限或可使用的截止日期表示，如上述的药品，有效期2年，则该药可用至2016年8月17日。失效期一般以何时失效的日期表示，如失效期为2016年8月，表示该药可用至2016年7月底。注意如未按规定条件贮存，即使在有效期内，可能也已失效。

各种药物贮存的方法，《中国兽药典》中都有基本要求，如遮光(指用棕色容器包装或用黑纸包裹的无色透明、半透明的容器包装)、密闭(指将容器密闭，以防止尘土及异物的混入)、密封(指将容器密封，以防止风化、吸潮、挥发或异物污染)、熔封或严封(指将容器熔封或用适宜的材料严封，以防止空气与水分的浸入并防止污染)、阴凉处(指不超过20℃)、凉暗处(指避光并不超过20℃)、冷处(指2～10℃)等。此外，药物还应按其性质或剂型分类存放，如强氧化剂与强还原剂、易燃品与易爆品、有腐蚀性与毒剧药品、内服药物与外用药物等，以免发生事故。

3. 参观

通过到兽医医院药房/药库或兽药经销店参观，掌握上述内容。

[**作业**]

综合参观和教师讲解的有关内容，写出实训报告。

任务七　剂量对药物作用的影响

[**目的要求**]

观察剂量大小对药物作用强度的影响，使学生了解剂量在临床用药中的重要性。

[材料]

动物:小鼠。

药品:0.2%安钠咖注射液、1%安钠咖注射液、2%安钠咖注射液。

器材:玻璃注射器(1 mL)、针头(5 号或 6 号)、大烧杯、酒精棉、天平等。

[方法和步骤]

取小鼠 3 只,称重,分别放入 3 个大烧杯或鼠笼内,观察其正常活动。然后,甲鼠按每10 g体重腹腔注射 0.2 mL 的 1%安钠咖注射液;乙鼠按每 10 g 体重腹腔注射 0.2 mL 的 0.2%安钠咖注射液,丙鼠按每 10 g 体重腹腔注射 0.2 mL 的 2%安钠咖注射液(二维码 17)。给药后分别放入大烧杯中。记录药物发生作用的时间,并观察有何反应,记录入下表。

二维码 17　腹腔注射

动物	剂量(浓度)	出现作用时间	用药后的反应
甲鼠			
乙鼠			
丙鼠			

[作业]

根据观察结果,进行理论分析并写出实训报告。

任务八　常用药物剂型的配制

[目的要求]

掌握常用溶液剂、酊剂的配制方法。

[材料]

药品:高锰酸钾、碘、碘化钾、蒸馏水、75%乙醇、甘油等。

器材:天平、量杯、量筒、玻璃棒、研钵、滤纸、漏斗、烧杯等。

[方法和步骤]

1.1%高锰酸钾溶液的配制

处方:高锰酸钾 1 g,蒸馏水加至 100 mL。

制法:取高锰酸钾 1 g 置于 100 mL 量杯中,加热蒸馏水约 80 mL,搅拌溶解,过滤后再添加蒸馏水至 100 mL 即得。

2.碘酊的配制

处方:碘 5 g,碘化钾 2.5 g,蒸馏水 2.5 mL,75%乙醇加至 100 mL。

制法:取碘化钾置于研钵中,加蒸馏水溶解完全,再加入碘充分研磨后,逐次加入少量乙醇洗涤研钵,倒入量杯中,最后加乙醇定容至 100 mL 即可(二维码 18)。

二维码 18　碘酊配制

3.碘甘油的配制

处方:碘 1 g,碘化钾 1 g,蒸馏水 1 mL,甘油加至 100 mL。

制法:取碘化钾加水溶解后,加碘,搅拌使之溶解,再加甘油至全量,搅匀,即得。

[**作业**]

学生分组操作,写出实训报告。

【学习要求】

识记 药物、毒物、不良反应、副作用、毒性反应、过敏反应、继发性反应、后遗效应、剂量-效应、被动转运、主动转运、药物吸收、峰浓度与峰时、消除半衰期、表观分布容积、生物利用度、联合用药、协同作用、拮抗作用、处方等概念。

理解 药物的基本作用及机理,药物的体内过程,合理用药等。

运用 运用所学知识合理使用和管理兽药,正确开写处方。

【知识拓展】

群体药物动力学及其意义

群体药物动力学(P. PK)是研究药动学群体参数的原理、计算方法和应用的一门科学,或者说是研究给予标准剂量方案时,个体间药动学特征中所存在的变异性。开展兽医群体药物动力学研究的重要意义至少有 3 方面:

第一,使给药方案更科学化。集约化的饲养管理方式要求对疾病的药物防治必须有新的与之相适应的给药方案。目前给药方案主要根据药动学参数或临床药效试验制订,而药动学研究在条件一致的一组健康动物所得的数据不同于覆盖生产中的动物群体。因为动物在不同生长时期、生理条件及生产阶段,存在药动学参数变异性,而应用 P. PK 研究则可确定各种因素对药动学特征的影响,从而可按用药的个体或生长、生产条件相似的亚群体的临床特征调整给药方案。

第二,预测食品动物的药物残留。目前残留研究最明显的限制是,在每一个体缺乏足够的组织样品(除非在活体采取组织)和不可能在一个个体获得其组织内药物消除的动力学特征,因为每个动物只有在一个时间点内利用一个组织样品。P. PK 研究则可通过选择恰当的多室模型或混合生理模型进行分析,确定病理生理或生产管理变化情况下血液和组织药物浓度变化的关系,在药物消除相发现血药和组织药物浓度的关系,则有必要探讨这种关系的稳定程度。

第三,对新药开发和评价的意义。药物开发的主要目的之一是了解新兽药的药动-药效特征,药物在临床前和临床研究过程中,于目标群体进行 P. PK 研究不仅有助于确定如老幼畜、肝肾功能障碍等危险因素存在时,是否需要调整给药方案,同时也可分析药物效应、毒性等,以得到个体间和个体内变异,从而保证新药上市的安全和有效。药物一旦上市,继续监测药物和进行新的 P. PK 研究,并与上市前的研究数据比较,有助于更精确地研究各种临床上的药动学特征。这些数据对制订特殊状态下的休药期可提供十分有价值的信息。

综上所述,P. PK 研究是临床药理学的新理论和新研究方向,可以克服目前药动学研究方法的不足，使药动学研究不断完善、深入和发展。对药物上市的给药方案的制订、药物上市后的监测与评价，以及预见食品动物组织残留有重要意义。

【知识链接】

1.《中华人民共和国兽药典》

2.《兽药管理条例》及其《实施细则》

3.《新兽药研制管理办法》

4.《兽药生产质量管理规范》

5.《兽药经营质量管理规范》

6.《兽药标签和说明书管理办法》

Project 2

神经系统药理

学习目标

掌握常用中枢兴奋药的选择与应用，全身麻醉药、镇静药与抗惊厥药、镇痛药的应用，主要肾上腺素能神经药、胆碱能神经药、局部麻醉药及皮肤黏膜用药的应用。

理解中枢兴奋药的分类，全身麻醉药的作用分期，传出神经的药物分类。

了解中枢兴奋药的作用机理，传出神经的分类、结构、递质、受体及生理功能，局部麻醉药的化学结构、作用机理。

【学习内容】

神经系统是机体内起主导作用的功能调节系统。体内各器官、系统的功能和各种生理过程都不是各自孤立进行的，而是在神经系统的直接或间接调控下，互相联系、相互影响、密切配合，使机体成为一个完整统一的有机体，实现和维持正常的生命活动。同时，机体又处于经常变化的环境中，神经系统能感受到外部环境的变化，对体内各种功能不断进行迅速而完善的调整，使机体适应内外环境的变化。

神经系统由中枢部分及外周部分所组成。中枢部分包括脑和脊髓，分别位于颅腔和椎管内，两者在结构和功能上紧密联系，组成中枢神经系统。外周部分包括脑神经和脊神经，它们组成外周神经系统。外周神经分布于全身，把脑和脊髓与全身其他器官联系起来，使中枢神经系统既能感受内外环境的变化（通过传入神经传输感觉信息），又能调节体内各种功能（通过传出神经传达调节指令），以保证机体的完整统一及其对环境的适应。

因此神经系统药物又分为中枢神经系统药物和外周神经系统药物两大类。

任务九　中枢神经系统药理

中枢神经系统包括大脑、延髓和脊髓，由数百亿个神经细胞和神经胶质细胞组成。神经细胞（神经元）之间通过突触实现相互联系，并由神经元及其突触形成许多具有不同特定功能的神经中枢，如听觉中枢、视觉中枢、躯体运动中枢等。神经胶质细胞是广泛分布于中枢神经系统内的，除了神经元以外的所有细胞，具有支持、滋养神经元的作用，也有吸收和调节某些活性物质的功能，是构成血脑屏障的重要组成部分，此屏障可选择性地允许血液中的某些药物透过而进入脑组织。中枢神经系统是动物最重要的调节系统，它全面地调节着动物机体各组织器官的机能活动过程，使其适应体内外环境的变化，以维持动物生命活动的正常进行。

动物体神经系统活动的主要方式是反射。其基本活动形式是兴奋和抑制。在正常情况下，动物体神经系统的兴奋和抑制过程能保持相互协调。若动物神经系统的功能活动处于过度抑制则会使动物表现镇静、嗜睡，高度抑制则可使动物出现昏迷，或呼吸、循环中枢衰竭而死亡；过度兴奋状态，则会使动物表现不安、狂躁甚至惊厥。作用于中枢神经系统的药物往往就是影响中枢神经系统的兴奋和抑制这两个基本过程而发挥调节作用的。因此，作用于中枢神经系统的药物可相应地分为中枢兴奋药和中枢抑制药两大类。

一、中枢兴奋药

（一）概念与分类

中枢兴奋药指能选择性地兴奋中枢神经系统，增强其机能活动的药物。按其主要作用部位可分为：①大脑兴奋药：主要兴奋大脑皮层的药物，可引起动物觉醒、精神兴奋与运动亢进，如咖啡因、苯丙胺。②延髓兴奋药：又称呼吸兴奋药，主要兴奋延髓呼吸中枢，如尼可刹米、多沙普仑、贝美格。③脊髓兴奋药：小剂量提高脊髓反射兴奋性，大剂量导致强直性惊厥，如士的宁。前两类中枢兴奋药临床常用，主要用于抢救危重疾病或药物中毒所引起的昏迷和呼吸中枢抑制，以及加速麻醉的苏醒。有些药物如咖啡因、樟脑等除中枢兴奋作用外，还对心脏有兴奋作用，兽医临床上广泛用为强心剂。脊髓兴奋药士的宁，较为少用，主要用于治疗脊髓性不全麻痹。

中枢兴奋药的作用强弱与给药剂量和患畜中枢神经机能状态有关，通常中枢神经系统处于抑制状态时，药物的作用较明显。另外，随着剂量增大，中枢兴奋药的作用部位也随之扩大，过量可引起中枢神经系统各个部位广泛兴奋，导致惊厥。严重的惊厥可使能量耗竭而转入抑制，此时，不能再用中枢兴奋药来对抗，否则由于中枢过度抑制而致死。对因呼吸麻痹引起的外周性呼吸抑制，中枢兴奋药无效。为了避免过量，须严格控制用药量和掌握用药间隔时间，并严格观察病情。

（二）常用兴奋药

咖啡因（Caffeine）

[理化性质]

本品属于黄嘌呤类甲基衍生物，存在于茶叶、咖啡豆等植物中。为白色或带极微黄绿色、有丝光的针状结晶；无臭，味苦；有风化性。本品在热水或三氯甲烷中易溶，在水、乙醇或丙酮中略溶，在乙醚中极微溶解。常与苯甲酸钠制成可溶性苯甲酸钠咖啡因（安钠咖）注射液供临床使用。安钠咖水溶液在 pH 为 7.5～8.5 时稳定。

[药理作用]

本品内服和注射均易吸收，组织中分布均匀。脂溶性高，易透过血脑屏障，可通过胎盘进入胎儿血液循环。主要经肝发生氧化、脱甲基化及乙酰化代谢，大部分以甲基尿酸和甲基黄嘌呤形式由尿排出，约 10% 以原形排出。作用时间较短，安全范围较大，不易产生蓄积作用。

本品进入细胞后，主要通过抑制磷酸二酯酶（PDE）的活性而发挥作用。PDE 是灭活细胞内环磷酸腺苷（cAMP）的酶。当靶细胞膜上各种特异性受体分别与肾上腺素、胰高血糖素、生长素等激素作用后，受体构型改变，激活相邻的腺苷酸环化酶，在 Mg^{2+} 的存在下，催化细胞内 ATP 变成 cAMP，后者通过激活蛋白激酶等一系列的生化反应，产生各种生理效应。而 cAMP 则迅速被 PDE 破坏灭活。咖啡因抑制 PDE，使细胞内 cAMP 破坏减少，因而具有协同肾上腺素和增加 cAMP 的一系列作用。

中枢神经系统：对中枢神经系统有明显的兴奋作用，首先表现在大脑机能上，随着剂量的增加相继兴奋延髓，最后影响脊髓。咖啡因对大脑皮层有直接兴奋作用。一般治疗剂量时对延髓影响不大，较大剂量时可兴奋呼吸中枢、血管运动中枢和迷走神经中枢。但当这些中枢因麻醉药或传染病等原因而被抑制时，治疗量时即出现明显的兴奋作用，恢复它们的调节机能，从而使呼吸加深加快，血压上升，以及使心率略微减慢。但升高血压，减慢心率作用常被其对血管和心脏的直接作用所对抗。对脊髓兴奋作用较弱，但较大剂量仍能促进神经冲动的传递而使反射增加。中毒剂量可引起强直性或阵挛性惊厥。

循环系统：对心脏和血管具有中枢性和末梢性双重作用。前者使心率减慢、血管收缩；后者则由于直接作用可使心率加快，血管舒张。在一般情况下末梢性作用占优势。可加强心肌收缩力，而使心输出量增加，出现作用也很迅速。对心机能不全患畜，其心输出量增加明显。因此，在治疗急性心力衰竭时很有临床价值。能直接作用于血管平滑肌，可使血管扩张；但由于对延髓血管运动中枢的兴奋作用，又可使血管收缩。治疗量时，对血管扩张作用占优势，使冠状血管、肺血管、肾血管、骨骼肌血管扩张，这对改善心、肺、肾的病理状态具有重要意义。

泌尿系统：能抑制肾小管对钠离子的重吸收，因而使尿量增加。同时，由于增加心输出量和肾血流量，提高肾小球滤过率，呈现利尿作用。

其他作用：除对血管平滑肌有松弛作用外，对其他平滑肌也有松弛作用。有兴奋呼吸中枢，扩张支气管和肺血管，增加肺血流量等作用。对横纹肌有直接的兴奋作用，使肌肉工作更为持久，并可使疲劳很快消失。还有增加胃液分泌的作用。

［**应用**］

①作为中枢兴奋药，主要用于加速麻醉药的苏醒过程，解救中枢抑制药和毒物的中毒，以及某些传染病所引起的呼吸中枢抑制和昏迷等。②作为强心剂，用于治疗各种疾病所引起的急性心力衰竭。在伴有精神沉郁、水肿、过劳、全身衰竭时更为适宜。③咖啡因与溴化合物，可调整大脑皮层抑制过程与兴奋过程的平衡。故兽医临床上多用安溴注射液治疗马属动物的肠痉挛或肠弛缓等。④安钠咖与高渗葡萄糖、氯化钙配合静脉注射有缓解水肿的作用。

［**注意**］

大家畜心动过速（100 次/min 以上）或心律不齐时，慎用或禁用。因用量过大或给药过频而发生中毒（惊厥）时，可用溴化物、水合氯醛或巴比妥类药物解救。但不能使用麻黄碱或肾上腺素等强心药物，以防毒性增强。

［**制剂、用法与用量**］

安钠咖注射液，静脉、皮下或肌内注射：一次量，马、牛 2～5 g；羊、猪 0.5～2 g；犬 0.1～0.3 g。

休药期：牛、羊、猪 28 天。弃奶期：7 天。

尼可刹米（Nikethamide）

［**理化性质**］

本品又名可拉明。为烟酰胺的二乙基衍生物，化学名称是二乙烟酰胺。为无色或淡黄色的澄明油状液体，放置冷处即成结晶；有轻微的特臭，味苦；有引湿性。能与水、乙醇、三氯甲烷或乙醚任意混合。须密封保存。

［**药理作用**］

本品内服、注射均易吸收。以静脉注射效果好，一次静脉注射可维持药效 20～30 min。在体内部分转变成烟酰胺，再被甲基化成 N-甲基烟酰胺经尿排出。与戊四氮、回苏灵等呼吸兴奋药相比，作用温和，安全范围也较大，但维持时间短。

本品可直接兴奋延髓呼吸中枢，也可通过颈动脉体和主动脉弓化学感受器反射性地兴奋呼吸中枢。当呼吸中枢处于抑制状态时，作用较为明显，使呼吸加深加快，并因解除呼吸中枢抑制而间接地加强心血管功能。对大脑皮层、血管运动中枢和脊髓有较弱的兴奋作用，对其他器官无直接兴奋作用。大剂量或中毒剂量时，其兴奋作用也可波及大脑皮层运动区及脊髓，而发生惊厥。

[应用]

主要用于各种中枢抑制药作用或各种疾病所引起的中枢性呼吸抑制，以及加速麻醉动物的苏醒，也可解救一氧化碳中毒、溺水和新生仔畜窒息等。对吗啡中毒的解救效果较好。

[注意]

用量过大时可引起心悸、出汗、呕吐，严重时可出现震颤及肌肉僵直，应及时停药，以防惊厥的发生。可使用苯二氮卓类药物、小剂量硫喷妥钠对症处理。

[制剂、用法与用量]

尼可刹米注射液，皮下、肌内或静脉注射：一次量，马、牛 2.5～5 g；羊、猪 0.25～1 g；犬 0.125～0.5 g。

回苏灵(Dimefline)

[理化性质]

本品为人工合成的黄酮衍生物，用其盐酸盐。为白色结晶粉末；味苦。在水或乙醇中溶解，在乙醚和三氯甲烷中不溶。遮光阴凉保存。

[药理作用]

本品对延髓呼吸中枢有强烈的兴奋作用，效力比尼可刹米强。作用迅速、维持时间短。用药后，通过肺换气量的增加，降低动脉的二氧化碳分压，提高血氧饱和度。

[应用]

用于治疗各种传染病和药物中毒引起的中枢性呼吸抑制。本品过量易引起惊厥。此时可用短效巴比妥类解除。孕畜禁用。

[制剂、用法与用量]

回苏灵注射液，肌内或静脉注射：一次量，马、牛 40～80 mg；猪、羊 8～16 mg。静脉注射时，用葡萄糖溶液稀释后缓慢注入。

氧化樟脑(Camphora Oxide)

[理化性质]

本品又名维他康复。氧化樟脑是樟脑的氧化产物。无色结晶；无臭。在水中易溶。

[药理作用]

本品能直接兴奋延髓呼吸中枢和血管运动中枢，对大脑皮层也有兴奋作用。在中枢神经系统受抑制时作用更为明显。大剂量时可引起间歇性的强直性痉挛。还具有强心作用。对于衰弱的心脏，可加强心肌收缩，恢复心脏节律，增加每分钟心输出量。它还能解除某些传染病、饲料中毒及药物中毒引起的心房纤颤。

[应用]

临床上常用作强心药，其效果比樟脑好。尤其是当机体缺氧时，樟脑在体内氧化过程不完全，此时以选用氧化樟脑为宜。对于重度心功能不全或营养状态极差的病畜，在使用氧化樟脑时应当慎重。

[制剂、用法与用量]

氧化樟脑注射液，皮下、肌内或静脉注射：一次量，马、牛 50～100 mg；羊、猪 25～50 mg。

士的宁(Strychnine)

[理化性质]

本品又称番木鳖碱，是由马钱科植物马钱的种子中提取的一种生物碱。无色针状结晶或白色结晶性粉末；无臭，味极苦。在沸水中易溶，在水中略溶，在乙醇或三氯甲烷中微溶。

[药理作用]

本品内服或注射均能迅速吸收，体内分布均匀。在肝经氧化代谢破坏。约 20%以原形由肾及唾液腺排泄。排泄缓慢，易产生蓄积作用。

本品对脊髓有高度选择性兴奋作用。治疗量的士的宁可提高脊髓反射的兴奋性，缩短脊髓反射的时间，增加反射性运动的强度，但不破坏脊髓中枢间的交互抑制过程。能提高延髓呼吸中枢和血管运动中枢兴奋性，使呼吸加深加快，血压上升。但这种作用只有在中枢被抑制时，才表现得比较明显。能增强大脑皮质的兴奋和抑制过程。还可使大脑皮层感觉区变得更敏感，在治疗剂量时可使视觉、听觉、触觉、嗅觉机能变得敏锐。另外，本品由于味极苦而呈现苦味健胃作用，可反射性地引起胃肠蠕动和分泌的增加。

[应用]

本品主要用于治疗神经麻痹性疾患，特别是脊髓性不全麻痹，如后躯瘫痪、括约肌不全松弛、阴茎脱垂和四肢无力等。在中枢抑制药中毒引起呼吸抑制时，其解救效果不及戊四氮，且安全范围小。

[中毒与解救]

本品毒性很强，安全范围小，剂量过大或反复应用，容易中毒，可出现反射增强，肌震颤，颈部僵硬，口吐白沫，继而发生脊髓惊厥，角弓反张(二维码 19)等。此时应保持动物安静，避免外界刺激，并迅速用药物解救，如苯巴比妥钠(马、牛 2～3 g，羊 0.3～0.5 g)等。解救若不及时，易窒息死亡。

二维码 19　士的宁中毒效应

[注意]

孕畜及中枢神经系统兴奋症状的患畜禁用。长期应用易引起蓄积中毒，故反复给药时应酌情减量。

[制剂、用法与用量]

硝酸士的宁注射液，皮下注射：一次量，马、牛 15～30 mg；羊、猪 2～4 mg；犬 0.5～0.8 mg。

二、全身麻醉药

(一)概念与分类

全身麻醉药是一类对中枢神经系统产生广泛的抑制，暂时使机体的意识、感觉、反射活动和肌肉张力出现不同程度的减弱或完全丧失，但延髓生命中枢的功能仍然保持的药物。主要用于外科手术前的麻醉。全身麻醉药的麻醉作用在中枢神经系统按一定顺序显现，最先抑制大脑皮层，其次是皮层下中枢，越过延髓，而抑制脊髓，麻醉的苏醒则按相反的顺序进行。

根据给药途径，全身麻醉药分为吸入性麻醉药和注射麻醉药两类。吸入性麻醉药包括挥发性液体（乙醚等）和气体（氧化亚氮等），经呼吸道吸收，并主要以原形经呼吸道排出。吸入性麻醉药的可控性（如控制麻醉深度和维持时间）较注射麻醉药好，但使用中需要有特定的麻醉装置，一些药物有易燃、易爆及刺激呼吸道等副作用。注射麻醉药（如硫喷妥钠等）多数经静脉注射产生麻醉效果，又称静脉麻醉药。因注射后药物迅速进入体循环到达大脑，因此麻醉诱导期短，麻醉过程中一般不会出现兴奋，也无须特殊麻醉装置。缺点是麻醉深度、药量及麻醉维持时间不易控制，苏醒期也较长。

（二）麻醉分期

麻醉药对动物的麻醉作用是一个由浅入深的连续的过程，为了便于掌握麻醉的深度，得到满意的麻醉效果，避免意外事故的发生，一般将麻醉过程分为四期，各期之间并无明显的界限。判断各期的主要指标是：意识、感觉、呼吸、血压、脉搏、瞳孔、角膜反射以及骨骼肌张力等。

1.第一期为镇痛期

主要是大脑皮层的功能逐渐被抑制，动物对疼痛刺激减弱，呼吸正常，各种反射（角膜、眼睑、吞咽）存在，肌张力正常。

2.第二期为兴奋期

因大脑皮层逐渐被抑制，对皮层下中枢失去控制和调节，因而动物出现不随意的运动兴奋如挣扎、嘶鸣。此时呼吸不规则，瞳孔扩大，血压上升，肌张力增加。各种反射仍存在。此期不适于外科手术。前两期统称诱导期，容易发生心搏骤停，喉头痉挛等麻醉意外。

3.第三期为外科麻醉期

此期大脑、间脑、脑桥从上而下被抑制，脊髓由后向前逐渐被抑制，延髓机能仍然保持。在外科手术中，该期又分为浅麻醉期和深麻醉期两个阶段。

浅麻醉期：动物安静，角膜反射存在，眼睑反射存在或消失，其他反射（皮肤、吞咽、咳嗽）消失，舌肌、骨骼肌肉松弛。此阶段适宜进行一般手术，大手术可配合局部麻醉药。

深麻醉期：麻醉深度已扩展至中脑，并向脑桥进行，脊髓胸段已被抑制。各种反射机能均消失，瞳孔缩小，骨骼肌完全松弛，肋间肌肉松弛，略带胸式呼吸。兽医外科极少在此阶段进行外科手术。

4.第四期为延髓麻醉期

动物出现脉搏微弱，瞳孔扩张，血压下降，一切反射消失，大、小便失禁，呼吸浅表而不规则，最后完全停止而死亡；外科麻醉禁止达到此期。

在实践中应避免麻醉不足与过量两个极端，满意的外科麻醉状态是不难掌握的，关键是要掌握好麻醉的有关指征：①麻醉不足的指征：眼睑反射灵敏，呼吸不规则，切开皮肤或翻动内脏时血压升高，出现吞咽，咳嗽及四肢活动等；②麻醉过深指征：腹式呼吸，唇紫绀，脉搏微弱，血压下降及瞳孔散大等。

（三）麻醉药临床应用

理想的麻醉药应是：毒性小，安全范围大，不易抑制延髓生命中枢，麻醉的诱导期短；药物能迅速由机体排出；易于控制麻醉深度；麻醉后动物能迅速恢复；麻醉时不需要特殊装置。目前尚无这种理想的麻醉药，一般采用复合麻醉方式，即同时或先后应用两种以上的药物，取长补短，增强麻醉药的作用，降低毒性和副作用，扩大麻醉药的应用范围，其主要方式如下：

1. **麻醉前给药**

在麻醉前先给予某些药物，以减少麻醉药的副作用或增强麻醉药的效能。常用阿托品和氯丙嗪作为麻醉前给药。如阿托品在麻醉前给药时的主要作用是抑制上呼吸道和唾液腺的分泌作用。并可防止迷走神经兴奋所致心率减慢。氯丙嗪有抗节律不齐、抗组胺、抗呕吐效果。

2. **诱导麻醉与维持麻醉**

为避免麻醉药诱导期过长的缺点，先用诱导期短的药物如硫喷妥钠或氧化亚氮，使动物快速进入外科麻醉期，然后改用其他麻醉药维持麻醉。

3. **基础麻醉**

先用一种排出缓慢、作用持久的麻醉药造成一定程度的麻醉，然后再用易于排出的吸入麻醉药维持一定麻醉深度，前一种麻醉药的作用即称为基础麻醉，这样既缩短了诱导期，又消除了应用单一药物麻痹呼吸中枢的危险性。

4. **配合麻醉**

以某种麻醉药为主进行麻醉，同时选用另一种药物配合麻醉药的麻醉作用，临床上常用局部麻醉药配合全身麻醉药进行麻醉，如先用戊巴比妥浅麻醉，然后在手术部位或有关部位做局部麻醉，此方式安全范围大，临床常用。

5. **混合麻醉**

把几种药物配合在一起进行麻醉，使它们互补长短，增加麻醉强度，降低毒性，如速眠新注射液、舒泰 50 注射液等。

(四)常用全身麻醉药

乙醚(Ether)

[**理化性质**]

本品为无色无臭的透明液体；沸点为 35℃，易挥发，其蒸气密度是空气的 2.5 倍，可沉积于地面。易燃易爆，接触空气和光可产生刺激性和毒性很强的过氧化物及乙醛，应保存于密闭的棕色瓶中。

[**药理作用**]

本品的血气分配系数高，血中溶解度大，给药初期血中乙醚分压上升缓慢，不易进入脑组织，所以使用乙醚诱导期长。药物进入脑组织后又分布到内脏、肌肉、脂肪组织中，并大量蓄积于脂肪组织中，当脑组织中乙醚含量下降时，储存在脂肪的乙醚可继续回到血流中。因此应间断分次给药。乙醚吸入后约 90%呼出，少量乙醚代谢为二氧化碳与水。

本品安全范围较大，可使动物安全进入麻醉状态，麻醉深度由吸入量控制。乙醚麻醉时肌肉松弛完全，镇痛效果好，这是由于影响神经肌肉接头处，产生类似箭毒样作用。对心脏有直接的抑制效应，表现为心输出量减少，血压下降，心脏对儿茶酚胺敏感性降低。对肝、肾毒性小。

[**应用**]

本品主要用于中、小动物的麻醉，大动物难以达到外科麻醉期。此外可与非吸入麻醉药合用，控制、维持麻醉的深度。还可用于鱼的短途运输。

二维码 20　乙醚麻醉与苏醒

［用法与用量］

可采用密闭式及半密闭式吸入麻醉(二维码 20)。

氟烷(Halothane)

［理化性质］

又名三氟氯溴乙烷。为无色易挥发液体;性质不稳定,遇光缓慢分解,应避光保存。本品能与乙醇、三氯甲烷、乙醚或非挥发性油类任意混合,在水中微溶。

［药理作用］

本品体内过程与乙醚相似,但诱导期较乙醚短,由于血气分配系数较小,而脑血分配系数为较大,故氟烷能较快地进入脑组织。少部分氟烷在肝内转化,大部分由肺呼出。

本品为临床常用的吸入性麻醉剂,麻醉作用迅速强大,诱导期与苏醒期均短。麻醉作用为乙醚的 4 倍,其安全度比乙醚大 2 倍。对呼吸道黏膜的刺激性极弱,不会引起支气管黏液及唾液的增多。本品的镇痛和肌肉松弛作用较差,故全身麻醉时,需要并用肌肉松弛药和镇痛药。浅麻醉时氟烷对呼吸、循环系统影响不大。但进入深麻醉时对呼吸、循环系统有明显的抑制,甚至引起呼吸暂停,心动徐缓(直接抑制窦房结所致)、心收缩力减弱、心输出量减少、血压下降,因此用氟烷麻醉时要掌握好麻醉深度。

［应用］

本品对大、小动物均适用。用于大动物时,一般先用巴比妥类麻醉药基础麻醉或应用吩噻嗪类镇静剂,用氟烷吸入控制麻醉深度。用于绵羊、山羊和猪时,宜配合麻醉前给药。与氧化亚氮合用,可减少氟烷对心肺系统的抑制作用。此外,也可用于猴子和猩猩的保定,家兔、鹦鹉及其他珍禽异兽的麻醉。

［用法与用量］

本品多用半密闭式或密闭式麻醉方法给药。大动物先用硫喷妥钠做静脉诱导麻醉,在开始麻醉的第 1 小时内,每千克体重,马 0.045～0.18 mL;牛 0.55～0.66 mL。维持麻醉,用量可逐渐减少。小动物,可先用基础麻醉,再用 2%～5%(按吸入气体的体积计算)浓度维持。

戊巴比妥(Pentobarbital)

［理化性质］

本品为白色结晶性颗粒或粉末;无臭,味微苦;有引湿性。在水中易溶,水溶液呈碱性反应。溶液久置或加热均易分解。

［药理作用］

本品为短效麻醉药,小剂量能催眠、镇静,大剂量能引起镇痛、深度麻醉及抗惊厥。静脉注射后基本上没有兴奋期,麻醉时间可持续 30 min,完全恢复需要数小时。

［应用］

主要用于基础麻醉、镇静和抗癫痫,也可用于安乐术。

本品可内服、肌内注射和皮下注射。内服和肌内注射用于镇静,皮下注射用于麻醉和安乐术。静脉注射是麻醉的最佳给药途径。静脉注射是先快速注射半量,稍后再注入剩余量,以避免兴奋,也可减少麻醉前给予的镇静药或安定药的剂量。

[**制剂、用法与用量**]

注射用戊巴比妥钠,静脉注射:一次量,每千克体重,麻醉,马、牛 15～20 mg;犬、猫、兔 30～35 mg;猪、羊 20～25 mg;鼠 35～50 mg。镇静、基础麻醉:马、牛、猪、羊 5～15 mg,用生理盐水配成 3%～6%的溶液应用。

异戊巴比妥钠(Amobarbital Sodium)

[**理化性质**]

本品为白色颗粒或粉末;无臭,味微苦;有引湿性。在水中极易溶解,在乙醇中溶解,在三氯甲烷或乙醚中几乎不溶。

[**药理作用**]

本品是戊巴比妥钠的同分异构体。作用与戊巴比妥钠相仿,依其剂量的增加,呈现镇静、催眠、麻醉和抗惊厥作用,麻醉维持时间约 30 min。

[**应用**]

本品主要用于镇静、抗惊厥和基础麻醉,亦用于实验动物的麻醉。

[**制剂、用法与用量**]

注射用异戊巴比妥钠,静脉注射:一次量,每千克体重,猪、犬、猫、兔 2.5～10 mg,临用时以生理盐水配成 3%～6%溶液。

硫喷妥钠(Thiopental Sodium)

[**理化性质**]

本品为微黄色粉末;有潮解性。在水中易溶,水溶液不稳定,呈强碱性。

[**药理作用**]

本品溶性高,亲脂性强,易透过血脑屏障。静脉注射后很快透入细胞,分布到血流量大、富有类脂质的脑组织中,因而作用迅速并强烈。随后转移到骨骼肌,最后蓄积于脂肪中,使脑内的药物浓度降低,因此本品作用时间短暂。几乎全部在肝中脱烃和脱硫成巴比妥酸排出体外。

本品为超短效巴比妥类药物。静脉注射后迅速产生麻醉作用,数秒钟即能奏效,无兴奋期,但维持麻醉时间很短,一次麻醉量能维持 20～30 min,易调节麻醉深度,较其他巴比妥类药物安全。其麻醉深度和维持时间与静脉注射速度有关。注射越快,麻醉则越深,维持时间也越短。另外,苏醒期也较短,无明显兴奋现象。镇痛效果差,肌肉松弛不完全。

[**应用**]

本品主要用于各种动物的诱导麻醉和基础麻醉。取得浅麻醉时,再改用较安全的麻醉药来维持深度。单独应用仅适用于小手术的全身麻醉。此外,还用于对抗中枢兴奋药中毒、破伤风以及脑炎引起的惊厥。

[**制剂、用法与用量**]

注射用硫喷妥钠,静脉注射:一次量,每千克体重,马、牛、羊、猪 10～15 mg;犬、猫 20～25 mg;犊 15～20 mg,临用时以注射用水或灭菌生理盐水配成 2.5%～10%溶液。

氯胺酮(Ketamine)

[**理化性质**]

本品的盐酸盐为白色结晶性粉末;无臭。在水中易溶,在乙醇中溶解,在乙醚或苯中不溶。

[**药理作用**]

本品作用与硫喷妥相似,脂溶性高,起效快,作用时间短。能分布于全身各组织,可通过胎盘。静脉注射后,主要在肝脏代谢,代谢产物为甲基化物和羟化物。

本品抑制丘脑新皮层的传导,同时还兴奋脑干和边缘系统,产生迅速的全身麻醉。使大脑功能呈现“分离”状态。即给药后虽然显示镇静、镇痛作用,但动物意识模糊,而未完全消失,眼睛仍张开,咳嗽和吞咽反射依然存在,遇有外界刺激,仍能醒觉并表现有意识的反应,所以将盐酸氯胺酮称为分离麻醉药。骨骼肌出现肌肉张力增加,呈现木僵样麻醉。本品能兴奋心血管系统,使心率加快,血压上升,对呼吸也很少抑制。

[**应用**]

本品用作麻醉前给药、诱导麻醉药、维持麻醉药或制动药。

[**制剂、用法与用量**]

盐酸氯胺酮注射液,麻醉前给药,肌内注射:一次量,每千克体重,猪 2～8 mg;猫 7～11 mg。

诱导麻醉,肌内注射:一次量,每千克体重,猫 11～22 mg。静脉注射:马、牛 2 mg;犬、猫 7～11 mg(常与地西泮合用)。

维持麻醉,肌内注射:一次量,每千克体重,猪 7～11 mg;犬 11～18 mg;猫 22～44 mg。静脉注射:每千克体重,猪 1～2 mg。

速眠新(Sumianxin)

[**理化性质**]

本品又名 846 合剂。为无色透明液体,性质稳定;是静松灵、乙二胺四乙酸(EDTA)、盐酸二氢埃托啡和氟哌啶醇的复方制剂。

[**药理作用**]

本品使用方便,具有镇痛广泛、制动确实、诱导和苏醒平稳等特点。但不适合单独用于犬的麻醉,因其可明显抑制犬的呼吸并常使犬出现强直性痉挛,有时甚至在麻醉后的两天都有痉挛的现象发生。与氯胺酮注射液合用往往能得到较好的效果。合理调整二者的比例可减少麻醉剂用量、缩短麻醉诱导期等。

[**应用**]

本品用于大小动物的保定及麻醉。

[**制剂、用法与用量**]

速眠新Ⅱ注射液合剂,皮下或静脉注射:一次量,每千克体重,犬 0.1 mL;猫 0.1～0.2 mL。

舒泰(Zoletil)

[药理作用]

本品为新型分离麻醉剂,它含镇静剂替来他明和肌肉松弛剂唑拉西泮。在全身麻醉时,本品具有诱导时间短、副作用小和安全性大的特点。在经肌内和静脉注射时,具有良好的局部受耐性。

[应用]

本品为用于犬、猫及野生动物的封闭麻醉和全身麻醉。注射本品前 15 min 皮下注射硫酸阿托品:犬 0.1 mg/kg 体重;猫 0.05 mg/kg 体重。

[制剂、用法与用量]

舒泰 50 注射液,诱导剂量,肌内注射:每千克体重,犬 7~25 mg;猫 10~15 mg。静脉注射:每千克体重,犬 5~10 mg;猫 5~7.5 mg。补充剂量,静脉注射第一次剂量的 1/2~1/3。

三、镇静药和抗惊厥药

(一)概念

镇静药是能对中枢神经系统产生抑制作用,从而减弱机能活动、调节兴奋性、消除躁动不安和恢复安静的药物。催眠药是能诱导睡眠或近似自然睡眠,维持正常睡眠并易于唤醒的药物。催眠药与镇静药往往不能严格区分,高剂量催眠、低剂量镇静。所产生的镇静、催眠作用,除剂量外,还与药物种类和动物种属有关,常用药物有水合氯醛类、巴比妥类、苯二氮卓类等。

抗惊厥药是能作用于中枢神经系统,缓解和消除惊厥症状的药物。惊厥是在病理状态下中枢神经系统过度兴奋引起的全身骨骼肌突发性阵挛收缩或强直收缩。强烈而持久的惊厥可致窒息和循环衰竭,甚至危及生命,必须及早救治。

(二)常用镇静药和抗惊厥药

氯丙嗪(Chlorpromazine)

[理化性质]

本品为白色或乳白色结晶性粉末;有微臭,味极苦;有引湿性。遇光渐变色,水溶液显酸性反应。在水、乙醇或三氯甲烷中易溶,在乙醚或苯中不溶。

[药理作用]

本品内服、肌内注射均易吸收,但吸收不规则,胃内容物及抗胆碱药可影响吸收,并有个体和种属差异。体内分布广泛,脑中浓度高于血浆浓度,蛋白结合率约 95%。主要在肝内代谢,部分代谢产物仍有药理活性。大部分由尿排出,其余由粪便排出,有些进入肠肝循环。犬消除半衰期约 6 h,动物体内组织残留可达数月之久。

本品为噻嗪类药物的代表药,主要抑制大脑边缘系统和脑干网状结构上行激活系统,使上行性冲动传导受阻,对外界刺激的反应性降低,能减少自发运动,可诱导入眠但易觉醒。有强大的镇吐作用,小剂量时即可抑制催吐化学感受区,大剂量时能直接抑制呕吐中枢。但不能抑制前庭刺激所致的呕吐。对丘脑下部的体温调节中枢也有抑制作用,使体温调节功能减退，体温下降。

［**应用**］

①镇静：治疗破伤风、脑炎、中枢兴奋药中毒所引起的惊厥。②麻醉前给药：可与水合氯醛配合使用，用于马和猪的全身麻醉，或与局部麻醉药配合用于牛、羊和猪的外科手术。③解除平滑肌痉挛：用于大家畜食道梗塞及痉挛性腹痛的辅助治疗药。④镇痛、降温、抗休克：用于严重外伤、骨折、烧伤和中暑等；在高温季节长途运输畜禽时用本品可减少死亡。

［**制剂、用法与用量**］

盐酸氯丙嗪片，内服：一次量，每千克体重，家畜 2～3 mg。

盐酸氯丙嗪注射液，肌内注射：一次量，每千克体重，马、牛 0.5～1 mg；羊、猪 1～2 mg；犬、猫 1～3 mg；虎 4 mg；熊 2.5 mg；野牛 2.5 mg；恒河猴、豺 2 mg。

休药期：28 天。弃奶期：7 天。

氟哌啶醇(Haloperidol)

［**理化性质**］

本品为白色或类白色的结晶性粉末；无臭，无味。在三氯甲烷中溶解，在水中几乎不溶。

［**药理作用**］

与氯丙嗪相似。可阻断儿茶酚胺的中枢作用，并直接抑制延髓的催吐化学感受区，有较强的抗焦虑作用，可控制动物的狂躁症，并有较强的镇吐作用。但镇痛作用较弱，降体温作用不明显。

［**应用**］

本品临床上常与镇痛药合用以产生安定、镇痛效应，便于进行某些外科手术，或用于治疗呕吐。

［**制剂、用法与用量**］

氟哌啶醇注射液，肌内注射：每千克体重，犬 1～2 mg，静脉注射：每千克体重，犬 1 mg，用 25%葡萄糖液稀释后缓慢静脉注射。

地西泮(Diazepam)

［**理化性质**］

本品又名安定。为白色或类白色的结晶性粉末；无臭，味微苦。本品在丙酮或三氯甲烷中易溶，在乙醇中溶解，在水中几乎不溶。宜遮光密闭保存。

［**药理作用**］

本品内服吸收迅速，肌内注射吸收缓慢且不完全。脂溶性高、体内分布广泛，可通过血脑屏障，血浆蛋白结合率高，马可达到 87%。在肝代谢为几种活性代谢物，包括去甲西泮、去甲羟基西泮，代谢产物与葡萄糖醛酸结合后，经尿排出。

本品主要抑制脑干网状结构，阻滞神经冲动的传导，阻抑觉醒反应。具有较强的镇静、安定、肌肉松弛和抗惊厥作用。地西泮能使兴奋不安的动物安静，使有攻击性的狂躁动物变得驯服，易于接近和管理。

［**应用**］

本品作为猪、牛的催眠药，肌肉松弛药以及麻醉前给药等，以利于外科手术的进行。可用作动物的抗焦虑药。亦能对抗犬癫痫，药效约可维持 3 h 以上。

［**制剂、用法与用量**］

地西泮片，内服：一次量，每千克体重，犬 5～10 mg；猫 2～5 mg；水貂 0.5～1 mg。

地西泮注射液，肌内或静脉注射：一次量，每千克体重，马 0.1～0.15 mg；牛、羊、猪 0.5～1 mg；犬、猫 0.6～1.2 mg；鸡 5.5～11 mg；水貂 0.5～1 mg。

休药期：28 天。

赛拉嗪（Xylazine）

［**理化性质**］

本品又名隆朋或二甲苯胺噻嗪。为白色结晶或类白色结晶性粉末；味微苦。在丙酮或苯中易溶，在乙醚或三氯甲烷中溶解，在水中不溶。

［**药理作用**］

本品有强大的中枢抑制作用，是一种 α_2 肾上腺能受体激动剂。因此具有镇静、镇痛以及中枢性肌肉松弛作用。本品能抑制心脏传导，使心率减慢，中心静脉压降低。用药初期呼吸次数增加，而后呼吸次数减少，呼吸加深。若剂量大，对呼吸有抑制作用。此外还有降低体温，抑制机体免疫系统功能；能使血糖升高，肝糖原增加，而胰岛素分泌减少等。

本品静脉注射 3～5 min 或肌内注射 10～15 min 后，通常可见动物表现安静和嗜眠状态，头低沉，眼睑下垂，流涎，呆立，运动困难，肌肉张力减弱。剂量加大，多数牛站立不稳，俯卧，头部多扭向躯体一侧，全身肌肉明显松弛。马虽不致躺下，但可出现四肢运动不协调，公马可出现阴茎垂脱。

［**应用**］

本品多以小剂量用于牛、马等多种动物以及野生动物的化学保定，使兴奋、骚动、不易控制的动物安定，便于诊疗、长途运输、伤口拆线、换药及进行子宫复位、食道切开、穿鼻等小手术。大剂量或配合局部麻醉药，用于去角、锯茸、去势、腹腔手术等。

［**制剂、用法与用量**］

盐酸赛拉嗪注射液，肌内注射：一次量，每千克体重，马 1～2 mg；牛 0.1～0.3 mg；羊 0.1～0.2 mg；猪 2～3 mg；犬、猫 1～2 mg；禽类 5～30 mg；鹿 0.1～0.3 mg；骆驼 0.5 mg；熊、狮 8～10 mg；豹 8 mg；狼 7～8 mg；灵长类动物 2～5 mg。

休药期：牛、羊 14 天。

赛拉唑（Xylazole）

［**理化性质**］

本品又名二甲苯胺噻唑或静松灵。为白色结晶；在丙酮、三氯甲烷或乙醚中易溶，在水中不溶。

［**药理作用**］

本品作用与赛拉嗪相似，用药后表现为镇静、嗜睡和镇痛。静脉注射后 1 min、肌内注射后 10～15 min 起效，动物出现精神沉郁、头颈下垂、两眼半闭，反刍动物可引起轻度流涎（二维码 21）。牛最敏感，猪、犬、猫、兔及野生动物敏感性差。

二维码 21　赛拉唑药效

［应用］

本品主要用于混合其他全身麻醉药或配合局部麻醉药进行各种手术。也用于野生动物的捕捉、保定、锯茸、兽医诊疗等。

［制剂、用法与用量］

盐酸赛拉唑注射液，肌内注射：一次量，每千克体重，马、骡 0.5～1.2 mg；驴 1～3 mg；黄牛(包括牦牛、犏牛)0.2～0.6 mg；猪 4 mg；羊 1～3 mg；骆驼 0.4 mg；马鹿 2～5 mg；梅花鹿 1～3 mg。

休药期：28 天。弃奶期：7 天。

水合氯醛(Chloral Hydrate)

［理化性质］

本品又名水合三氯乙醛。为无色或白色透明的结晶；有刺激性特臭，味微苦；易挥发。在水中极易溶解，在乙醇、三氯甲烷或乙醚中易溶。应密封避光保存。

［药理作用］

本品内服或灌肠吸收完全，作用迅速。内服起效时间为 15～30 min，静脉注射后立即产生镇静催眠作用。在肝大部分还原为三氯乙醇，后者与葡萄糖醛酸结合成无活性的氯醛尿酸，随尿排出。

本品随着剂量的增加，可产生镇静、催眠、抗惊厥和麻醉作用。肌肉松弛作用弱。大剂量使血管扩张、血压下降、心功能抑制。对局部有刺激和轻度抑制作用。

［应用］

①镇静、催眠、解痉：临床上常用于马、骡疝痛、子宫及直肠脱出、脑炎、犬瘟热、过食疝和胃肠剧烈发酵等。有较弱的抗惊厥作用：可用于破伤风、士的宁中毒和其他中枢神经兴奋药中毒，以对抗惊厥。②全身麻醉：可用作马、骡、骆驼、猪、犬、禽类麻醉药或基础麻醉药。

［制剂、用法与用量］

水合氯醛粉，内服：一次量，镇静，马、牛 10～25 g；羊、猪 2～4 g；犬 0.3～1 g。麻醉：马 30～60 g；牛 15～30 g；猪、羊 5～10 g。灌肠：一次量，催眠：马 30～50 g；牛 20～30 g；羊、猪 5～10 g。麻醉：马 30～50 g；牛 20～30 g；猪、羊 5～10 g。

水合氯醛注射液，静脉注射：一次量，每千克体重，马、牛 0.08～0.12 g；水牛 0.13～0.18 g；猪 0.15～0.17 g；鸡 12.9～38.9 mg。

苯巴比妥(Phenobarbital)

［理化性质］

本品为白色有光泽的结晶性粉末；味微苦；饱和水溶液显酸性反应。在乙醇或乙醚中溶解，在三氯甲烷中微溶，在水中极微溶解，在氢氧化钠或碳酸钠溶液中溶解。

［药理作用］

本品内服易吸收，其钠盐肌内注射易吸收。广泛分布于组织及体液中，其中以肝、脑最多。脂溶性低，脂水分配系数较大，进入中枢神经系统较慢，药效维持时间长，可维持 24 h。犬内服苯巴比妥，生物利用度可达 90%，4～8 h 达到峰浓度。血浆蛋白结合率为 40%～50%，在犬体内半衰期为 37～75 h。

本品为长效巴比妥类药物，具有抑制中枢神经系统的作用，尤其是大脑皮层运动区，而呈现抗惊厥和抗癫痫的作用。本品在低于催眠剂量时即可发挥抗惊厥作用。能抑制脑干网状结构上行激活系统，减少传入冲动对大脑皮层的影响，同时促进大脑皮层抑制过程的扩散，减弱大脑皮层的兴奋性，产生镇静、催眠作用。

［应用］

本品用于缓解脑炎、破伤风、高热等疾病引起的惊厥，解救中枢兴奋药中毒。还可用作犬、猫的镇静药。

［制剂、用法与用量］

苯巴比妥片，内服：一次量，每千克体重，犬、猫 6～12 mg，一日 2 次。

硫酸镁(Magnesium Sulfate)

［理化性质］

本品为无色的澄明液体，系硫酸镁的灭菌水溶液。

［药理作用］

注射本品可使血中镁离子浓度升高，出现中枢神经系统抑制；镁离子有颉颃钙离子的作用，可减少运动神经末梢乙酰胆碱的释放，在神经肌肉接头阻断神经冲动的传导而使骨骼肌肉松弛。此外，过量的镁离子还可直接松弛内脏平滑肌和扩张外周血管，使血压降低。

［应用］

本品主要治疗马膈肌痉挛、缓解破伤风和中枢兴奋药中毒引起的惊厥。常与水合氯醛配伍做全身麻醉等。

［制剂、用法与用量］

硫酸镁注射液，静脉或肌内注射：一次量，马、牛 10～25 g；羊、猪 2.5～7.5 g；犬、猫 1～2 g。

四、麻醉性镇痛药

(一)概念与分类

临床上缓解疼痛的药物，按其作用机理、缓解疼痛的强度和临床用途可分为两类：一类是能选择性地作用于中枢神经系统，缓解疼痛作用较强，用于剧痛的药物，称为镇痛药。另一类作用部位不在中枢神经系统，缓解疼痛作用较弱，多用于钝痛，同时还具有解热消炎作用，即解热镇痛消炎药，临床多用于肌肉痛、关节痛、神经痛等慢性疼痛。

镇痛药可选择性地消除或缓解痛觉，减轻由疼痛引起的紧张、烦躁不安等，使疼痛易于耐受，但对其他感觉无影响并保持意识清醒。典型的镇痛药为阿片类生物碱，如吗啡、可待因，也有一些人工合成代用品，如哌替啶、美沙酮。其特点是镇痛作用强大，但反复应用易于成瘾，又称为成瘾性镇痛药或麻醉性镇痛药。

(二)常用麻醉性镇痛药

吗啡(Morphine)

［理化性质］

盐酸盐为白色、有丝光的针状结晶或结晶性粉末；无臭。遇光易变质。在水中溶解，在乙醇中微溶，在三氯甲烷或乙醚中几乎不溶。

［**药理作用**］

本品注射易吸收，内服给药有很强的首过效应，生物利用度降低。分布于肾、肝、肺、脑组织液浓度较低。可通过胎盘屏障使胎儿麻醉，亦有少量自乳汁排出。在肝主要与葡萄糖醛酸结合，部分为游离型或生成去甲吗啡从尿中排出。猫因缺乏葡萄糖醛酸结合代谢途径而使消除半衰期延长，约为 3 h，而马为 88 min。

本品为阿片受体激动剂，产生强大的中枢性镇痛作用。镇痛范围广，对各种疼痛都有效，其中对持续性慢性钝痛的效力大于间断性锐痛。吗啡的中枢抑制作用有明显的种属差异，犬表现为镇静，猫、马、羊、猪及奶牛等表现为兴奋；另外，小剂量有抑制作用，大剂量则表现为兴奋作用。治疗量吗啡可抑制呼吸，使呼吸频率减慢；剂量增大，则抑制增强。还可抑制咳嗽中枢，产生镇咳作用。小剂量吗啡有止泻及致便秘作用。大剂量时，兴奋胃肠平滑肌，提高其张力，甚至达到痉挛的程度。

［**应用**］

本品主要做犬、猫镇痛药和犬的麻醉前给药。一般仅用于其他镇痛药无效时的急性锐痛，如严重创伤、烧伤等。

［**制剂、用法与用量**］

盐酸吗啡注射液，皮下或肌内注射：镇痛，一次量，每千克体重，马、牛、猪 0.1～0.2 mg，犬 0.5～1 mg；麻醉前给药，每千克体重，犬 0.5～2 mg。

哌替啶(Pethidine)

［**理化性质**］

本品又名杜冷丁。为目前常用的麻醉性镇痛药，可作为吗啡的良好代用品。为白色结晶性粉末；无臭。在水或乙醇中易溶，在三氯甲烷中溶解，在乙醚中几乎不溶。遇碱、碘及硫喷妥钠发生沉淀。久置变为浅红色，不可供注射用，应遮光密封保存。

［**药理作用**］

药动学、药效学特征的种属差异很大。

本品内服易吸收，有很强的首过效应。肌内、皮下注射后吸收迅速而完全，但作用时间较短。本品体内分布广泛，肝药浓度最高，脂肪中最低。主要在肝和肺经去甲基和水解代谢消除，5%以原形由尿中排出。可通过血脑屏障及胎盘屏障，也可经乳腺排出。

本品为阿片受体激动剂，作用与吗啡相似，具有镇痛、镇静、解痉、呼吸抑制等作用。镇痛作用比吗啡弱，维持时间亦较短，但较少引起动物便秘。有微弱的阿托品样作用，可解除平滑肌痉挛。在消化道发生痉挛时，使用本品可引发镇痛与解痉的双重作用，对子宫平滑肌无效，大剂量则导致支气管平滑肌收缩。亦可降低呼吸中枢对二氧化碳的敏感性，产生呼吸抑制作用，但抑制作用弱于吗啡，维持时间也较短。此外还有一定的镇静作用，可增强其他中枢抑制药(如戊巴比妥钠)的效应。

［**应用**］

本品主要用于缓解外伤、术后剧痛及内脏绞痛；也可用于犬、猫等麻醉前给药。

［**制剂、用法与用量**］

盐酸哌替啶注射液，皮下或肌内注射：一次量，每千克体重，马、牛、羊、猪 2～4 mg；犬、猫 5～10 mg。

芬太尼(Fentanyl)

[**理化性质**]

本品为白色结晶粉末;味苦。水溶液呈酸性反应,在热乙醇中易溶,在水、三氯甲烷中微溶。

[**药理作用**]

本品为人工合成的强效镇痛药,犬静脉注射、肌内注射后数分钟内显效,猫皮下注射 20～30 min后出现作用,一般维持 30～40 min,静脉注射给药后犬的恢复期约 1.5 h。血浆蛋白结合率 84%,主要由肝代谢失活。本品的药理作用与吗啡类似,但作用快,维持时间短。药效比哌替啶约强 650 倍,比吗啡强 100 倍。

[**应用**]

本品主要用于犬的小手术、牙科和眼科手术等。猫可用作安定、镇痛药。

[**制剂、用法与用量**]

枸橼酸芬太尼注射液,皮下、肌内或静脉注射:一次量,每千克体重,犬、猫 0.02～0.04 mg。

美沙酮(Methadone)

[**理化性质**]

本品为无色结晶或白色结晶性粉末;无臭。在乙醇或三氯甲烷中易溶,在水中溶解,在乙醚中几乎不溶。

[**药理作用**]

本品内服、皮下及肌内注射均吸收良好,90%与血浆蛋白结合。吸收后很快分布到各组织,如肺、肝、肾及脾,小部分进入脑中。在各种组织包括脑组织中能牢固地与蛋白质结合,反复给药易产生耐药性。在肝中广泛代谢,主要代谢产物由尿排泄,少量以原形药由胆汁排泄,酸化尿液可增加其排泄。

本品类似于吗啡,有较强的镇痛作用,作用时间 4～6 h。镇痛、镇咳和平滑肌兴奋作用弱,抑制呼吸中枢和缩瞳作用明显。

[**应用**]

本品用于腹痛、创伤性剧痛、术后镇痛,以及犬、猫的麻醉前给药。

[**制剂、用法与用量**]

盐酸美沙酮注射液,皮下或肌内注射:每千克体重,马 0.02 mg,犬 0.05 mg。

镇痛新(Pentazocine)

[**理化性质**]

本品又名喷他佐辛,为白色或类白色结晶性粉末;无臭,味苦。在三氯甲烷中易溶,在乙醇中溶解,在水中不溶。

[**药理作用**]

本品内服或注射均易吸收。首过效应强,内服生物利用度仅 33.3%。体内分布广泛,吸收后大部分在肝进行 N-去甲基代谢,少量以原形由尿排出。

本品作用与吗啡相似，按等效剂量计算，镇痛作用约为吗啡的 1/2，哌替啶的 5 倍；其镇静作用较弱，一般不用作术前给药。可用于各种剧烈疼痛，也用作麻醉辅助剂。

［**应用**］

一般用于术后恢复、骨折、脊髓障碍和外伤的镇痛。

［**制剂、用法与用量**］

乳酸镇痛新注射液，静脉、肌内或皮下注射：一次量，每千克体重，马 0.4～0.8 mg；猪 2 mg；犬 0.5～1.0 mg；猫 2.2～3.3 mg。

任务十　外周神经系统药理

一、概述

外周神经系统由脑神经和脊神经发出的大量神经纤维组成，按其功能可分为传出神经纤维（运动神经和植物神经）和传入神经纤维（感觉神经纤维）两类。

（一）外周神经的分布

植物神经或自主神经系统支配心、血管、腺体、平滑肌和内脏器官，不随意或自主地控制呼吸、循环、消化、腺体分泌、体温、代谢和排汗等。体神经或运动神经系统是随意的，只支配骨骼肌。运动神经系统从中枢到骨骼肌是单细胞传递路径，所有的突触都在中枢神经系统之内。运动神经元分出许多分支，每个分支支配单个肌纤维。

植物神经系统从中枢到终端器官需经过两个神经元，由中枢发出到神经节的纤维，称节前纤维，由神经节到效应器的纤维称节后纤维。所有的突触在中枢神经系统以外的神经节内。植物神经分为交感神经和副交感神经，植物神经的反射活动主要是调节体内器官的功能。

（二）外周神经的递质

神经冲动引起平滑肌、心肌、骨骼肌、外分泌腺和节后神经元发生的反应，是通过刺激释放神经递质而实现的。运动神经、交感和副交感神经的节前纤维，副交感神经的节后纤维，少数交感神经的节后纤维（汗腺、少数动物的骨骼肌舒血管神经）释放的神经递质是乙酰胆碱。绝大多数交感神经的节后纤维释放的递质是去甲肾上腺素。释放乙酰胆碱的神经称为胆碱能神经，释放去甲肾上腺素的神经称为肾上腺素能神经。

神经递质从突触或接头处消除的机制主要是酶分解、重新摄取或扩散。在大多数胆碱能接头处，乙酰胆碱酯酶使乙酰胆碱失活。如果酶被抑制，乙酰胆碱通过扩散消失。肽类递质由各种肽酶水解。去甲肾上腺素主要靠重新摄取消失。

还有一些支配胃肠道、呼吸道、血管和外生殖器的神经释放的递质为一氧化氮，其作用可引起血管舒张，阻止血小板凝集，调节肠蠕动和括约肌开闭，舒张支气管，刺激阴茎勃起等。在中枢还能调节对兴奋性氨基酸的应答，调控神经发育。

（三）外周神经系统药物

作用于外周神经系统的药物包括传出神经药物和传入神经药物。传出神经药物又分为植物神经药和肌肉松弛药，传入神经药物则分为局部麻醉药和皮肤黏膜用药。植物神经药根据药理性质又分为肾上腺素能神经药和胆碱能神经药。

二、肾上腺素能神经药

肾上腺素能神经元内能合成去甲肾上腺素，兴奋时从末梢释放去甲肾上腺素，兴奋相应的肾上腺素受体产生作用。肾上腺素受体分为α受体和β受体两类。又有α_1和α_2受体、β_1和β_2受体几种亚型。α受体和β受体在各脏器和组织中的分布不同，如皮肤黏膜血管平滑肌上主要是α_1受体，心脏主要是β_1受体，支气管平滑肌上主要是β_2受体，腹腔内脏血管平滑肌上α_1受体和β_1受体兼而有之，但以α_1受体为主。

凡能激动受体或产生与去甲肾上腺素相似生理效应的药物称为拟肾上腺素药；能阻断受体激动、降低机能的药物为抗肾上腺素药。

（一）拟肾上腺素药

又称为肾上腺素受体激动剂，此类药物能选择性地与肾上腺素受体结合，并激动受体，产生与递质去甲肾上腺素相似的药理作用。按其对不同肾上腺素受体的选择性而分为：α受体激动药、β受体激动药与α、β受体激动药。

肾上腺素(Epinephrine)

［**理化性质**］

为白色或类白色结晶性粉末；无臭，味苦。化学性质不稳定，遇氧化物、碱类、光及热，易氧化为粉红色，后呈棕色而失效。在水中极微溶解，在乙醇、三氯甲烷或乙醚中不溶，在无机酸或氢氧化钠溶液中易溶，在氨水溶液或碳酸钠溶液中不溶。贮藏时，应特别注意避光及避免与空气接触。

［**药理作用**］

本品内服给药，迅速破坏。皮下注射，因局部血管收缩而吸收缓慢。本品溶液经呼吸道吸入能产生扩张支气管作用。血中肾上腺素迅速被单胺氧化酶和儿茶酚胺氧位甲基转移酶分解失活，代谢物从尿中排出。

本品为强大的α和β受体激动剂。

本品兴奋心脏作用迅速而强大。通过激动心脏β_1受体，使心肌收缩力加强，心脏兴奋性增高，心率加快，传导加速，心输出量增多，使冠状血管扩张，心脏血液供应改善。但如果剂量过大，心脏的异位起搏点过度兴奋，可出现心律失常，甚至可发展为心室颤动。与血管上的α受体结合则产生血管收缩作用，皮肤、黏膜和内脏（如肾）的血管α受体占优势，故呈现收缩反应。如与血管上的β受体结合则产生血管舒张作用，冠状动脉和骨骼肌的血管是β受体占优势，故呈现扩张反应。肾上腺素主要作用于小动脉和毛细血管前括约肌，对静脉和大动脉的作用较弱。采用治疗量时，收缩压上升，舒张压不变或下降，脉压加大。较大剂量时，收缩压与舒张压均升高，脉压减小。

本品对支气管平滑肌有松弛作用，当支气管痉挛时松弛作用更为明显。能抑制胃肠平滑肌蠕动，收缩幽门和回盲括约肌，但当括约肌痉挛时，又有抑制作用。由于能收缩虹膜辐射肌，故瞳孔散大。

本品还能促进肝糖原、肌糖原分解，升高血糖，增加血乳酸量。并能加速脂肪分解，使血中游离脂肪酸增多，糖和脂肪代谢加快，细胞耗氧量增加等。这些作用的机理与本品能激活腺苷酸环化酶有关。

[应用]

用于心脏骤停的急救,各种过敏反应治疗,休克的抢救等。与局部麻醉药合用,延长局麻时间。

[**制剂、用法与用量**]

盐酸肾上腺素注射液,皮下或肌内注射:一次量,马、牛 2～5 mg;羊、猪 0.2～1.0 mg;犬 0.1～0.5 mg;猫 0.1～0.2 mg。静脉注射或心内注射:一次量,马、牛 1～3 mg;羊、猪 0.2～0.6 mg;犬 0.1～0.3 mg;猫 0.1～0.2 mg。

异丙肾上腺素(Isoproterenol)

[**理化性质**]

本品为白色或类白色的结晶性粉末;味微苦,无臭。在水中易溶,在乙醇中微溶,水溶液呈酸性,忌与碱性药物配合应用。应置遮光容器内,保存于阴凉处。

[**药理作用**]

本品对β受体作用较强,是强效扩支气管药,效果是肾上腺素的 10 倍。能增强心肌的收缩力,加快心率,但会引起心动过速,增加耗氧;能使外周血管扩张,血压下降。

[应用]

本品主要用于平喘,可缓解支气管痉挛所致的呼吸困难。也可用于心的房室阻滞、骤停及休克。

[**注意**]

本品用于抗休克时,应先补充血容量,因为血容量不足时,本品可致血压下降而发生危险。

[**制剂、用法与用量**]

盐酸异丙肾上腺素注射液,皮下或肌内注射:犬、猫 0.1～0.2 mg,每 6 h 一次。静脉滴注(等渗葡萄糖溶液):马、牛 1～4 mg;羊、猪 0.2～0.4 mg;犬、猫 0.05～0.1 mg。

麻黄碱(Ephedrine)

[**理化性质**]

本品的盐酸盐为白色针状结晶或结晶性粉末;无臭,味苦。遇光易变质。在水中易溶,在乙醇中溶解,应置遮光容器内密封保存。

[**药理作用**]

本品内服,皮下、肌内或静脉注射均可吸收。内服后从肠道吸收完全,由于其对局部血管收缩作用较弱,皮下注射后吸收迅速。此药不易受单胺氧化酶的破坏,只有少量在肝内代谢,大部分以原形从尿排出。

本品作用于去甲肾上腺素能神经末梢,可促进递质的释放。此外,由于麻黄碱的化学结构与肾上腺素相似,也能直接与肾上腺素受体结合,具有收缩外周血管、扩张支气管平滑肌等作用。效果弱但较为持久。

[应用]

本品主要用作平喘药。也可用作局部血管收缩药和扩瞳药,消除鼻腔黏膜充血、肿胀等。

[**制剂、用法与用量**]

盐酸麻黄碱片，内服：马、牛 50～300 mg；羊、猪 20～50 mg；犬 10～30 mg；猫 2～5 mg。

盐酸麻黄碱注射液，皮下注射：一次量，马、牛 50～300 mg；羊、猪 20～50 mg；犬 10～30 mg。滴鼻：用 0.5%～1%溶液。

多巴胺(Dopamine)

[**理化性质**]

本品是去甲肾上腺素生物合成的前体，药用为人工合成品。为白色针状结晶或结晶性粉末；无臭，味微苦。在水或乙醇中易溶，应密闭充氮避光保存。

[**药理作用**]

本品在一般剂量(低浓度)时，能直接兴奋心脏的β受体，使心肌收缩力加强，略增加心率，提高心输出量。对外周血管β受体作用甚微，但对内脏血管特别是肾和肠系膜血管，却有明显的扩张作用。当低速度灌注时，可以产生特殊的效应，既可兴奋心脏的β受体，同时又能兴奋肾、肠系膜血管中的多巴胺受体，表现为心收缩力增加和心输出量增加，心率和血压改变不明显，肾血管舒张，肾血流量和肾小球滤过率增加，肾功能明显改善，尿量增加。

[**应用**]

适用于感染性、出血性、中枢性和心源性等各型休克，对伴有心收缩力减弱及尿量减少的休克尤为适用。短期用于心肌衰竭和急性少尿性肾衰。

[**制剂、用法与用量**]

盐酸多巴胺注射液，静脉滴注：每千克体重，犬、猫 200 mg。

(二)抗肾上腺素药

又称肾上腺素能拮抗剂。与肾上腺素受体结合后，可竞争性地阻断肾上腺素能神经递质(如肾上腺素、去甲肾上腺素)或外源性拟肾上腺素类药物与受体的结合，而产生拮抗肾上腺素样作用，即抗肾上腺素的作用。根据作用的受体不同，抗肾上腺素药可分为α受体阻断药(如酚妥拉明)和β受体阻断药(如普萘洛尔)两类。

酚妥拉明(Phentolamine)

[**理化性质**]

本品为白色或类白色结晶性粉末；无臭，味苦。有吸湿性，在水或乙醇中溶解。

[**药理作用**]

本品为短效α受体阻断药。由于与血管收缩有关的α受体被阻断，因而产生血管舒张、血压下降等作用。同时还可反射性地引起心率加快，心肌收缩力加强，心输出量增加。

[**应用**]

本品主要用于外周血管性疾病，如四肢闭锁性血管内膜炎、四肢营养不良性溃疡、冻疮和抢救休克(如感染中毒性休克等)。

[**制剂、用法与用量**]

甲磺酸酚妥拉明注射液，抗休克，静脉滴注：一次量，每千克体重，各种动物 0.44～2.2 mg。

普萘洛尔(Propranolol)

[理化性质]

本品又名心得安。盐酸盐为白色或类白色结晶性粉末;无臭,味苦。在水中易溶,在乙醇中微溶。

[药理作用]

本品为β受体阻断药,能阻断心肌、支气管及血管平滑肌的β受体。因而具有减慢心率,抑制心脏收缩力和房室传导,减少心输出量和降低心肌耗氧量,降低血压。同时还有收缩支气管平滑肌的作用。

[应用]

本品用于治疗心绞痛和多种原因所致的心律失常,如房性及室性早搏,室上性心动过速,心房颤动,洋地黄及麻醉药引起的心律失常;也可用于犬的节律障碍、猫不明原因的心肌疾病。

[制剂、用法与用量]

盐酸普萘洛尔片,内服:一次量,犬 5~40 mg;猫 2.5 mg。每日 3 次。

盐酸普萘洛尔注射液,静脉注射:一次量,犬 1~3 mg;猫 0.25 mg。

三、胆碱能神经药

胆碱能神经元内能合成递质乙酰胆碱,兴奋时从末梢释放乙酰胆碱,与胆碱受体结合产生作用。胆碱受体,根据对药物反应不同,又分为毒蕈碱型胆碱受体(M 胆碱受体)和烟碱型胆碱受体(N 胆碱受体)。后者又分为两个亚型,即 N_1 和 N_2 受体。植物神经节细胞膜上的受体属 N_1 胆碱受体,全部副交感神经的节后纤维所支配效应器细胞膜上的受体属 M 胆碱受体,运动神经所支配的骨骼肌细胞膜上的受体是 N_2 胆碱受体。

凡能激动受体或产生与乙酰胆碱相似生理效应的药物称为拟胆碱药;能阻断受体激动、降低机能的药物为抗胆碱药。

(一)拟胆碱药

拟胆碱药又称胆碱能激动剂,是一类直接或间接作用于副交感神经,药理作用与神经递质乙酰胆碱作用相似的药物。按作用机制可分为胆碱受体激动药和抗胆碱酯酶药。

氨甲酰胆碱(Carbachol)

[理化性质]

本品的盐酸盐为无色或淡黄色小棱柱形结晶或结晶性粉末;有潮解性。在水中易溶,在乙醇中微溶。水溶液性质稳定,虽经煮沸也不被破坏。

[药理作用]

本品作用与乙酰胆碱相似,能直接兴奋 M 和 N 胆碱受体。在治疗剂量时主要表现为 M 样作用。在体内不易被胆碱酯酶水解,作用强而持久;对心血管系统作用较弱,对胃肠、膀胱、子宫等平滑肌器官作用较强。

对消化系统在用药 3~5 min 后,即见唾液分泌加强,并持续 30~40 min。用药 30~40 min,胃液和肠液分泌可增加数倍,可持续 1.5~3 h。在胃肠蠕动方面,小剂量可加强胃肠的收缩而促进肠内容物迅速排出，对反刍动物可促进瘤胃蠕动。但大剂量时可引起胃肠的痉挛性收缩，由于胃肠肌肉的紧张度提高，以致弛缓不完全，反而使其机能减弱，同时由于括约肌的强烈收缩，也可产生不利的影响，因此，在应用大剂量后，常常会引起剧烈的痉挛性疝痛。

［应用］

本品用于胃肠弛缓、大肠便秘、前胃弛缓和瘤胃积食，也可用于子宫蓄脓和排出死胎。

［注意］

禁止肌内注射和静脉注射。为避免不良反应，可将一次量分 2～3 次皮下注射，每次间隔 30 min 左右。禁用于老龄、体弱、心肺疾患及机械性肠梗阻的病畜。中毒时可用阿托品解救。

［制剂、用法与用量］

氨甲酰胆碱注射液，皮下注射：一次量，马、牛 1～2 mg；羊、猪 0.25～0.5 mg；犬 0.025～0.1 mg。治疗前胃弛缓：牛 0.4～0.6 mg；羊 0.2～0.3 mg。

氨甲酰甲胆碱(Bethanechol)

［理化性质］

本品为白色结晶性粉末；易潮解。在水或乙醇中易溶，在三氯甲烷或乙醚中不溶。水溶液稳定，可高压灭菌。

［药理作用］

本品主要激动 M 胆碱受体，对 N 受体几乎无作用。作用主要表现在肠管、膀胱和眼等方面，对心血管作用很小。阿托品可迅速阻断本品作用。不易被胆碱酯酶水解，作用持久。

［应用］

本品可用于胃肠弛缓、大肠便秘、前胃弛缓和瘤胃积食，也可用于子宫蓄脓和排出死胎。

［制剂、用法与用量］

氯化氨甲酰甲胆碱注射液，皮下注射：一次量，每千克体重，马、牛 0.05～0.1 mg；犬、猫 0.25～0.5 mg。

毛果芸香碱(Pilocarpine)

［理化性质］

本品的硝酸盐为无色结晶或白色结晶性粉末，无臭，遇光易变质。在水中易溶，在乙醇中微溶，在三氯甲烷或乙醚中不溶。

［药理作用］

能直接选择性地作用于 M 胆碱受体，产生与节后胆碱能神经兴奋相似的效应，故又称为节后拟胆碱药。其特点是对多种腺体、胃肠平滑肌有强烈的选择性兴奋作用，而对心血管系统及其他器官的影响相对较小，一般并不使心率变慢、血压下降。大剂量时也能出现 N 样作用。在腺体中以促进唾液腺、泪腺、支气管腺的分泌作用最明显，其次为胃腺、肠腺及胰腺等，而对汗腺的作用则较弱，但在马、羊并不明显。无论是注射或局部点眼，都能使瞳孔缩小，眼内压降低。

［应用］

用于不全阻塞的肠便秘、前胃弛缓、瘤胃不全麻痹、猪食道梗塞等。0.5%～2%溶液与散瞳药交替滴眼，用于虹膜炎，可防止虹膜与晶状体粘连。

［制剂、用法与用量］

硝酸毛果芸香碱注射液，皮下注射：一次量，马、牛 50～150 mg；猪 5～50 mg；羊 10～50 mg；犬 3～20 mg。滴眼剂：含量 0.5%～2%。

新斯的明（Neostigmine）

［理化性质］

本品的甲基硫酸盐为白色结晶粉末；无臭，味苦；有引湿性。在水中极易溶解，在乙醇中易溶。

［药理作用］

本品为季铵类化合物，内服不易吸收，而且吸收不规则，也不易通过血脑屏障。

为抗胆碱酯酶药，可产生完全拟胆碱效应。对各种腺体、心血管系统、支气管平滑肌及虹膜的作用较弱，兴奋胃肠道、膀胱和子宫平滑肌作用较强。兴奋骨骼肌作用最强，是因为除抑制胆碱酯酶外，还能直接激动骨骼肌 N_2 胆碱受体和促进运动神经末梢释放乙酰胆碱所致。无明显中枢作用。

［应用］

用于马肠弛缓、便秘，牛前胃弛缓、胎盘滞留、尿潴留，以及治疗重症肌无力、箭毒中毒、阿托品过量中毒和大剂量氨基糖苷类抗生素引起的呼吸衰竭等。

［制剂、用法与用量］

甲硫酸新斯的明注射液，皮下或肌内注射：一次量，马 4～10 mg；牛 4～20 mg；猪、羊 2～5 mg；犬 0.25～1 mg。

（二）抗胆碱药

抗胆碱药能与胆碱受体结合，本身不产生或较少产生抗胆碱作用，却能妨碍胆碱能神经递质或胆碱受体激动药与受体的结合，从而产生抗胆碱作用。按照其对 M 和 N 受体选择性的不同，可分为 M 胆碱受体阻断药和 N_1、N_2 胆碱受体阻断药。

阿托品（Atropine）

［理化性质］

本品是从茄科植物颠茄中提取的生物碱，本品的硫酸盐为无色结晶或白色结晶粉末；无臭；在水中极易溶解，在乙醇中易溶。

［药理作用］

本品易从胃肠道和黏膜吸收，吸收后分布于全身。能通过胎盘和血脑屏障。大多数在肝内被酶水解成莨菪醇和莨菪酸，由尿中排出。

本品竞争 M 胆碱受体，从而阻断乙酰胆碱的 M 样作用。对 M 受体阻断作用选择性极高，大剂量也能阻断神经节 N_1 受体。药理作用广泛。

治疗量的阿托品，对正常活动平滑肌的影响较小，当平滑肌痉挛或处于过度收缩状态时，阿托品的松弛作用就很明显。在各种内脏平滑肌中，阿托品对胃肠平滑肌解痉作用最强，膀胱逼尿肌次之，而对胆管、输尿管和支气管平滑肌作用较弱，对子宫平滑肌一般无效。可使瞳孔括约肌肉松弛，瞳孔散大，眼内压升高。

本品能抑制唾液腺、支气管腺、胃腺、肠腺等的分泌，用药后可引起口干，皮肤干燥，消化道、呼吸道的分泌大为减少，对汗腺分泌的影响因动物而异，对乳腺分泌则没有影响。

本品对抗迷走神经过度兴奋所致的房室传导阻滞和心律失常。大剂量可加快心率、扩张外周及内脏血管，解除小血管的痉挛，在补充血容量的前提下，可增加组织的血液灌注量，改善微循环。

大量阿托品吸收后有明显的中枢兴奋作用，除兴奋迷走神经中枢、呼吸中枢外，也可兴奋大脑皮质运动区和感觉区，中毒量时强烈兴奋大脑和脊髓，出现惊厥、昏迷甚至死亡。

[**应用**]

用于缓解胃肠痉挛，麻醉前给药，中毒性休克的治疗，解救有机磷中毒；局部给药用于虹膜睫状体炎及散瞳检查眼底。

[**制剂、用法与用量**]

硫酸阿托品片，内服：一次量，每千克体重，犬、猫 0.02～0.04 mg。

硫酸阿托品注射液，肌内、皮下或静脉注射：一次量，每千克体重，麻醉前给药，马、牛、羊、猪、犬、猫 0.02～0.05 mg。有机磷中毒，马、牛、羊、猪 0.5～1 mg；犬、猫 0.1～0.15 mg；禽 0.1～0.2 mg。

东莨菪碱(Scopolamine)

[**理化性质**]

本品为无色结晶或白色结晶性粉末；无臭，微有风化性。在水中易溶，在乙醇中微溶，在三氯甲烷中极微溶解，在乙醚中不溶。

[**药理作用**]

作用与阿托品相似，其特点为：散瞳作用较强而持续时间较短，抑制腺体分泌的作用也较阿托品强，但对心及支气管和胃肠平滑肌的作用则较弱。对中枢神经系统有明显作用，犬给予小剂量，通常有抑制作用，大剂量则可产生兴奋，出现不安和运动失调。对马可产生明显兴奋作用。

[**应用**]

治疗平滑肌痉挛，腺体分泌过多；解救有机磷中毒；麻醉前给药。

[**制剂、用法与用量**]

氢溴酸东莨菪碱注射液，皮下注射：一次量，牛 1～3 mg；猪、羊 0.2～0.5 mg；犬 0.1～0.3 mg。

(三)肌肉松弛药

神经肌肉接头的传导可被一些化合物阻断。凡能引起肌肉松弛的药物称为肌肉松弛药。

琥珀胆碱(Succinylcholine)

[**理化性质**]

本品为白色结晶性粉末；无臭，味咸。在水中极易溶，在乙醇或三氯甲烷中微溶，水溶液呈酸性，易分解。

［药理作用］

本品为去极化型肌肉松弛药，能与运动终板膜上的 N_2 胆碱受体相结合，阻断运动神经末梢所释放的乙酰胆碱与 N_2 胆碱受体结合，琥珀胆碱与受体结合后，能产生与乙酰胆碱相似且持久去极化作用。其特点是最初的去极化作用使动物表现出短时不同步的肌肉收缩和肌束颤动。肌肉松弛的顺序，首先是头部和颈部肌肉，其次为四肢和躯干肌肉，最后是肋间肌及膈肌。用药过量时由于膈肌麻痹窒息而死。此药作用快，消失亦快，持续时间短。静脉注射后 15 min 先呈现短暂的肌颤抽搐，接着发生肌肉麻痹。但是在肌肉麻痹持续时间和所需剂量上，存在着很大的种属差异性。

［应用］

用于化学保定及短期外科手术的辅助麻醉。

［制剂、用法与用量］

氯化琥珀胆碱注射液，静脉注射：一次量，每千克体重，马 0.07～0.2 mg；牛 0.01～0.016 mg；羊 0.016～0.02 mg；猪 2 mg；犬 0.06～0.15 mg；猫 0.11 mg；鹿 0.08～0.12 mg；猴 1～2 mg。

四、局部麻醉药

(一)概念

局部麻醉药简称局麻药，是一类能在用药局部可逆性阻断感觉神经发出的冲动与传导，使局部组织感觉尤其是痛觉暂时消失的药物。

局麻药在临床应用的浓度下作用于混合神经干，其阻断神经冲动传导的作用速度与神经纤维的种类、粗细、有无髓鞘等有关，对细的神经纤维比粗的神经纤维阻断快、作用消失得慢；对无髓鞘的神经比有髓鞘的神经阻断快。麻醉时感觉消失的顺序是：痛觉、嗅觉、味觉、冷觉、温觉、触觉及深部压力感觉，感觉恢复的顺序则相反。

(二)麻醉药的临床应用

1.表面麻醉

将药液直接滴于、涂布或喷雾于黏膜表面，使其透过黏膜而使黏膜下的感觉神经末梢麻醉。一般选择穿透力较强的局麻药，如丁卡因、利多卡因等。

2.浸润麻醉

将药液注入皮下或深部组织中，药液通过扩散浸润术区的感觉神经，阻断疼痛刺激向中枢传导而产生麻醉。这一方法在外科手术中最常用。一般是将针头插至所需深度，然后边退针，边注入药液。可根据手术需要，选用直线浸润、菱形浸润、扇形浸润、基部浸润和分层浸润等方法。最常用的药物多为毒性较小的普鲁卡因。

3.传导麻醉(阻断麻醉)

将药液注射到支配某一区域的神经干、神经丛或神经节周围，暂时阻断该神经干的传导功能，使该神经支配下的区域产生麻醉。此法使用少量麻醉药可产生较大区域的麻醉。常使用的药物多为普鲁卡因或利多卡因，其浓度及用量常与所麻醉神经的大小成正比。采用传导麻醉必须掌握神经干的位置、外部投影等局部解剖知识和熟练的操作技术，才能正确做好麻醉。例如，牛的乳房麻醉，应麻醉第3～5腰椎神经；马、牛的腹腔手术，应麻醉最后肋间神经、髂下腹神经和髂腹股沟神经。传导麻醉不会引起神经的永久性损伤。一般情况，用药后10 min开始完全麻醉，约持续1 h。注射时，须防止药液注入血管内。

4.椎管内麻醉

椎管内麻醉是硬膜外麻醉和蛛网膜下腔麻醉的总称。由于局麻药在椎管内的扩散，使特定区域内的神经冲动传导暂时阻滞，向中枢神经系统的上行冲动也被阻断，于是在相应的范围内达到麻醉，骨骼肌亦产生良好的松弛作用。

(1)硬膜外麻醉是将药液注入硬膜外腔内，使其沿脊神经根扩散至椎间孔，以麻醉脊神经根所支配的区域。注射部位通常在第一、第二尾椎间隙，荐骨与第一尾椎间隙，腰、荐椎间隙。因牛、马第一尾椎与荐骨往往紧密连接，其间隙较狭窄，一般不便操作，选好部位后将针头垂直刺入皮肤，以45°～65°角向前做倾斜刺入，穿过弓间韧带(感觉有一阻力)，再稍稍深入即刺入硬膜外腔，如回抽时无回血即可注入药液。适用于剖腹产，胃、肠手术，乳腺、阴茎、膀胱手术，截肢手术等。可选用利多卡因、普鲁卡因等。

(2)蛛网膜下腔麻醉是将药液从腰、荐椎间隙处注入蛛网膜下腔内，麻醉该部位的神经根，产生较广的麻醉范围，适用于腹部和后肢手术。确定腰、荐椎间隙处，将针头垂直刺入皮肤，徐徐推进针头，穿过弓间韧带(可感觉初次阻力)，再将针头小心向前推进，穿过硬膜及蛛网膜，可感到二次阻力，当阻力突然减小时轻轻回抽针芯，若有脑脊液流出，说明位置正确，即可注入麻醉药液。一般多用普鲁卡因或利多卡因。

椎管内麻醉，尤其是蛛网膜下腔麻醉，药液要求严格消毒，要注意药液的温度和注射速度，操作要特别谨慎，防止损伤脊髓，导致脑脊液感染、尾麻痹或截瘫等后遗症。蛛网膜下腔麻醉由于操作困难，兽医很少应用。

5.封闭疗法

将局部麻醉药注射到患部的周围或其神经通路，阻断病灶部的不良冲动向中枢传导，以减轻疼痛、改善神经营养。

(三)常用局部麻醉药

普鲁卡因(Procaine)

[**理化性质**]

本品的盐酸盐为白色结晶或结晶性粉末；无臭，味微苦，继而有麻痹感。在水中易溶，在乙醇中略溶，在乙醚中几乎不溶。本品在pH为3.5时保持稳定，易被酸碱催化降解。

[**药理作用**]

本品从注射部位吸收迅速，吸收后大部分与血浆蛋白结合，未与血浆蛋白结合的游离药物迅速地被血浆中的假性胆碱酯酶水解，生成对氨基苯甲酸和二乙氨基乙醇，从尿中排出。由于药物在注射部位很快被吸收和代谢，故普鲁卡因的作用时间较短，只有0.5～1 h。

本品对黏膜的穿透力弱，一般不宜用于表面麻醉。注入组织后，经几分钟即可呈现局麻作用。可减弱血管平滑肌的紧张度，并可通过对交感神经节和节后纤维的阻滞作用而使血管扩张，因此可使手术区渗血增多，并可加速局麻药的吸收而在局部失效。为了延长局麻作用时间和减少药物的吸收，常在此药溶液中加入少量肾上腺素(每100 mL药液中加入0.1%盐酸肾上腺素溶液0.2～0.5 mL)。

静脉注射低浓度的普鲁卡因，对中枢神经系统有轻度抑制、镇痛、解痉和抗过敏作用。对心血管系统也有抑制作用，能抑制心脏异位起搏点的自律性，延长不应期，因此也可用于治疗心动过速、心律不齐等。

[**应用**]

用于浸润麻醉、传导麻醉、硬膜外麻醉和神经封闭，也可用于马痉挛疝。

[**注意**]

本品在体内的代谢产物对氨基苯甲酸和二乙氨基乙醇，前者能竞争性地对抗磺胺药的抗菌作用，后者能增强洋地黄抑制心肌的传导作用。故不应与磺胺药和洋地黄合用。不宜与抗胆碱酯酶药、肌肉松弛药、氨茶碱、巴比妥类、碳酸氢钠及硫酸镁合用。

[**制剂、用法与用量**]

盐酸普鲁卡因注射液，浸润麻醉、封闭疗法：0.25%～0.5%浓度。传导麻醉：小动物用2%的浓度，每个注射点为2～5 mL；大动物用5%的浓度，每个注射点为10～20 mL。硬膜外麻醉：2%～5%溶液，马、牛20～30 mL。

利多卡因(Lidocaine)

[**理化性质**]

本品的盐酸盐为白色结晶性粉末；无臭，味苦，继有麻木感。在水或乙醇中易溶，在三氯甲烷中溶解，在乙醚中不溶。本品在pH为3～6时最为稳定。

[**药理作用**]

本品局部或注射给药，吸收较快，血浆蛋白结合率较高。分布广泛，能通过血脑屏障和胎盘。大部分在肝内被酰胺酶水解，10%～20%以原形由尿中排泄，少部分随胆汁排泄。

麻醉作用强度在1%浓度以下时，与普鲁卡因相似，但在2%以上浓度时，局麻强度可增强2倍，并有较强的穿透性和扩散性，适于表面麻醉。麻醉作用可持续1～1.5 h，比普鲁卡因长50%。本品静脉注射能抑制心室自律性，缩短不应期，可用作控制室性心动过速。

[**应用**]

用于表面麻醉、传导麻醉、浸润麻醉和硬膜外麻醉；也用于治疗心律失常。

[**制剂、用法与用量**]

盐酸利多卡因注射液，表面麻醉：2%～5%溶液。浸润麻醉：0.25%～0.5%溶液。传导麻醉：2%溶液，每个注射点，马、牛8～10 mL；羊3～4 mL。硬膜外麻醉：2%溶液，马、牛8～12 mL。

丁卡因(Tetracaine)

[**理化性质**]

本品为白色结晶或结晶性粉末；无臭，味微苦，有麻舌感。在水中易溶，在乙醇中溶解，在乙醚或苯中不溶。

[**药理作用**]

本品穿透力强，适用于表面麻醉，滴眼后无收缩血管、散大瞳孔、损伤角膜等不良反应，多用0.5%～1%溶液滴眼。本品的局麻作用和毒性约比普鲁卡因强10倍。注射后作用出现慢(约经10 min)，吸收后在血浆和肝的代谢远比普鲁卡因慢，因此局麻时间可长达3 h左右。由于毒性大、作用出现较慢，极少单独使用本品作浸润麻醉或传导麻醉。但可与普鲁卡因或利多卡因配制成混合液应用。例如，0.1%～0.2%丁卡因和1%～1.5%利多卡因的混合液用于传导麻醉。

［应用］

主要用于眼、鼻、喉的表面麻醉，很少用于传导麻醉和硬膜外麻醉。

［制剂、用法与用量］

盐酸丁卡因注射液，表面麻醉：滴眼0.5%溶液。喉头喷雾或气管插管1%～2%溶液，泌尿道黏膜0.1%～0.3%溶液。

五、皮肤黏膜用药

(一)保护药

保护药是指覆盖于皮肤、黏膜上，能缓和外界刺激，减轻炎症和疼痛，呈现机械性保护作用的药物。因保护药能缓和外界因素对皮肤和黏膜感觉神经末梢的刺激，故可减轻疼痛及炎症对机体产生的反射性反应，促其尽早痊愈。根据保护药的作用特点，可分为黏浆药、润滑药、吸附药和收敛药四类。

1.吸附剂

吸附剂是一类不溶于水，无药理活性，且性质稳定的极微细粉末状物质。因颗粒极细，具有巨大的表面积、能吸附毒物或其他有害物质，并在局部呈现机械性保护作用。内服能吸附细菌毒素或气体，外用可干燥和保护皮肤、创伤等。如药用炭、白陶土、滑石粉。

撒粉是常用的吸附药，一般为惰性、无毒物质，如淀粉、碳酸钙、滑石粉、二氧化钛、氧化锌和硼酸。多可单独使用，有的则是其他药物传输系统的载体。若粉末颗粒表面光滑，其主要作用是防止摩擦，保护擦伤和露肉的皮肤。粉末表面粗糙或多孔，主要起吸附水分的作用。吸水性粉末遇湿会凝结，在皮肤表面形成一层不透气的膜，故不宜用于潮湿、水分较多和高度渗出的皮肤表面。含有淀粉或其他碳水化合物的粉末，在水分较多的皮肤表面会结块，会为细菌或真菌提供能源，使其增殖导致二重感染，使受感染的皮肤进一步恶化。撒粉特别是滑石粉，不得用于体腔或化脓腔内，因为滑石粉会在这些腔内形成一些颗粒，但在皮肤表面是相对无害的。

2.黏浆剂

黏浆药是树脂、蛋白质、淀粉等一类药理性能不活泼的高分子胶性物质，溶于水后能配成黏稠胶状溶液，类似于黏膜分泌的黏液。用药后覆于黏膜或皮肤之上，达到保护黏膜、缓和炎性刺激、减轻炎性反应、阻止毒物吸收等作用。

淀粉(Starch)

本品为白色粉末；无臭，无味。在冷水或乙醇中均不溶解。覆盖黏膜或皮肤表面起机械性保护作用。可缓和胃肠炎症或延缓毒物的吸收。内服：一次量，马、牛100～500 g；羊、猪10～50 g；犬1～5 g。

明胶(Gelatin)

明胶是动物的皮、胃、腱与韧带中含有的胶原、经部分水解后得到的一种制品，为淡黄色至黄色、半透明、微带光泽的粉粒或薄片；无臭。潮湿后，易被细菌分解；在水中久浸即吸水膨胀并转化，重量可增加5～10倍。在消化道出血或腹泻时，可制成10%溶液内服，对其他内出血，可用其5%～10%注射液（以生理盐水为溶媒）静脉注射。制成明胶海绵亦常用于各种出血。内服：一次量，马、牛10～30 g；羊、猪5～10 g；犬0.5～3 g，用时配成10%水溶液。5%～10%明胶注射液，静脉注射：马、牛5～20 g。

3.润滑剂

润滑剂是指中性或近中性的油脂类或矿脂类物质，具有油样滑腻或黏着的特性，能润滑和软化皮肤、黏膜，缓和外来刺激，防止过度干燥，并有机械性保护作用。润滑药的种类很多，但可归纳为矿脂类、动物脂类、植物油类和合成的润滑药四类。矿脂类润滑药有凡士林、液体石蜡等。动物脂类润滑药有豚脂、羊毛脂等，可作为配制水溶性药物的软膏基质。植物油类润滑药有豆油、花生油、棉籽油、麻油、橄榄油等，外用润肤、内服缓泻，可作为配制胃肠保护药及油性制剂的赋形剂、软膏的基质等。合成的润滑药有二甲硅油、聚乙二醇、吐温-80等。

凡士林(Vaseline)

本品为从石油中得到的多种烃的半固体混合物，为淡黄色或白色半透明软块，无臭或几乎无臭；与皮肤接触有滑腻的感觉；具有一定的拉丝性。可与脂肪油随意混合，在乙醇或水中几乎不溶。性质稳定，可长期保存。35～40℃时可熔化成透明油状液，稍带荧光，呈中性反应，应密封保存。用于皮肤不被吸收，并可阻碍其他药物的吸收，能润滑和软化皮肤、黏膜，缓和外来刺激，起机械性保护作用。

羊毛脂(Lanolin)

羊毛脂为淡黄色或棕黄色的软膏状物；有黏性而滑腻；带微弱而特异臭味。本品在三氯甲烷或乙醚中易溶，在热乙醇中溶解，在乙醇中极微溶解，在水中不溶；但能与约2倍量的水均匀混合。易被皮肤及黏膜吸收，用其配制软膏时，可使药物迅速被黏膜或皮肤吸收。因能与2倍量水混合，故常为水溶性药物软膏的主要基质，并使主药能迅速吸收而发挥作用。

4.收敛药

收敛药是能保护感觉神经末梢，消退局部炎症，用于皮肤、黏膜（特别是损伤部）的保护药，是一类蛋白质沉淀剂。将其用于破损组织或炎症组织表面时，与局部表层组织或渗出物的蛋白质相互作用，使组织细胞蛋白质凝固，形成一层较致密的保护膜，以保护下层组织和感觉神经末梢免受外界刺激；同时消除血管扩张的反射因素而使血管收缩，通透性降低，局部渗出或分泌减少，呈现收敛、防腐、止血和抗炎作用。收敛药包括植物性收敛药和重金属盐。

鞣酸(Tannic Acid)

本品为淡黄色或浅棕色无晶形粉末，也可为疏松有光泽的鳞片或海绵状块；味极涩。本品在水和乙醇及甘油中极易溶解，水溶液呈酸性反应，久置可缓慢分解。本品具收敛、止血、防腐和抗炎作用，并能延缓毒物及其他有害物质的吸收。外用治疗皮肤或黏膜的湿疹、小面积烧伤、创伤及溃疡等。配成1%～10%的溶液或软膏冲洗或涂敷患处。

明矾(Alum)

本品为无色透明结晶或白色结晶性粉末;无臭;味微甜,极涩。本品在水中易溶,水溶液呈酸性反应,应密封保存。外用可治疗结膜炎、咽炎、子宫内膜炎、阴道炎等。内服能治疗胃肠出血及腹泻。内服:一次量,马、牛10～25 g;羊、猪2～5 g;犬0.5～2 g;禽0.2～0.5 g。外用0.5%～4%溶液冲洗黏膜炎症患部。

醋酸铅(Lead Acetate)

本品为无色或白色结晶,溶于水,在空气中可风化,并能缓慢吸收二氧化碳,故应密封保存。本品外用有收敛作用,0.5%～2%溶液可治疗皮肤或各种黏膜的急性炎症。

(二)刺激药

刺激药是指在皮肤、黏膜局部产生非特异性刺激作用而引起适宜程度炎性反应的药物。当刺激药与皮肤或黏膜接触后,首先刺激了感觉神经末梢,从此处发生的冲动,一方面向中枢传导,通过同一脊段的脑脊髓轴反射和轴突反射,使深层肌肉、肌腱、关节的炎症或相应内脏器官的疼痛得以消除或缓解。另一方面沿着感觉神经纤维逆向传导至附近的血管,引起局部血管扩张,因而可加强局部的血液循环,改善局部营养,促进慢性炎性产物的吸收,从而加速局部病变的消散。主要用于治疗四肢的各种慢性炎症,如慢性变形性骨关节炎、慢性关节周围炎、慢性屈腱炎。

松节油(Terebintine)

本品为松科属植物渗出的油树脂经蒸发所得的挥发油,主要成分为松油萜,为无色或淡黄色透明液体;有特殊气味。本品在水中难溶,在乙醇中易溶;可与乙醚、三氯甲烷或冰醋酸任意混合。

本品对皮肤既有刺激作用,又有消毒作用,主要用作发红剂。外用于各种关节炎、肌腱炎、周围神经炎等,以缓解疼痛,消除炎症。制成擦剂或10%软膏剂局部涂擦。

氨溶液(Ammonia Solution)

本品为无色澄明液体,含氨26%,易挥发,有强烈的氨臭,呈碱性反应,能与水或乙醇任意混合。外用为刺激药,治疗各种慢性炎症。10%氨溶液,动物吸入可反射性兴奋呼吸中枢和血管运动中枢,用于动物昏厥或突发性呼吸衰竭的急救。

薄荷脑(Menthol)

本品为无色披针形结晶,有强烈薄荷香气,味芳香清凉。难溶于水,易溶于乙醇,溶于液体石蜡、甘油等。薄荷叶中约含1%薄荷油,油中主要成分为薄荷脑。

本品有局部刺激作用,涂擦患部,可由于诱导作用而使疼痛减轻;本品溶于液体石蜡后用于发炎黏膜,可使血管收缩、肿胀减轻、炎症消退,可用于治疗支气管炎。

任务十一　水合氯醛及氯丙嗪对麻醉作用的影响

[目的要求]

观察水合氯醛的全身麻醉作用及主要体征变化。了解氯丙嗪的增强麻醉作用。

[材料]

动物：家兔。

药品：10%水合氯醛溶液、2.5%盐酸氯丙嗪注射液。

器材：兔固定器、注射器(1 mL、5 mL)、5 号针头。

[方法和步骤]

①取健康家兔 3 只，称重，观察其正常情况，包括呼吸、脉搏、体温、瞳孔大小、角膜反射、痛觉反射、翻正反射、骨骼肌紧张度等。

②分别给各家兔注射药物。1 号按每千克体重 1.2 mL 剂量静脉注射 10%水合氯醛溶液；2 号按每千克体重 0.6 mL 剂量静脉注射 10%水合氯醛溶液；3 号先按每千克体重 0.12 mL 剂量静脉注射 2.5%盐酸氯丙嗪注射液，然后再按每千克体重 0.6 mL 剂量静脉注射 10%水合氯醛溶液。

③分别观察各家兔的反应及体征。将结果记入下表：

兔号	体重	药物及剂量	麻醉时间		用药前			用药后		
			出现时间	持续时间	痛觉反射	角膜反射	肌肉紧张度	痛觉反射	角膜反射	肌肉紧张度
1 号 2 号 3 号										

[作业]

全身麻醉时，为什么要观察体征？氯丙嗪对麻醉产生了何种作用？为什么？

任务十二　肾上腺素对普鲁卡因局部麻醉作用的影响

[目的要求]

观察肾上腺素对普鲁卡因局部麻醉作用时间的影响。

[材料]

动物：家兔。

药品：0.1%盐酸肾上腺素注射液、2%盐酸普鲁卡因注射液。

器材：注射器(1 mL、5 mL)、8 号针头、毛剪、镊子、酒精棉球、台秤。

[方法和步骤]

①取家兔 1 只，称重，观察其正常活动情况，用针刺后肢，观察有无疼痛，并记录。

②在一侧坐骨神经周围，按每千克体重 2 mL 剂量注射 2%盐酸普鲁卡因注射液（使兔自然俯卧，在尾部坐骨嵴与股骨头之间摸到一凹陷处，即为注射处）。同样方法在另一侧坐骨神经周围，按每千克体重 2 mL 剂量注射加有肾上腺素的普鲁卡因注射液（每 10 mL 2%普鲁卡因注射液中加 0.1%盐酸肾上腺素注射液 0.1 mL）。

③5 min 后开始观察两后肢有无运动障碍，并以针刺，观察有无疼痛，以后每 10 min 检查一次，观察两后肢恢复感觉的情况，并记入下表：

药物	用药前动物活动情况及针刺反应	用药后各时间(min)动物活动情况及针刺反应						
		5	10	20	30	40	50	60
注射普鲁卡因								
注射普鲁卡因加肾上腺素								
分析								

［**作业**］

实训报告，并说明普鲁卡因与肾上腺素合用的临床意义。

【学习要求】

识记　中枢兴奋药、全身麻醉药、镇静药、安定药、镇痛药、肌肉松弛药、局部麻醉药、吸附剂、黏浆剂、润滑剂及刺激药的概念。

理解　中枢兴奋药分类、外周神经系统药物的分类及药物的作用机理。

运用　合理选用神经系统药物处理动物疾病。

【知识拓展】

传出神经的生理功能

传出神经所支配的效应器中除骨骼肌只受运动神经支配外，多数器官都同时接受去甲肾上腺素能神经和胆碱能神经的双重支配，并且在多数情况下它们的作用互相颉颃，但从整体来看，这两类神经功能的相互颉颃并不是对立的，而是在中枢神经系统的调节下，使它们的功能既对立又统一。在实际情况下，只有两者辩证地对立和统一，才能使机体的生理机能更好地适应内外环境变化的需要，维持正常的生理状态。传出神经的主要功能见表 2-1。

表 2-1　传出神经所支配的效应器上受体分布与效应

效应组织	肾上腺素能神经受体及效应	胆碱能神经受体及效应
心脏	一般为兴奋	一般为抑制
窦房结	β_1：增加心率	M：减慢心率
心房	β_1：增强收缩力，提高传导速率	M：降低收缩力
房室结	β_1：增强自律性，提高传导速率	M：减慢传导速率，阻断房室结
浦肯野系统	β_1：增强自律性，提高传导速率	…
心室	β_1：增强收缩力，提高传导速率，增强应激性	M：降低收缩力

续表 2-1

效应组织	肾上腺素能神经受体及效应	胆碱能神经受体及效应
血管		
冠状动脉	α_1：收缩；β_2：扩张	M：扩张
皮肤、黏膜	α_1：收缩	M：扩张
大脑	α_1：收缩；β_2：扩张	M：扩张
骨骼肌	α_1：收缩；β_2：扩张	M：扩张
内脏	α_1：收缩；β_2：扩张	M：扩张
肾	α_1：收缩；β_2：扩张	M：扩张
生殖道	α_1：收缩	
静脉	α_1：收缩	
内皮	α_2：收缩	
胃肠道	一般为抑制	一般为兴奋
平滑肌	β_1：松弛；α：松弛	M：增强运动性和紧张度
括约肌	α：收缩	M：松弛
分泌	减少（通常）	M：增加
胆囊和胆管	松弛	M：收缩
支气管		
平滑肌	β_2：松弛	M：收缩
腺体	抑制	兴奋
眼		
虹膜辐射肌	α_1：收缩（瞳孔扩大）	…
虹膜括约肌	…	M：收缩（瞳孔缩小）
睫状肌	β：松弛，远视	M：收缩；近视
膀胱	尿潴留	排尿
底部	β_1：松弛	M：收缩
三角部、括约肌	α：收缩	M：松弛
脾膜	α：收缩；β_2：松弛	…
汗腺	β_2：分泌	M：分泌
唾液腺	α_1：少量、黏稠性分泌	M：大量、稀薄性分泌
竖毛肌	α：收缩	…
肾素释放	α_2：减少；β_1：增加	…
子宫	α_1：收缩；β_1：松弛（非孕期＞孕期）	收缩
外生殖器		
雄性	α：射精	M：勃起
雌性	…	…
肾上腺髓质	…	N_1：分泌
植物神经节	…	N_1：神经节排泌、兴奋
肝	β_2：糖原水解与生成（有些动物为 α）	…
胰腺		
胰岛细胞	α_2：减少分泌；β_2：增加分泌	…
腺泡	α：减少分泌	M：增强分泌
脂肪细胞	β：脂肪分解	…
肾上腺素能神经末梢	α_2：减少去甲肾上腺素释放；β_2：增加去甲肾上腺素释放	M：减少去甲肾上腺素释放
血小板	α_2：凝集	…
骨骼肌	…	N_2：收缩

注：…表示作用未明。

【知识链接】

1.《中华人民共和国兽药典兽药使用指南化学药品卷》

2.《处方药与非处方药管理办法》

3. 中国兽药信息网 http://www.ivdc.gov.cn

Project 3

内脏系统药理

学习目标

掌握常用血液循环系统药物、消化系统药物、呼吸系统药物、泌尿及生殖系统药物的作用与应用。

理解各类药物的作用机理及注意事项。

【学习内容】

任务十三　血液循环系统药理

血液循环系统药物的主要作用是能改变心血管和血液的功能。虽然还有其他药物也能影响心血管的功能，但它们还有其他重要的药理作用，故分别在有关项目中讨论。根据兽医临床应用实际，本任务主要介绍作用于心脏的药物、止血药与抗凝血药及抗贫血药。

一、作用于心脏的药物

作用于心脏的药物种类很多，有些是直接兴奋心肌（如强心苷），有些是通过神经的调节来影响心脏的功能（如拟肾上腺素药），有些则通过影响 cAMP 的代谢而起强心作用（如咖啡因）。它们的作用强弱、快慢，作用机制和适应症均有所不同，必须根据疾病情况合理选用。

（一）治疗充血性心力衰竭的药物

充血性心力衰竭（CHF）是指心脏疾病发展到一定程度，即使充分发挥代偿能力仍然不能泵出足够的血液以适应机体所需而产生的一种综合征。临床表现为水肿、呼吸困难和运动耐力下降等。常继发于心脏本身的各种疾病，如缺血性心脏病、心包炎、心肌炎、慢性心内膜炎或先天性心脏病等。机体初期可通过一系列代偿机制如心肌增生，反射性兴奋交感神经，激活肾素-血管紧张素-醛固酮系统，以加强心脏收缩力和加快心搏动，增加心输出量，维持血液供应的动态平衡。但这些代偿机制的功能有限，而且过分的代偿可导致心肌储备能量过多地消耗，加重了心肌机能障碍。由于心室舒张期大为缩短，心脏充盈不足，心血输出量更为减少，结果大量血液滞留在静脉系统而发生全身静脉淤血，静脉压升高；又由于组织缺氧，毛细血管通透性增加，使水分从毛细血管渗出进入细胞外液，发生水肿。当病程得不到控制，迁延日久就成为慢性心功能不全，因常表现为显著的静脉系统充血，故称充血性心力衰竭。

临床上对本病的治疗，除治疗原发病外，主要使用改善心脏功能、增强心肌收缩力的药物。强心苷类至今仍属首选药物，近年也出现一些非强心苷类而能加强心脏收缩性的药物，如多巴酚丁胺，其应用的原理与强心苷相同。

1. 强心苷类

是一类选择性作用于心脏，加强心肌收缩力，主要用于治疗充血性心力衰竭（慢性心功能不全）的药物。各种强心苷对心脏的作用基本相似，主要都是加强心肌收缩力、增加心输出量、降低心室肌张力和心肌耗氧量、抑制传导、减慢心率，减轻淤血症状、消除水肿等。但在作用上有强弱、快慢及持续时间长短的不同。临床上分两类：

慢效类：作用出现慢，维持时间长，体内代谢慢，蓄积性大。如洋地黄（叶粉）、洋地黄毒苷等。

速效类：作用出现快，维持时间短，体内代谢快，蓄积性小。如毒毛旋花苷 K、西地兰、地高辛等。

强心苷的传统用法常分为两步，即首先在短期内（24～48 h）应用足量的强心苷（如洋地黄毒苷)，使血中迅速达到预期的治疗浓度，称为洋地黄化，所用剂量称全效量；然后每天继续用较小剂量以维持疗效，称为维持量。

洋地黄毒苷(Digitoxin)

[理化性质]

本品为玄参科植物紫花洋地黄的干叶或叶粉的提纯制剂。为白色或黄白色微结晶粉末；无臭，味极苦。在乙醇、三氯甲烷中溶解，在乙醚中微溶，在水中不溶。

[药理作用]

本品给单胃动物内服后能在小肠迅速吸收，反刍动物内服后因瘤胃微生物的破坏，往往不能获得预期可靠的效果。蛋白结合率高，在肝中进行转化，从胆汁排出，可形成肠肝循环。消除半衰期个体差异较大(13～48 h)，犬的消除半衰期长达约 20 h。

[应用]

本品具有严格的适应症，主用于治疗马、牛、犬等充血性心力衰竭，心房纤维性颤动和室上性心动过速等。

[制剂、用法与用量]

洋地黄毒苷片，内服：每千克体重，洋地黄化剂量，马 0.03～0.06 mg；犬 0.11 mg，每日 2 次，连用 24～48 h。维持剂量，马 0.01 mg；犬 0.011 mg，每日 1 次。

地高辛(Digoxin)

[理化性质]

本品为白色结晶或结晶性粉末；无臭，味苦。在吡啶中易溶，在稀醇中微溶，在三氯甲烷中极微溶解，在水或乙醚中不溶。

[药理作用]

内服给药吸收较迅速但不完全，血红蛋白结合率较低，约为 25%。体内分布广泛，在肝代谢，主要经肾排泄，小部分经胆汁排泄。肾功能障碍时，用药量需相应调整。半衰期变化较大，一般在 24～40 h 内。反刍动物内服本品易被瘤胃微生物破坏，吸收不规则。

[应用]

适用于治疗各种原因所致的慢性心功能不全、阵发性室上性心动过速和心房颤动等。

[制剂、用法与用量]

地高辛片，内服：每千克体重，洋地黄化剂量，马 0.06～0.08 mg，每 8 h 一次，连续 5～6 次；犬 0.02 mg，每 12 h 一次，连用 3 次。维持剂量，马 0.01～0.02 mg；犬 0.01 mg。

地高辛注射液，静脉注射：每千克体重，首次量，马 0.014 mg；犬 0.01 mg。维持量，马 0.007 mg；犬 0.005 mg，每 12 h 一次。

毒毛旋花苷 K(Strophanthin K)

[理化性质]

本品为白色或微黄色粉末，遇光易变质，在水或乙醇(90%)中溶解，在三氯甲烷中极微溶解，在乙醚或苯中几乎不溶。

[**药理作用**]

内服吸收很少,不宜内服给药。静脉注射作用快,3～10 min即显效,0.5～2 h作用达高峰,作用持续时间10～12 h,以原形经肾排泄。维持时间短,蓄积性小。

[**应用**]

主要用于充血性心力衰竭。

[**制剂、用法与用量**]

毒毛旋花苷K注射液,静脉注射:一次量,马、牛1.25～3.75 mg;犬0.25～0.5 mg。临用前用5%葡萄糖注射液稀释10～20倍后缓慢注射。

2.其他

米力农(Milrinone)

本品为双吡啶类衍生物,能选择性抑制磷酸二酯酶活性而提高细胞内的cAMP含量,兼有正性肌力和血管扩张作用。在犬体内的半衰期大约是2 h,内服给药30 min内即能呈现作用,1.5～2 h后作用达到峰值,药效大约持续6 h。

本品主要用于治疗犬的自发性心脏衰竭。内服,每千克体重,犬0.5～1 mg,每日2次。

肼屈嗪(Hydralazine)

本品能扩张小动脉(阻力血管),降低外周阻力及后负荷,进而改善心功能,增加心排出量,增加动脉供血,缓解组织缺血症状,并可弥补或抵消因小动脉扩张而可能发生的血压下降和冠状动脉供血不足等不利影响,适用于心排出量明显减少而外周阻力升高的患畜。犬在内服盐酸肼屈嗪后很快被吸收,1 h之内开始出现作用,3～5 h后作用达到高峰。该药主要经肝代谢。

本品可用于治疗犬由二尖瓣机能不全引起的超负荷充血性心力衰竭。内服剂量为每千克体重1 mg,根据实际临床状况,剂量可适当上调,但不能超过每千克体重3 mg。

卡托普利(Captopril)

本品能够降低试验性心脏衰竭的犬血液中醛固酮的浓度,并能改善自然发生心脏衰竭的犬的临床状况。患有充血性心力衰竭的犬使用的有效剂量为每千克体重1～2 mg,每日3次。

依那普利(Enalapril)

本品能够降低心脏衰竭犬的肺毛细血管压、心率、平均血压和肺动脉压,能够增加犬的运动能力和降低心脏衰竭的严重程度,减轻肺水肿,使机体的状况得到全面改善。

根据临床上犬心脏衰竭的程度,推荐剂量为每千克体重0.5～1 mg,若犬在轻微运动后即出现呼吸困难、端坐呼吸、心性咳嗽和肺水肿等迹象时,应当控制食物含盐量,首次给药2～4 d后使用利尿剂。

(二)抗心律失常药

当心脏自律性异常或冲动传导障碍时,均可引起心动过速、过缓或心律不齐,统称为心律失常。心律失常可分为快速型和缓慢型两类,前者常见的有心房纤维性颤动、心房扑动、房性心动过速、室性心动过速和早搏(期前收缩)等;后者有房室阻滞、窦性心动过缓等。

奎尼丁(Quinidine)

[**理化性质**]

本品是由茜草科植物金鸡纳树皮中提得的生物碱,是抗疟药奎宁的右旋异构体。

[**药理作用**]

本品内服、肌内注射均能迅速有效吸收,内服后心肌中药物浓度为血浆中的 10 倍,$t_{1/2}$ 约 6 h。本品在体内分布广泛,可以分布到乳汁和胎盘。大部分在肝进行羟化代谢,约 20% 以原形在给药 24 h 后从尿中排出。

本品主要是抑制心肌兴奋性、传导速率和收缩性,它能延长有效不应期,从而防止折返移动现象的发生和增加传导次数。奎尼丁还具有抗胆碱能神经的活性,降低迷走神经的张力,并促进房室结的传导。

[**应用**]

主要用于小动物或马的室性心律失常的治疗,不应期室上性心动过速、室上性心律失常伴有异常传导的综合征和急性心房纤维性颤动。

[**制剂、用法与用量**]

硫酸奎尼丁片,内服:一次量,每千克体重,犬 6~16 mg;猫 4~8 mg,每日 3~4 次。

普鲁卡因胺(Procainamide)

作用与奎尼丁基本相似,但抑制心脏传导以房室结以下为主。主要用于室性心律失常,包括室性早搏及室性心动过速;对房性心律失常也可选用,但对心房纤颤和心房扑动疗效较差。内服:一次量,每千克体重,犬 8~20 mg,每日 4 次。

二、止血药与抗凝血药

血液中存在着凝血和抗凝血两种对立统一的机制,并因此保证了血液的流动性。此过程极为复杂,必须在许多成分(凝血因子)的参与下才能进行。凝血过程大致经历三个主要步骤:第一步为凝血酶原激活物的形成;第二步为凝血酶原激活物催化凝血酶原转变为凝血酶;第三步为凝血酶催化纤维蛋白原转变为纤维蛋白,至此血凝块形成。正常情况下,循环流动的血液不会在血管中凝固,其原因是多方面的。除了血管内壁光滑,血液未与组织损伤面接触,不能激活有关凝血因子以外,主要是由于血浆中含有抗凝血物质和纤维蛋白溶解作用有关。止血药和抗凝血药通过影响血液凝固和溶解过程中的不同环节而发挥凝血和抗凝血作用。

(一)止血药

止血药是指能加速血液凝固或降低毛细血管通透性,从而制止出血的药物。可通过影响某些凝血因子,促进或恢复凝血过程而止血,也可通过抑制纤维蛋白溶解系统而止血,后者亦称抗纤溶药,如氨甲环酸。能降低毛细血管通透性的药物(如肾上腺素色腙)也常用于止血。

由于出血原因很多,各种止血药作用机理亦有所不同。在临床上应根据出血原因、药物功能、临床症状等而采用不同的处理方法。制止大血管出血需用压迫、包扎、缝合等方法;毛细血管和静脉渗血或凝血机制障碍等出血,除对因治疗外,选用止血药。

止血药根据其作用范围可分为全身作用止血药和局部作用止血药。全身止血药按作用机理不同,可分为三类:①影响凝血因子活性的止血药,如维生素 K 和酚磺乙胺;②抗纤维蛋白溶解的止血药,如氨基己酸、止血环酸、对羧基苄胺;③作用于血管的止血药,如安络血。

维生素 K(Vitamin K)

[理化性质]

维生素 K 为萘醌化合物。广泛存在于自然界,由苜蓿叶中提取的称维生素 K_1,由腐败鱼粉所得者称维生素 K_2,人工合成品亚硫酸氢钠甲萘醌称维生素 K_3,二乙酰甲萘醌称为维生素 K_4。

[药理作用]

本品内服在胆盐存在下可直接吸收,也可肌内注射。吸收后在肝浓集很短时间,但不在肝或其他组织储存。在肝内迅速氧化后再与葡萄糖醛酸结合从胆汁和尿液排出。

维生素 K 为肝合成凝血酶原的必需物,缺乏维生素 K 可致凝血因子合成障碍,影响凝血过程而引起出血倾向或出血。

[应用]

主要用于治疗因维生素 K 缺乏或中毒所引起的出血性疾病。

[制剂、用法与用量]

维生素 K_1 注射液,维生素 K_3 注射液,肌内注射:一次量,马、牛 100～300 mg;羊、猪 30～50 mg;犬 10～30 mg;猫 1～5 mg;兔 1～2 mg;禽 2～4 mg,一日 2～3 次。

维生素 K_4 片,混饲:每 1 000 kg 饲料,雏禽 400 mg;产蛋鸡、种鸡 2 000 mg。

酚磺乙胺(Etamsylate)

[理化性质]

本品又名止血敏,化学名二羟基苯磺酸二乙胺。为白色结晶或结晶性粉末;无臭,味苦;有引湿性。遇光易变质。在水中易溶,在乙醇中溶解,在丙酮中微溶,在三氯甲烷或乙醚中不溶。

[药理作用]

本品能使血小板数量增加,增强血小板的聚集和黏附,促进凝血活性物质的释放,缩短凝血时间,从而产生止血作用。还可增强毛细血管抵抗力及降低其通透性。本品作用快速,静脉注射后 1 h 作用最强,一般可维持 4～6 h。毒性低,无副作用。可与其他类型止血药如氨甲苯酸、维生素 K 等联用。

[应用]

适用于各种出血,如内脏出血、子宫出血及手术前预防出血和手术后止血。

[注意]

预防外科手术出血,应在术前 15～30 min 用药。必要时可每隔 2 h 注射 1 次,也可与维生素 K_3 或氨基己酸等配合应用。

［制剂、用法与用量］

酚磺乙胺注射液，肌内或静脉注射：一次量，马、牛 1.25～2.5 g；羊、猪、犬 0.25～0.5 g，一日 2～3 次。

氨基己酸（Aminocaproic Acid）

［理化性质］

本品又名 6-氨基己酸，为白色或黄白色结晶性粉末；无臭，味苦。在水中溶解，其 3.52％水溶液为等渗溶液。应密闭保存。

［药理作用］

本品是抗纤维蛋白溶解药，可抑制纤维蛋白溶酶原的激活因子，从而减少纤维蛋白的溶解，达到止血的目的；高浓度时对纤维蛋白溶酶有直接抑制作用。

［应用］

用于纤维蛋白溶解症所致的出血，如外科大型手术出血、子宫出血、肺出血及消化道出血等。

［制剂、用法与用量］

氨基己酸注射液，静脉滴注：首次用量，马、牛 20～30 g；加于 500 mL 生理盐水或葡萄糖溶液中。猪、羊 4～6 g，加于 100～200 mL 生理盐水或葡萄糖溶液中。维持量：马、牛 3～6 g；猪、羊 1～1.5 g。1 次/h。

安络血（Carbazochromum）

［理化性质］

本品又名安特诺新，是肾上腺色素缩氨脲与氨基水杨酸钠的复合物，为橘红色结晶或结晶性粉末；无臭，无味。在水、乙醇中极微溶解，在三氯甲烷和乙醚中不溶。

［药理作用］

具有增强毛细血管对损伤的抵抗力，促进毛细血管断裂端的回缩，降低毛细血管的通透性，减少血液外渗等作用。

［应用］

用于毛细血管通透性增加而产生的出血，肺出血、胃肠出血、血尿、子宫出血等。

［制剂、用法与用量］

安络血注射液，肌内注射：一次量，马、牛 50～100 mg；羊、猪 10～20 mg，一日 2～3 次。

明胶海绵（Absorbable Gelatin Sponge）

［理化性质］

本品以纯明胶配成 6％～10％溶液，快速搅拌使产生泡沫后，加入甲醛硬化，冰冻，干燥，切成适当块状，以干热法消毒即得。为白色或微黄色、质轻、软而多孔的海绵状物，具吸水性；经较重的揉搓，不致崩碎。水中不溶。

［药理作用］

局部止血剂。明胶海绵含无数小孔，敷于出血处，血液进入小孔中，血小板破坏，释出凝血因子而促进血液凝固，同时也具有机械压迫止血的作用。在体内经 4～6 周可完全吸收。

[应用]

用于创口渗血区止血，如外伤性出血、手术止血、毛细血管渗血、鼻出血等。

[用法与用量]

贴于出血处，再用干纱布压迫。

淀粉海绵(Absorbable Starch Sponge)

将淀粉调成糊状，再加水冰冻 72 h，然后在室温中解冻，分次用 70%、80%、90%的乙醇脱水，经消毒即得。用于局部止血，临用时，用灭菌生理盐水浸软后，取出，挤去水分。

(二)抗凝血药

抗凝血药是指能延缓或阻止血液凝固的药物，常用的有肝素和枸橼酸钠。通过影响凝血过程不同环节而发挥作用，常用于输血，血样保存，实验室血样检查，体外循环以及有血栓形成倾向的疾病。

肝素(Heparin)

[理化性质]

本品自猪、牛或羊的肺、肝和小肠黏膜中提取的硫酸氨基葡聚糖的钠盐，属黏多糖类物质。为白色或类白色的粉末；有引湿性，在水中易溶。

[药理作用]

本品内服无效，必须注射给药。静脉注射后均匀分布于白细胞和血浆，很快进入组织，并与血浆、组织蛋白结合。在肝被代谢，经肾排出。其生物半衰期变异较大，并取决于给药剂量和给药途径。

本品在体内外均有抗凝血作用，对凝血过程的每一步都有抑制作用。能与血管内皮细胞壁结合，影响血小板的聚集和黏附，并增加纤溶酶原激活因子的水平。另外，肝素还有清除血脂和抗脂肪肝的作用。

[应用]

用于治疗马和小动物的弥散性血管内凝血，各种原因引起的血管内凝血及各种急性血栓性疾病如手术后血栓。还可用于输血及血液检查时体外血液样品的抗凝等。

[注意]

应用过量导致严重出血，使用鱼精蛋白急救。

[制剂、用法与用量]

肝素钠注射液，肌内或静脉注射：每千克体重，马、牛、羊、猪 100～130 U；犬 150～250 U；猫 250～375 U。体外抗凝：每 500 mL 血液用肝素钠 100 U。血样：每毫升血样加肝素 10 U。

枸橼酸钠(Sodium Citrate)

枸橼酸钠又名柠檬酸钠。为无色结晶或白色结晶性粉末；无臭，在湿空气中微有潮解性，在热空气中有风化性。本品在水中易溶，在乙醇中不溶。含有的枸橼酸根离子能与血浆中钙离子形成难解离的可溶性络合物，使血中钙离子减少，从而阻滞了钙离子参与血液凝固过程而发挥抗凝血作用。仅用于体外抗凝血，一般配制成 4%灭菌溶液，在每 100 mL 血中加 10 mL。

尿激酶(Urokinase)

尿激酶是从人尿中分离得来的一种糖蛋白，也可由基因重组技术制备，相对分子质量约为 53×10^3。尿激酶可直接激活纤溶酶原使之转变为纤溶酶。本品对纤维蛋白无选择性，既可以裂解血块表面的纤维蛋白，也可以裂解血液中游离的纤维蛋白原。此外，尿激酶还能促进血小板凝集。可用于术后腹膜粘连。腹腔注射：每千克体重，5 000～10 000 IU。

三、抗贫血药

抗贫血药是指能增进机体造血机能，补充造血的必需物质，改善贫血状态的药物。贫血是指循环血液单位容积中红细胞数或血红蛋白量低于正常值的病理状态。兽医临床上常按其病因和发病原理，把贫血分为四种，即失血性贫血，溶血性贫血，营养不良性贫血(包括缺铁所致的低色素性小红细胞性贫血，缺乏维生素 B_{12} 或叶酸所致的巨幼红细胞性贫血)和再生障碍性贫血。在治疗上，前二者主要是消除病因。营养不良性贫血主要是补充铁及铜、钴、维生素 B_{12}、叶酸等造血物质。再生障碍性贫血治疗较为困难，在去除病因的同时可输血，并采用中西结合的综合治疗手段，也可试用氯化钴、皮质激素、同化激素(如苯丙酸诺龙)等治疗。

硫酸亚铁(Ferrous Sulfate)

[理化性质]

本品为淡蓝绿色柱状结晶或颗粒；无臭，在干燥空气中即风化，在湿空气中即迅速氧化变质，表面生成黄棕色的碱式硫酸铁。在水中易溶，在乙醇中不溶。

[药理作用]

内服铁盐以二价的亚铁离子(Fe^{2+})的形式被吸收。胃酸有助于铁的离子化，主要从十二指肠吸收，缺铁时，也能在胃和小肠下部吸收。亚铁离子吸收后，大部分经门静脉进入血流，小部分在肠黏膜细胞内氧化，并与去铁铁蛋白结合成铁蛋白储存于细胞内，当细胞脱落入肠腔时就被排出。进入血液，立刻氧化为三价铁离子，与血浆中的转铁蛋白(β_1球蛋白)结合成为血浆铁，血浆铁以转铁蛋白为载体，转运到机体各贮藏组织，并供骨髓造血使用。铁每日排泄量很少。肠道、皮肤的含铁细胞脱落是铁的主要排泄途径。胆汁、尿、汗排出微量。饲料及内服铁剂未吸收的铁，全部随粪便排出。

铁为机体所必需的元素。它是血红蛋白、肌红蛋白、细胞染色质及组织酶(细胞色素酶、过氧化酶、触酶等)的组成部分。血红蛋白铁占全身含铁量的 60%，对全身总铁量的影响最大。吸收到骨髓的铁，进入骨髓幼红细胞，聚积到线粒体中，与原卟啉结合形成血红素，后者再与珠蛋白结合而成为血红蛋白，进而发育为成熟红细胞。

天然饲料中含有丰富的铁，因此，动物在一般情况下不会缺铁。初生仔猪贮铁量较低，而且在 3 周内体重增长很迅速，如不补充铁，易发生缺铁性贫血。

[应用]

用于缺铁性贫血，如慢性失血、营养不良、孕畜及哺乳期仔猪的缺铁性贫血。

[**制剂、用法与用量**]

硫酸亚铁，内服：一次量，马、牛 2～10 g；羊、猪 0.5～3 g；犬 0.05～0.5 g；猫 0.05～0.1 g。临用前配成 0.2%～1%溶液。

右旋糖酐铁(Iron Dextran Injection)

[**理化性质**]

本品为右旋糖酐与氢氧化铁的络合物，为棕褐色或棕黑色结晶性粉末；在热水中略溶，在乙醇中不溶。

[**药理作用**]

作用同硫酸亚铁，但右旋糖酐铁是一种可溶性的三价铁剂，能制成注射剂供肌内注射。肌内注射后，首先通过淋巴系统缓慢吸收。注射 3 天内吸收约 60%，1～3 周后吸收 90%，其余可能在数月内缓慢吸收。

[**应用**]

适用于重症缺铁性贫血或不宜内服铁剂的缺铁性贫血。临床常用于仔猪缺铁性贫血。

[**制剂、用法与用量**]

右旋糖酐铁片，内服：一次量，仔猪 100～200 mg。

右旋糖酐铁注射液，肌内注射：一次量，驹、犊 200～600 mg；仔猪 100～200 mg；幼犬 20～200 mg。

叶酸(Folic Acid)

[**理化性质**]

叶酸又名维生素 M，为黄色或橙黄色结晶性粉末；无臭，无味。本品在水、乙醇、丙酮、三氯甲烷或乙醚中不溶，在氢氧化钠或碳酸钠的稀溶液中易溶。

[**药理作用**]

叶酸在动物体内是以四氢叶酸的形式参与物质代谢。通过对一碳基团的传递参与嘌呤、嘧啶的合成以及氨基酸的代谢，从而影响核酸的合成和蛋白质的代谢，对正常血细胞的形成有促进作用，并能促进免疫球蛋白的生成。当叶酸缺乏时，血细胞的分裂增殖和成熟过程停滞，造成巨幼红细胞性贫血和白细胞减少症。长期使用磺胺类等肠道抑菌药时，家畜也可能发生叶酸缺乏症。

[**应用**]

用于防治叶酸缺乏症，也可作为恶性贫血的辅助治疗药物。

[**制剂、用法与用量**]

叶酸片，内服：一次量，犬、猫 2.5～5 mg；各种畜禽每千克饲料 0.2～0.4 mg。

叶酸注射液，肌内注射：每只雏鸡 50～100 μg；每只育成鸡 100～200 μg。

维生素 B_{12}(Vitamin B_{12})

[**理化性质**]

本品为深红色结晶或结晶性粉末；无臭，无味；引湿性强。在水或乙醇中略溶，在丙酮、三氯甲烷或乙醚中不溶。

[**药理作用**]

本品吸收后，与血浆中蛋白质结合，再转运至肝和全身其他组织。肝中贮量最多，当机体维生素 B_{12} 缺乏时，可释放入血，供机体利用。注射的维生素 B_{12} 主要经尿排出。肠中未吸收的维生素 B_{12} 由粪排出。

本品参与体内一碳基团的代谢，是传递甲基的辅酶，它与叶酸的作用相互联系，影响体内生物合成所需的活性甲基的形成和其他一碳基团的代谢。因此参与许多代谢过程。其中最重要的是参与核酸和蛋白质的生物合成，促进红细胞的发育和成熟，维持骨髓的正常造血机能。维生素 B_{12} 还能促进胆碱的生成。

[**应用**]

主要用于治疗维生素 B_{12} 缺乏所致的疾病，如巨幼红细胞性贫血、幼畜生长迟缓等。也可用于神经炎、神经萎缩、再生障碍性贫血、放射病、肝炎等的辅助治疗。

[**制剂、用法与用量**]

维生素 B_{12} 注射液，肌内注射：一次量，马、牛 1～2 mg；羊、猪 0.3～0.4 mg；犬、猫 0.1 mg；禽 2～4 μg，每日或隔日 1 次。混饲给药：每 1 000 kg 饲料，仔猪 5 g；禽类 10 mg。

任务十四　消化系统药理

家畜消化系统疾病是动物的常发病，由于家畜消化系统的解剖结构与生理机能不尽相同，因而发病种类和发病率也各有差异，如马常发便秘疝、牛常发瘤胃疾病。引起家畜消化系统疾病的原因很多，其主要原因是饲料不良和饲养管理不当，引起消化机能紊乱，如饲料品质差，过于单纯，含有毒物质，突然改变饲料或配料不当。这一类称为原发性消化系统疾病，主要表现为胃肠的分泌、蠕动、吸收和排泄等机能障碍，从而产生食欲不振、消化不良等症状。许多全身性疾病也可伴随上述症状，称为继发性消化系统疾病。

作用于消化系统的药物是在消除病因的基础上，通过纠正胃肠消化机能紊乱，改善消化机能，从而促进营养成分的消化吸收，增强抗病能力，继发性消化系统疾病必须对原发病给予及时治疗。

根据其作用和临床应用，可以将作用于消化系统的药物分为健胃药、助消化药、抗酸药、止吐药、催吐药、瘤胃兴奋药、制酵药、消沫药、泻药及止泻药等几类。

一、健胃药与助消化药

(一)健胃药

凡能促进唾液和胃液的分泌，调整胃的机能活动，提高食欲和加强消化的药物称健胃药。健胃药作用是能刺激味觉感受器和胃黏膜，从而提高食欲，促进胃肠蠕动，增强消化液的分泌，加强对营养物质的消化与吸收。根据药理作用特点，健胃药可分为苦味健胃药、芳香性健胃药、盐类健胃药三类。

1. 苦味健胃药

苦味健胃药多来源于植物，如龙胆、大黄、马钱子，主要利用它们强烈的苦味，内服时刺激舌的味觉感受器，通过迷走神经反射性地兴奋食欲中枢，加强唾液和胃液的分泌，从而提高食欲以促进消化。虽然许多含有生物碱等成分的植物都具有较强烈的苦味，如黄连、延胡索、益母草，但由于具有其特殊作用，因而不列为苦味健胃药，但这些药物内服时仍有一定的苦味健胃作用。

一般苦味健胃药主要用于大家畜的食欲不振，消化不良，常在饲喂前经口投服。但反复多次使用同一种苦味健胃药，味觉感受器可能会产生一定程度的适应性，从而使药效逐渐降低，因此本类健胃药常与其他健胃药配合使用，并且使用几天后应更换其他类健胃药。

苦味健胃药应用注意事项：①应用时使用散剂、酊剂或舔剂并经口投服，使其与口腔味觉感受器充分接触以便发挥药效；②宜在家畜饲喂前给药；③使用量不宜过大，以免抑制胃酸的分泌；④不宜长期或反复多次使用，否则因产生适应性而影响药效。

龙胆(Radix Gentianae)

[理化性质]

龙胆科植物龙胆的干燥根茎和根，有效成分为龙胆苦苷、龙胆糖、龙胆碱等。龙胆粉末为淡棕黄色。

[药理作用]

性寒味苦，强烈的苦味能刺激口腔内舌部味觉感受器，通过迷走神经反射性地兴奋食欲中枢，使唾液、胃液的分泌增加，从而加强消化和提高食欲。一般与其他药物配成复方，经口灌服。本品对胃肠黏膜无直接刺激作用，亦无明显的吸收作用。

[应用]

主要用于治疗动物的食欲不振，消化不良或某些热性病的恢复期。

[制剂、用法与用量]

龙胆末，内服：一次量，马、牛 15～45 g；羊、猪 6～15 g；犬 1～5 g；猫 0.5～1 g。

龙胆酊(由龙胆末 100 g，加 40％乙醇 1 000 mL 浸制而成)，内服：一次量，马、牛 50～100 mL；羊 5～20 mL；猪 3～8 mL；犬、猫 1～3 mL。

复方龙胆酊(苦味酊，由龙胆 100 g、橙皮 40 g、草豆蔻 10 g，加 60％乙醇适量浸制成 1 000 mL)，内服：一次量，马、牛 50～100 mL；羊、猪 5～20 mL；犬、猫 1～4 mL。

马钱子(Strychnine)

[理化性质]

马钱子科植物马钱的干燥成熟种子，有效成分为士的宁，其次为马钱子碱，还有微量的番木鳖次碱、伪番木鳖碱、伪马钱子碱等。马钱子粉末为灰黄色，无臭，味苦。

[药理作用]

小剂量内服时，主要发挥其苦味健胃药作用，加强消化和提高食欲，对胃肠平滑肌也有一定的兴奋作用。其中所含士的宁在小肠中很容易被吸收，当用量稍微大时可出现吸收作用，引起中枢兴奋，表现为兴奋脊髓，加强骨骼肌的收缩；中毒时引起骨骼肌的强直痉挛等。

[应用]

用于治疗家畜的食欲不振，消化不良，前胃弛缓，瘤胃积食等，促进胃肠机能活动。

[注意]

本品所含的士的宁易被吸收，引起中枢兴奋，毒性较大，不宜多服久服，应用时严格控制剂量，连续用药不得超过1周，以免发生蓄积中毒。孕畜禁用。

[制剂、用法与用量]

马钱子粉，内服：一次量，马、牛 1.5～6 g；羊、猪 0.3～1.2 g。

马钱子流浸膏，内服：一次量，马 1～2 mL；牛 1～3 mL；羊、猪 0.1～0.25 mL；犬 0.01～0.06 mL。

马钱子酊，内服：一次量，马、牛 10～30 mL；羊、猪 1～2.5 mL；犬、猫 0.1～0.6 mL。

2. 芳香健胃药

芳香健胃药均为含有挥发油的植物药，如陈皮、桂皮、茴香。经口内服，一方面由于香味刺激反射性地促进唾液和胃液的分泌，增加食欲；另一方面具有温和的刺激作用，可直接促进胃肠的运动，有助于胃肠道中气体的排出，减轻饱胀。同时还有防腐作用，抑制肠内异常发酵，减少气体的产生，发挥驱风作用。因而具有健胃、制酵、驱风等作用。挥发油吸收后一部分经呼吸道排出时，还可增加支气管腺的分泌，稀释痰液，有轻度的祛痰作用。临床上常将本类药物配成复方，如氨茴香精、芳香氨醑、复方豆蔻酊等应用。

陈皮(Pericarpium Citri Reticulatae)

[理化性质]

本品又称为橙皮。为芸香科植物橘及其栽培变种的干燥成熟果皮，含挥发油、川皮酮、橙皮苷、维生素 B_1 及肌醇等。

[药理作用]

本品内服发挥芳香性健胃药作用。能刺激消化道黏膜，增强消化液的分泌及胃肠蠕动，呈现健胃驱风的功效。用于消化不良、积食气胀等。

[制剂、用法与用量]

陈皮酊，内服：一次量，马、牛 30～100 mL；羊、猪 10～20 mL；犬、猫 1～5 mL。

肉桂(Cortex Cinnamomi)

[理化性质]

本品又名桂皮。为樟科植物肉桂的干燥树皮，含有1%～2%挥发性桂皮油及鞣酸、黏液质、树脂等，挥发油中有效成分以桂皮醛为主。本品粉末为红棕色，气味浓烈，味甜，辣。

[药理作用]

本品性热而味辛甘。桂皮中的有效成分桂皮醛对胃肠有缓和的刺激作用，能增强消化机能，消除消化道内的积气，缓解胃肠痉挛性疼痛。此外，具有中枢和末梢性扩张血管的作用，改善血液循环。

[应用]

临床用于治疗风寒感冒，消化不良，胃肠臌气，产后虚弱，四肢厥冷等。

[制剂、用法与用量]

桂皮粉，内服：一次量，马、牛 15～45 g；羊、猪 3～9 g。

桂皮酊，内服：一次量，马、牛 30～100 mL；羊、猪 10～20 mL。

小茴香(Fennel)

[理化性质]

本品为伞形科植物茴香的干燥成熟果实，含挥发油 3%～8%。其主要有效成分为茴香醚、右旋小茴香酮。

[药理作用]

本品对胃肠黏膜有温和的刺激作用，能增强消化液的分泌，促进胃肠蠕动，减轻胃肠臌气，健胃驱风作用。配合氯化铵使用，可增强氯化铵的祛痰功效。

[应用]

临床作健胃药，用于治疗消化不良，积食，胃肠臌气等。与氯化铵合用可用于祛除浓痰，制止干咳。

[制剂、用法与用量]

小茴香末，内服：一次量，马、牛 15～60 mL；羊、猪 5～10 g；犬、猫 1～3 g。

小茴香酊，内服：一次量，马、牛 40～100 mL；羊、猪 15～30 mL。

姜(Ginger)

[理化性质]

本品为姜科植物姜根茎的干燥物，内含有挥发油、姜辣素、姜酮、姜烯酮等有效成分。性热，气香特异，味辛辣。

[药理作用]

本品经内服后能明显刺激消化道黏膜，促进消化液的分泌，使食欲增加，并能抑制胃肠道异常发酵和促进气体排出，因此具有较强的健胃驱风作用。此外，还具有反射性兴奋中枢神经的作用，能使延髓呼吸中枢和血管运动中枢兴奋，促进和改善血液循环，增加发汗。

[应用]

临床用于机体虚弱，消化不良，食欲不振，胃肠气胀等。

[制剂、用法与用量]

姜末，内服：一次量，马、牛 15～30 g；羊、猪 3～10 g；犬、猫 1～3 g。

姜流浸膏，内服：一次量，马、牛 5～10 mL；羊、猪 1.5～6 mL。

姜酊，内服：一次量，马、牛 40～60 mL；羊、猪 15～30 mL；犬 2～5 mL。

大蒜(Garlic)

[理化性质]

本品为百合科植物大蒜的鲜茎，含挥发油、蒜素；气特异，味辛辣。

[药理作用]

本品内服发挥芳香性健胃药作用。由于含大蒜素，具有明显的抑菌作用，试验证明对多种革兰氏阳性菌和阴性菌均有一定的抑制作用，对白色念珠菌、隐球菌等真菌以及滴虫等原虫也有作用。

[**应用**]

主要用于食欲不振，积食气胀；禽及幼畜肠炎、下痢等。

[**制剂、用法与用量**]

大蒜酊，内服：一次量，马、牛 30～90 g；羊、猪 15～30 g；犬、猫 1～3 g；家禽 2～4 g，鱼每千克体重 10～30 g(拌饵投喂)。

3. 盐类健胃药

动物胃肠道中的消化液存在着酸与碱的动态平衡，当饲养管理不当或其他原因引起酸性升高时(如胃液分泌增多)，酸与碱的动态平衡将发生改变，可导致消化不良。盐类健胃药主要通过盐类药物在胃肠道中的渗透压作用，轻微地刺激胃肠道黏膜，反射性地引起消化液分泌，增进食欲，以恢复正常的消化机能。

人工盐(Artificial Carlsbad Salt)

[**理化性质**]

本品由干燥硫酸钠 44%、碳酸氢钠 36%、氯化钠 18%和硫酸钾 2%混合制成。为白色粉末，易溶于水，水溶液呈弱碱性反应，pH 为 8～8.5。

[**药理作用**]

本品具有多种盐类的综合作用。内服少量时，能轻度刺激消化道黏膜，促进胃肠的分泌和蠕动，从而产生健胃作用。小剂量还有利胆作用，可用于胆道炎、肝炎的辅助治疗。内服大量时，其中的主要成分硫酸钠在肠道中可解离出 Na^{+} 和不易吸收的 SO_4^{2-}，由于渗透压作用，使肠管中保持大量水分，并刺激肠壁增强蠕动，软化粪便，而引起缓泻作用。

[**应用**]

用于消化不良，肠胃弛缓，慢性胃肠卡他，早期大肠便秘等。

[**注意**]

因本品为弱碱性类药物，禁与酸类健胃药配合使用。内服作泻剂应用时宜大量饮水。

[**制剂、用法与用量**]

人工盐，内服：一次量，健胃，马 50～100 g；牛 50～150 g；羊、猪 10～30 g；兔 1～2 g。缓泻，马、牛 200～400 g；羊、猪 50～100 g；兔 4～6 g。

(二)助消化药

凡能促进胃肠消化过程，补充消化液或其所含某些成分不足的药物均称为助消化药。饲料在动物体内的消化主要由胃肠及其附属器官分泌的各种消化液(如胃液、胰液、胆汁)来完成。当肠胃的消化机能减弱，消化液分泌不足时，必然会引起消化障碍，例如，食欲不振，消化不良，反刍动物的瘤胃臌气和前胃弛缓。助消化药一般为消化液中的主要成分，如稀盐酸、胃蛋白酶、胰酶、淀粉酶，使用它们可补充机体消化液的分泌不足，临床上常与健胃药配合使用，可提高食欲，从而恢复正常消化机能。助消化药的作用迅速，奏效快。但是要求诊断准确，有针对性用药，否则不仅无效，有时反而有害。

稀盐酸(Dilute Hydrochloric Acid)

[**理化性质**]

本品为无色澄清液体,约含盐酸10%,呈强酸性反应。

[**药理作用**]

盐酸是胃液中主要成分,由胃底腺的壁细胞分泌。主要作用有:保持胃蛋白酶发挥作用时所需要的酸性环境;能使蛋白质膨胀变性,以利于蛋白的消化;酸性食糜刺激十二指肠黏膜,可反射地引起幽门括约肌收缩;使十二指肠黏膜产生胰泌素,反射性地引起胰液、胆汁的分泌,有利于蛋白质和脂肪等进一步消化;使小肠上部食糜呈酸性,有利于钙、铁等盐类的溶解和吸收;抑制细菌繁殖;制止胃内发酵等。

[**应用**]

主要用于因胃酸不足或缺乏所引起的消化不良,胃内发酵,食欲不振,前胃弛缓,急性胃扩张,碱中毒等。

[**注意**]

禁与碱类、盐类健胃药、有机酸类配合使用。

[**用法与用量**]

内服:一次量,马10~20 mL;牛15~30 mL;羊2~5 mL;猪1~2 mL;犬0.1~0.5 mL。

稀醋酸(Dilute Acetic Acid)

[**理化性质**]

本品为无色的澄清液体;有强烈的臭味,味酸,含醋酸量为5.5%~6.5%,与水或乙醇任意混合。

[**药理作用**]

本品内服后的作用与稀盐酸基本相同,有防腐、制酵和消化作用。由于醋酸的局部防腐和刺激作用较强,外用对扭伤和挫伤有一定的效果,2%~3%的稀释液可冲洗口腔治疗口腔炎,0.1%~0.5%的稀释液冲洗阴道治疗阴道滴虫病等。某些有毒植物中毒时,内服大量稀醋酸,亦有解毒效果。

[**应用**]

用于治疗幼畜消化不良,反刍动物瘤胃臌气、前胃弛缓和马属动物的急性胃扩张等。

[**用法与用量**]

内服:一次量,马、牛50~200 mL;羊、猪5~10 mL;犬1~2 mL。

胃蛋白酶(Pepsin)

[**理化性质**]

本品从健康猪、牛、羊的胃黏膜中提取,为白色或淡黄色粉末;有吸湿性;无霉败臭,溶于水,水溶液显弱酸性。

[**药理作用**]

本品内服后可使蛋白质初步分解为蛋白胨,有利于动物的进一步分解吸收,但不能进一步分解为氨基酸。在0.1%~0.5%盐酸的酸性环境中作用强,pH为1.8时其活性最强。

一般 1 g 胃蛋白酶能完全消化 2 000 g 凝固卵蛋白。当胃液不足，消化不良时，胃内盐酸也常不足，为充分发挥胃蛋白酶的消化作用，在用药时应灌服稀盐酸。

[应用]

临床常用于胃液分泌不足或幼畜因胃蛋白酶缺乏引起的消化不良。

[注意]

忌与碱性药物，鞣酸、重金属盐配合使用。饲喂前灌服。

[制剂、用法与用量]

胃蛋白酶片，内服：一次量，马、牛 4 000～8 000 U；羊、猪 800～1 600 U；驹、犊 1 600～4 000 U；犬 80～800 U；猫 80～240 U。

胰酶(Panereatin)

[理化性质]

本品为淡黄色粉末，可溶于水，遇热、酸、碱和重金属盐时易失效。

[药理作用]

本品含有胰蛋白酶、胰淀粉酶及胰脂肪酶等多种酶，内服后它们能分别消化蛋白质、淀粉和脂肪等。其助消化作用在中性或弱碱性环境中作用最强(pH 为 7.8～8.7)，为减少酸性胃液对它的破坏作用，常与碳酸氢钠配应用。

[应用]

临床用于胰机能障碍，如胰腺疾病或胰液分泌不足所引起的消化不良。

[制剂、用法与用量]

胰酶片，内服：一次量，猪 0.5～1 g；犬 0.2～0.5 g；猫 0.1～0.2 g。混饲：每 1 000 kg 饲料，猪、禽 400 g。

乳酶生(Lactasin，Biofermine)

[理化性质]

本品又名表飞鸣，为活乳酸杆菌的干燥制剂，为白色或淡黄色干燥粉末，有微臭、难溶于水。每克乳酶生中含活的乳酸杆菌数在 1 000 万个以上。

[药理作用]

本品内服进入肠内后，能分解糖类产生乳酸，使肠内酸度增高，从而抑制腐败性细菌的繁殖，并可防治蛋白质发酵，减少肠内产气。

[应用]

主要用于防治消化不良，肠内臌气和幼畜腹泻等。一般宜于饲前给药。

[注意]

不宜与抗菌药、吸附剂、酊剂、鞣酸等配合使用，以防失效。饲前服药。

[制剂、用法与用量]

乳酶生片，内服：一次量，驹、犊 10～30 g；羊、猪 2～10 g；犬 0.3～0.5 g。

干酵母(Saccharomyces Siccum,Yeast)

[**理化性质**]

本品为酵母菌的干燥菌体,为淡黄色或淡黄棕色的颗粒或粉末;味微苦,有酵母的特殊臭。应密封保存。

[**药理作用**]

本品富含B族维生素,每克酵母含维生素B_1 0.1~0.2 mg、核黄素0.04~0.06 mg、烟酸0.03~0.06 mg,此外还含有维生素B_6、维生素B_{12}、叶酸、肌醇以及转化酶、麦糖酶等。它们均是体内酶系统的重要组成物质,参与体内糖、蛋白质、脂肪等代谢过程和生物氧化过程。

[**应用**]

用于动物的食欲不振,消化不良以及B族维生素缺乏症,如多发性神经炎、酮血病。

[**注意**]

用量过大发生轻度下泻。

[**制剂、用法与用量**]

干酵母片,内服:一次量,牛120~150 g;羊、猪30~60 g;犬8~12 g;兔0.2~0.4 g;鸡0.1 g。

二、抗酸药

目前的抗酸药物常使用不易吸收的缓冲性抗酸药,包括碱性抗酸药、抑制胃酸分泌药等。

(一)碱性抗酸药

碱性抗酸药是一类能降低胃内容物酸度的弱碱性无机物质,如碳酸钙、氧化镁、氢氧化镁、氢氧化铝,可直接中和胃酸但不能被胃肠道吸收,适度提高胃内pH,以缓解酸的刺激症状、降低胃酶活性,pH升到4时,胃蛋白酶失活,从而减轻其对胃黏膜的侵袭作用,缓解溃疡的疼痛症状。除了缓冲胃酸作用,抗酸药还可螯合胆酸盐,减轻返流性损害,通过刺激前列腺素(PG)释放,促进HCO_3^-和黏液分泌,对胃呈现保护作用。抗酸药有易吸收和不易吸收之分,易吸收的碳酸氢钠虽能迅速中和胃酸,但作用时间短,若用量偏大时,不仅刺激胃壁泌酸,而且可影响体液pH,造成碱中毒。

碳酸钙(Calcium Carbonate)

[**理化性质**]

本品为白色极微细的结晶性粉末;无臭,无味。在乙醇中不溶,在水中几乎不溶。

[**药理作用**]

本品的抗酸作用产生快,且强而持久。在中和胃酸反应时能产生CO_2,引起嗳气。Ca^{2+}若进入小肠能促使胃泌素分泌,易出现胃酸分泌增多的反跳现象。用于治疗胃酸过多。本品持久大量应用,可造成便秘、腹胀。

[**用法与用量**]

内服:一次量,马、牛30~80 g;羊、猪3~20 g。

氧化镁(Magnesium Oxide)

[**理化性质**]

本品为白色粉末;无味,无臭。在稀酸中溶解,在乙醇中不溶,在水中几乎不溶。在空气中可缓慢吸收二氧化碳。

[**药理作用**]

本品抗酸作用强而持久,但缓慢。中和胃酸时不产生 CO_2,但可形成氯化镁,释出镁离子,刺激肠管蠕动致泻。氧化镁又具有吸附作用,能吸附二氧化碳等气体。主要用于治疗胃酸过多、胃肠臌气及急性瘤胃臌气。

[**用法与用量**]

内服:一次量,马、牛 50~100 g;羊、猪 2~10 g。

氢氧化镁(Magnesium Hydroxide)

[**理化性质**]

本品为白色粉末;无味,无臭。在稀酸中溶解,在水或乙醇中不溶。

[**药理作用**]

本品难吸收,产生抗酸作用较强、较快,可快速调节 pH 至 3.5。应用时不产生二氧化碳。用于胃酸过多和胃炎等病症。

[**制剂、用法与用量**]

镁乳,内服:一次量,犬 5~30 mL;猫 5~15 mL。

氢氧化铝(Aluminium Hydroxide)

[**理化性质**]

本品为白色无晶形粉末;无味,无臭。在稀矿酸或氢氧化碱溶液中溶解,在水或乙醇中不溶。

[**药理作用**]

本品为弱碱性化合物。抗酸作用较强,缓慢而持久。中和胃酸时产生的氧化铝有收敛作用、局部止血及引起便秘作用。还能影响磷酸盐、四环素类、强的松、氯丙嗪、普萘洛尔、维生素、巴比妥类、地高辛、奎尼丁、异烟肼等药物的吸收或消除。用于胃酸过多和胃溃疡的治疗。

[**用法与用量**]

内服:一次量,马 15~30 g;猪 3~5 g。

(二)抑制胃酸分泌药

胃酸由壁细胞分泌,并受神经递质(Ach)、内分泌(促胃液素)、旁分泌(组胺、生长抑素和前列腺素)等体内多种内源性因素调节,它们作用于壁细胞的特异性受体,增加 cAMP 及 Ca^{2+} 浓度,最终影响壁细胞顶端分泌小管膜内的质子泵(H^+—K^+—ATP 酶)而影响胃酸分泌。常用的抑制胃酸分泌的药物可分为三类:①H_2受体阻断药,能够阻断胃壁细胞的 H_2受体,对胃酸分泌具有强大的抑制作用。常用的有西咪替丁、雷尼替丁等。②H^+—K^+—ATP 酶抑制药。胃 H^+—K^+—ATP 酶又称质子泵,是由 α 和 β 两个亚单位组成的异二聚体。

H^+—K^+—ATP 酶是胃酸分泌过程的最终环节，H^+—K^+—ATP 酶抑制药将其作为靶标，通过抑制此酶而抑制酸分泌，是一类抑制胃酸特异性高、作用强的新型抗消化性溃疡药。主要药物有奥美拉唑。③M-胆碱受体阻断药，主要药物有溴丙胺太林和甲吡戊痉平。

奥美拉唑(Omeprazole)

[**理化性质**]

本品又称为洛赛克，是第一个问世的质子泵抑制剂，是一种苯并咪唑取代衍生物，左旋体和右旋体各占 50%。

[**药理作用**]

本品内服吸收的速度及程度在个体间有较大差异。胃内有食物时，吸收会减少 67%。饮食并不影响该药物的清除率，半衰期为 2.5～8 h。

本品为弱碱性亚砜类咪唑化合物，经肠吸收，在血液中药物不带电荷，能透过细胞膜，分布在胃壁细胞分泌小管部位。质子化的药物分子转化为亚磺酸和亚磺酰胺，这是奥美拉唑发挥药理作用的活性形式。这两种活性化合物均能与 H^+—K^+—ATP 酶位于细胞外表面的 α 亚单位中半胱氨酸残端的巯基相结合形成共价键，抑制此酶活性。因为是共价结合，所以其泌酸功能需待酶蛋白的新合成。H^+—K^+—ATP 酶的半衰期为 18 h。

本品可使基础胃酸分泌及由组胺、促胃液素等刺激引起的胃酸分泌均受到明显抑制。每天给予每千克体重 4 mg 的剂量就可以抑制胃酸的分泌，在预计达到最大胃酸分泌抑制后(5 天)的 8 h、16 h、24 h，胃酸的分泌分别减少 99%、95%、90%。奥美拉唑为一弱碱性药物，进入壁细胞后，在分泌小管的酸性环境中迅速分解，生成的次磺胺与 H^+—K^+—ATP 酶的巯基结合，使酶不可逆的失去活性，壁细胞分泌胃酸的最后环节被抑制，胃液 pH 升高。奥美拉唑既是该酶的底物，又是其抑制剂。

[**用法与用量**]

治疗胃溃疡，内服：每日 1 次，每千克体重，马 4 mg，连用 4 周。为预防复发，继续给予维持量 4 周，每千克体重 2 mg。

[**注意**]

该药不能用于怀孕及泌乳雌马。

溴丙胺太林(Propantheline Bromide)

[**理化性质**]

本品又称普鲁苯辛，为白色或类白色的结晶性粉末；无臭，味极苦。在水、乙醇或三氯甲烷中极易溶解，在乙醚和苯中不溶。

[**药理作用**]

本品为节后抗胆碱药，对胃肠道 M-胆碱受体选择性高，有类似阿托品样作用，治疗量对胃肠道平滑肌的抑制作用强且持久，亦可减少唾液、胃液及汗液的分泌，此外还有神经节阻断作用。中毒量时，可阻断神经肌肉传导，使呼吸麻痹。

适用于胃酸过多症及缓解胃肠痉挛。本品可延缓呋喃妥因和地高辛在肠内的停留时间，增加上述药物的吸收。

[**制剂、用法与用量**]

溴丙胺太林片，内服：一次量，小型犬 5～7.5 mg；中型犬 15 mg；大型犬 30 mg；猫 5～7.5 mg。每 8 h 一次。

甲吡戊痉平(Glycopyrrolate)

[**理化性质**]

本品又称为格隆溴铵、胃长宁，为白色结晶性粉末；味苦，无臭。溶于水。

[**药理作用**]

本品为节后抗胆碱药，作用基本似阿托品。抑制胃酸及唾液分泌较强。对胃肠道解痉作用较差。一般用于治疗胃酸过多、消化性溃疡等。

[**制剂、用法与用量**]

胃长宁注射液，肌内或皮下注射：一次量，每千克体重，犬 0.01 mg。

三、止吐药与催吐药

(一)止吐药

止吐药在兽医临床上主要用于制止犬、猫、猪及灵长类等动物呕吐，因为长期剧烈的呕吐，易造成机体脱水和电解质失衡。呕吐是上消化道的一种复杂协调性活动过程，由位于延髓的呕吐中枢调控。

氯苯甲嗪(Meclozie)

[**理化性质**]

本品又称为敏可静，为白色或淡黄色结晶性粉末；无臭，几乎无味。溶于水。

[**药理作用**]

本品有制止变态反应性呕吐及晕动症所致的呕吐，止吐作用可持续 20 h 左右。止吐机理为抑制前庭神经、迷走神经兴奋传导，同时对中枢也起一定抑制作用。用于犬、猫等动物呕吐症的治疗。

[**制剂、用法与用量**]

盐酸氯苯甲嗪片，内服：一次量，犬 25 mg；猫 12.5 mg。

舒必利(Sulpiride)

[**理化性质**]

本品又称为止吐灵。为白色结晶性粉末；无臭，味苦。在冰醋酸和稀醋酸中易溶，在乙醇中微溶，在丙酮中难溶，在水、乙醚、三氯甲烷和苯中不溶。

[**药理作用**]

本品属于中枢性止吐药，止吐作用强大。内服止吐效果是氯丙嗪的 166 倍，皮下注射时是氯丙嗪 142 倍。兽医临床常用做犬的止吐药。止吐效果优于胃复安。

[**用法与用量**]

内服：一次量，每 5～10 kg 体重，犬 0.3～0.5 mg。

(二)催吐药

催吐药是一类引起呕吐的药物。主要用于中毒时的急救,借以将胃中尚未吸收的有害物质排出以减少其吸收。多用于中小动物,不用于牛、马等大动物,牛、马多采用洗胃以代替药物催吐。

阿朴吗啡(Apomorphine)

[**理化性质**]

本品盐酸盐为白色或淡灰色的光泽结晶或结晶性粉末;无臭,在水或乙醇中溶解,水溶液呈中性。置空气中遇光变成绿色。

[**药理作用**]

本品系合成吗啡生物碱的衍生物,其抑制中枢作用较吗啡弱,而催吐作用较强,主要通过刺激延髓催吐化学感受区而引起呕吐。作用快而强,给犬皮下注射后 3～10 min 出现呕吐,间断性的呕吐可持续 20～40 min。但剂量过大可引起中枢神经抑制,甚至动物死亡,故不可与中枢神经抑制药合用。

[**应用**]

常用于驱除胃内毒物和异物。猫一般不用。

[**用法与用量**]

静脉注射:一次量,每千克体重,犬 0.02 mg。皮下注射:一次量,犬 2～3 mg;猫 1～2 mg。

硫酸铜(Cupric Sulfate)

[**理化性质**]

本品为蓝色结晶性颗粒或粉末,有风化性,在水中易溶,在乙醇中微溶。应密封保存。

[**药理作用**]

本品低浓度有收敛和刺激作用。1%硫酸铜溶液有催吐作用;2%硫酸铜溶液反复应用,可导致胃肠炎;10%～30%的硫酸铜溶液有腐蚀作用。

[**应用**]

主要用于猪、犬、猫的催吐,常用 1%溶液内服,10 min 即可发生呕吐。

[**注意**]

若发生中毒,可灌服牛奶、蛋清或内服氧化镁(大羊 5～10 g,羔羊微减)等解救。

[**制剂、用法与用量**]

硫酸铜溶液,内服:一次量,猪 0.8 g;犬 0.1～0.5 g。配成 1%浓度。

四、瘤胃兴奋药

反刍动物消化生理的主要特征是在瘤胃内进行微生物消化,这种瘤胃消化要比肉食或杂食动物的消化更为复杂。牛、羊等反刍动物采食后,不经过细嚼就咽入瘤胃,草料在瘤胃内被润湿或软化,经 0.5～1 h 后又被逆呕回到口腔中,再进行仔细和充分的咀嚼后咽下,这个过程称为反刍。反刍动物的反刍具有重要的生理功能:①可使草料得到充分的咀嚼,有利于消化，同时混入大量的唾液以中和瘤胃内因为生物发酵而产生的部分酸；②通过反刍活动可以排除瘤胃内微生物发酵所产生的气体。反刍活动减弱或停止是反刍动物常见的一种疾病，通常是瘤胃积食、前胃弛缓以及某些全身性疾病中的一种症状，将导致瘤胃内食物腐败发酵，而引起臌胀等一系列变化。治疗时消除病因、加强饲养管理外，必须配合使用瘤胃兴奋药。

瘤胃兴奋药是指能加强瘤胃收缩、促进蠕动、兴奋反刍，消除瘤胃积食和气胀的一类药物，又称反刍促进药。瘤胃兴奋药均能兴奋瘤胃的活动，加强瘤胃平滑肌收缩，促进反刍运动。临床上常用的瘤胃兴奋药有拟胆碱药（如氨甲酰甲胆碱药、新斯的明）和浓氯化钠注射液、酒石酸锑钾等。

甲氧氯普胺(Metoclopramide)

[**理化性质**]

本品又名灭吐灵或胃复安，为白色至淡黄色结晶性粉末；味苦；在水或醋酸中溶解。应密封遮光保存。

[**药理作用**]

本品内服后，能增加反刍次数，增强瘤胃收缩和肠胃蠕动，增加排粪次数。同时反刍持续期也延长，嗳气次数增多。本品对酸性消化不良和原发性内源性中毒的急性病例特别有效，对牛的结肠臌胀疗效佳。此外，本品可抑制延髓催吐化学感受区而止吐，止吐作用较强。

给犊牛应用治疗量，出现先兴奋而后嗜睡；给予大剂量（1 mg/kg 体重）后，则有轻度抑制作用。这些效果可持续 60～90 min，但是不影响治疗。

[**应用**]

用于治疗前胃弛缓、牛的酸性消化不良、结肠臌胀等。

[**制剂、用法与用量**]

胃复安注射液，兴奋瘤胃，肌内或静脉注射：一次量，每千克体重，犊牛 0.1～0.3 mg；牛 0.1 mg，一日 2～3 次。

止吐，内服或肌内注射：一次量，犬、猫 10～20 mg。

浓氯化钠注射液(Strong Sodium Chloride Injection)

[**理化性质**]

本品为无色的澄明液体，味咸，pH 为 4.5～7.0。

[**药理作用**]

本品为氯化钠的高渗灭菌水溶液，静脉注射后能短暂抑制胆碱酯酶活性，出现胆碱能神经兴奋的效应，可提高瘤胃的运动。血中高氯离子和高钠离子能反射性地兴奋迷走神经，使胃肠平滑肌兴奋，蠕动加强，消化液分泌增多。尤其在瘤胃机能较弱时，作用更加显著。本品一般用药后 2～4 h 作用较强。

[**应用**]

临床用于反刍动物前胃弛缓、瘤胃积食，马属动物胃扩张和便秘疝等。

[**注意**]

静脉注射时不能稀释，静脉注射速度宜慢，不可漏至血管外。心力衰竭和肾功能不全患畜慎用。

[**制剂、用法与用量**]

10%浓氯化钠注射液，静脉注射：一次量，每千克体重，家畜 0.1 g。

五、制酵药与消沫药

（一）制酵药

反刍动物在正常情况下，瘤胃内饲料分解所产生的大量气体一部分可随胃内容物进入肠内而被吸收，大部分则以游离的气体形式通过嗳气排出体外，因此一般不出现臌胀。当反刍动物采食大量的易发酵或腐败变质的饲料后，可因微生物在瘤胃内过度发酵而产生大量气体，若不能及时通过肠道吸收或通过嗳气排出体外，则很容易导致胃肠臌胀，严重时可引起呼吸困难、窒息甚至胃肠破裂。如果采食了大量含皂苷的植物，则因降低瘤胃内液体的表面张力，所产生的气体将以泡沫的形式混杂于瘤胃内容物中不易排出而形成泡沫性臌气。马属动物采食大量的易发酵饲料后，在胃肠道内也能很快地产生大量气体，一般由于胃肠的蠕动和吸收作用而不引起臌气，但产气过多或因胃肠道平滑肌过度舒张而麻痹时，也能出现明显的胃肠臌气。

凡能制止胃肠内容物异常发酵的药物称为制酵药。虽然抗生素、磺胺药、消毒防腐药等都有一定程度的制酵作用，但一个良好的制酵药必须具备以下条件：作用迅速、可靠，对动物无显著不良反应。治疗胃肠道臌气时除放气和排除病因外，应用制酵药可通过抑制微生物的作用，制止或减弱发酵过程，同时通过刺激使胃肠蠕动加强，促进气体排出。

鱼石脂（Ichthammol）

[**理化性质**]

本品为赤褐色的黏稠液体，具有焦性沥青样的臭味，加热体积膨胀。能溶于水，呈弱酸性反应。也能溶于醇、醚及甘油。

[**药理作用**]

本品有较弱的抑菌作用和温和的刺激作用，内服能制止发酵、驱风和防腐，促进肠胃蠕动。外用时具有消炎、消肿、促进肉芽生长的作用。

[**应用**]

内服有防腐、制酵和促进胃肠蠕动的作用，常用于消化不良、腹泻、急性胃扩张等。在马便秘时，常与泻药配合应用。外用可治疗慢性皮炎、蜂窝织炎、腱炎、腱鞘炎、冻伤、湿疹等，可用其纯品或 30%～50%软膏。

[**注意**]

临用时先用加倍量乙醇溶解后再用水稀释成 2%～5%的溶液灌服。禁与酸性药物如稀盐酸、乳酸等混合使用。

[**用法与用量**]

内服：一次量，马，牛 10～30 g；羊，猪 1～5 g。

芳香氨醑(Aromatic Ammonla Spirit)

[**理化性质**]

本品由碳酸铵 30 g、浓氨水溶液 60 mL、柠檬水 5 mL、八角茴香油 5 mL、90%乙醇 750 mL、加水至 1 000 mL 混合而成。新配制时为无色澄明液体,久置后变黄,具有芳香及氨臭味。

[**药理作用**]

本品所含成分氨、乙醇、茴香油等均有抑菌作用,对局部组织亦有刺激作用。内服后可制止发酵和促进胃肠蠕动,有利于气体排出。同时由于刺激胃肠道,增加消化液的分泌,可改善消化机能。

[**应用**]

临床用于消化不良,瘤胃臌胀、急性胃扩张等。

[**用法与用量**]

内服:一次量,马、牛 20~100 mL;羊、猪 4~12 mL;犬 0.6~4mL。

(二)消沫药

消沫药是指能降低泡沫液膜的局部表面张力,使泡沫裂解的药物。主要用于治疗反刍动物的瘤胃内泡沫性臌胀。良好的消沫药必须具备以下条件:①消沫药的表面张力较低,低于起泡液;②与起泡液不互溶,降低液膜局部的表面张力,使液膜不均匀收缩而穿孔破裂;③能连续不断进行消沫作用,使破裂的小气泡不断融合成更大的气泡,最后汇聚为游离的气体排出体外。

常用的消沫药有松节油、二甲硅油等。此外,稀醋酸、酒精、煤油和多种中性植物油(如豆油、菜油、棉籽油、花生油),都可选用治疗泡沫性臌胀。食用植物油来源广,疗效可靠,应用方便,无副作用。

二甲硅油(Dimethicone)

[**理化性质**]

本品为无色澄清的油状液体;无臭或几乎无臭,无味。在水或乙醇中不溶,但与三氯甲烷、乙醚、苯、甲苯或二甲苯能任意混合。

[**药理作用**]

本品的表面张力低,内服后能迅速降低瘤胃内泡沫液膜的表面张力,使泡沫破裂,产生消除泡沫作用。本品消沫作用迅速,用药后 5 min 内产生效果,15~30 min 作用最强。治疗效果可靠,作用迅速,几乎没有毒性。

[**应用**]

主要用于治疗反刍动物的瘤胃臌胀,特别是泡沫性臌胀等。

[**注意**]

临用时配成 2%~5%乙醇或煤油溶液,通过胃管灌服。灌服前后应注入少量温水以减少刺激。

[**制剂、用法与用量**]

二甲硅油片,内服:一次量,牛 3~5 g;羊 1~2 g。

六、泻药与止泻药

(一)泻药

泻药是一类能促进肠道蠕动，增加肠内容积，软化粪便，加速粪便排泄的药物。临床上主要用于治疗便秘、排出胃肠内毒物及腐败分解物，还可与驱虫药物合用以驱除肠道寄生虫。根据作用特点将泻药分为四类：即容积性泻药、刺激性泻药、润滑性泻药和神经性泻药。

使用泻药时必须注意：①对于诊断未明的动物肠道阻塞不可随意使用泻药，使用泻药时防止泻下过度而导致脱水、衰竭或继发肠炎等，且用药次数不宜过多；②对幼畜、孕畜及体弱患者更要慎重选用或不用；③在治疗各种肠便秘时，泻药多与制酵药、镇静药、强心药、补液药等配合应用，以制止肠内发酵、使患畜安静和提高疗效；④高脂溶性药物或毒物引起中毒时，不应使用油类泻药以防止加速毒物的吸收而加重病情。

1.容积性泻药

容积性泻药又称盐类泻药。指内服后其盐离子不易被肠壁吸收，在肠内可形成高渗盐溶液，利用其渗透特性，致使大量水分及电解质在肠腔内滞留，从而能扩张肠道容积，软化粪便，对肠壁产生机械性刺激，促进肠道蠕动加快而产生致泻作用的药物。容积性泻药多为盐类药物如硫酸钠、硫酸镁等。一般来说，容积性泻药致泻作用的强弱与其离子被肠壁吸收的难易有一定的正相关，即难吸收的药物致泻作用就强。致泻作用的强弱还与其溶液的浓度有密切关系。以稍高于等渗浓度时效果较好，硫酸钠的等渗浓度为3.2%，硫酸镁的等渗浓度为4.0%，导泻时，常配成4%～6%溶液灌服。临床使用盐类泻药前后，多给予饮水或进行补液可提高致泻效果。

硫酸钠(Sodium Sulfate)

[**理化性质**]

本品为白色粉末；无臭，味苦而咸；有引湿性。在水中易溶，在乙醇中不溶。

[**药理作用**]

本品内服小剂量时，能轻度刺激消化道黏膜，加强胃的分泌与运动，有健胃作用。大剂量时，在肠道中解离出 Na^+ 和 SO_4^{2-}，不易被肠壁吸收，能保持大量水分，增加肠内容积，并软化结粪，有利于泻下或排粪。常用于大肠便秘，并常与大黄等药物配合应用。小肠阻塞一般不用，因为小肠容积的过度增大，容易继发急性胃扩张，而使病情恶化。一般单胃动物(马、猪等)经3～8 h，反刍动物(牛、羊)经18 h才能排便。在排除肠内毒物或辅助驱虫药排除虫体时，应用本药较为安全。

硫酸钠的高渗溶液(10%～20%)冲洗创伤、瘘管等，或做引流，因能夺取组织中水分，引起组织液外流，故有抗菌、排除毒素和坏死组织、清洁创面及消退炎症等作用。

[**应用**]

小剂量常配合其他健胃药用于消化不良；大剂量用于大肠便秘，排除肠内毒物、毒素，或做驱虫药的辅助用药。牛第三胃阻塞时，可用25%～30%硫酸钠溶液250～300 mL，直接注入第三胃，以软化干燥食团，促进排出，有时可获良好效果。10%～20%硫酸钠溶液，常外用冲洗化脓疮和瘘管等，有引流，排毒等效果。

[**注意**]

用时加水稀释成3%～4%溶液灌服。浓度过高的盐类溶液进入十二指肠后，会反射性地引起幽门括约肌痉挛，妨碍胃内容物的排空，有时甚至能引起肠炎。

[**用法与用量**]

内服(健胃)：马、牛 15～50 g；羊、猪 3～10 g；犬 0.2～0.5 mL。

内服(泻下)：马 200～500 g；牛 400～800 g；羊 40～100 g；猪 25～50 g；犬 10～25 g；猫 2～4 g。

硫酸镁(Magnesium Sulfate)

[**理化性质**]

本品为无色结晶；无臭，味苦、咸；有风化性。在水中易溶，在乙醇中几乎不溶。

[**药理作用**]

大剂量硫酸镁有泻下作用，小剂量则有健胃作用，其作用原理同硫酸钠。此外，镁盐还可刺激十二指肠分泌胰胆囊收缩素，能促进胰腺分泌，增强肠蠕动。硫酸镁的高渗溶液外用时，因能夺取组织水分，具有抗菌、排除毒素、清洁创面和消退炎性肿胀等作用。

[**应用**]

常配合其他健胃药用于消化不良。大剂量用于大肠便秘、排除肠内毒物或驱虫药的辅助用药。但马属动物少用。外用硫酸镁高渗溶液(10%～20%)，清洁化脓创、瘘管等；直肠黏膜水肿时，可用5%～10%硫酸镁溶液灌肠。

[**用法与用量**]

内服(内服)：马、牛 15～25 g；羊、猪 5～19 g。

内服(泻下)：马 200～500 g；牛 300～800 g；羊 50～100 g；猪 20～50 g；犬 10～20 g；猫 2～5 g。配成6%～8%溶液内服。

2.润滑性泻药

润滑性泻药又称油类泻药，指能润滑肠壁，软化粪便，使粪便易于排出的药物。多数为无刺激性的植物油(如豆油、花生油等)、矿物油(如液体石蜡)及动物油等。本类泻药在孕畜和患有肠炎的家畜上均可应用，但禁用于排除毒物及配合驱虫药使用，因为许多毒物、驱虫药易溶于油类，吸收后致使畜禽中毒。

液体石蜡(Liquid Paraffin)

[**理化性质**]

本品为无色透明的油状液体；无臭，无味。在三氯甲烷、乙醚或挥发油中溶解，在水或乙醇中均不溶。

[**药理作用**]

本品内服后，在消化道内不被代谢和吸收，大部分以原形通过全部肠管，产生润滑肠道和保护肠黏膜的作用，亦可阻碍肠内水分被重吸收而软化粪便。本品作用缓和而安全。

[**应用**]

用于小肠阻塞、瘤胃积食及便秘。可用于孕畜和患肠炎病畜。

[注意]

虽然本品作用温和，但不宜反复使用以免影响消化、阻碍脂溶性维生素及钙、磷的吸收等。

[用法与用量]

内服：一次量，马、牛 500～1 500 mL；驹、犊 60～120 mL；羊 100～300 mL；猪 50～100 mL；犬 10～30 mL；猫 5～10 mL；鸡 5～10 mL。可加温水灌服。

植物油(Vegetable Oil)

适用于大肠便秘、小肠阻塞和瘤胃积食等。但不用于排出脂溶性毒物。慎用于孕畜和肠炎病畜，因一小部分植物油可被皂化，具有刺激性。内服：马、牛 500～1 000 mL；羊 100～300 mL；猪 50～100 mL；犬 10～30 mL；鸡 5～10 mL。

3.刺激性泻药

刺激性泻药又称植物性泻药，指内服后在胃中一般不发生作用，进入肠内能分解出刺激性有效成分，刺激局部肠黏膜及肠壁神经，反射性地引起蠕动增加而产生泻下作用的药物。由于各种药物所含成分不同，它们作用的强弱及快慢也有差异。常用的刺激性泻药有蓖麻油、酚酞、大黄等。

大黄(Radix et Rhizoma Rhei)

[理化性质]

用大黄干燥根茎，有效成分为大黄素、大黄酚等。本品粉末气清香，味苦而微涩。常用其粉末与其他药物制成复方制剂。

[药理作用]

本品的药理作用与其所含的有效活性成分密切相关。内服小剂量大黄时，主要发挥其苦味健胃作用，刺激口腔味觉感受器，通过迷走神经的反射，使唾液和胃液分泌增加，从而提高食欲，加强消化；中剂量大黄则以鞣酸的收敛作用为主，内服时因分解出的大黄鞣酸而呈收敛止泻作用；大剂量时以大黄素起主要作用，内服分解出的大黄素和大黄酸能刺激肠黏膜和大肠壁，使肠道蠕动增加而引起泻下。单用大黄泻下作用慢而不确实，由于鞣酸的作用，有时在排粪后引起便秘。因此，多与硫酸钠配合应用，泻下效果较好。大黄素和大黄酸具有明显的抗菌作用，对胃肠道内某些细菌如大肠杆菌、痢疾杆菌等都有抑制作用。此外，大黄还有利胆、利尿、增加血小板、降低胆固醇等作用。

[应用]

用于食欲不振、消化不良和大肠便秘等。

[制剂、用法与用量]

大黄末，内服：一次量，健胃，马 10～25 g；牛 20～40 g；羊 2～4 g；猪 1～5 g；犬 0.5～2 g。致泻，马、牛 100～150 g；驹、犊 10～30 g；仔猪 2～5 g；犬 2～4 g。

复方大黄酊，内服：一次量，牛 30～100 mL；羊、猪 10～20 mL；犬、猫 1～4 mL。

大黄苏打片，内服：马、牛 6～15 g；猪 5～10 g；羔羊 0.5～2 g；兔 0.6 g。

蓖麻油(Castor Oil)

[理化性质]

本品为大戟科植物蓖麻的成熟种子经加热压榨精制而得脂肪油,为几乎无色或微带黄色的澄清黏稠液体;有微臭,味淡而辛。在乙醇中易溶,与无水乙醇、三氯甲烷、乙醚、冰醋酸能任意混合。

[药理作用]

本品本身无刺激性,只有润滑性。内服到十二指肠后,部分经胰脂肪酶作用,分解为蓖麻油酸和甘油,蓖麻油酸在小肠内很快变成蓖麻油酸钠,刺激小肠黏膜,促进小肠蠕动而致泻。其他未分解的蓖麻油对肠道起润滑作用,有助于粪便的排泄。由于蓖麻油酸钠能被小肠吸收,故不能作用于大肠。吸收后一部分可经乳汁排出,母畜服药后,有可能引起哺乳仔畜泻下。

[应用]

用于小家畜的小肠便秘,内服后,经 3～8 h 发生泻下,对大肠的致泻作用较小。对大家畜特别是牛的泻下效果不确实。

[注意]

本品忌用于孕畜、患肠炎家畜、哺乳母畜等。不宜用于排毒和驱虫。不可长期使用。

[用法与用量]

内服:一次量,马 250～400 mL;牛 300～600 mL;驹、犊 30～80 mL;羊、猪 50～150 mL;犬 10～30 mL;猫 4～10 mL;兔 5～10 mL。

(二)止泻药

止泻药是指能制止腹泻,包括具有保护肠黏膜、吸附有毒物质和收敛消炎的药物。止泻药的种类很多,常分为以下几类:保护性止泻药、吸附性止泻药、抑制肠蠕动止泻药。

1.保护性止泻药

保护性止泻药具有收敛作用,内服后不被吸收,对肠道中微生物、肠道的运动和分泌均不起作用,而是附着在黏膜的表面呈现机械性保护作用,保护肠道黏膜减少刺激而止泻。常用的有鞣酸、鞣酸蛋白、碱式硝酸铋、碱式碳酸铋等。

鞣酸(Tannic Acid)

[理化性质]

本品为淡黄色粉末,或疏松有光泽的鳞片,或海绵状块;味涩,有微臭。在水中易溶,水溶液呈酸性反应。放置过久可分解。

[药理作用]

本品为一种蛋白质沉淀,能与蛋白质结合生成鞣酸蛋白,故具有收敛作用。内服后部分鞣酸在胃内与胃蛋白结合,形成鞣酸蛋白,到达小肠后,再被分解放出鞣酸而呈现收敛性消炎、止泻作用。此外,鞣酸还能与生物碱、苷及重金属盐等产生沉淀。当士的宁、奎宁、洋地黄、铅、银、铜、锌等中毒时,可用鞣酸溶液饲喂或灌服,以沉淀停留在胃肠道内而未被吸收的毒物。本品不能沉淀吗啡、可卡因、阿托品、烟碱、毒扁豆碱等生物碱及砷、汞等重金属。

［应用］

主要用于非细菌性腹泻和肠炎。在某些毒物(如铅、银、铜、士的宁、洋地黄)中毒时,可用鞣酸溶液(1%～2%)洗胃或灌服,以沉淀在肠道中未被吸收的毒物,但沉淀物结合不牢固,解毒后必须及时使用盐类泻药以加速排出。

［注意］

鞣酸吸收后对肝有毒性。

［制剂、用法与用量］

鞣酸蛋白片,内服:一次量,马、牛 10～20 g;猪、羊 2～5 g;犬 0.3～2 g。

碱式硝酸铋(Bismuth Subnitrate)

［理化性质］

本品为白色粉末,无臭或几乎无臭,微有引湿性,能使湿润的蓝色石蕊试纸变成红色。在水或乙醇中不溶,在盐酸或硝酸中易溶。

［药理作用］

由于本品不溶于水,内服后大部分可在肠黏膜上与蛋白质结合成难溶的蛋白盐,形成一层薄膜以保护肠壁,减少有害物质的刺激。同时,在肠道中还可以与硫化氢结合,形成不溶性的硫化铋,覆盖在黏膜表面也呈现机械性保护作用,减少了硫化氢对肠道的刺激反应,使肠道蠕动减慢,出现止泻作用。此外,本品能少量缓慢放出铋离子,铋离子与细菌或组织表面的蛋白质结合,具有抑制细菌的生长繁殖和防腐消炎作用。

［应用］

用于胃肠炎和腹泻。

［注意］

在治疗肠炎和腹泻时,可因肠道中细菌如大肠杆菌等将硝酸离子还原成亚硝酸而中毒,目前多用碱式碳酸铋。

［制剂、用法与用量］

碱式硝酸铋,内服:一次量,马、牛 15～30 g;羊、猪、驹、犊 2～4 g;犬 0.3～2 g。

碱式碳酸铋(Bismuth Subcarbonate)

本品为白色或黄白色的粉末,无臭,无味;遇光可缓慢变质。在水或乙醇中不溶。作用与应用同碱式硝酸铋。

2.吸附性止泻药

本类药物性质稳定,无刺激性,一般不溶于水,内服后不吸收,但吸附性能较强,能吸附胃肠道内毒素、腐败发酵产物及炎症产物等,并能覆盖胃肠道黏膜,使胃肠黏膜免受刺激,因此当吸附毒物时,必须用泻药促使其迅速排出。常用吸附性止泻药有药用炭、白陶土等。

药用炭(Medical Charcoal)

［理化性质］

本品又名活性炭,为黑色微细粉末;无臭,无味,无刺激性;不溶于水。

［**药理作用**］

由于药用炭颗粒很小，并且具有很多微孔，故其表面积大，如 1 g 药用炭具有 500～800 m^2的表面积，因此具有强大的吸附作用。能吸附气体、固体和液体，被吸附的物质不改变其化学性质。内服后由于吸附了肠内各种化学刺激物、毒物和细菌毒素等，同时在肠壁上还可形成一层药粉层，因此，可减轻肠内容物对肠壁的刺激，使肠蠕动减少，从而呈现止泻作用。也常用于药物中毒，当内服药物未被全部吸收之前，可灌服药用炭，以减少吸收，但随即要应用泻药促使排出。

外用于炎症或损伤的组织表面时，具有机械性保护作用和止血作用。同时还能吸收创伤、炎症的渗出物，或组织、细菌的分解产物等，使局部干燥，从而可阻碍细菌的繁殖，可用于治疗挫伤等外伤。

［**应用**］

用于治疗腹泻、肠炎、胃肠臌气和排出毒物(如生物碱等中毒)。

［**制剂、用法与用量**］

药用炭片，内服：一次量，马、牛 20～200 g；羊 5～50 g；猪 3～10 g；犬 0.3～5 g；猫 0.15～2 g；兔 0.5～2 g。

3.抑制肠蠕动止泻药

当腹泻不止或有剧烈腹痛时，为了防止脱水，消除腹痛，可选用肠道平滑肌抑制药，如阿托品、颠茄，松弛胃肠平滑肌，减少肠管蠕动而止泻。

任务十五　呼吸系统药理

呼吸系统直接与外界接触，容易受到内外因素的影响而导致疾病发生，如上呼吸道感染、支气管咽炎、肺炎、支气管哮喘、支气管扩张等。咳嗽、咯痰和气喘是呼吸系统常见症状。呼吸系统疾病的病因包括物理化学因素刺激，过敏反应，病毒、细菌和蠕虫感染等。对动物来讲，更多的是微生物引起的炎症性疾病，所以一般首先应该进行对因治疗。在对因治疗的同时，也应及时使用镇咳药、祛痰药和平喘药，以缓解症状，防止病情发展，促进病畜痊愈。

一、祛痰药

祛痰药是一类能增加呼吸道分泌，使痰液变稀并易于排出的药物。痰液是由气管、支气管的腺体和杯状细胞分泌的，腺体位于黏膜下层，主要分布在有软骨环的大支气管。在正常情况下，呼吸道内不断有少量分泌物，它们覆盖于气管及支气管黏膜表面，起保护效应。这层分泌物不断地被上皮的纤毛定向运动送向喉头，然后被吞咽。另外吸入的尘埃等微粒可被黏液黏附，同时被纤毛定向运动排出，起清洁呼吸道的作用。在呼吸道炎症等病理状况下，分泌物可发生量和质的改变，加之有大量炎性渗出物及纤毛细胞病变，纤毛运动减弱，使痰液显著增加并滞留于呼吸道内，不能及时排出，可阻塞呼吸道，致使呼吸促迫，严重时可引起动物窒息。此外，呼吸道内大量积痰有利于病原体的滋生和繁殖，易引起继发性感染，从而进一步损害呼吸道组织，加重痰、咳、喘等症状，形成恶性循环。因此，祛痰后间接起到镇咳、平喘作用，也有利于控制感染，是重要的对症治疗措施之一。

乙酰半胱氨酸(Acetylcysteine)

［**理化性质**］

本品又名痰易净，白色结晶性粉末；有类似蒜的臭气，味酸；有引湿性。在水或乙醇中易溶。

［**药理作用**］

本品为黏液溶解性祛痰剂，有溶解痰液的作用。其结构中的巯基(—SH)可使黏蛋白的双硫键(—S—S—)断裂，降低痰液黏度，使黏痰容易咳出。乙酰半胱氨酸喷雾吸入在 1 min 内起效，最大作用时间为 5～10 min，吸收后在肝内脱去乙酰基而成半胱氨酸代谢。由于对呼吸道黏膜有一定的刺激作用，偶尔可引起支气管痉挛。如与有扩张支气管作用的异丙肾上腺素配合应用，不仅能防止痉挛，而且还能提高疗效。

［**应用**］

用于痰液黏稠引起的呼吸困难，咳嗽困难等。

［**注意**］

本品可减低青霉素、头孢菌素、四环素等的药效，不宜混合或并用。支气管哮喘患畜慎用或禁用。

［**制剂、用法与用量**］

喷雾用乙酰半胱氨酸，喷雾：以 10%～20%溶液喷雾吸入，中等动物一次用 2～5 mL，每日 2～3 次，一般喷雾 2～3 天或连续 7 天；气管滴入：以 5%溶液滴入气管内，一次量，牛 3～5 mL，每日 2～4 次。

氯化铵(Ammonium Chloride)

［**理化性质**］

本品为无色结晶或白色结晶性粉末；无臭，味咸、凉；有引湿性。在水中易溶，在乙醇中微溶。应密封保存于干燥处。

［**药理作用**］

本品内服后，由于刺激胃黏膜引起轻度恶心，可反射性地促进气管、支气管腺分泌增加。其反射弧包括胃黏膜的感受器和迷走神经传入纤维、延髓的呕吐中枢以及支配气管、支气管腺体的迷走神经传出纤维等。氯化铵引起的是较稀的分泌液，可稀释稠痰使其易于咳出，并覆盖在发炎的支气管黏膜表面，使黏膜少受刺激，从而减轻咳嗽。此外氯化铵被吸收至体内后，分解为铵离子和氯离子两部分，铵离子到肝内被合成为尿素，由肾排出时要带走一部分水分；同时，氯离子由肾排泄时，由于在肾小管的浓度增高，超过重吸收阈，也要带走多量的阳离子(主要是 Na^+)和水分，从而呈现利尿作用。由于氯化铵为强酸弱碱盐，可使尿液呈现酸性，故有酸化尿液作用。

本品内服完全被吸收，在体内几乎全部转化降解，仅极少量随粪便排出。

［**应用**］

适用于支气管炎初期，特别是对黏膜干燥，痰稠不宜咳出的咳嗽。亦可用作尿液酸化剂。

［制剂、用法与用量］

氯化铵片，祛痰内服：一次量，马 8～15 g；牛 10～25 g；羊 2～5 g；猪 1～2 g；犬、猫 0.2～1 g；每日 2～3 次。酸化剂内服：一次量，马 4～15 g；牛 15～30 g；羊 1～2 g；犬 0.2～0.5 g（一日 3～4 次）；猫 0.8 g。

碘化钾（Potassium Iodide）

［理化性质］

本品为无色结晶或白色结晶性粉末；无臭，味咸带苦；微有引湿性。在水中极易溶，在乙醇中溶解，水溶液呈中性反应。

［药理作用］

本品内服后，部分碘离子从呼吸道腺体排出，刺激呼吸道黏膜，使腺体分泌增加，痰液稀释，易于咳出，呈现祛痰作用。此外还有溶解病变组织和消散炎性产物作用，吸收后的碘化钾可滞留在病变组织内，在酸性条件下游离出碘而产生作用。

［应用］

用于治疗痰液黏稠而不易咳出的亚急性支气管炎后期和慢性支气管炎。静脉注射还可用于治疗牛的放线菌病。亦用于配制碘酊或碘溶液。

［注意］

本品刺激性较强，不适于治疗急性支气管炎的初期。

［制剂、用法与用量］

碘化钾片，内服：一次量，马 5～20 g；羊、猪 1～3 g；犬 0.2～1 g；猫 0.1～0.2 g；鸡 0.05～0.1 g，每日 2～3 次。

盐酸溴己新（Bromhexine Hydrochloride）

［理化性质］

本品为白色的结晶性粉末；无味。在乙醇或三氯甲烷中微溶，在水中极微溶解。

［药理作用］

本品自胃肠道吸收快而完全。内服后 1 h 血药浓度达峰值。绝大部分分解转化成代谢产物随尿排出，仅极少部分由粪便排出。

本品可溶解黏稠痰液，使痰中酸性糖蛋白的多糖纤维素裂解，黏度降低。能抑制黏液腺和环状细胞中酸性糖蛋白的合成，使痰液中唾液酸（酸性黏多糖成分之一）的含量减少，黏度下降，内服后有恶心性祛痰作用，使痰液易于咳出。但对脱氧核糖核酸无作用，故对黏性脓痰效果较差。

［应用］

用于慢性支气管炎的黏稠痰液不易咳出症。

［制剂、用法与用量］

盐酸溴己新片，内服：一次量，每千克体重，马 0.1～0.25 mg；牛、猪 0.2～0.5 mg；犬 1.6～2.5 mg；猫 1 mg。

盐酸溴己新注射液，肌内注射：一次量，每千克体重，马 0.1～0.25 mg；牛、猪 0.2～0.5 mg。

二、镇咳药

镇咳药是能抑制咳嗽中枢，从而能减轻或制止咳嗽的一类药物。咳嗽是一种保护性反射活动，当呼吸道内存在炎症、痰或异物时，可反射性的兴奋延髓的咳嗽中枢，引起咳嗽，将痰或异物排出。轻度的咳嗽有助于祛痰，对机体有利，不应使用止咳药，尤其是有痰液存在时更应如此。但剧烈频繁的咳嗽，易加重呼吸道损伤，或造成肺气肿、心功能障碍等不良后果，此时除积极进行病因疗法外，还应配合应用镇咳药。

可待因(Codeine)

［理化性质］

本品又名甲基吗啡，磷酸可待因是白色细微的针状结晶性粉末；无臭，有风化性。在水中易溶，在乙醇中微溶，在三氯甲烷或乙醚中极微溶解。水溶液显酸性反应。

［药理作用］

本品内服后易被胃肠所吸收，主要分布于肺、肝、肾和胰。易于透过血脑屏障，又能透过胎盘屏障，蛋白结合率一般在25%左右。代谢产物主要与葡萄糖醛酸结合，经肾随尿液排泄。

本品对延髓的咳嗽中枢有选择性的抑制作用，镇咳作用强而迅速，对各种原因引起的咳嗽均有效；作用中枢神经系统，兼有镇痛、镇静作用。能抑制支气管腺体的分泌，可使痰液黏稠难以咳出，故不宜用于痰液黏稠的患畜。

［应用］

多用于中小家畜剧烈的频繁干咳，若痰液较多宜并用祛痰药。

［注意］

大剂量或长期使用引起轻微的消化道不良反应和呼吸中枢抑制；有成瘾性。

［制剂、用法与用量］

磷酸可待因片，内服：一次量，每千克体重，马、牛 0.2～2 g；猪、羊 0.1～0.5 g；犬 1～2 mg；猫 0.25～4 mg。

磷酸可待因注射液，皮下注射：一次量，每千克体重，马、牛 0.2～2 g；猪、羊 0.1～0.5 g；犬 1～2 mg；猫 0.25～4 mg。

喷托维林(Pentoxyverine)

［理化性质］

本品又名咳必清，为白色或类白色的结晶性或颗粒性粉末；无臭，味苦。在水中易溶，在乙醇中溶解，在三氯甲烷中略溶，在乙醚中几乎不溶。

［药理作用］

本品为非成瘾性中枢性镇咳药；镇咳作用强度只有可待因的1/3。内服吸收后部分从呼吸道排出时，可轻度抑制支气管内感受器，对呼吸道黏膜产生轻微的局部麻醉作用，减弱咳嗽反射。在大剂量时有阿托品样作用，可松弛支气管平滑肌。因此认为兼具有末梢性镇咳作用。

[应用]

适用于伴有剧烈干咳的急性上呼吸道炎症。

[注意]

本品有阿托品样作用，易产生腹胀、便秘。心功能不全并伴有肺部淤血的病畜禁用。

[制剂、用法与用量]

枸橼酸喷托维林片，内服：一次量，马、牛 0.5～1 g；猪、羊 0.05～0.1 g。

甘草流浸膏(Clycyrrhiza Fluid Extact)

[理化性质]

本品由甘草的干燥根和根茎浸制浓缩而成，为深棕色黏稠液体。含甘草次酸 7%。

[药理作用]

甘草有镇咳、祛痰、解毒等作用，甘草次酸有类似肾上腺皮质激素样作用，近来发现甘草次酸的衍生物，还有中枢性镇咳作用。内服后能覆盖于发炎的咽部黏膜表面，使黏膜少受刺激，从而可减轻咽炎引起的咳嗽。

[应用]

常与其他镇咳、祛痰药配制成止咳合剂等应用。

[制剂、用法与用量]

甘草流浸膏，内服：马、牛 15～30 mL；羊、猪 5～15 mL，每日 2～3 次。

三、平喘药

平喘药是缓解和消除呼吸系统疾患所引起的气喘症状的一类药物。平喘药按其作用特点分为支气管扩张药和抗过敏药物。支气管扩张药物主要使支气管平滑肌肉松弛，这些药物作用于支气管平滑肌和支气管黏膜上的肥大细胞时，能激活这些细胞内腺苷酸环化酶，使细胞内 ATP 分解为 cAMP，提高细胞内 cAMP 浓度。cAMP 具有多种生理功能，既能使平滑肌肉松弛，又能抑制支气管黏膜上的肥大细胞释放活性物质，如组胺、慢反应物质，从而减少由这些物质引起的黏膜充血性水肿、腺体分泌和支气管痉挛。临床常用药物有拟肾上腺素类药物、麻黄碱、异丙肾上腺素和茶碱类的氨茶碱等。抗过敏性平喘药，目前主要是肾上腺皮质激素类和肥大细胞稳定药，这些药物在兽医临床很少应用。

氨茶碱(Aminophylline)

[理化性质]

本品为嘌呤类衍生物，是茶碱与乙二胺的复盐。白色或微黄色的颗粒或粉末；易结块，微有氨臭，味苦；在空气中吸收二氧化碳并分解成茶碱。在水中溶解，在乙醇中微溶，在乙醚中几乎不溶。水溶液呈碱性反应。

[药理作用]

内服易吸收，马、犬、猪体内生物利用度几乎为 100%。吸收后分布于细胞外液和组织，能穿过胎盘并进入乳汁(达血浆浓度的 70%)。犬的蛋白结合率为 7%～14%。消除半衰期，马 11.9～17 h，猪 11 h，犬 5.7 h，猫 7.8 h。

对支气管平滑肌有较强的直接松弛作用。对呼吸中枢有兴奋作用,可使呼吸中枢对二氧化碳的刺激阈值下降,呼吸深度增加。还能间接诱导利尿,但作用较弱。

[**应用**]

用于痉挛性支气管炎、支气管哮喘,亦可用于预防或缓解麻醉意外导致的支气管痉挛。

[**注意**]

静脉注射或静脉滴注若用量过大、浓度过高或速度过快,都可强烈兴奋心脏和中枢神经,需稀释后注射并注意掌握速度和剂量。

[**制剂、用法与用量**]

氨茶碱片,内服:一次量,每千克体重,马 5～10 mg;羊、猪 1～2 mg;犬、猫 10～15 mg。

氨茶碱注射液,静脉或肌内注射:一次量,马、牛 1～2 g;羊、猪 0.25～0.5 g;犬 0.05～0.1 g。

任务十六　泌尿系统药理

一、利尿药

利尿药是直接作用于肾,促进电解质和水的排出,增加尿量的药物。主要用于治疗各种类型的水肿,急性肾功能衰竭及促进毒素和尿道结石的排出。

根据作用部位和强度,利尿药分为三类:高效利尿药(呋塞米、依他尼酸、布美他尼)、中效利尿药(氢氯噻嗪、氯噻嗪、氯噻酮)、低效利尿药(螺内酯、阿米洛利)。

利尿药是通过影响尿的生成而发挥利尿作用的。尿的生成过程包括肾小球滤过、肾小管和集合管的重吸收及肾小管的再分泌三个环节。利尿药可作用于肾的不同部位,但以影响重吸收功能而产生的利尿作用最强。

1.增加肾小球滤过作用

在正常情况下,肾小球滤过膜通透性变化不大,主要是受肾血流量及滤过压的影响,有的药物虽然可增加肾血流量及肾小球有效滤过压,提高滤过率,但在滤过率增加的同时,肾小管重吸收率也随之增强,故利尿作用多不明显。只有个别药物如氨茶碱可部分地通过增强心肌收缩力,加大肾血流量,增加肾小球的滤过而产生较弱的利尿作用。主要用于心功能降低,肾循环障碍且肾小球滤过率低下时的利尿。

2.抑制肾小管与集合管的重吸收

在近曲小管内,原尿中约有 90% $NaHCO_3$ 及 40% NaCl 在此段重吸收,60%的水被动重吸收以维持近曲小管液体渗透压的稳定。Na^+ 的重吸收主要通过 H^+—Na^+ 交换进行,这种交换在近曲小管和远曲小管都有,但以近曲小管为主。H^+ 的产生来自 CO_2 与 H_2O 所生成的 H_2CO_3,这一反应需要细胞内碳酸酐酶的催化,形成 H_2CO_3 再解离成 H^+ 和 HCO_3^-,H^+ 再将 Na^+ 交换入细胞内。若 H^+ 生成减少,则 H^+—Na^+ 交换减少,导致 Na^+ 的重吸收减少,便产生利尿作用。碳酸酐酶抑制剂乙酰唑胺就是通过抑制 H_2CO_3 生成而产生利尿作用的。但作用较弱,且易致代谢性酸血症,故现已少用。

髓袢中髓袢降支的功能与利尿作用关系不大,升支与利尿作用的关系非常密切。升支粗段髓质部重吸收原尿中 Na^+ 为 20%～25%，皮质部约为 10%。当原尿流经髓袢升支粗段时，Cl^- 呈主动重吸收，而 Na^+ 随 Cl^- 被动重吸收，对水的通透性则极低，造成髓袢所处的髓质间液形成高渗，而大量的水存留在小管内形成低渗，亦即生成游离水。当这部分液体流经远曲小管，特别是集合管时，在抗利尿素的作用下，小管对水的通透性增加，加之集合管处于髓质组织间液高渗区，尿中的水分受管内外渗透压差的影响便由管内向管外扩散，使尿液浓缩，即游离水的重吸收过程。高效利尿药速尿及利尿酸都作用于髓袢升支粗段，抑制 Cl^-、Na^+ 的重吸收，干扰肾的稀释与浓缩机制，产生强大的利尿作用。而中效利尿药噻嗪类只作用于髓袢升支粗段皮质部，对髓质部无影响，故利尿作用弱于前者。

3.影响肾小管与集合管的分泌

近曲小管、远曲小管和集合管皆可分泌 H^+，进行 H^+—Na^+ 交换。远曲小管和集合管还可分泌 K^+ 进行 K^+—Na^+ 交换。前者需要在细胞内碳酸酐酶的催化下进行。碳酸酐酶抑制药乙酰唑胺可使近曲小管 H^+ 的分泌减少，致使 H^+—Na^+ 交换不全产生较弱的利尿作用。有机汞利尿药可抑制巯基酶的活性，如汞撒利。醛固酮能调节远曲小管和集合管的 K^+—Na^+ 交换，产生排钾保钠作用。凡能阻断醛固酮的调节功能或直接破坏 K^+—Na^+ 交换机制，就会产生排钠保钾的作用。安体舒通及氨苯喋啶具有此种作用，故称为保钾利尿药。

从尿量来看，除作用于近曲小管的利尿药外，利尿药效能的高低与它所作用的部位对 Na^+ 的重吸收能力呈正相关。如速尿作用于髓袢升支粗段的髓质与皮质部，该处重吸收 Na^+ 的能力达原尿 Na^+ 量的 30%～35%，呈现高效利尿。而远曲小管重吸收 Na^+ 的能力在 5%～10%及以下，所以作用于此部位呈现低效利尿。而噻嗪类利尿药介乎于二者之间，呈现中效利尿。

利尿药的应用，常可造成低钠、低钾血症，大量应用此类药物时应注意补钾。另外在利尿的同时必须注意对因治疗。否则不能达到满意的效果。

呋塞米(Furosemide)

[**理化性质**]

本品又名速尿、呋喃苯氨酸、利尿磺胺，是具有邻氯磺胺的化合物，为白色粉末；无臭，无味。在碱性溶液中易溶，在乙醇中溶解，在水中不溶。

[**药理作用**]

本品内服易从胃肠道吸收，静脉注射后约 1/3 通过肝从胆汁排泄，其余经肾排泄。尿排泄速率取决于尿液 pH，正常剂量体内消除迅速，不会产生蓄积毒性。

本品具有强大而迅速的利尿作用，内服 20～30 min 显效，1～2 h 达高峰，持续 6～8 h。静脉注射 5 min 内即可见效；1 h 达高峰，持续约 5 h。本品能抑制髓袢升支对 Cl^- 的主动重吸收，间接抑制对 K^+ 的被动重吸收，使管腔内 Cl^-、Na^+、K^+ 浓度增加，排出大量等渗的尿液。此外，还能降低肾血管阻力，增加肾皮质部血量，促进肾小球的滤过。因而有强大的利尿作用。

[**应用**]

用于各种原因引起的全身水肿，如心源性、肾性及肝性水肿，乳房水肿，喉部水肿。并可促进尿道上部结石的排出，特别适用于其他利尿药无效的水肿。对于急性肾功能衰竭的少尿期，静脉注射大量速尿，能降低肾血管阻力，增加肾血流量，改善肾缺血，并显示强大的利尿作用。

[**不良反应**]

由于强大的利尿作用，可出现低血容量、低血钾、低血钠和低血氯，有时还可降低血钙的含量。大量静脉注射可引起听力下降。为避免听力下降，忌与氨基糖苷类抗生素合用。为防止低血钾症，可采取间歇疗法，即用药1～2天，停药2～4天，并补充钾盐或与保钾利尿药氨苯喋啶合用。

[**制剂、用法与用量**]

呋塞米片，内服：一次量，每千克体重，马、牛、羊、猪 2 mg；犬、猫 2.5～5 mg。

呋塞米注射液，肌内或静脉注射：一次量，每千克体重，马、牛、羊、猪 0.5～1 mg；犬、猫 1～5 mg。

氢氯噻嗪(Hydrochorothiazide)

[**理化性质**]

本品为白色结晶性粉末，在丙酮中易溶，在水中微溶。应密封保存。

[**药理作用**]

本品主要作用在髓袢升支粗段皮质部，可抑制该部位肾小管对 Cl^-、Na^+ 的重吸收，产生利尿作用。排钠能力达原尿钠量的10%～15%，由于 Na^+ 的排出量增加，促进了远曲小管与集合管的 K^+—Na^+ 交换，使 K^+ 的排出量也随之增多。因此，长期或大量用药，易引起低血钾。可同时补给钾盐或与保钾利尿药合用。

[**应用**]

用于治疗各种原因引起的水肿，对心源性水肿效果较好，是中、轻度心源性水肿的首选药。可作为乳房浮肿和胸、腹部炎性肿胀及创伤性肿胀的辅助治疗药。也可用于某些急性中毒，加速毒物排出，如食盐中毒，溴化物中毒及巴比妥类中毒。

[**注意**]

大量或长期用药，易引起低血钾，为防止低血钾性碱血症的产生，可配合使用氯化钾或保钾利尿药。噻嗪类利尿药不得与洋地黄合用，以防由于低血钾而增加洋地黄的毒性。

[**制剂、用法与用量**]

氢氯噻嗪片，内服：一次量，每千克体重，牛、马 1～2 mg；猪、羊 2～3 mg；犬、猫 3～4 mg。

螺内酯(Spironolactone)

[**理化性质**]

本品又名安体舒通，为淡黄色粉末；味稍苦，在水或乙醇中溶解，其化学结构与醛固酮相似，是醛固酮的拮抗剂。

[**作用**]

本品利尿作用不强，起效慢而持久。其作用部位是远曲小管和集合管，螺内酯与醛固酮受体有很强的亲和力，能与受体结合，但无内在活性，故起竞争性拮抗醛固酮的作用。可使 Na^+—K^+ 交换减少，尿中 Na^+、Cl^- 排出增加，K^+ 的排泄减少，故称为保钾性利尿药。

[**应用**]

很少单独作利尿药，主要与强、中效利尿药合用治疗严重水肿，以增强利尿作用。

［制剂、用法与用量］

螺内酯片，内服：每千克体重，犬、猫 2～4 mg。

氨苯喋啶(Triamterene)

［理化性质］

本品为黄色结晶性粉末；无臭、无味，在水中几乎不溶。

［作用与应用］

本品具有利尿而不失钾的特性。能直接抑制远曲小管 K^+ 的排泄和 Na^+ 重吸收。由于 Na^+ 的重吸收减少，排出增加。Cl^- 的排出也相应增加，同时带出水分，而 K^+ 的排出不仅不增加，反而减少。氨苯喋啶的利尿作用较弱，非首选利尿剂，常与氢氯噻嗪等排钾利尿药合用或交替应用。不仅利尿排钠作用加强，而且减少后者排钾的不良反应，纠正失钾的副作用。

［制剂、用法与用量］

氨苯喋啶片，内服：一次量，每千克体重，马、牛、羊、猪 0.5～3 mg。

二、脱水药

脱水药是指能消除组织水肿的药物。这类药物多是一类性质稳定的低分子物质，静脉注射后可迅速提高血浆渗透压，从而消除组织水肿。药物从肾小球滤过后，很少被肾小管重吸收，使管腔内尿液的渗透压升高，使尿量增多，又称为渗透性利尿药。其特点是：内服不被胃肠吸收，在体内不被代谢或代谢缓慢；易被肾小管滤过，但不易被肾小管重吸收，多以原形经尿排出；没有明显的其他药理作用。同浓度的药物，分子质量愈小，渗透压愈高。

脱水药主要用于消除脑水肿、肺水肿，降低眼内压及治疗急性肾功能不全等。常用的脱水药有甘露醇、山梨醇。也可用有脱水作用的高渗葡萄糖注射液或尿素。但葡萄糖和尿素均能携带水分透过血脑屏障，进入脑脊液及脑组织中，使颅内压回升，出现“反跳”现象。

甘露醇(Mannitol)

［理化性质］

本品为白色结晶性粉末；无臭，味甜。在水中溶解，在乙醇中微溶；等渗液为 5.07%，临床多用其 20%高渗液静脉滴注。

［药理作用］

本品内服不吸收，在静脉注射其高渗溶液后，血浆渗透压迅速提升，可促使组织间液的水分向血液扩散，产生脱水作用。从而降低颅内压和眼内压。由于本品不易被机体代谢，很易经肾小球滤过，并很少被重吸收，因此可使原尿成为高渗，阻碍水从肾小管的重吸收而产生利尿作用。

［应用］

主要用于降低眼内压、创伤性脑水肿及其他组织水肿；治疗因急性肾功能衰竭所引起的少尿症或无尿症，还用于加快某些毒物的排泄。

[**注意**]

本品静脉注射后，可以增加血容量，升高血压，容易引起心力衰竭。所以，心功能不全或心性水肿的患畜不宜应用。不能与高渗盐水并用，因氯化钠可促使其迅速排泄。静脉注射时宜缓慢，不可漏出血管外。

[**制剂、用法与用量**]

甘露醇注射液，静脉注射：一次量，牛、马 1 000～2 000 mL；猪、羊 100～250 mL；每千克体重，犬、猫 0.25～0.5 mg，一般稀释为 5%～10%溶液(缓慢静脉注射：4 mL/min)。

山梨醇(Sorbitol)

本品为白色结晶性粉末，无臭，味略甜，易溶于水，相对分子质量为 182，等渗液为 5.48%，常用 25%高渗液静脉滴注。山梨醇是甘露醇的同分异构体，进入体内后，在肝有部分转化成为果糖而降低其高渗性，故作用较弱。但由于溶解度较大，可制成高浓度(25%)溶液，且价格便宜，不良反应较轻，临床上也常使用。用法、用量与甘露醇相似。

任务十七　生殖系统药理

哺乳动物的生殖受神经和体液双重调节。机体内外的刺激，通过感受器产生的神经冲动，传到下丘脑，引起促性腺激素释放激素分泌；释放激素经下丘脑的门静脉系统转运至垂体前叶，导致促性腺激素释放；促性腺激素经血液循环到达性腺，调节性腺的机能，这是体液调节机制。性腺分泌的激素称为性激素。体液调节存在着相互制约的反馈调节机制，即血液中某种生殖激素的水平升高或降低，反过来对它的上一级激素的分泌起抑制或促进作用。促使分泌减少的反馈调节称负反馈(抑制)(用一号表示)，促使分泌增多的反馈调节称正反馈(兴奋)(用+号表示)(图 3-1)。

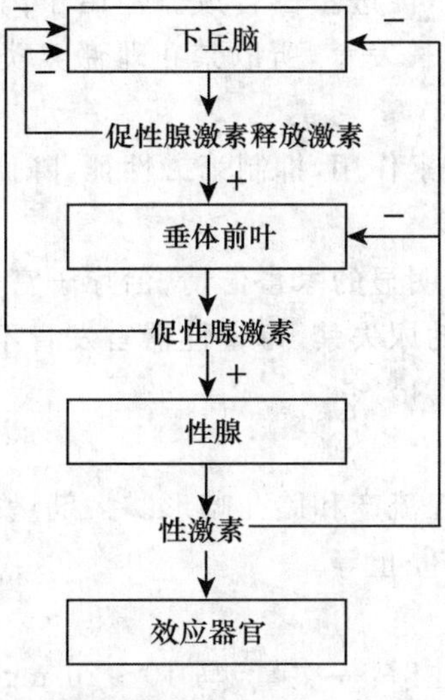

图 3-1　生殖激素调节示意图(+:兴奋；−:抑制)

当生殖激素分泌不足或过多时，使机体的激素系统发生紊乱，引发产科疾病或繁殖障碍，这时就需要使用药物进行治疗或调节。对生殖系统用药的目的在于提高或抑制繁殖力、调节繁殖进程、增强抗病力。所用药物有性激素类、促性腺激素和促性腺激素释放激素类、前列腺素和催产素类等。

一、性激素类药物

(一)雌激素类药物

常用的天然激素雌二醇，人工合成品有已烯雌酚和已烷雌酚。

雌二醇(Estradiol)

[**理化性质**]

本品为天然激素，常制成各种酯类应用，如苯甲酸雌二醇，为白色结晶性粉末；无臭。在乙醇或植物油中微溶，在水中难溶。

[**药理作用**]

促进母畜发情。雌激素能恢复生殖道的正常功能和形态结构，如促进生殖器官血管增生、黏膜腺体分泌，引起发情。牛对雌激素很敏感，小剂量的雌二醇两次注射，就可使切除卵巢的青年母牛在 3 天内发情。雌激素所诱导的发情不排卵，动物配种不怀孕。

对生殖器官的作用。雌激素可促进性器官的发育和第二性征出现；还可以促进成年母畜输卵管的肌肉和黏膜生长发育。促进子宫及其黏膜生长、血管增生扩张，促使黏膜腺体增生。增强子宫的收缩活动，此作用可被催产素进一步加强，而被孕激素抑制。还可使子宫颈周围的结缔组织舒张，子宫颈口松弛，但天然雌激素对牛子宫颈口的松弛作用不明显。

对乳腺的作用。可促进母畜乳导管的发育和泌乳。与孕酮配合，效果更加显著。但大剂量使用，可抑制催乳素分泌，导致泌乳停止。

对代谢的影响。可增进食欲，促进蛋白合成。但由于肉品中残留的雌激素对人体有致癌作用并危害儿童及未成年人生长发育，所以禁止雌激素类药物作为饲料添加剂和皮下埋植剂。

对公畜的作用。能对抗雄激素作用，抑制第二性征，降低性欲。

[**应用**]

用于卵巢机能正常而发情不明显的家畜催情；治疗子宫内膜炎、子宫蓄脓、胎衣不下、死胎排出等；治疗老年犬和阉割犬的尿失禁、母畜性器官发育不全、犬过度发情、假孕犬的乳房胀痛等。还可用于诱导泌乳。

[**注意**]

妊娠早期动物禁用，以免引起流产和胎儿畸形。大剂量或长期应用，可导致卵巢囊肿或慕雄狂、流产、卵巢萎缩及性周期停止等。

[**制剂、用法与用量**]

苯甲酸雌二醇注射液，肌内注射：一次量，马 10～20 mg；牛 5～20 mg；猪 3～10 mg；羊 1～3 mg；犬、猫 0.2～0.5 mg。

休药期：28 天，弃奶期：7 天。

己烯雌酚(Diaethylstibestrol)

[**理化性质**]

本品为无色或白色结晶性粉末。在乙醇或植物油中易溶,在水中难溶。应密封避光保存。

[**药理作用**]

本品内服可由消化道吸收,易在肝内部分转化为雌酮及雌三醇。其活性大为减弱,最后与葡萄糖醛酸或硫酸结合经尿排出,也有一部分经胆汁排出。但牛、羊内服后有部分在瘤胃被破坏,所以吸收不完全。故常采用肌内注射给药。

本品能促进性器官的发育,保持第二性征;使子宫内膜及肌肉增殖,为完成生殖机能提供必要的基础,能提高子宫肌对催产素的敏感性。加强输卵管和子宫肌的收缩。可使子宫口松弛,但对牛作用稍弱,因能引起子宫黏膜白细胞浸润,供血旺盛,腺体分泌增多,故可提高对入侵微生物的抵抗力。同时还可增加阴道黏膜上皮细胞内的糖原,糖原分解时,可使阴道呈酸性反应,有利于乳酸菌生长繁殖,从而抑制其他微生物。注射雌激素后可引起母畜发情,牛最敏感。但大剂量由于反馈性抑制使促性腺激素分泌减少并抑制排卵。

本品还可对抗雄激素,抑制公畜促性腺素的分泌,使精子生成障碍,性兴奋降低。

[**应用**]

用于催情,治疗子宫炎、子宫蓄脓、胎衣不下、死胎排出等,或作冲洗子宫时的宫颈松弛药。还可用于持久黄体、慢性输卵管炎的治疗。

[**注意**]

家畜妊娠或肝、肾功能严重减退时忌用。用于催情时应尽量配合原有的发情周期。

[**制剂、用法与用量**]

己烯雌酚注射液,肌内注射,一次量,马、牛 10~20 mg;猪 6~20 mg;羊 2~6 mg;犬、猫 0.4~1 mg。

(二)雄激素类药物

天然品为睾酮(也称睾丸素或睾丸酮),由睾丸间质细胞分泌,肾上腺皮质及卵巢也能分泌少量。临床应用多为人工合成睾酮及其衍生物,如甲睾酮、丙酸睾酮、苯丙酸诺龙。

丙酸睾酮(Testosterone Propionate)

[**理化性质**]

本品为白色或黄色结晶性粉末;在乙醇或乙醚中易溶,在植物油中溶解,在水中不溶。

[**药理作用**]

本品能促进雄性器官的发育和成熟,并维持其正常活动,激发和维持雄性的副性征,促进性欲。精子形成需要在睾酮和促精子生成素的同时调节下才能完成。大剂量注射,可抑制垂体前叶分泌促性腺激素,抑制精子生成。还具有对抗雌激素的作用。

本品有明显的促进蛋白质合成的作用,并可使体内蛋白质分解减少,增加氮、磷在体内潴留。促进肌肉发育和骨骼生长,体重增加。较大剂量可刺激骨髓造血机能,特别是红细胞生长加速。

［应用］

主要用于公畜睾丸发育不全和睾丸机能不足所致的性欲缺乏；再生障碍性贫血或其他原因贫血的辅助治疗；促进小动物疾病恢复或增重。

［注意］

能引起水钠潴留可致水肿；肾、心或肝功能不全者慎用。

［制剂、用法与用量］

丙酸睾酮注射液，肌内或皮下注射：一次量，每千克体重，家畜 0.25～0.5 mg。

苯丙酸诺龙（Nandrolone Phenylpropionate）

［理化性质］

本品又称苯丙酸去甲睾酮。为人工合成的同化激素，白色或乳白色结晶性粉末；在乙醇中溶解，在植物油中略溶，在水中几乎不溶。

［药理作用］

本品能促进蛋白质合成代谢，使肌肉发达，体重增加，促进生长，增加体内氮潴留。增加肾小管对 Na^+、Ca^{2+} 的重吸收，使体内的钙、钠增多。加速钙盐在骨中的沉积，促进骨骼的形成。还能直接刺激骨髓形成红细胞，促进肾分泌促红细胞生成素，增加红细胞的生成。

［应用］

主要用于热性病及各种消耗性疾病引起的体质衰弱，严重的营养不良、贫血和发育迟缓的辅助治疗；还可用于手术后、骨折及创伤，以促进创口愈合。

［制剂、用法与用量］

苯丙酸诺龙注射液，肌内或皮下注射：一次量，马、牛 200～400 mg；驹、犊 50～100 mg；羊、猪 50～100 mg；犬 25～50 mg；猫 10～20 mg，2 周 1 次。

（三）孕激素类药物

黄体酮（Progesterone）

［理化性质］

本品又称孕酮、黄体素，为白色或微黄色结晶性粉末；在乙醇或植物油中溶解，在水中不溶。应密封避光保存。

［药理作用］

本品内服吸收后，在肝迅速被灭活。牛血浆半衰期为 22～36 min，所以内服疗效甚低，多用肌内注射给药。其代谢产物主要是孕二醇和妊娠烯酮醇。与葡萄糖醛酸结合后经肾排出。人工合成的甲地孕酮、炔诺酮等作用较强而持久，内服在肝破坏较慢。甲地孕酮的微晶混悬液肌内注射吸收缓慢可发挥长效作用。

对子宫的作用。在雌激素作用的基础上，黄体酮继续使子宫黏膜腺体增生，子宫内膜充血、增厚，由增长期转入分泌期，为受精卵着床及胚胎发育做好准备。并可抑制输卵管及子宫肌的收缩，降低子宫对催产素的敏感性，使子宫安静，所以有保胎作用。同时还可使子宫颈口闭合，分泌黏稠液体，阻止精子或病原体进入子宫。

对卵巢的作用。孕激素可抑制发情及排卵。大剂量的黄体酮，可通过负反馈抑制腺垂体分泌黄体生成素，也能反馈性地抑制下丘脑促性腺激素释放激素的释放。孕激素的这一作用与雌激素协同,用于母畜同期发情。

对乳腺的作用。孕酮可促进乳腺腺泡发育,为泌乳做准备。

[**应用**]

可用于预防或治疗因黄体分泌不足所引起的早期流产或习惯性流产,与维生素 E 同用效果更好。治疗牛卵巢囊肿所引起的慕雄狂;用于母畜同期发情等。

[**注意**]

孕畜应用本品后,预产期可能推迟。

[**制剂、用法与用量**]

黄体酮注射液,肌内注射:一次量,马、牛 50～100 mg;猪、羊 15～20 mg;犬、猫 2～5 mg,间隔 48 h 注射 1 次。

休药期:30 天。

醋酸氟孕酮(Flugestone Acetate)

基本作用与黄体酮相似,但作用较强。只是本品常制成阴道海绵,主要用于绵羊、山羊的诱导发情或同期发情。禁用于泌乳期和食品动物。

[**制剂、用法与用量**]

醋酸氟孕酮阴道海绵,阴道给药:一次量,羊 1 个。给药后 12～14 天取出。

二、促性腺激素和促性腺激素释放激素类药物

卵泡刺激素(Follocle Stimulateing Hormone)

[**理化性质**]

本品又称垂体促卵泡素,从猪、羊垂体前叶中提取而得,属一种糖蛋白,为白色或黄白色的冻干块状物或粉末;在水中易溶;应密封在冷暗处保存。

[**药理作用**]

本品能促进卵泡的生长和发育,与少量黄体生成素合用,可使卵泡分泌雌激素,使母畜发情;与大剂量促黄体素使用能促进卵泡成熟和排卵。对公畜能促进精原细胞增生,在促黄体素的协同下,可促进精子的生成和成熟。

[**应用**]

用于卵巢发育不良、多卵泡症及持久黄体等疾病的治疗;还可用于提高同期发情效果以及提高公畜精子密度。

[**制剂、用法与用量**]

注射用垂体促卵泡素,肌内注射:一次量、马、驴 200～300 IU,每天或两天 1 次,2～5 次为一疗程。奶牛 100～150 IU,3 天 1 次,2～3 次为一疗程。

黄体生成素(Luteinizing Hormone,LH)

[**理化性质**]

本品又称促黄体素、垂体促黄体素,为白色或黄白色的冻干块状物或粉末;在水中易溶。

[药理作用]

本品在卵泡刺激素的作用基础上，可促进雌性成年动物卵泡成熟和排卵，形成黄体，分泌黄体酮，具有早期安胎作用，可作用于家畜间质细胞，促进睾酮的分泌，提高性欲，促进精子形成，增加精液量。

[应用]

主要用于治疗成熟卵泡排卵障碍，卵巢囊肿，早期习惯性流产，不孕及雄性动物性欲减退，精液量减少等。

[制剂、用法与用量]

注射用垂体促黄体素，肌内注射：一次量，马 200～300 IU；牛 100～200 IU。临用前，用灭菌生理盐水 2～5 mL 稀释。

促黄体素释放激素(Luteinizing Hormone Releasing Hormone)

[作用与应用]

本品能促使动物垂体前叶释放促黄体素和促卵泡素。兼具有促黄体素和促卵泡素的作用。主要用于治疗奶牛排卵迟滞、卵巢静止、持久黄体、卵巢囊肿及早期妊娠诊断；也可用于鱼类诱发排卵。

[制剂、用法与用量]

注射用促黄体素释放激素 A_2/A_3，肌内注射：一次量，奶牛，治疗排卵迟滞，输精的同时注射 12.5～25 μg；治疗卵巢静止 25 μg，每日 1 次，可连用 1～3 天，总剂量不超过 75 μg。治疗持久黄体或卵巢囊肿，25 μg，每日 1 次，可连用 1～4 天，总剂量不超过 100 μg。

[注意]

本品不能与其他类激素合用；剂量过大可导致催产失败。

绒促性素(Chorionic Gonadotrophin)

[理化性质]

本品又称绒毛膜促性腺激素，为白色或灰白色粉末；在水中易溶，溶液为无色或微黄色，应置避光容器内在阴凉处保存。

[药理作用]

本品能使成熟的卵泡排卵。在母畜卵泡发育接近排卵时应用，大部分母畜在 24～48 h 内排卵。当排卵障碍时，可促进排卵受孕，提高受胎率，在卵泡未成熟时，则不能促进排卵。大剂量可延长黄体的存在时间，并能短时间刺激卵巢，使其分泌雌激素，引起发情。能促使公畜睾丸间质细胞分泌雄激素。

[应用]

用于促进排卵，提高受胎率；治疗卵巢囊肿、习惯性流产；对公畜性欲不强、精液和精子量少等疾病也有一定疗效。

[注意]

不宜长期应用，以免产生抗体和抑制垂体促性腺机能。

[制剂、用法与用量]

注射用绒促性素，肌内注射：一次量，马、牛 1 000～5 000 IU；猪 500～1 000 IU；羊100～

500 IU;犬 25～300 IU,每周 2～3 次。临用前用注射用水或生理盐水溶解。

马促性素(Preglant Mare Serum Gonadotrophin)

[**理化性质**]

本品又名血促性素、孕马血清,为白色或黄白色的粉末;在水中溶解,水溶液不稳定。

[**药理作用**]

本品主要表现卵泡刺激素样作用,能促进卵泡发育和成熟,引起母畜发情;也有轻度黄体生成素样作用,促进成熟卵泡排卵,引起超数排卵,对多胎动物可提高产仔率。对公畜可促进雄性激素分泌,提高性欲。

[**应用**]

用于母畜催情或促进卵泡发育,也用于胚胎移植时的超数排卵。

[**注意**]

反复使用,可出现过敏反应,也可引起体内产生抗马促性素的抗体。

[**制剂、用法与用量**]

注射用马促性素,皮下或肌内注射:一次量,催情,马、牛 1 000～2 000 IU;猪 200～800 IU;羊 100～500 IU;犬 25～200 IU;猫 25～100 IU。超排,母牛 2 000～4 000 IU;母羊 600～1 000 IU。临用前用灭菌生理盐水 2～5 mL 稀释。

三、前列腺素

地诺前列素(Dinoprost)

[**理化性质**]

本品又称黄体溶解素,为前列腺素 $F_{2\alpha}$ 的缓血酸胺制剂。

[**药理作用**]

本品对生殖、循环、呼吸以及其他系统具有广泛活性。有促进子宫收缩,促进垂体前叶释放黄体生成素,影响精子发生和移行,干扰输卵管活动和胚胎附植等作用。能溶解黄体,使黄体萎缩,黄体酮产生减少或停止,促使母畜发情或排卵。

[**应用**]

本品用于同期发情,催情等;治疗持久黄体或卵巢黄体囊肿,子宫蓄脓,慢性子宫内膜炎等;用于催产、引产、排出死胎等。还可用于公畜,增加精液量。

[**制剂、用法与用量**]

前列腺素 $F_{2\alpha}$ 缓血酸胺注射液,肌内注射:一次量,牛 25 mg;猪 5～10 mg。每千克体重,马 0.02 mg;犬 0.05 mg。

甲基前列腺素 $F_{2\alpha}$(Carboproste $F_{2\alpha}$)

[**理化性质**]

本品简称 $PGF_{2\alpha}$,为棕色油状液体;味臭,微溶于水。

［**药理作用**］

本品具有溶解黄体，增强子宫平滑肌张力和收缩力等作用。

［**应用**］

本品用于同期发情，同期分娩；也用于治疗持久黄体、排出死胎及子宫内膜炎等。

［**制剂、用法与用量**］

甲基前列腺素 $F_{2\alpha}$ 注射液，肌内或宫颈内注射：一次量，每千克体重，马、牛 2～4 mg；羊、猪 1～2 mg。

氯前列醇(Cloprostenol)

［**理化性质**］

本品为白色或类白色结晶型粉末；有引湿性。其钠盐在水、乙醇或甲醇溶解，在丙酮中不溶。

［**药理作用**］

本品具有强大的黄体溶解作用。直接刺激子宫平滑肌引起收缩，同时使子宫颈松弛。对非妊娠动物于用药后 2～5 天内发情，在妊娠 10～150 天的母牛，用药后 2～3 天出现流产。

［**应用**］

本品主要用于诱导母畜同期发情、同期分娩；治疗黄体囊肿、持久黄体和卵泡囊肿；也可用于治疗产后子宫疾病，如子宫积脓、慢性子宫内膜炎。

［**制剂、用法与用量**］

氯前列醇注射液，肌内注射：一次量，每千克体重，牛 0.2～0.3 mg；猪妊娠第 112～113 天，0.05～0.1 mg。

四、子宫收缩药

子宫收缩药亦称子宫兴奋药，能选择性地兴奋子宫平滑肌，引起子宫收缩。常用的药物主要有缩宫素、垂体后叶素、麦角制剂、益母草等。拟胆碱药氨甲酰胆碱（卡巴胆碱）、新斯的明等对子宫平滑肌也有收缩作用，偶尔也用于排除胎衣、死胎和猪的催产，但因对机体作用广泛、故不列入子宫收缩药。

缩宫素(Oxytocin)

［**理化性质**］

本品又称催产素，为白色结晶性粉末；在水中溶解，水溶液呈酸性，为无色澄明或几乎澄明的液体。

［**药理作用**］

本品内服易被消化液破坏，内服无效。肌内注射吸收良好，经 3～5 min 产生作用，但持续时间短，仅 20～30 min，大部分在肝、肾破坏，少量经尿排出。

本品能直接兴奋子宫平滑肌，加强其收缩。其作用强度取决于给药剂量和子宫的生理状态，对非妊娠子宫，小剂量能加强子宫的节律性收缩；大剂量可引起子宫的强直性收缩，使子宫肌层的血管受压迫而起止血作用。对妊娠子宫,在妊娠早期不敏感,妊娠后期,敏感性逐渐加强,临产时作用最强,产后对子宫的作用又逐渐降低。对子宫的作用特点是:对子宫体的收缩作用强,而对子宫颈的收缩作用弱,有利于胎儿娩出。还能加强乳腺平滑肌收缩,促进排乳。

[**应用**]

用于子宫收缩无力性难产的催产,还可用于产后子宫出血、胎衣不下、子宫复原不全等的治疗。

[**注意**]

用于催产时,胎位不正、产道狭窄、宫颈口未开放时禁用;严格掌握剂量,以免引起子宫强直收缩,造成胎儿窒息或子宫破裂。

[**制剂、用法与用量**]

缩宫素注射液,皮下或肌内注射:一次量,牛、马 30～100 IU;羊、猪 10～50 IU;犬 2～10 IU。

麦角新碱(Ergometrine)

[**理化性质**]

本品为从麦角中提取的生物碱。常用本品的马来酸盐,为白色或微黄色晶粉;无臭,微有吸湿性。略溶于水和乙醇。遇光易变质,须避光保存。

[**药理作用**]

本品对子宫平滑肌的选择性兴奋作用强而迅速,静脉注射可立即生效。妊娠子宫比未孕子宫敏感,临产时及新产后最敏感。与缩宫素比较,麦角新碱对子宫的作用特点是:对子宫体和子宫颈同时收缩,剂量稍大即可引起子宫强直性收缩,压迫胎儿难以娩出而使胎儿窒息,甚至子宫破裂。因此,不用于催产或引产。

[**应用**]

主要用于产后子宫出血,子宫复原不全及胎衣不下的治疗。

[**注意事项**]

治疗产后子宫出血时,胎衣未排除前禁用。

[**制剂、用法与用量**]

马来酸麦角新碱注射液,肌内或静脉注射:一次量,马、牛 5～15 mg;猪、羊 0.5～1 mg;犬、猫 0.1～0.5 mg。

垂体后叶素(Hypophysin,Pitutrin)

[**理化性质**]

本品为从牛或猪脑垂体后叶中提取的水溶性成分。能溶于水,不稳定。含催产素和加压素(抗利尿激素)。

[**作用与应用**]

本品对子宫的作用与缩宫素相同,但有抗利尿、收缩小血管引起血压升高的作用。用于催产、引产、子宫复原、产后子宫出血和胎衣不下等。

[**制剂、用法与用量**]

垂体后叶素注射液，皮下或肌内注射：一次量，马、牛 30～100 U；羊、猪 10～50 U；犬2～10 U；猫 2～5 U。

益母草流浸膏(Extractum Leonuri Liquidum)

本品为扇形科植物益母草的制剂，有效成分为益母草碱。益母草碱能增强子宫的收缩力，增加收缩频率，并提高其张力，作用较麦角弱，副作用较小，临床上常用益母草流浸膏代替麦角流浸膏。主要用于产后子宫出血、产后子宫复旧不全和胎衣不下等。

任务十八　止血药与抗凝血药的作用观察

[**目的要求**]

观察止血药与抗凝血药对机体的药理作用。

[**材料**]

动物：家兔。

药品：维生素 K_3 注射液、安络血注射液、生理盐水、4%枸橼酸钠溶液、0.02%肝素钠注射液。

器材：载玻片、平皿、大头针、湿润棉花、试管。

[**方法和步骤**]

①取家兔 3 只，分别测定其正常的凝血时间。测定凝血时间通常有毛细血管法和针挑血滴法两种。下面介绍针挑血滴法：按照耳缘静脉采血的操作程序，采取血液 1 滴于清洁的载玻片上，血滴直径为 5 mm，放置在有湿润棉花的平皿上(防止血液干燥，如空气相对湿度在 90%以上，可以直接在室内进行)。每隔 30 s 用大头针横过血滴向上挑一次，直至针尖能挑起纤维蛋白丝为止。记录从血滴滴于玻片上至能挑起纤维蛋白丝的时间(血凝时间)。连续做 3 次，取平均值。

②各兔分别注射下列各药。

1 号兔：肌内注射 3.84 mg/mL 维生素 K_3 注射液，每千克体重 1 mL。

2 号兔：静脉注射 0.5%安络血注射液，每千克体重 0.5 mL。

3 号兔：作为对照，静脉注射生理盐水，每千克体重 1 mL。

③注射完毕后 10 min，再测定血液凝固时间，以后每 10 min 测定一次，共 3 次，比较各种药物的作用。并将结果记入下表：

兔号	药物	血凝时间/min					
		给药前			给药后		
		第 1 次	第 2 次	第 3 次	10 min	20 min	30 min
1 号	维生素 K_3						
2 号	安络血						
3 号	生理盐水						

④试验完毕后，用 3 号兔从心脏采血 3 mL，分别在下列 3 个试管，各放入血液 1 mL。

甲试管：内有 0.1 mL 的 4%枸橼酸钠溶液。

乙试管：内有 0.1 mL 的 0.02%肝素钠注射液。

丙试管：内有 0.1 mL 的生理盐水。

血液放入试管后，摇动片刻，然后置于试管架上，20 min 左右观察各试管中血液有无凝固现象。并将结果记入下表：

试管	药物	20 min 后血液凝固情况
甲	枸橼酸钠	
乙	肝素钠	
丙	生理盐水	

[**作业**]

实训报告一份，并讨论各种药物作用特点及临床应用。

任务十九　泻下药物作用试验

[**目的要求**]

观察盐类和油类泻药的泻下作用，掌握泻药的合理选择及应用。

[**材料**]

动物：家兔。

药品：6.5%硫酸镁溶液、20%硫酸镁溶液、液体石蜡、生理盐水、10%水合氯醛溶液、温水。

器材：兔固定板、手术刀、手术剪、注射器(1 mL、5 mL)、纱布、药棉、温度计、烧杯、镊子、缝合针、缝合线、针头。

[**方法和步骤**]

①取家兔 1 只，称重，按每千克体重 1.5 mL 耳静脉注射 10%水合氯醛溶液使之麻醉后，仰卧固定。剖开腹腔，找出小肠，观察其正常的蠕动和充盈状况。在不损伤肠系膜血管的情况下，用线将肠管结扎成 4 段，使之互不相通，每段长约 3 cm。然后于各段分别注入 6.5%硫酸镁溶液、20%硫酸镁溶液、液体石蜡、生理盐水各 0.5 mL。

②注射完毕后，立即将肠管放回腹腔内，用缝合线缝合腹壁并盖以温湿纱布，注意保温。经 40 min 后打开腹腔，观察各段肠管充盈情况，并以注射器抽取液体比较有无差异。

③剪开肠管，观察肠黏膜充血情况，并将结果记入下表：

项目	药物			
	6.5%硫酸镁溶液	20%硫酸镁溶液	液体石蜡	生理盐水
肠管充盈度				
液体数量/mL				
肠黏膜颜色				

[**作业**]

分析各段肠管所产生变化的原因。说明应用盐类泻药多大浓度为宜。为什么？

【学习要求】

识记 强心苷、止血药、抗凝血药、抗贫血药、健胃药、助消化药、抗酸药、止吐药、催吐药、瘤胃兴奋药、制酵药、消沫药、泻药、止泻药、祛痰药、镇咳药、平喘药、利尿药、脱水药及子宫兴奋药的概念。

理解 强心苷分类与作用机理，健胃药分类，泻药及止泻药的分类与作用机理，利尿药的分类与作用机理及各系统主要药物的作用。

运用 合理使用内脏系统药物防治临床疾病。

【知识拓展】

1.强心药的合理选用

强心苷类对心脏有高度的选择性，作用特点是加强心肌收缩力，使收缩期缩短，舒张期延长，并减慢心率，有利于心脏的休息和功能恢复。继而缓解呼吸困难、消除水肿等症状。主要适应症是充血性心力衰竭、心房纤维性颤动和室上性心动过速。

咖啡因是中枢兴奋药，有强心作用。其作用迅速，持续时间短。适用于过劳、高热、中毒、中暑等过程中的急性心脏衰弱。

肾上腺素的强心作用快而有力，它能提高心肌兴奋性，扩张冠状血管，改善心肌缺血、缺氧状态。适用于麻醉过度、溺水等心脏骤停的复苏。

2.健胃药与助消化药的合理选用

马属动物的消化不良的治疗。如果出现口干、口臭、色红、苔黄厚、粪干等症状时，宜选用苦味健胃药配合稀盐酸等；如果出现口湿润、色青白、苔白、粪稀薄等症状时，宜选用人工盐配合大蒜酊等。

猪的消化不良，一般选用人工盐或大黄苏打片等。吮乳幼畜或犬的消化不良，常选用胃蛋白酶、乳酶生、胰酶等。

当草食动物吃草不吃料时，可选用胃蛋白酶配合稀盐酸治疗。反刍动物摄入过多蛋白质饲料，早期可用稀盐酸或稀醋酸治疗。

消化不良兼有胃肠弛缓或胃肠内容物有异常发酵时，应选用芳香性健胃药，并配合鱼石脂等制酵药。

【知识链接】

1.《中华人民共和国兽药典兽药使用指南化学药品卷》

2.《中华人民共和国兽药典兽药使用指南中药卷》

3.《中华人民共和国兽药典兽药使用指南生物制品卷》

4.《处方药与非处方药管理办法》

5. 中国兽药信息网 http://www.ivdc.gov.cn

Project 4

新陈代谢调节药理

学习目标

掌握水和电解质平衡药、能量补充药、酸碱平衡调节药、血容量扩充剂、矿物元素及维生素的作用与应用。

理解补液原则和方式、矿物元素的生理作用。

【学习内容】

任务二十　体液和电解质平衡调节药

体液是机体的重要组成部分，占成年动物体重的60％～70％，因动物种类、年龄、性别、体重的不同而有差异。体液总量中，细胞内液占2/3，细胞外液占1/3(包括血浆和组织液)。细胞内、外液的化学成分明显不同，细胞外液的阳离子主要是Na^+，阴离子主要为HCO_3^-、Cl^-，而细胞内液阳离子主要是K^+，阴离子主要是为PO_4^{3-}。

细胞正常代谢需要相对稳定的内环境，这主要是指体液容量和分布、各种电解质的浓度及彼此间比例和体液酸碱度必须维持相对稳定，许多疾病的发生发展过程都不同程度地影响水、电解质代谢，导致平衡紊乱，其中较常见的是脱水和钠、钾代谢紊乱，此时，必须适时补液，使水、电解质及酸碱平衡恢复正常。

因此，为了维持动物机体正常的新陈代谢，恢复体液平衡，临床上常用水和电解质平衡药、能量补充药、酸碱平衡调节药、血容量扩充剂等。

一、水和电解质平衡药

氯化钠(Sodium Chloride)

[**理化性质**]

本品为无色、透明的立方形结晶或白色结晶性粉末；无臭，味咸。在水中易溶，在乙醇中几乎不溶。

[**药理作用**]

Na^+占阳离子含量的90％左右，而细胞外液阴离子总量随阳离子总量而升降，细胞外液90％的晶体渗透压主要由氯化钠维持，具有调节细胞内外水分平衡的作用。0.9％的氯化钠溶液与哺乳动物体液渗透压相等，故名生理盐水。

钠以碳酸氢钠形式构成血浆中缓冲系统，调节体液的酸碱平衡。还具有维持细胞、神经肌肉兴奋性等作用。

[**注意**]

肺、肾、心功能不全及血浆蛋白过低患畜慎用。

[**应用**]

等渗溶液可用于防治低血钠综合征和因各种疾病引起的等渗或低渗性脱水；也可用于维持血容量；外伤时冲洗伤口，冲洗鼻腔、眼部等；做其他药物的稀释剂。复方制剂可做水、电解质平衡调节药。

[**制剂、用法与用量**]

氯化钠注射液、复方氯化钠注射液，静脉注射：一次量，马、牛1 000～3 000 mL；羊、猪250～500 mL；犬100～500 mL；猫40～50 mL。

氯化钾(Potassium Chloride)

[**理化性质**]

本品为无色长棱形、立方形结晶或白色结晶性粉末;无臭,味咸涩。在水中易溶,在乙醇或乙醚中不溶。

[**药理作用**]

K^+为细胞内主要阳离子,是维持细胞内渗透压的重要成分。钾离子通过与细胞外的氯离子交换参与酸碱平衡的调节;钾离子亦是心肌、骨骼肌、神经系统维持正常功能所必需。适当浓度的钾离子,可保持神经肌肉的兴奋性,缺钾则导致神经肌肉间的传导障碍,心肌自律性增高。另外,钾还参与糖、蛋白质的合成及二磷酸腺苷转化为三磷酸腺苷的能量代谢。

[**应用**]

用于钾摄入不足或排钾过量所致的低血钾症,亦可用于强心苷中毒引起的阵发性心动过速等。

[**注意**]

静脉滴注过量时可出现疲乏、肌张力减低、反射消失、周围循环衰竭、心率减慢甚至心脏停搏。

[**制剂、用法与用量**]

氯化钾注射液,静脉注射:马、牛 2~5 g;羊、猪 0.5~1 g;必须以 5%葡萄糖注射液稀释成 0.1%~0.3%的浓度,缓慢注射。

二、能量补充药

能量是维持机体生命活动的基本要素。碳水化合物、脂肪和蛋白质在体内经生物转化均可产生能量。体内 50%的能量被转化成热能以维持体温,其余以 ATP 形式储存供生理和生产之需。能量代谢过程,包括能量的释放、储存、利用三个环节,任一环节发生障碍都影响机体的功能活动。能量补充药有葡萄糖、磷酸果糖、ATP 等,其中葡萄糖最为常用。

葡萄糖(Glucose)

[**理化性质**]

本品为无色结晶或白色结晶性或颗粒性粉末;无臭,味甜。在水中易溶,在乙醇中微溶。

[**药理作用**]

本品在小肠吸收,吸收后由转运蛋白介导。胰岛素调节小肠对糖的吸收和转运。进入细胞内的葡萄糖,可通过糖酵解或三羧酸循环分解为二氧化碳和水,并通过电子传递系和氧化磷酸化作用转化成热能和 ATP,供细胞生命活动过程所需。

葡萄糖是机体能量主要来源,在体内经生物氧化生成水与二氧化碳同时产生能量供机体利用,或以糖原形式储存。5%等渗葡萄糖注射液有补充体液作用,高渗葡萄糖还可以提高血液渗透压,使组织脱水。能改善心肌营养,增加输出量和肾血流量,产生强心利尿作用。

肝是机体的主要解毒器官,其解毒能力的大小与肝内糖原含量有关;肝的部分解毒机能,又是通过葡萄糖的氧化产物葡萄糖醛酸与毒物的结合,或依靠糖代谢的中间产物乙酰基的乙酰化作用而使毒物失效的，故葡萄糖具有解毒作用。

［应用］

用于重病、久病、过劳等患畜营养和能量供给。也可做脱水、大失血、低血糖症、心力衰竭、酮血症、妊娠中毒症、化学药品及农药中毒、细菌毒素中毒等解救的辅助治疗。

［制剂、用法与用量］

葡萄糖注射液、葡萄糖氯化钠注射液，静脉注射：一次量，马、牛 50～250 g；羊、猪 10～50 g；犬 5～25 g；猫 2～10 g。

三、酸碱平衡调节药

机体每天不断地摄入各种酸性或碱性物质，而且在代谢过程中又不断产生酸性物质，若没有良好的调节系统，势必产生酸碱平衡紊乱，影响细胞的正常代谢。血液的酸碱度所以能在一定范围内维持恒定，有赖于体内三种主要酸碱平衡系统的作用，即血液的缓冲系统、呼吸系统和肾的调节作用。

酸碱平衡紊乱有代谢性酸（或碱）中毒和呼吸性酸（或碱）中毒等，在临床上以酸中毒常见。治疗时应针对引起酸碱平衡紊乱的病因进行处理，注意改善肺、肾功能和调整水盐平衡，同时还应及时使用酸碱平衡调节药，迅速而有效地改善病情。

碳酸氢钠（Sodium Bicarbonate）

［理化性质］

本品为白色结晶性粉末；无臭，味咸。在潮湿空气中即缓缓分解；水溶液放置稍久，或振摇、加热，碱性即增强。在水中溶解，在乙醇中不溶。

［药理作用］

本品内服或静脉注射后，在体内可直接解离成 Na^+ 和 HCO_3^-，HCO_3^- 可与体液中过剩的 H^+ 结合生成 H_2CO_3，H_2CO_3 再分解为 CO_2 和 H_2O，CO_2 由肺呼出，而 Na^+ 在体内存留，于是体液中 H^+ 浓度下降，酸中毒得以纠正。此外，本品还具有碱化尿液、祛痰、健胃作用。

［应用］

用于防治代谢性酸中毒，作用迅速，疗效确切，可作为首选药。还可碱化尿液，防止磺胺类药物对肾的损害，以及提高庆大霉素等对泌尿道感染的疗效。

［注意］

充血性心力衰竭、肾功能不全、水肿、低血钾等病畜慎用。

［制剂、用法与用量］

碳酸氢钠片，内服：一次量，马 15～60 g；牛 30～100 g；羊 5～10 g；猪 2～5 g；犬 0.5～2 g。

碳酸氢钠注射液，静脉注射：一次量，马、牛 15～60 g；羊、猪 2～6 g；犬 0.5～1.5 g，用 2.5 倍生理盐水或注射用水稀释成 1.4%碳酸氢钠溶液注射。

乳酸钠(Sodium Lactate)

[理化性质]

本品为无色或几乎无色透明黏稠液体;能与水、乙醇或甘油任意混合。

[药理作用]

本品纠正酸中毒的作用与碳酸氢钠相似。进入机体后,必须通过肝转化作用,才能使钠离子与碳酸结合成碳酸氢钠。乳酸根离子则与体内的 H^+ 结合形成乳酸,而乳酸在肝内经糖原异生作用合成肝糖原,在有氧条件下,乳酸可经肝乳酸脱氢酶的作用转化为丙酮酸,再经三羧酸循环氧化生成 CO_2,继而转化为 HCO_3^-,从而发挥其纠正酸中毒的作用。

[应用]

主要用于纠正代谢性酸中毒和高血钾症。

[注意]

肝功能不全、心功能不全、水肿、休克、缺氧及乳酸血症患畜慎用。

[制剂、用法与用量]

乳酸钠注射液,静脉注射:一次量,马、牛 200～400 mL;羊、猪 40～60 mL。用时稀释为1.9%的等渗溶液。

四、血容量扩充剂

大量失血、严重创伤、烧伤、高热、呕吐、腹泻等,往往使机体大量丢失血液(或血浆)、体液,造成血容量不足,严重者可导致休克。迅速扩充血容量是抗休克的基本疗法。对于血容量扩充剂的基本要求是能维持血液胶体渗透压、排泄较慢、作用持久、无抗原性。药物有右旋糖酐、羟乙基淀粉、氧化聚明胶等。

右旋糖酐(Dextran)

[理化性质]

本品为葡萄糖的聚合物。白色粉末;无臭,无味。在水中易溶。临床上常用的有 3 种产品:中分子右旋糖酐,平均相对分子质量约为 7 万;低分子右旋糖酐,平均相对分子质量约为 4 万;小分子右旋糖酐,平均相对分子质量约为 1 万。

[药理作用]

几种右旋糖酐都可用于治疗低血容量性休克。中分子右旋糖酐扩张血容量作用的维持时间长于低分子、小分子右旋糖酐。低分子、小分子右旋糖酐具有改善微循环血流灌注、抗血栓作用,还可用于治疗心肌梗死、脑血栓形成、脑供血不足、血栓闭塞性脉管炎等。

扩充血容量。静脉注射后,一方面可直接补充血容量;另一方面由于提高血浆胶体渗透压,将组织中的细胞外液引入血管内,使血容量扩张。相对分子质量较大,不易透过血管,从肾排出较慢,作用维持时间 8～12 h。

改善微循环、防止弥散性血管内凝血。低分子右旋糖酐能降低血液黏滞度,增加了红细胞膜外的负电荷,由于相同电荷的互相排斥,抑制和减少红细胞凝集,加速血液流动,增加毛细血管床的血流量,改善微循环,防止弥散性血管内凝血。

利尿作用。右旋糖酐从肾排泄时，在肾小管不被重吸收，提高原尿渗透压，产生渗透性利尿作用。可用于预防急性肾功能衰竭。

［**应用**］

主要用于休克、预防术后血栓和急性肾功能衰竭等。

［**注意**］

肾功能不全、低蛋白血症、有出血倾向的动物慎用。

［**制剂、用法与用量**］

右旋糖酐 40 氯化钠注射液，右旋糖酐 70 氯化钠注射液，右旋糖酐 40 葡萄糖注射液，右旋糖酐 70 葡萄糖注射液，静脉注射：一次量，马、牛 500～1 000 mL；羊、猪 250～500 mL；犬、猫 20 mL。

任务二十一　矿物元素

各种元素在畜禽体内的含量差异很大，钙、磷、镁、钾、氯等在畜禽体内含量较多，浓度可达 10^{-2} 者，称为常量元素；而元素硒、钴、铜、锌、锰、钼、锶、硅、氟等为畜禽所必需，但它们在组织细胞中的含量极微，浓度只有 10^{-5}～10^{-3} 者，称为微量元素。

一、钙、磷制剂

氯化钙(Calcium Chloride)

［**理化性质**］

本品为白色、坚硬的碎块或颗粒；无臭，味微苦。极易潮解。在水中极易溶解，在乙醇中易溶。

［**药理作用**］

钙主要以离子形式从小肠吸收，维生素 D 和酸性环境为钙内服吸收所必需。血液中 50％的钙以离子形式存在，约 50％的钙与血清蛋白结合或与其他阴离子络合。游离的钙离子在维持血钙浓度和骨骼钙化中起主要作用。缺钙时，机体总是先维持血钙，再满足骨钙的需要。钙能穿过胎盘，也可分布到乳汁中。吸收的钙可从胆汁、胰液进入肠道，与未吸收的钙一起从粪便排出，仅有少量从尿液排出。

钙在动物体内具有广泛的生理和药理作用：能促进骨骼和牙齿的钙化、保证骨骼正常发育；当钙、磷供应不足时，成年畜禽或妊娠家畜出现骨软病；可降低毛细血管通透性；减少炎性、过敏性渗出，具有抗炎、抗过敏作用。钙是重要的凝血因子，为正常的凝血过程所必需。钙具有维持神经肌肉组织的正常兴奋性作用。血钙低于正常时，神经肌肉兴奋性升高，可引起肌肉的强直性痉挛；反之，血钙过高时，神经肌肉兴奋性降低，表现为肌肉软弱无力等。此外，钙对骨骼肌的作用与对心肌的作用一样，是肌肉收缩的必要因素。当肌细胞释放出钙并与有关收缩的蛋白质结合时，引起肌肉收缩。钙还可促进运动神经终板释放乙酰胆碱，加强骨骼肌的收缩，该作用可对抗氨基糖苷类抗生素的急性毒性反应。钙离子与镁离子能与神经细胞的同一受体结合，在中枢神经系统中呈现竞争性抑制作用，钙离子浓度增加，能抑制镁离子与受体的结合。

[应用]

主要用于低血钙症，毛细血管渗透性增高导致的各种过敏性疾病，如荨麻疹和血管神经性水肿等。另外，用于硫酸镁中毒的解毒。

[制剂、用法与用量]

氯化钙注射液，静脉注射：一次量，马、牛 5～15 g；羊、猪 1～5 g；犬 0.1～1 g。

氯化钙葡萄糖注射液，静脉注射：一次量，马、牛 100～300 mL；羊、猪 20～100 mL；犬 5～10 mL。

葡萄糖酸钙(Calcium Gluconate)

[理化性质]

本品为白色颗粒性粉末；无臭，无味。在沸水中易溶，在水中缓慢溶解，在无水乙醇、三氯甲烷或乙醚中不溶。

[药理作用]

本品作用与氯化钙相同。

[应用]

钙补充药。含量较氯化钙低。对组织的刺激性较小，注射时比氯化钙安全，常与镇静剂合用，其余同氯化钙。

[制剂、用法与用量]

葡萄糖酸钙注射液，静脉注射：一次量，马、牛 20～60 g；羊、猪 5～15 g；犬 0.5～2 g；猫 0.5～1.5 g。

碳酸钙(Calcium Carbonate)

[理化性质]

本品为白色极细微的结晶性粉末；无臭，无味。在水中几乎不溶，在乙醇中不溶；在含铵盐或二氧化碳的水中微溶。

[应用]

内服作钙补充剂，补充饲料中钙离子不足，或防治骨软症、佝偻病、产后瘫痪及家禽软壳蛋、薄壳蛋等缺钙性疾病。可根据饲料中所含钙量和钙磷比例在饲料中添加。

[制剂、用法与用量]

碳酸钙片，内服：一次量，马、牛 30～120 g；羊、猪 3～10 g；犬 0.5～2 g。

乳酸钙(Calcium Lactate)

[理化性质]

本品为白色或类白色结晶性或颗粒性粉末；几乎无臭，微有风化性。在热水中易溶，在乙醇、三氯甲烷或乙醚中几乎不溶。

[应用]

用作内服钙补充剂，用于防治缺钙性疾病。

[**制剂、用法与用量**]

乳酸钙片，内服：一次量，马、牛 10～30 g；羊、猪 0.5～2 g；犬 0.2～0.5 g。

磷酸二氢钠(Sodium Dihydrogn Phosphate)

[**理化性质**]

本品为结晶或白色粉末，在水中易溶。

[**药理作用**]

磷是骨、牙齿的组成成分，单纯缺磷也能引起佝偻病和骨软症；磷参与构成磷脂，以维持细胞膜的结构和功能；磷是三磷酸腺苷、脱氧核糖核酸与核糖核酸的组成成分，参与机体的能量代谢，对蛋白质合成、畜禽繁殖都有重要作用；磷还构成磷酸盐缓冲对，参与体液酸碱平衡的调节。

[**应用**]

主要用于磷代谢障碍引起的疾病，如佝偻病、骨软症；也用于急性低磷血症或慢性缺磷症。

[**应用**]

可与补充钙剂合用，可提高疗效。

[**制剂、用法与用量**]

磷酸二氢钠片，内服：一次量，马、牛 90 g。

磷酸二氢钠注射液，静脉注射：一次量，马、牛 30～60 g。

磷酸氢钙(Sodium Hydrogem Phosphate)

[**理化性质**]

本品为白色粉末；无臭，无味。在水或乙醇中不溶；在稀盐酸或稀硝酸中易溶。

[**应用**]

用于防治钙、磷缺乏性疾病。

[**制剂、用法与用量**]

磷酸氢钙片，内服：一次量，马、牛 12 g；羊、猪 2 g；犬、猫 0.6 g。

二、微量元素

亚硒酸钠(Sodium Selenite)

[**理化性质**]

本品为白色结晶性粉末；无臭；在空气中稳定。在水中溶解，在乙醇中不溶。

[**药理作用**]

本品内服后主要由十二指肠吸收。进入瘤胃的含硒饲料，经微生物作用，转变成硒代蛋氨酸、硒代胱氨酸从十二指肠吸收。亚硒酸钠的吸收较饲料中有机硒吸收要快，但有机硒的生物利用率较无机硒高。添加维生素 E 可增加饲料有机硒的吸收。机体内含硒量达到一定饱和度后，即不再增加体内贮存量而增加肾排出量。

硒是谷胱甘肽过氧化物酶的组成成分，此酶可分解细胞内过氧化物，防止对细胞膜的氧化破坏反应，保护生物膜免遭损害。硒能加强维生素 E 的抗氧化作用。硒与蛋白结合形成硒蛋白是肌肉组织的重要组成成分。此外，硒还可以与汞、铅、镉、银、铊等重金属生成不溶性硒化物，降低这些重金属对机体的毒性。缺硒时，动物体内细胞抗过氧化物毒性能力降低，细胞被过氧化物破坏，出现水肿、出血、渗出性素质、肝细胞坏死、肝脾萎缩、骨骼肌及心肌变性。

[**应用**]

主要用于防治犊牛、羔羊、驹、仔猪的白肌病和雏鸡渗出性素质。在补硒的同时，添加维生素 E，则防治效果更好。

[**注意**]

安全范围小，剂量过大，会引起中毒。

[**制剂、用法与用量**]

亚硒酸钠注射液，肌内注射：一次量，马、牛 30～50 mg；驹、犊 5～8 mg；仔猪、羔羊 1～2 mg。休药期：牛 30 天，羊、猪 14 天。

亚硒酸钠维生素 E 注射液，肌内注射：一次量，驹、犊 5～8 mL；仔猪、羔羊 1～2 mL。

亚硒酸钠维生素 E 预混剂，混饲：每 1 000 g 饲料，畜禽 500～1 000 g。休药期：牛、羊、猪 28 天。

硫酸铜(Copper Sulfate)

[**理化性质**]

本品为深蓝色结晶或蓝色结晶性颗粒或粉末；无臭，有风化性。在水中易溶，在沸水中极易溶解，在乙醇中微溶。

[**药理作用**]

在体内铜主要贮存于肝、脑、肾等组织中，体内的铜排出极少，粪便中的铜主要为外源性的，体内铜仅有少量随胆汁排出，此为铜的主要排泄途径。

铜能促进骨髓生成红细胞，也是机体利用铁合成血红蛋白所必需的物质。日粮中铜缺乏时，影响机体正常的造血机能，引起贫血。铜为多种氧化酶的组分，如细胞色素氧化酶、酪氨酸酶等，它们与生物氧化关系密切。细胞色素氧化酶能催化磷脂的合成，使脑和脊髓的神经细胞形成髓鞘，缺铜时磷脂和髓鞘的形成受阻，使羔羊发生运动失调，行走时左右摇摆。酪氨酸酶可使酪氨酸氧化生成黑色素。缺铜时，黑色素生成受阻，羊的黑色被毛褪色成为灰白色。

[**应用**]

用于防治铜缺乏症。

[**注意**]

应用过程中应注意用法和用量，防止中毒。绵羊和犊对铜较敏感，犬次之，禽类中鸡和鸭敏感。

[**用法与用量**]

内服：一日量，牛 2 g，犊 1 g；内服：每千克体重，羊 20 mg。

混饲：每 1 000 kg 饲料，猪 800 g；禽 20 g。

硫酸锌(Zinc Sulfate)

[**理化性质**]

本品为无色透明的棱柱状或细针状结晶或颗粒状的结晶性粉末;无臭,味涩,有风化性。在水中极易溶解,在甘油中易溶,在乙醇中不溶。

[**药理作用**]

锌是各种动物必需的微量元素,主要吸收部位在十二指肠,吸收率为摄入量的 5%~40%。临床上常用硫酸锌为补充剂。饲料中的植酸和钙的含量增高时,与锌可形成不溶性化合物而影响了锌的吸收。吸收后锌与血浆蛋白或各组织细胞蛋白结合分布于全身组织。以前列腺和视网膜中含量最高,其次为心、肾、肝、骨、肌肉、皮肤和精液。白细胞中的锌含量高于红细胞,血浆中锌的浓度比血细胞低。

锌参与动物体内蛋白质、核糖核酸和脱氧核糖核酸的合成和代谢。缺锌时,核糖核酸聚合酶的活性降低,核糖核酸的合成减少,从而影响蛋白质的合成。锌还是碳酸酐酶、碱性磷酸酶和许多脱氢酶的组成成分,又是多种金属的活化剂,因而能影响各种代谢机能。

锌缺乏时,动物生长、发育缓慢,伤口、溃疡和骨折不易愈合,精子的生成和活动力降低,乳牛的乳房和四肢皲裂,猪上皮细胞过度角化而变厚,绵羊的毛和角异常,家禽发生皮炎、羽毛少、蛋壳形成困难等。

[**应用**]

用于防治锌缺乏症。

[**用法与用量**]

内服:一日量,牛 0.05~0.1 g;驹 0.2~0.5 g;羊、猪 0.2~0.5 g;禽 0.05~0.1 g。

硫酸锰(Manganese Sulfate)

[**理化性质**]

本品为浅红色结晶性粉末;在水中易溶,在乙醇或甲醇中不溶。

[**药理作用**]

锰自胃肠道吸收,血液中的锰与血浆蛋白结合疏松,锰可进入线粒体和细胞核。排泄途径主要是胆汁、胰液、汗液。

锰是动物体内碱性磷酸酶、羧化酶、精氨酸酶、异柠檬酸脱氢酶、磷酸葡萄糖变位酶等的激动剂,参与糖、脂肪和氨基酸的代谢。因此,锰缺乏直接影响动物的正常发育、繁殖和成骨作用。

缺锰时,影响骨的形成和代谢,幼畜主要表现为骨骼变形,腿短而弯曲,运动失调,跛行和关节肿大;雏禽发生骨短粗病,腿骨变形,膝关节肿大。成年家畜缺锰时,母畜发情受阻,不易受孕;公畜性欲下降,精子形成困难。家禽对锰的需要量比家畜高,如供应不足,母鸡产蛋率下降、蛋壳变薄、蛋的孵化率亦降低。

[**应用**]

用于防治锰缺乏症。

[**用法与用量**]

混饲:每 1 000 g 饲料,猪 50~500 g;禽 100~200 g。

氯化钴(Cobalt Chloride)

[**理化性质**]

本品为红色单斜晶系结晶;易潮解。在水或乙醇中极易溶解,水溶液呈红色,醇溶液为蓝色。

[**药理作用**]

钴是反刍动物必需的微量元素。反刍动物瘤胃微生物必需利用外界摄入的钴,才能合成动物生长所必需的维生素 B_{12},其他动物大肠中的微生物合成维生素 B_{12} 也需要钴。钴具有兴奋骨髓制造红细胞的功能。钴是核苷酸还原酶和谷氨酸变位酶的组成成分,因而参加核糖核酸的生物合成和氨基酸的代谢。反刍动物缺钴时,引起慢性消耗性疾病,表现食欲不振、生长不良、贫血、营养不良症等。

[**应用**]

用于防治反刍动物的钴缺乏症,混饲补钴为最好的投药方法,也可制成0.3%溶液内服。

[**注意**]

氯化钴只能内服,注射无效。

[**制剂、用法与用量**]

氯化钴片,内服:一次量,治疗,牛 500 mg、犊 200 mg,羊 100 mg、羔羊 50 mg;预防,牛 25 mg、犊 10 mg,羊 5 mg、羔羊 2.5 mg。

任务二十二　维生素

维生素是维持动物生理机能所必需的一类特殊的低分子有机化合物。动物对维生素的需要量甚微,每日仅以毫克或微克计算。虽然维生素既不是构成组织的主要成分,也不是机体能量的来源,但在动物体内的作用极大,多数维生素是辅酶的组成成分,维生素缺乏,会影响辅酶的合成,导致代谢紊乱,动物出现各种病症,影响动物健康和产品生产,严重时甚至可引起动物死亡。

一、脂溶性维生素

脂溶性维生素有维生素 A、维生素 D、维生素 E、维生素 K 等,本类维生素都溶于有机溶剂而不溶于水。它们在肠道内的吸收与脂肪的吸收密切相关,当腹泻、胆汁缺乏、内服液体石蜡或脂肪吸收受阻时,脂溶性维生素的吸收大为减少。脂溶性维生素吸收后在体内的转运与脂蛋白密切有关。吸收后主要在肝和脂肪组织中储存,其储存量较大。临床上用量过大,或长期摄入过量,导致动物体内储存的脂溶性维生素过多,则引起中毒。

维生素 A(Vitamin A)

[**理化性质**]

本品为淡黄色的油溶液,或结晶与油的混合物;在空气中易氧化,遇光易变质。与三氯甲烷、乙醚、环己烷或石油醚能任意混合，在乙醇中微溶，在水中不溶。可分为维生素 A_1 和维生素 A_2。在动物的肝、蛋、乳、鱼肝油中维生素 A 含量丰富；在新鲜绿色植物、优质干草、胡萝卜、番茄等植物中含有类胡萝卜素（主要是 β-胡萝卜素），它们是维生素 A 的前体，在动物体内可转变为维生素 A。

［**药理作用**］

在胃肠、肝功能正常时，维生素 A 和胡萝卜素均易被吸收，乳剂比油剂的吸收更好。当胆汁缺乏、脂肪吸收障碍或肝疾患时则吸收减少。吸收后维生素 A 可直接贮存于肝，胡萝卜素则在小肠壁和肝内变成维生素 A 后再贮存起来。体内维生素 A 几乎全部是被代谢破坏，从乳汁中排出。

其主要作用有：维持视网膜的微光视觉。维生素 A 参与视网膜视紫红质的合成，视紫红质是感光物质，能使动物在弱光下看清周围物体。缺乏时，可出现视觉障碍，初期在暗光中视物不清（夜盲症），严重时可完全丧失视力。

维持上皮组织的正常形态和机能。维生素 A 参与组织间质中黏多糖的合成，是维持上皮组织正常形态和机能所必需的物质，因黏多糖对细胞起融合和保护作用。因此维生素 A 缺乏时，上皮细胞首先发生萎缩，然后角化变性，呼吸道、消化道、泌尿生殖器官等黏膜和唾液腺、泪腺均可发生该病理过程，从而出现干眼病、角膜软化、皮肤粗糙等。

参与维持正常的生殖机能。维生素 A 缺乏时，雌性动物生殖器官黏膜上皮角质化，黏液分泌减少，易于发炎。严重时孕育可发生流产或死胎。育成公牛还会出现精子生成障碍而导致不育。

促进生长发育。维生素 A 可促进幼年畜禽的生长发育，缺乏时则表现生长停顿、发育不良，齿、骨等硬组织成长不良。长期维生素 A 不足还可使畜禽易于发生骨软症。

［**应用**］

用于防治维生素 A 缺乏症，如夜盲症、眼干燥症、角膜软化症和皮肤粗糙等。

［**注意**］

过量可引发中毒，对抗糖皮质激素的抗炎作用。配合补充钙剂使用。

［**制剂、用法与用量**］

维生素 AD 油，内服：一次量，马、牛 20～60 mL；羊、猪 10～15 mL；犬 5～10 mL；禽 1～2 mL。

维生素 AD 注射液，肌内注射：一次量，马、牛 5～10 mL；驹、犊、羊、猪 2～4 mL；仔猪、羔羊 0.5～1 mL。

维生素 D（Vitamin D）

［**理化性质**］

本品是一种类固醇物质，主要有维生素 D_2（麦角钙化醇）和维生素 D_3（胆钙化醇），维生素 D_2 和维生素 D_3 均为无色针状结晶或白色结晶性粉末；无臭，无味；遇光或空气均易变质。在三氯甲烷中极易溶解，在乙醇、丙酮或乙醚中易溶，在植物油中略溶，在水中不溶。

［**药理作用**］

本品内服或肌内注射均可吸收，但肠内吸收必须有胆汁，尤其是去氧胆酸的存在。吸收后大部分贮存于肝，维生素 D_2 或维生素 D_3 在体内需经肝和肾细胞线粒体酶的催化，在肝中转化为最终功能性产物1,25-二羟维生素 D_2 或维生素 D_3，然后在肾或通过血液输送到肠、骨骼等组织中发挥其生理作用。约25%的维生素D经胆汁从粪便排出，部分也可从乳汁排出。

维生素D的生理功能是维持机体内钙、磷的正常代谢。特别是促进小肠对钙、磷的吸收，调节肾对钙、磷的排泄，控制骨骼中钙、磷的贮存和血液中钙、磷的浓度等，从而促进骨骼的正常钙化。当体内维生素D缺乏时，肠道对钙、磷的吸收减少，血钙、血磷的浓度下降，因此钙、磷不能在骨组织上沉积，甚至骨盐可再溶解，成骨作用发生障碍，软骨不能骨化，使幼年动物发生佝偻病；成年动物特别是怀孕或泌乳母畜，不仅成骨作用受阻，而且还动员骨钙转入血液，引起骨软症；成年动物还易发生骨质疏松症，易骨折，关节变形；母鸡的产蛋率降低，而且蛋壳易碎；乳牛的乳产量大减。

[**应用**]

用于防治维生素D缺乏所致的疾病，如佝偻病、骨软症等。用于孕畜、幼畜和泌乳母畜，促进钙、磷吸收。也可用于骨折患畜，以促进骨的愈合。

[**注意**]

在应用维生素D同时应给动物补充钙剂。另外，长期应用大剂量，可引起高血钙，致使大量钙盐沉积于大动脉、肾、肺和心肌等软组织上，肾损害尤为严重，并常形成肾结石。

[**制剂、用法与用量**]

维生素 D_2 胶性钙注射液，肌内或皮下注射：一次量，马、牛5～20 mL；羊、猪2～4 mL；犬0.5～1 mL。

维生素 D_3 注射液，肌内注射：一次量，每千克体重，家畜1 500～3 000 IU。

休药期：28天；弃奶期7天。

维生素E(Vitamin E)

[**理化性质**]

本品又名生育酚。在植物种子胚芽、植物油及麦麸中含量丰富，青绿饲料如苜蓿、三叶草和动物脂肪中含量亦较高。为微黄色或黄色透明的黏稠液体；几乎无臭，遇光色渐变深。在无水乙醇、丙酮、乙醚或石油醚中易溶，在水中不溶。不易被酸、碱或热所破坏，遇氧迅速被氧化。

[**药理作用**]

本品本身易被氧化，可保护其他物质不被氧化。在细胞内，维生素E可通过与氧自由基起反应，抑制有害的脂类过氧化物产生，阻止细胞内或细胞膜上的不饱和脂肪酸被氧化、破坏，保护细胞膜的完整性，维护其正常功能。与硒有协同抗氧化作用。

本品可促进性激素分泌，调节性腺的发育和功能，有利于受精和受精卵植入，并防止流产，提高繁殖力。另外，维生素E能促进免疫球蛋白的生成，提高对疾病的抵抗力，增强抗应激等。

动物缺乏维生素E，会使多种机能发生障碍，主要表现为：繁殖机能紊乱，精子数量减少，睾丸退化，不孕，流产，甚至丧失生殖能力。种蛋孵化率低，死胚增多。犊牛、羔羊、猪、兔、禽引起肌肉萎缩、白肌病或营养不良症等。

[**应用**]

主要用于防治畜禽的维生素E缺乏症。

［制剂、用法与用量］

维生素 E 注射液，皮下或肌内注射：一次量，驹、犊 0.5～1.5 g；羔羊、仔猪 0.1～0.5 g；犬 0.03～0.1 g。

休药期：牛、羊、猪 28 天。

二、水溶性维生素

水溶性维生素包括 B 族维生素和维生素 C，均易溶于水。已发现的 B 族维生素有 20 多种。动物胃肠道内微生物，尤其是反刍动物瘤胃内的微生物合成部分 B 族维生素，所以成年反刍动物一般不会缺乏，但家禽、犊牛、羔羊等则需要从饲料中获得足够的 B 族维生素才能满足其生长发育需要。水溶性维生素在体内不易贮存，摄入后多余部分由尿排出。

维生素 B_1 (Vitamin B_1)

［理化性质］

本品又名硫胺素，广泛存在于种子外皮和胚芽中，在米糠、麦麸、酵母、大豆及青绿牧草等饲料中含量较多。本品为白色结晶或结晶性粉末；有微弱的特臭，味苦。干燥品在空气中迅速吸收约 4% 的水分。在水中易溶，在乙醇中微溶，在乙醚中不溶。人工合成的常为其盐酸盐，在酸性溶液中稳定，但在中性或碱性溶液中容易被氧化。

［药理作用］

本品肌内或皮下注射后，吸收快而完全。内服后，因维生素 B_1 是季铵类化合物，所以肠内吸收不完全，吸收后维生素 B_1 能分布于各组织，其中以肝、脑、肾和心中分布较多。大部分都随粪便排出。

本品促进体内糖代谢的正常进行，对维持神经组织和心肌的正常功能起重要作用。还与正常的消化过程密切相关，具维持肠胃的正常蠕动、胃液分泌及消化道脂肪吸收的功能。

［应用］

主要用于防治维生素 B_1 缺乏症。也可作为神经炎、心肌炎的辅助治疗药。给动物大量输入葡萄糖时，可适当补充本品，以促进糖代谢。

［制剂、用法与用量］

维生素 B_1 片，内服：马、牛 100～500 mg；羊、猪 25～50 mg；犬 10～50 mg；猫 5～30 mg。

维生素 B_1 注射液，皮下、肌内或静脉注射：一次量，马、牛 100～500 mg；羊、猪 25～50 mg；犬 10～25 mg；猫 5～15 mg；鸡 5～10 mg(肌内注射)。

维生素 B_2 (Vitamin B_2)

［理化性质］

本品又名核黄素。在酵母、干草、麦类，大豆和青绿饲料中含量较多。为橙黄色结晶性粉末；微臭，味微苦。溶液易变质，在碱性溶液中或遇光变质加速。在水、乙醇、三氯甲烷或乙醚中几乎不溶，在稀氢氧化钠溶液中溶解。

［药理作用］

本品内服或注射后均易吸收，能分布于各种组织中，但浓度较低，体内很少贮存，过量的

维生素 B_2随尿排出。维生素 B_2的月桂酸酯为长效核黄素，肌内注射后在体内缓慢分解游离出核黄素，因此，一次注射后，其作用可维持 2～3 个月。

本品是许多氧化还原酶的重要组成部分，参与能量和蛋白质代谢。由维生素 B_2参与组成的辅酶可与特定的蛋白质结合形成各种黄素蛋白，黄素蛋白是组织呼吸过程中不可缺少的重要物质。维生素 B_2经三磷酸腺苷磷酸化产生的黄素腺嘌呤二核苷酸（FAD）和黄素单核苷酸（FMN）是许多脱氢酶的辅酶，是极为重要的递氢体，具有促进生物氧化作用。它对碳水化合物、脂肪和蛋白质的代谢均极为重要。此外，维生素 B_2还是动物正常生长发育的必需因子。

由于饲料中维生素 B_2含量充分，家畜消化道中的微生物又能合成一部分，所以家畜很少发生维生素 B_2缺乏症。畜禽中以猪、鸡最易呈现维生素 B_2缺乏。其症状轻则表现为生长受阻，生产力下降，严重者，猪发生皮炎，形成痂皮及脓肿，眼结膜、角膜炎；母畜缺乏时则出现早产，胚胎死亡及胎儿畸形；雏鸡的典型症状为足趾卷缩，急性缺乏症能使腿部完全麻痹、瘫痪；种鸡缺乏时，种蛋孵化率及雏鸡成活率均降低。

［应用］

主要用于维生素 B_2缺乏症，如口炎、皮炎、角膜炎等。常与维生素 B_1合并应用。

［制剂、用法与用量］

维生素 B_2片，内服：一次量，马、牛 100～150 mg；羊、猪 20～30 mg；犬 10～20 mg；猫5～10 mg。混饲：预防家禽维生素 B_2缺乏症时，每 1 000 kg 饲料，2～5 g。

维生素 B_2注射液，皮下或肌内注射：用量同内服。

维生素 B_6（Vitamin B_6）

［理化性质］

本品为白色或类白色的结晶或结晶性粉末；无臭，味酸苦；遇光渐变质。在水中易溶，在乙醇中微溶，在三氯甲烷或乙醚中不溶。

［药理作用］

本品是吡哆醇、吡哆醛、吡哆胺的总称，三者在动物体内可相互转化，具有相同的生物学作用。在动物体内与 ATP 经酶作用转变为具有生理活性的磷酸吡哆醛和磷酸吡哆胺，它们是氨基酸中间代谢中许多重要酶类的辅酶，参与的生理过程极为广泛，如参与氨基酸的脱羧作用、氨基转移作用、色氨酸代谢、含硫氨基酸代谢和不饱和脂肪酸代谢。

缺乏维生素 B_6时，幼龄动物生长缓慢或停止。猪、犬等动物出现严重的低色素性贫血、生长不良。鸡缺乏维生素 B_6时，有神经症状、皮炎、脱毛、毛囊出血、死亡率升高、产蛋率及种蛋孵化率下降等。

［应用］

主要用于皮炎和周围神经炎等。临床上在治疗家畜的维生素 B_1、维生素 B_2和烟酸或烟酰胺等缺乏症时，常同时并用维生素 B_6以提高疗效。亦用于治疗异烟肼、青霉胺、环丝氨酸等药物中毒引起的胃肠道反应和痉挛等兴奋症状。还可用于犬、猫的呕吐或妊娠呕吐症。

［制剂、用法与用量］

维生素 B_6片，内服：一次量，马、牛 3～5 g；羊、猪 0.5～1 g；犬 0.02～0.08 g；禽 0.005～0.01 g。

维生素 B_6 注射液，皮下、肌内或静脉注射：一次量，马、牛 3～5 g；羊、猪 0.5～1 g；犬 0.02～0.08 g；禽 0.005～0.01 g。

烟酸(Niacin)

［**理化性质**］

本品为白色结晶或结晶性粉末；无臭或有微臭，味微酸；水溶液呈酸性反应。在沸水或沸乙醇中溶解，在水中略溶，在乙醇中微溶，在乙醚中几乎不溶，在碳酸钠溶液或氢氧化钠溶液中均易溶。

［**药理作用**］

本品在动物体内可转化为烟酰胺，烟酰胺在体内参与核糖、磷酸、腺嘌呤构成辅酶Ⅰ(NAD)和辅酶Ⅱ(NADP)的代谢，它们是许多脱氢酶的辅酶，在体内氧化还原反应中起着传递氢的作用，它与糖酵解、脂肪代谢、丙酮酸代谢、高能磷酸键的生成有密切关系，并在维持皮肤和消化器官正常功能中起重要作用。动物可以在体内利用色氨酸转化为烟酸，转化效率在猪体内为 50∶1，即每 50 mg 色氨酸可转化成 1 mg 烟酸。

畜禽中以猪、鸡和犬最有可能发生烟酸缺乏症。猪缺乏烟酸表现为精神不振、生长阻滞、皮肤炎症，常因结肠和盲肠发生坏死性炎症而引起严重腹泻。鸡与犬缺乏烟酸可引起“黑舌”病，症状为口腔黏膜和食道上皮因发生炎症而呈褐红色；雏鸡则出现腿骨弯曲、肿胀。

［**应用**］

主要用于烟酸缺乏症。本品也常与维生素 B_1 和维生素 B_2 合用，对多种疾病进行综合治疗。

［**制剂、用法与用量**］

烟酸片，内服：一次量，每千克体重，家畜 3～5 mg。

烟酸注射液，皮下或肌内注射：一次量，每千克体重，家畜 0.2～0.6 mg，幼畜不得超过 0.3 mg。

泛酸(Pantothenic Acid)

［**理化性质**］

本品为白色粉末；无臭，味微苦；有引湿性。水溶液显中性或弱碱性反应。在水中易溶，在乙醇中极微溶解，在三氯甲烷或乙醚中几乎不溶。

［**药理作用**］

本品是辅酶 A 的组成成分之一，参与糖、脂肪、蛋白质的代谢，是体内乙酰辅酶 A 的生成和乙酰化反应等不可缺少的因子。泛酸的缺乏常见于雏鸡，其主要症状为发生皮炎，最初出现在嘴角和眼周，而后则出现在口、鼻和肛门等处，严重时腿部亦可发病。成年鸡缺乏仅表现蛋孵化率降低。家畜很少发生泛酸缺乏症，但不同动物的泛酸缺乏症状各异。除对多数动物表现生长迟缓外，猪由于神经髓鞘变性，出现后肢麻痹或发生惊厥、昏迷；还表现被毛稀疏、皮屑增多、生殖障碍。犬则表现呕吐、胃肠炎、肾出血、肾上腺功能不良、肝脂肪浸润等。犊牛表现食欲不振、被毛松乱、皮炎、眼周围脱毛、坐骨神经和脊髓脱髓鞘等。

［**应用**］

主要用于畜禽的泛酸缺乏症。在防治其他维生素缺乏症时，同时给予泛酸可提高疗效。

［制剂、用法与用量］

泛酸钙片，内服：每千克体重，猪 0.7 mg；犬 0.055 mg。混饲：每 1 000 kg 饲料，猪 10～13 g；禽 6～15 g。

维生素 C(Vitamin C)

［理化性质］

本品又名抗坏血酸，为白色结晶或结晶性粉末；无臭，味酸；久置色渐变微黄，水溶液显酸性反应。在水中易溶，在乙醇中略溶，在三氯甲烷或乙醚中不溶。

［药理作用］

本品内服后易吸收，分布于各组织中，在代谢旺盛的组织中含量较高，经体内代谢而失效，最后以原形或代谢产物形式从尿排出。

本品在体内具有较广泛的生理功能。具体表现为：参与体内众多的氧化还原反应；参与细胞间质的生成，可促进细胞间质的合成，抑制透明质酸酶和纤维素溶解酶，从而保持细胞间质的完整，增加毛细血管致密度，降低其通透性及脆性。具有抗炎、抗过敏作用；还能参与解毒过程。可用于铅、汞、砷、苯等的慢性中毒和放射线所致的疾病。也可单用或与美蓝合用，治疗药物性高铁血红蛋白症。大量维生素 C 有中和细菌内毒素，促进抗体生成，增强白细胞吞噬功能、肝细胞抵抗力和肝解毒能力，改善心肌与血管代谢。此外，还能促进铁在肠内的吸收，促进叶酸形成四氢叶酸，对血红蛋白的合成和红细胞的成熟都有良好的影响。

［应用］

作为急性或慢性传染病、热性病、慢性消耗性疾病、中毒、慢性出血、高铁血红蛋白症及各种贫血的辅助治疗，也用于风湿病、关节炎、骨折与创伤愈合不良及过敏性疾病等的辅助治疗。

［制剂、用法与用量］

维生素 C 片，内服：一次量，马 1～3 g；猪 0.2～0.5 g；犬 0.1～0.5 g。

维生素 C 注射液，肌内或静脉注射：一次量，马 1～3 g；牛 2～4 g；羊、猪 0.2～0.5 g；犬 0.02～0.1 g。

氯化胆碱(Choline Chloride)

［理化性质］

本品为白色结晶；极易潮解，味咸、苦。极易溶于水，在碱性溶液中不稳定。

［药理作用］

本品对维持细胞膜的正常结构与功能，以及脂质代谢有重要作用，可防止肝脂肪沉积。胆碱还是合成神经递质——乙酰胆碱所需的成分之一。动物缺乏胆碱时，表现为脂肪的代谢和转运障碍，发生脂肪变性、脂肪浸润、生长缓慢、骨和关节变形。禽易患胫骨粗短、脂肪肝，产蛋率下降。

［应用］

主要用于促生长和胆碱缺乏症。

［用法与用量］

混饲：每 1 000 kg 饲料，猪 250～300 g；鸡 500～800 g。

【学习要求】

识记 水和电解质平衡药、能量补充药、酸碱平衡调节药、矿物元素、维生素的概念。

理解 体液补充药及酸碱平衡调节药的作用机理、主要药物及其作用。

运用 合理使用调节新陈代谢的药物治疗脱水、酸中毒等疾病。

【知识拓展】

体液补充的原则与方法

补液应遵循“缺什么、补什么，缺多少、补多少”的原则。补液方法常采用内服、腹腔注射、静脉注射等。内服补液或静脉补液，能内服的尽量内服，不能内服补液的以及中、重度脱水的采用静脉补液。静脉补液速度宜先快后慢，速度的调节要根据病畜的年龄、心肺功能和病情的实际而定。补液量按照重症者开始4～8 h内补充液体总量的1/3～1/2、其余在24～48 h内补完。

补液量通常以动物的脱水程度来估算。如一头体重300 kg的牛出现轻度脱水时，失水量占体重的2%～3%(中度脱水，失水量占4%～6%；重度脱水，失水量占7%以上)，补液量为：300×2%＝6 L。但在临床中，常根据具体情况给予小于上述计算的剂量。

【知识链接】

1.《中华人民共和国兽药典兽药使用指南化学药品卷》

2.《处方药与非处方药管理办法》

3. 中国兽药信息网 http://www.ivdc.gov.cn

4. 中国兽药协会 http://www.cvda.cn

Project 5

抗过敏药理与解热镇痛抗炎药理

学习目标

掌握抗过敏药、解热镇痛抗炎药及糖皮质激素类药物的作用与应用。

理解组胺的作用,解热镇痛抗炎药的作用机理。

【学习内容】

任务二十三 抗过敏药

抗过敏药是指能缓解或消除过敏反应症状，防治过敏性疾病的物质。临床常用的抗过敏药有抗组胺药、糖皮质激素类药、拟肾上腺素药及钙制剂。本任务主要介绍抗组胺药。

组胺即组织胺，由组氨酸经特异性的组氨酸脱羧酶脱羧产生，广泛分布于哺乳动物的组织中，尤以各种组织的肥大细胞中为最多，在胃肠道黏膜层和神经组织中，也有较大量的组胺存在。正常状态下组胺以肝素-蛋白复合物形式存在，不具有生物活性，当机体受寒冷、外伤、炎症、变态反应等不良刺激后，局部组织就会激活和释放大量组胺，而后参与机体的一系列病理反应，如过敏、炎症、增加胃酸分泌等。

组胺的效应是通过兴奋靶细胞上的组胺受体而发生的。现知组胺受体可分为 H_1受体、H_2受体和 H_3受体。H_1受体兴奋时，毛细血管和小动脉扩张，血浆渗出随血管壁通透性增加而增加，血压下降，支气管、胃肠道和子宫平滑肌收缩，称为 H_1效应；H_2受体兴奋时，胃酸分泌增加，心率加快，称为 H_2效应；H_3受体兴奋时，负反馈性调节组胺的合成和释放。这些效应可分别被组胺受体拮抗药所对抗。

抗组胺药本身并不具有和组胺相反的药理作用，也不能破坏已经形成的组胺，又不能阻止机体产生组胺。抗组胺药是和组胺竞争体内组胺受体，从而阻断组胺作用的。根据它们作用的受体不同，可分为 H_1受体阻断药、H_2受体阻断药和 H_3受体阻断药三类。H_1受体阻断药有苯海拉明、异丙嗪（非那根）、氯苯吡胺（扑尔敏）、吡苄明（去敏宁）、阿司咪唑（息斯敏）等。H_2受体阻断药有西咪替丁、雷尼替丁、法莫替丁、尼扎替丁等。H_3受体阻断药，目前仅作为工具药在研究中使用，临床应用尚待研究。

盐酸苯海拉明（Diphenhydramine Hydrochloride）

［**理化性质**］

本品为结晶性粉末；无臭，味苦，且随后有麻痹感。在水或乙醇中易溶。

［**药理作用**］

本品能解除支气管和胃肠道平滑肌痉挛，降低毛细血管通透性，还有较强的镇静、嗜睡等中枢抑制作用和局麻、轻度抗胆碱作用。显效快，持续时间短。单胃动物内服后，30 min 显效，作用维持约 4 h。反刍动物内服不易吸收，宜注射给药。

［**应用**］

主要用于治疗过敏性疾病，如荨麻疹、血清病、湿疹、皮肤瘙痒、神经性皮炎、过敏性休克，因饲料过敏引起的腹泻和蹄叶炎，对过敏性胃肠痉挛和腹泻也有作用。小动物运输晕动、呕吐；组织损伤伴有组胺释放的疾病，如烧伤、冻伤、湿疹、脓毒性子宫炎。还可用作有机磷中毒的辅助治疗药。常与氨茶碱、维生素 C 或钙剂合用，可增强疗效。

［**制剂、用法与用量**］

盐酸苯海拉明片，内服：一次量，牛 600～1 200 mg；马 200～1 000 mg；羊、猪 80～120 mg；犬 30～60 mg；猫 40 mg。

盐酸苯海拉明注射液，肌内注射：一次量，马、牛 100～500 mg；羊、猪 40～60 mg；犬每千克体重 0.5～1 mg。

盐酸异丙嗪（Promethazine Hydrochloride）

[理化性质]

本品又称非那根，为白色或类白色结晶性粉末或颗粒；几乎无臭，味苦。在水或乙醇中易溶。

[作用与应用]

本品为氯丙嗪的衍生物，有较强的中枢抑制作用。还有降温、止吐作用，可加强麻醉药、镇静药和镇痛药的作用。抗组胺作用比苯海拉明强，作用持续 24 h 以上。应用同苯海拉明。有刺激性，不宜皮下注射。

[制剂、用法与用量]

盐酸异丙嗪片，内服：一次量，马、牛 250～1 000 mg；羊、猪 100～500 mg；犬 50～200 mg。

盐酸异丙嗪注射液，肌内注射：一次量，马、牛 250～500 mg；羊、猪 50～100 mg；犬 25～100 mg。

马来酸氯苯那敏（Chlorphenamine Maleate）

[理化性质]

本品又称扑尔敏，为白色结晶性粉末；无臭，微苦。在水中易溶。水溶液呈酸性。

[作用与应用]

本品作用比苯海拉明强而持久，但中枢抑制和嗜睡的副作用较轻。应用同苯海拉明。

[制剂、用法与用量]

扑尔敏片，内服：一次量，马、牛 80～100 mg；羊、猪 12～16 mg。

扑尔敏注射液，肌内注射：一次量，马、牛 60～100 mg；羊、猪 10～20 mg。

阿司咪唑（Astemizole）

[理化性质]

本品又称息斯敏，为白色结晶性粉末；无臭，微苦。在水中易溶。

[药理作用]

本品为新型 H_1 受体阻断药。与 H_1 受体结合后不易解离，抗组胺作用强而持久，药效达 24 h。不透过血脑屏障，无中枢镇静作用，有较强的抗胆碱作用。

[应用]

主要用于过敏性鼻炎、过敏性结膜炎、荨麻疹以及其他过敏反应的治疗。

[制剂、用法与用量]

阿司咪唑片，内服：一次量，2.5～10 mg。

西咪替丁(Cimetidine)

[**理化性质**]

本品又称甲氰咪胍、甲氰咪胺,为白色或类白色结晶性粉末;无臭,味苦。在稀盐酸中易溶,在甲醇或乙醇中溶解,在水中不溶。

[**药理作用**]

本品为较强的 H_2 受体阻断药,犬内服的生物利用度约为95%,半衰期1.3 h。

本品能降低胃液的分泌量和胃液中的 H^+ 浓度。还能抑制胃蛋白酶和胰酶的分泌,无抗胆碱作用。能与肝微粒体酶结合而抑制酶的活性,降低肝血流量,并能干扰其他许多药物的吸收。

[**应用**]

主要用于治疗胃肠的溃疡、胃炎、胰腺炎和急性胃肠(消化道前段)出血。

[**制剂、用法与用量**]

西咪替丁片,内服:一次量,猪300 mg;每千克体重,牛8~16 mg;犬、猫5~10 mg。每日2次。

雷尼替丁(Ranitidine)

[**理化性质**]

本品又称为甲硝呋胍、呋喃硝胺,为白色或淡黄色结晶性粉末;有异臭,味微苦带涩。极易潮解,潮解后颜色加深。在水或甲醇中易溶。

[**作用与应用**]

本品抑制胃酸分泌的作用比西咪替丁强约5倍,且毒副作用较轻,作用维持时间较长。犬内服的生物利用度约81%,半衰期2.2 h。在肾可与其他药物竞争肾小管分泌。应用同西咪替丁。

[**制剂、用法与用量**]

雷尼替丁片,内服:一次量,驹150 mg;每千克体重,马、犬0.5 mg。每日2次。

任务二十四　解热镇痛抗炎药

一、概述

解热镇痛抗炎药又称非甾体抗炎药。具有解热、镇痛作用,其中多数药物还有抗炎、抗风湿作用。这类药物在化学结构上虽然各不相同,但其作用都与能抑制体内前列腺素(PG)的生物合成和释放有关。

1.解热作用

本类药物对各种原因引起的高热,都具有一定的解热作用,但对正常体温无影响。当机体受到病原体及其毒素等外源性致热原作用时,刺激体内中性粒细胞,使之产生并释放内源性致热原(如白细胞介素-1、白细胞介素-6、肿瘤坏死因子等),后者进入中枢神经系统,作用于视前区-下丘脑的前部,促使前列腺素(PGE)大量合成和释放。PGE使体温调节中枢的调定点上移,致使机体产热增加,散热减少,体温升高,出现发热。解热镇痛抗炎药能抑制PGE的合成,使调定点下移,并通过神经体液调节使皮肤血管扩张,排汗增加,呼吸加快等途径增加散热,从而使体温降至正常,但对产热过程无影响。

由于发热是机体的一种防御性反应,发热的热型有助于诊断疾病,且解热镇痛药物只能作对症治疗,而不能根除发热的原因。故用解热药要慎重,不要见热就退,更不要过量使用,以免发汗过度,引起虚脱,只有在明确诊断,高热持续不退而对机体带来危害时考虑使用。

2.镇痛作用

解热镇痛药镇痛部位主要在外周。在组织损伤或发炎时,局部产生与释放某些致痛化学物质也是致炎物质(如缓激肽、组胺、5-羟色胺),同时产生与释放PG。缓激肽等作用于痛觉感受器引起疼痛,PG则可使痛觉感受器对缓激肽等致病物质的敏感性提高。因此,在炎症过程中,PG的释放对炎性疼痛起到了放大作用,而PG(E_1、E_2及$F_{2\alpha}$)本身也有致痛作用。解热镇痛药可抑制炎症局部组织中PG的合成和释放,同时作用于下丘脑,能阻断痛觉经丘脑向大脑皮层的传递,发挥其镇痛作用。本类药物仅有中等程度的镇痛作用,对慢性钝痛有效。

3.抗炎、抗风湿作用

除苯胺类外,多数药物都具有抗炎、抗风湿作用,但不能消除病因,只是减轻炎症的红、肿、热、痛等临床症状。抗炎作用在于抑制PG合成酶,阻止PG的合成;稳定溶酶体膜,减少水解酶的释放;抑制缓激肽的生成,加强对其破坏。抗风湿作用则是本类药物解热、镇痛和抗炎作用的综合结果。

4.抗血小板凝集作用

血小板受聚集诱发剂作用时,释放出的花生四烯酸,在环氧酶的作用下,最终生成血栓素A_2,使血小板凝集,形成血栓。应用该类药物(阿司匹林)可抑制环氧酶的作用,从而阻止血栓的形成。因其纤溶作用而使创伤部位血块溶解,疏通微循环,加速炎症消散。

5.分类

按照化学结构,解热镇痛药物可分为苯胺类、吡唑酮类和有机酸类等。有机酸类又分为甲酸类(水杨酸类、芬那酸类)、乙酸类(吲哚类)、丙酸类(含苯丙酸类和萘酸类)。各类药物均具有镇痛作用,但在解热、抗炎、抗风湿作用方面则各具特点。吲哚类和芬那酸类对炎性疼痛较好;苯胺类、吡唑酮类和水杨酸类解热作用较强;阿司匹林、吡唑酮类、吲哚类的抗炎、抗风湿作用较强,其中阿司匹林为抗风湿首选药,苯胺类无抗风湿作用。

二、临床常用药物

对乙酰氨基酚(Paracetamol)

[**理化性质**]

本品又名扑热息痛,为白色结晶或结晶性粉末;无臭,味微苦。在热水或乙醇中易溶,在丙酮中溶解,在水中微溶。

[**药理作用**]

本品内服吸收快，30 min 后达到峰浓度，大部分在体内与葡萄糖醛酸结合后经肾排出。在肝内部分去乙酰基成对氨基酚，后者氧化为亚氨基醌。亚氨基醌在体内能氧化血红蛋白成高铁血红蛋白而失去携氧能力，造成组织缺氧、发绀、红细胞溶解、溶血、黄疸，损害肝。

本品抑制丘脑前列腺素的合成及释放，作用较强，而抑制外周前列腺素的合成和释放作用极弱。解热作用缓和持久，与阿司匹林相似；镇痛抗炎作用较差，不如阿司匹林。

[**应用**]

用作中、小动物的解热镇痛药。

[**注意**]

大剂量引起肝、肾损害，可在给药后 12 h 内应用乙酰半胱氨酸或蛋氨酸以预防肝损害。肝、肾功能不全患畜或幼畜慎用。猫禁用本品。

[**制剂、用法与用量**]

对乙酰氨基酚片，内服：一次量，马、牛 10～20 g；羊 1～4 g；猪 1～2 g；犬 0.1～1 g。

对乙酰氨基酚注射液，肌内注射：一次量，马、牛 5～10 g；羊 0.5～2 g；猪 0.5～1 g；犬 0.1～0.5 g。

氨基比林（Aminophenazone）

[**理化性质**]

本品又名匹拉米洞，为白色结晶性粉末；无臭，味微苦。遇光渐变质，水溶液呈碱性。在乙醇或三氯甲烷中易溶，在水或乙醚中溶解。

[**药理作用**]

本品内服吸收迅速，即时产生镇痛作用，半衰期为 1～4 h。其解热镇痛作用强而持久，亦强于对乙酰氨基酚。与巴比妥类合用能增强其镇痛作用。还有抗风湿和消炎作用，对急性风湿性关节炎的疗效与水杨酸类相近。

[**应用**]

广泛用作动物的解热镇痛和抗风湿药，治疗肌肉痛、关节痛和神经痛。也用于马、骡疝痛。

[**注意**]

长期连续用药，可能引起粒细胞减少症。

[**制剂、用法与用量**]

氨基比林片，内服：一次量，马、牛 8～20 g；羊、猪 2～5 g；犬 0.13～0.4 g。

复方氨基比林注射液（含氨基比林 7.15%、巴比妥 2.85%），皮下或肌内注射：一次量，马、牛 0.6～1.2 mg；羊、猪 50～200 mg。

休药期：28 天。弃奶期：7 天。

安乃近（Analgin，Metamizole Sodium）

[**理化性质**]

本品又名诺瓦尔精。系氨基比林与亚硫酸钠的复合物。为白色或略带微黄色的结晶或结晶性粉末；无臭，味微苦。在水中易溶，水溶液放置后渐变黄色。在乙醇中略溶，在乙醚中几乎不溶。

[药理作用]

本品的作用迅速，药效可持续 3～4 h，在解热镇痛同时，对胃肠运动无明显影响。解热作用较显著，镇痛作用亦较强，解热作用为氨基比林的 3 倍，镇痛作用与氨基比林相同。并有一定的消炎、抗风湿作用。

[应用]

临床上常用于解热、镇痛、抗风湿。也常用于肠痉挛及肠臌气等。

[制剂、用法与用量]

安乃近片，内服：一次量，马、牛 4～12 g；羊、猪 2～5 g；犬 0.5～1 g。

安乃近注射液，肌内注射：一次量，马、牛 3～10 g；羊、猪 1～3 g；犬 0.3～0.6 g。

休药期：牛、羊、猪 28 天；弃奶期：7 天。

保泰松(Phenylbutazone)

[理化性质]

本品又名布他酮。为白色或微黄色结晶性粉末；无臭，味微苦。在碱性溶液中易溶，在乙醇或乙醚中溶解，在水中难溶。

[药理作用]

本品内服后易于吸收，肌内注射吸收缓慢，血浆蛋白结合率高达 98%以上，代谢和排泄缓慢，作用持久。

本品具有解热、镇痛、消炎和抗风湿作用。其解热效力比氨基比林弱，且毒性较大，故不作解热用。对非风湿性疼痛的镇痛作用也比阿司匹林弱。除因炎症引起的疼痛外，一般不作镇痛用。保泰松具有较强的抗炎作用，可与肾上腺皮质激素相比。

[应用]

主要用于风湿病，关节炎、腱鞘炎、黏液囊炎及睾丸炎等。也可用于治疗痛风。

[制剂、用法与用量]

保泰松片，内服：一次量，每千克体重，马 2.2 mg(第 1 天加倍量)；牛、猪 4～8 mg，一日 2 次。

水杨酸钠(Sodium Salicylate)

[理化性质]

本品为无色或微显红色的结晶性粉末或鳞片；无臭或微有特殊的臭气，味甜而带咸。遇光易变质。在水、乙醇或甘油中易溶。应避光保存。

[药理作用]

本品具有抗风湿、抗炎和解热镇痛作用。其解热、镇痛作用不及阿司匹林和氨基比林，因此，在临床上不做解热镇痛药用。主要作为抗风湿药，用于急性风湿性关节炎，用药后数小时，关节疼痛显著减轻，肿胀消退，体温下降。此外对关节肿胀等非化脓性炎症，也有一定疗效。

[应用]

主要用于肌肉风湿病、急性风湿性关节炎等的治疗，早期效果好。

[制剂、用法与用量]

水杨酸钠注射液，静脉注射：马、牛 10～30 g；羊、猪 2～5 g；犬 0.1～0.5 g。

复方水杨酸钠注射液，静脉注射：一次量，马、牛 100～200 mL；羊、猪 20～50 mL。

阿司匹林(Aspirin)

[理化性质]

本品又名乙酰水杨酸，为白色结晶或结晶性粉末；无臭，或微带醋酸臭，味微酸；遇湿气即缓慢水解。在乙醇中易溶，在三氯甲烷或乙醚中溶解，在水中微溶，在氢氧化钠溶液或碳酸钠溶液中溶解，但同时分解。

[药理作用]

本品内服后主要在胃肠道前部吸收，犬、猫、马吸收快，牛、羊较慢。反刍动物内服，其生物利用度为 70%，血药峰时为 2～4 h，半衰期 3.7 h。呈全身性分布，能透入关节腔，也可进入脑脊液及乳汁，可通过胎盘屏障。主要在肝脏代谢，可在血浆、红细胞及组织中被水解为水杨酸和醋酸。经肾排泄，碱化尿液可加快其排泄。

本品具有较强的解热、镇痛、消炎和抗风湿作用。作用较水杨酸钠强 2～3 倍，且疗效确实，不良反应较少。还可抑制抗体产生及抗原抗体结合反应，并抑制炎性渗出，对急性风湿症有特效。较大剂量时，可抑制肾小管对尿酸的重吸收，使尿酸排出增加，故可用于治疗痛风病。此外，阿司匹林还能选择性地抑制血小板中脂肪酸环氧酶，阻碍血栓素 A_2 的生成。从而阻止血栓的形成。

[应用]

用于发热、风湿症和神经、肌肉、关节疼痛及痛风症的治疗。

[注意]

能抑制凝血酶原的合成、连续长期使用时若发生出血倾向，可用维生素 K 防治。对消化道有刺激作用，剂量较大时，易致食欲不振、恶心、呕吐乃至消化道出血，故不宜空腹投药；胃炎、胃溃疡患畜慎用。与碳酸钙同服可减少对胃的刺激性。

[制剂、用法与用量]

阿司匹林片，内服：一次量，马、牛 15～30 g；羊、猪 1～3 g；犬 0.2～1 g。

吲哚美辛(Indomethacin, Indocin)

[理化性质]

本品又名消炎痛。类白色或微黄色结晶性粉末；几乎无臭，无味。在丙酮中易溶，在甲醇、乙醇、三氯甲烷或乙醚中略溶，在水中不溶。

[药理作用]

内服后，迅速而完全地由消化道吸收，经过 2～4 h 达峰浓度。吸收后有 90% 与血浆蛋白结合，主要在肝脏代谢，原形及代谢产物，可随胆汁进入肠管，又重被吸收进入血中，最后主要以葡萄糖醛酸结合形式由尿排出，有些随粪便排出。本品能通过胎盘屏障。

本品具有抗炎、解热和镇痛作用。抗炎作用比保泰松、氢化可的松强。解热作用为氨基比林的 10 倍，但镇痛作用弱，但比安乃近、水杨酸类好，只对炎性疼痛有明显的镇痛作用。

[应用]

用于慢性风湿性关节炎、神经痛、腱鞘炎、肌肉损伤等。

[制剂、用法与用量]

吲哚美辛片,内服:一次量,每千克体重,马、牛 1 mg;羊、猪 2 mg。

苄达明(Benzydamin)

[理化性质]

本品又名炎痛静或消炎灵。其盐酸盐为白色结晶性粉末;味辛辣。在水中极易溶,在乙醇中易溶。

[药理作用]

本品有消炎、镇痛和解热作用。其消炎作用与保泰松相似或稍强,对炎性疼痛有镇痛作用,其作用较吲哚美辛强。

[应用]

主要用于手术后、外伤、风湿性关节炎等炎性疼痛。

[制剂、用法与用量]

炎痛静片,内服:一次量,每千克体重,马、牛 1 mg;羊、猪 2 mg。

萘普生(Naproxen)

[理化性质]

本品又名萘洛芬或消痛灵,为白色或类白色结晶性粉末;无臭或几乎无臭。在甲醇、乙醇或三氯甲烷中溶解,在乙醚中略溶,在水中几乎不溶。

[药理作用]

本品以抗炎作用为主,也有解热、镇痛作用。对前列腺素合成酶的抑制作用为阿司匹林的 20 倍。对类风湿性关节炎、骨关节炎、痛风、运动系统等慢性疾病以及轻中度疼痛,均有一定疗效,药效比保泰松强。

[应用]

用于肌炎、软组织炎疼痛所致的跛行、关节炎等。

[注意]

能明显抑制白细胞的游走,对血小板黏着和聚集反应亦有抑制作用,可延长出血时间。

[制剂、用法与用量]

萘普生片,内服:一次量,每千克体重,马 5～10 mg;犬 2～5 mg。

萘普生注射液,静脉注射:一次量,每千克体重,马 5 mg。

酮洛芬(Ketoprofen)

[理化性质]

本品又名优洛芬,为白色结晶性粉末;无臭或几乎无臭。在甲醇中极易溶、在乙醇、丙酮或乙醚中易溶,在水中几乎不溶。

[药理作用]

本品抗炎、解热、镇痛作用强。尤其是治疗风湿性关节炎,疗效强于阿司匹林、萘普生、布洛芬。镇痛效果优于哌替啶、镇痛新，药效长于扑热息痛-可待因合用。

［**应用**］

主要用于治疗马、犬的类风湿性关节炎、骨关节炎等风湿性疾病。

［**制剂、用法与用量**］

酮洛芬注射液，静脉注射：一次量，每千克体重，马 2.2 mg。

布洛芬（Ibuprofen）

［**理化性质**］

本品又名芬必得、异丁苯丙酸，为白色结晶性粉末；稍有特异臭，几乎无味。在乙醇、三氯甲烷或乙醚中易溶，在水中几乎不溶，在氢氧化钠或碳酸钠试液中易溶。

［**药理作用**］

本品内服易吸收，显效较萘普生、酮洛芬快，半衰期比后两药短。犬内服达峰值时间为 0.5～3 h，生物利用度为 60%～80%，消除半衰期 4.6 h。具有较好的解热、镇痛、抗休克作用。镇痛作用不如阿司匹林，但毒副作用比后者少。

［**应用**］

主要用于犬的肌肉、骨骼系统功能障碍伴发的炎症或疼痛。

［**注意**］

犬用 2～6 天可见呕吐，2～6 周可见胃肠受阻。

［**制剂、用法与用量**］

布洛芬片，内服：一次量，每千克体重，犬 10 mg。

甲芬那酸（Mefenamic Acid）

［**理化性质**］

本品为白色或淡黄色粉末。在乙醇中微溶，在水中几乎不溶。

［**药理作用**］

本品镇痛作用强于阿司匹林、氨基比林；抗炎作用是阿司匹林的 5 倍、氨基比林的 4 倍。解热作用持续时间较长。

［**应用**］

主要用于治疗风湿痛、神经痛及其他炎性疼痛。

［**制剂、用法与用量**］

甲芬那酸片，内服：一次量，马、牛 1.25～2.5 g；羊、猪 0.5 g；犬 0.1～0.25 g。用药不宜超过 1 周。

氟尼新葡甲胺（Flunixin Meglumin）

［**理化性质**］

本品为白色或类白色结晶性粉末；无臭，有引湿性。在水、乙醇或甲醇中溶解，在乙酸乙酯中不溶。

［**药理作用**］

本品是一种强效环氧酶抑制剂，具有镇痛、解热、抗炎和抗风湿作用。不影响马的胃肠蠕动，并能改善败血性休克动物的血液动力学。

［**应用**］

用于家畜及小动物的发热性、炎性疾患，肌肉和软组织疼痛等。注射给药可控制牛呼吸道疾病和内毒素血症所致的高热；马、牛、犬的内毒素血症所致的炎症。

［**注意**］

长时间应用，可导致马、犬胃肠溃疡，牛血便和血尿。

［**制剂、用法与用量**］

氟尼新葡甲胺颗粒，内服：一次量，每千克体重，犬、猫 2 mg，一日 1～2 次，连用不超过 5 天。

氟尼新葡甲胺注射液，肌内或静脉注射：一次量，每千克体重，猪 2 mg；犬、猫 1～2 mg。一日 1～2 次，连用不超过 5 天。

任务二十五　糖皮质激素类药

一、概述

肾上腺皮质激素为肾上腺皮质所分泌的一类激素的总称。根据其作用不同，可分为三类：①盐皮质激素：以醛固酮为代表，由肾上腺皮质的球状带细胞分泌。主要作用于水盐代谢，对维持机体的电解质平衡和体液容量起着重要的作用。②糖皮质激素：以可的松和氢化可的松为代表，由肾上腺皮质的束状带细胞分泌。对糖、脂肪、蛋白质代谢起调节作用，并能提高机体对各种不良刺激的抵抗力。药理剂量的糖皮质激素，具有明显的抗炎、抗毒素、抗休克和免疫抑制等作用，被广泛应用于兽医临床。③氮皮质激素：由肾上腺皮质的网状带细胞分泌，包括雄激素和雌激素。氮皮质激素的分泌量少，生理作用弱。

（一）药动学

糖皮质激素内服吸收迅速，一般在 2 h 内达到峰浓度。肌内或皮下注射后，1 h 内达到峰浓度。关节囊、滑膜腔、皮肤等局部给药，也可吸收，但吸收缓慢，仅起局部作用。吸收入血的糖皮质激素，大部分与血浆蛋白结合，小部分以游离型在靶器官发挥作用。当游离型药物被靶细胞或在肝代谢消除后，结合型的药物就释放出来，以维持正常的血药浓度。合成的糖皮质激素，在肝内被代谢成葡萄糖醛酸或硫酸结合物，代谢物或原形药物从尿液或胆汁中排泄。糖皮质激素的血浆消除半衰期因药而异，其长短取决于生物转化的速度。与其他多数药物不同，它们的血浆半衰期与其生物半衰期不一致，如氢化可的松的生物半衰期比其血浆半衰期长。

根据它们的生物半衰期，糖皮质激素又有短效糖皮质素（＜12 h）、中效糖皮质素（12～36 h）和长效糖皮质素（＞36 h）。短效有氢化可的松、可的松、泼尼松、泼尼松龙、甲基氢化泼尼松；中效有去炎松；长效有地塞米松、氟地塞米松和倍他米松。

（二）药理作用

糖皮质激素具有十分广泛的药理作用。概括起来，有以下几方面。

1. 抗炎

糖皮质激素在药理剂量时，对感染性和非感染性炎症以及炎症的不同阶段都有强大的抗炎作用。能减轻炎区早期的毛细血管扩张、血浆渗出、水肿和细胞浸润，因而能显著缓解炎症部位的红、肿、热、痛等症状。也能抑制炎症后期的毛细血管新生和纤维母细胞增殖，因而延缓肉芽组织生成，防止粘连或瘢痕形成。

2. 抗免疫

糖皮质激素是临床上常用的免疫抑制剂之一。它能治疗或控制许多过敏性疾病，也能抑制由于过敏反应产生的病理变化，如过敏性充血、水肿、荨麻疹、皮疹、平滑肌痉挛及细胞损害等。小剂量的糖皮质激素能抑制巨噬细胞对细菌和真菌等抗原的吞噬和处理。阻碍淋巴母细胞的生长，加速小淋巴细胞的解体，从而抑制迟发性过敏反应和异体排斥反应。大剂量的糖皮质激素能抑制浆细胞合成抗体，干扰体液免疫。

3. 抗毒素

能提高机体对细菌内毒素的耐受力，如对抗内毒素对机体的损害，减轻细胞损伤，缓解毒血症状，降高热、改善病情等。但不能中和毒素，对细菌外毒素的损害无保护作用，糖皮质激素在感染性毒血症中的解热与改善中毒症状的作用，与其稳定溶酶体膜、减少致热因子的释放、降低体温调节中枢对内致热原的敏感性有关。

4. 抗休克

糖皮质激素对各种休克如过敏性休克、中毒性休克、低血容量休克等都有一定的疗效，可增强机体对休克的抵抗力。其机制与抗炎、抗毒素及免疫抑制的综合因素有关，其中糖皮质激素对溶酶体膜的稳定作用是它抗休克的重要药理基础。此外，大剂量的糖皮质激素能降低外周血管阻力，改善微循环阻滞，增加回心血量，对休克也可起到良好的治疗作用。

5. 影响代谢

(1)糖代谢　糖皮质激素能增强肝糖原异生作用，降低外周对葡萄糖的利用，使肝糖原、肌糖原含量增高，血糖升高。

(2)蛋白质代谢　增加蛋白质分解、抑制蛋白合成、增加尿氮排出，导致负氮平衡。长期大量使用可导致肌肉萎缩、伤口愈合不良、幼畜生长缓慢等。

(3)脂肪代谢　糖皮质激素也能促进脂肪分解，并抑制其合成。长期使用则导致脂肪重新分配。即四肢脂肪向面部和躯干积聚，出现向心性肥胖。

大量糖皮质激素还增加钠的重吸收和钾、钙、磷的排出，长期使用可致水、钠潴留而引起水肿，骨质疏松。

6. 对血细胞的作用

能刺激骨髓造血机能，使红细胞、血小板、嗜中性粒细胞数量增多，增加血红蛋白和纤维蛋白的数量。对淋巴细胞有明显影响，在肾上腺皮质功能减退时，淋巴组织增生，淋巴细胞增多；相反，淋巴组织萎缩，淋巴细胞减少。

(三)应用

1. 代谢性疾病

对牛酮血病，此类药物可使血糖很快升高到正常，酮体慢慢下降，食欲在 24 h 内改善，产奶量回升。氢化可的松 0.5 g、醋酸泼尼松 0.3～0.5 g、地塞米松 10～30 mg，均可使 80% 的病牛康复。妊娠毒血症，以羊常见，其他家畜亦有发生，在病理上与牛酮症相似，肌内注射常量泼尼松龙即可奏效。

2.感染性疾病

一般的感染性疾病不得使用糖皮质激素，但当感染对动物的生命或未来生产力可能带来严重危害的疾病时，有必要用糖皮质激素控制过度的炎症反应，但要与足量有效的抗菌药物合用。感染发展为毒血症时，用糖皮质激素治疗更为重要，因为它对内毒素中毒的动物能提供保护作用。对各种败血症、中毒性肺炎、中毒性菌痢、腹膜炎、产后急性子宫炎等，应用糖皮质激素可增强抗菌药物的治疗效果，加速患畜康复。对于其他细菌性疾病，如牛的支气管肺炎、乳腺炎，马的淋巴管炎，糖皮质激素也有较好的效果。

3.关节炎疾患

用糖皮质激素治疗马、牛、猪、犬的关节炎，能暂时改善症状。治疗期间如果炎症不能痊愈，停药后常会复发。近年来证明，糖皮质激素对关节的作用可因剂量不同而变化，小剂量保护软骨，大剂量则损伤软骨并抑制成骨细胞活性，引起所谓的“激素性关节炎”。因此，用糖皮质激素治疗关节炎，应使用小剂量。

4.皮肤疾病

对于皮肤的非特异性或变态反应性疾病，有较好的疗效。用药后痛痒在 24 h 内停止，炎症反应消退。对于荨麻疹、急性蹄叶炎、湿疹、脂溢性皮炎和其他化脓性炎症，局部或全身给药，都能使病情明显好转。对伴有急性水肿和血管通透性增加的疾病，疗效尤为显著。

5.眼、耳科疾病

对眼科疾病，糖皮质激素可防止炎症对组织的破坏，抑制液体渗出，防止粘连和疤痕形成，避免角膜混浊。治疗时，房前结构的表层炎症，如眼睑疾病、结膜炎、角膜炎、虹膜睫状体炎，一般可进行局部用药。对于深部炎症，如脉络膜炎、视网膜炎、视神经炎，作全身给药或结膜下注射才有效。

对于外耳炎症，可用糖皮质激素配合抗菌药物应用，但应随时清除或溶解炎性分泌物。对于比较严重的外耳炎，如犬的自发性浆液性外耳炎，则需用糖皮质激素作全身性给药。

6.引产

地塞米松已被用于母畜的同步分娩。在怀孕后期的适当时候给予地塞米松，牛、羊、猪一般在 48 h 内分娩。牛常用剂量是 10～20 mg，若用 30～40 mg，引产率可达 85%。

7.休克

糖皮质激素对于各种休克都有较好的疗效，对于败血性休克，可用糖皮质激素的速效、水溶性制剂。

8.预防手术后遗症

糖皮质激素可用于剖宫产、瘤胃切开、肠吻合等外科手术后，以防脏器与腹膜粘连，减少创口斑痕化，但同时它又会影响创口愈合，这要权衡利弊用药。

(四)不良反应与注意事项

1.诱发或加重感染

长期使用糖皮质激素，可抑制机体的防御机能，使机体的抵抗力降低，易诱发细菌感染或加重感染，甚至使病灶扩大或散播，导致病情恶化。因此，严重感染性疾病应与足量的抗菌药物配合使用，在糖皮质激素停用后还要继续用抗菌药物治疗。对一般感染性疾病不宜使用糖皮质激素治疗。在病毒性感染和缺乏有效抗菌药治疗的细菌感染时，禁用。

2. 扰乱代谢平衡

糖皮质激素的保钾排钠作用可导致动物出现水肿、低血钾症；增加钙、磷排泄和促进蛋白异化作用，可导致动物肌肉萎缩、骨质疏松，幼畜生长停滞，影响创伤愈合等，用药期间应补充维生素 D、钙及蛋白质，孕畜、幼畜不宜长期使用；骨软症、骨折和外科手术后均不宜使用。

3. 肾上腺皮质机能不全

长期或大量用药时，由于负反馈作用，抑制丘脑下部和垂体前叶减少促肾上腺皮质激素的释放，导致肾上腺皮质萎缩和机能不全。如突然停药，可出现停药综合症，动物表现发热、无力、精神沉郁、食欲不振、血糖和血压下降等。有的病畜在突然停药后，可出现比治疗前更为严重的病症，因此，必须采取逐渐减量、缓慢停药的方法。

4. 免疫抑制作用

糖皮质激素能抑制机体免疫反应。在结核菌素、鼻疽菌素诊断期和疫苗接种期等不能使用。

二、主要药物

氢化可的松(Hydrocortisone)

[理化性质]

本品为天然的糖皮质激素，为白色或几乎白色的结晶性粉末；无臭，初无味，随后有持续的苦味。遇光渐变质。在乙醇或丙酮中略溶，在三氯甲烷中微溶，在乙醚中几乎不溶，在水中不溶。

[作用与应用]

本品多用作静脉注射，以治疗严重的中毒性感染或其他危险病症。肌内注射吸收很少，作用较弱，因其极难溶解于体液。局部应用有较好疗效，常用于乳腺炎、眼科炎症、皮肤过敏性炎症、关节炎和腱鞘炎等。作用时间不足 12 h。

[制剂、用法与用量]

氢化可的松注射液，静脉注射：一次量，马、牛 0.2～0.5 g；羊、猪 0.02～0.08 g；犬 0.005～0.02 g。关节腔内注入，马、牛，0.05～0.1 g，每日 1 次。

醋酸泼尼松(Prednisone Acetate)

[理化性质]

本品又名强的松、去氢可的松，为白色或几乎白色的结晶性粉末；无臭，味苦。在三氯甲烷中易溶，在乙醇中微溶，在水中不溶。

[作用与应用]

本品进入体内后代谢转化为氢化泼尼松而起作用。其抗炎作用和糖原异生作用比天然的氢化可的松强 4～5 倍。由于用量小，其水、钠潴留的副作用轻微。其抗炎作用常被用于某些皮肤炎症、眼科炎症及严重感染性、过敏性疾病等。肌内注射可治疗牛酮血症。给药后作用时间为 12～36 h。

[**制剂、用法与用量**]

醋酸泼尼松片,内服:一日量,牛、马 100～300 mg;猪、羊 10～20 mg。每千克体重,犬、猫 0.5～2 mg。皮肤涂擦:1%醋酸泼尼松软膏。眼部外用:0.5%醋酸泼尼松眼膏。

地塞米松(Dexamethasone)

[**理化性质**]

本品又称氟美松。其磷酸钠盐为白色或微黄色粉末;无臭,味微苦;有吸湿性。在水或甲醇中溶解,在丙酮或乙醚中几乎不溶。

[**作用与应用**]

地塞米松的作用比氢化可的松强 25 倍,抗炎作用强 30 倍,而水、钠潴留的副作用较弱。给药后,作用在数分钟出现,维持 48～72 h。用于炎症性、过敏性疾病,牛酮血症和羊妊娠毒血症。还对牛的同步分娩有较好的效果。

[**制剂、用法与用量**]

地塞米松磷酸钠注射液,肌内或静脉注射,一日量,马 2.5～5 mg;牛 5～20 mg;羊、猪 4～12 mg;犬、猫 0.125～1 mg。关节腔内注入,一次量,马、牛 2～10 mg。乳房内注入,一次量,每乳室 10 mg。内服,一次量,马 5～10 mg;牛 5～20 mg;犬、猫 0.125～1 mg。

倍他米松(Betamethasone)

[**作用与应用**]

本品为地塞米松的同分异构体,抗炎作用及糖原异生作用强于地塞米松,水、钠潴留作用稍弱于地塞米松。应用与地塞米松相同,也可用于母畜的同步分娩。

[**制剂、用法与用量**]

倍他米松片:内服,一次量,犬、猫 0.25～1 mg。

泼尼松龙(Prednisolone)

[**作用与应用**]

本品又名氢化泼尼松、强的松龙。在乙醇或三氯甲烷中微溶,在水中几乎不溶。作用与泼尼松基本相似,特点是可静脉注射、肌内注射、乳管内注入和关节腔内注射等。给药后作用时间为 12～36 h。

[**制剂、用法与用量**]

醋酸氢化泼尼松注射液,静脉注射:一次量,马、牛 50～150 mg;猪、羊 10～20 mg。关节腔内注入,马、牛 20～80 mg。每日 1 次。

曲安西龙(Triamcinolone)

[**作用与应用**]

本品又称去炎松、氟羟氢化泼尼松。抗炎作用为氢化可的松的 5 倍,水、钠潴留作用极弱。其他全身作用与同类药物相同。

[**制剂、用法与用量**]

去炎松片,内服:一次量,犬 0.125～1 mg;猫 0.125～0.25 mg。每日 2 次,连服 7 天。

醋酸去炎松混悬液，肌内或皮下注射：一次量，马 12～20 mg；牛 2.5～10 mg。每千克体重，犬、猫 0.1 g～0.2 mg。关节腔内或滑膜腔内注射：一次量，马、牛 6～18 mg；犬、猫 1～3 mg，必要时 3～4 天后再注射一次。

醋酸氟轻松（Fluocinolone Acetate）

［作用与应用］

本品又称肤轻松。本品为外用糖皮质激素中疗效最显著、副作用最小的品种。显效迅速，止痒效果好，很低浓度（0.025%）即有明显疗效。主要用于各种皮肤病，如湿疹、过敏性皮炎、脂溢性皮炎等。

［制剂、用法与用量］

氟轻松软膏：外用，适量。每日 3～4 次。

任务二十六　解热镇痛药与氯丙嗪的降温作用

［目的要求］

观察药物的降温作用，掌握试验方法。

［材料］

动物：家兔。

药品：10%氨基比林溶液、30%安乃近注射液、1%盐酸氯丙嗪注射液、0.9%氯化钠注射液。

器材：台秤、体温计、注射器、针头等。

［方法和步骤］

①取家兔 4 只，称重，编号为 1 号、2 号、3 号、4 号，并分别测量体温。

②在实验前 3 h 左右，按每千克体重 1 g 的剂量，分别肌内注射 10%蛋白胨溶液（或每只动物皮下注射 5 mL 灭菌脱脂牛乳），使其发热，注射后每隔 30 min 检查一次，当体温增高 0.5℃以上时，分别注射解热药。

③1 号、2 号兔按每千克体重 2 mL 的剂量，分别静脉注射（或肌内注射）10%氨基比林、30%安乃近注射液；3 号兔按每千克体重 1 mL 的剂量，静脉注射（或肌内注射）1%盐酸氯丙嗪注射液，4 号兔按每千克体重 2 mL 的剂量，静脉注射（或肌内注射）生理盐水，同时记录给药时间。

④给药后 30 min、60 min 各测体温一次，将实验结果记录入下表：

兔号	正常体温/℃	用药前体温（发热）/℃	药物	用药后体温/℃	
				30 min	60 min
1			氨基比林		
2			安乃近		
3			氯丙嗪		
4			生理盐水		

［**作业**］

撰写实验报告，分析实验结果说明什么问题。

【学习要求】

识记 抗过敏药及糖皮质激素类药物及其作用。

理解 抗过敏药及解热镇痛抗炎药的作用机理。

运用 合理使用药物处理过敏性疾病、代谢性疾病和局部炎症等。

【知识拓展】

“水乌钙”合剂及其应用

水杨酸钠、乌洛托品及氯化钙三种药物混合静脉注射，常用于治疗各类呼吸道、消化道、泌尿生殖道、中枢神经系统、运动器官的炎性疾病。尤其针对各种肺炎、上呼吸道感染、喉炎、心包炎、咽炎、腹膜炎、胸膜炎、脑膜脑炎、膀胱炎、急慢性子宫内膜炎、关节炎、创伤、手术感染以及四肢炎性疾病的治疗，效果较好。

“水乌钙”合剂的处方组成：10％葡萄糖注射液 1 000～1 500 mL、5％氯化钙注射液 400～600 mL、40％乌洛托品注射液 100 mL、10％水杨酸钠注射液 200 mL 及维生素 C 注射液 100 mL。

使用方法：一次静脉注射，一日 1 次，连用 3 天。若症状减轻则氯化钙减量到 300～400 mL。

组方说明：水杨酸钠在临床常不作解热镇痛药用。由于其抗炎抗风湿作用强，多用于治疗风湿、类风湿性关节炎。用药后数小时即可使痛觉减轻、消肿和降温。还有促进尿酸盐排泄作用，用于治疗急、慢性痛风症。

乌洛托品在酸性溶液中能分解出甲醛和氨而呈现杀菌作用，主要用于治疗泌尿道感染和其他感染性疾病，并能透过神经膜，所以常用其治疗脑膜脑炎、脑脊髓炎等神经系统疾病。

氯化钙能提高机体网状内皮系统机能，提高机体抗病力。钙能降低毛细血管通透性使渗出物减少，促使炎症及水肿减轻，并能维持神经肌肉的正常兴奋性，参与凝血过程，对产后瘫痪、缺钙性痉挛、佝偻病、软骨病有良好的效果。

【知识链接】

1.《中华人民共和国兽药典兽药使用指南化学药品卷》

2.《处方药与非处方药管理办法》

3. 中国兽药信息网 http://www.ivdc.gov.cn

4. 中国兽药协会 http://www.cvda.cn

Project 6

抗微生物药理

学习目标

掌握主要抗生素、合成抗菌药、抗真菌药的作用与应用，抗微生物药物的合理应用；消毒防腐药的分类及主要药物。

理解抗生素分类与作用机理、合成抗菌药的作用机理，消毒防腐药的作用机理及影响其作用的因素。

【学习内容】

抗微生物药物是指对细菌、支原体、衣原体、真菌、病毒等微生物具有选择性抑制或杀灭作用，用于防治微生物导致的感染性疾病的一类药物。抗微生物药物对感染性疾病的治疗以及对由寄生虫及恶性肿瘤所致疾病的药物治疗统称为化学治疗（简称化疗）。化学治疗药物（简称化疗药）对病原体通常具有较高的选择性作用，而对机体（宿主）没有或只有轻度毒性作用。病原体如细菌、寄生虫、病毒等所引起的疾病是兽医临床的常见病和多发病。由于这些传染病和寄生虫病给养殖业造成巨大损失，而且抗微生物药物在动物应用产生的耐药性可能向人扩散和传播，从而直接或间接地危害人们的健康和公共卫生安全。因此，研究化学治疗和化疗药便成了发展现代化养殖业和公共卫生的一个重要课题。

使用化疗药防治畜禽疾病的过程中，化疗药物、机体、病原体三者之间存在复杂的相互作用关系（图 6-1），被称为“化疗三角”。例如，在使用抗生素时，在充分发挥其抗菌作用的同时，也要重视动物机体的防御机能，如网状内皮系统和粒细胞的吞噬作用、淋巴细胞和抗体的形成等，以迅速消灭病原菌；另一方面，药物在作用于病原体的同时，对机体也会带来不良的作用，所以应尽量避免或减少药物对机体的不良反应，否则影响动物的康复。总之，化学治疗要针对性地选药，根据药物的药动学特征，给予充足的剂量和疗程，防止病原体的耐药性和药物不良反应的产生，同时依靠和发挥动物机体的防御机能。

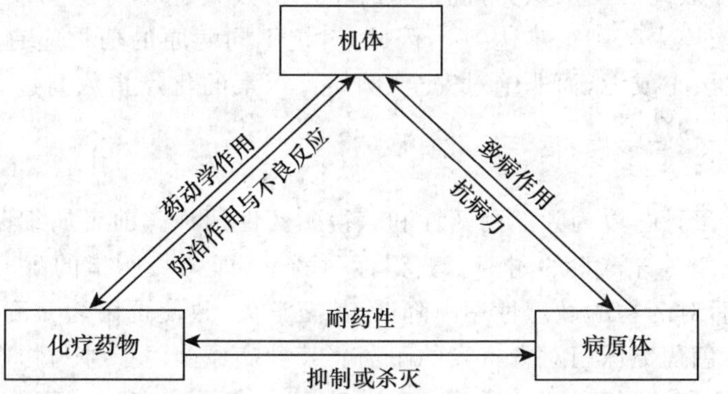

图 6-1　化疗药物、机体与病原菌的相互关系

（一）抗菌谱

抗菌谱是指药物抑制或杀灭病原微生物的范围。凡是仅作用于单一菌种或某属细菌的药物称窄谱抗菌药，例如青霉素主要对革兰氏阳性细菌有作用；链霉素主要对革兰氏阴性细菌有作用。凡能杀灭或抑制多种不同种类的细菌，抗菌范围广泛的药物，称广谱抗菌药，如四环素类、第三代头孢菌素、氟喹诺酮类等。

（二）抗菌活性

抗菌活性是指抗菌药抑制或杀灭病原微生物的能力。可用体外抑菌试验和体内试验治疗方法测定。体外抑菌试验对临床用药具有重要参考意义。能够抑制培养基内细菌生长的最低浓度称为最小抑菌浓度（MIC）。能够杀灭培养基内细菌生长的最低浓度称为最小杀菌浓度（MBC）。抗菌药的抑菌作用和杀菌作用是相对的，有些抗菌药在低浓度时呈现抑菌作用，而高浓度呈现杀菌作用。临床上所指的抑菌药是指仅能抑制病原菌的生长繁殖，而无杀灭作用的药物,如磺胺类、四环素类。杀菌药是指具有杀灭病原菌作用的药物,如青霉素类、氨基糖苷类、氟喹诺酮类。

(三)抗菌药后效应

抗菌药后效应(PAE)是指抗菌药在撤药后其浓度低于最小抑菌浓度时,仍对细菌保持一定的抑制作用。PAE 以时间的长短来表示,它几乎是所有抗菌药的一种性质。由于最初只对抗生素进行研究,称为抗生素后效应。后来发现人工合成的抗菌药也能产生 PAE,因此,称之为抗菌药后效应更为准确。此外,处于 PAE 期的细菌再与亚抑菌浓度的抗菌药接触后,可以进一步被抑制,这种作用称为抗菌药后效应期亚抑菌浓度作用。能产生抗菌药后效应的药物主要有 β-内酰胺类、氨基糖苷类、大环内酯类、林可胺类、四环素类、酰胺醇类和氟喹诺酮类等。PAE 产生的确切机理尚不清楚,可能的机理为:①细菌细胞壁可逆的非致死性损伤的恢复需要一定时间。②血药浓度虽低,但药物持续停留于结合位点或胞质周围间隙中,完全消除需要一定时间。③细菌需合成新的酶类才能生长繁殖。

(四)化疗指数

化疗指数(CI)是评价化疗药安全性的指标。化疗指数以动物的半数致死量(LD_{50})与治疗感染动物的半数有效量(ED_{50})的比值表示,即 $CI = LD_{50}/ED_{50}$;或以动物的 5%致死量(LD_5)与治疗感染动物的 95%有效量(ED_{95})之比来衡量。化疗指数愈大,药物愈安全,说明药物的毒性低而疗效高。一般认为,抗菌药的化疗指数大于 3,才具有实际应用价值。但有些化疗药如抗血液原虫药则很难达到 3,因此,对抗不同病原的药物应有不同要求。化疗指数高的药物,毒性虽小或无,而非绝对安全,例如青霉素的化疗指数高达 1 000 以上,但有可能引起过敏性休克的危险。

(五)耐药性

耐药性又称抗药性,分为天然耐药性和获得耐药性两种。前者属细菌的遗传特征,不可改变,例如肠道杆菌对青霉素的耐药。获得性耐药性,即一般所指的耐药性,是指病原菌与抗菌药多次接触后对药物的敏感性逐渐降低,甚至消失,致使抗菌药对耐药病原菌的作用降低或无效,如金黄色葡萄球菌对青霉素的耐药。某种病原菌对一种药物产生耐药性后,往往对同一类的药物也具有耐药性,这种现象称为交叉耐药性。交叉耐药性包括完全交叉耐药性及部分交叉耐药性。完全交叉耐药性是双向的,如多杀性巴氏杆菌对磺胺嘧啶产生耐药后,对其他磺胺类药均产生耐药性;部分交叉耐药性是单向的,如氨基糖苷类之间,对链霉素耐药的细菌,对庆大霉素、卡那霉素、新霉素仍然敏感,而对庆大霉素、卡那霉素、新霉素耐药的细菌,对链霉素也耐药。

任务二十七　抗生素

一、概述

(一)定义

抗生素是某些微生物在其代谢过程中所产生的,能抑制或杀灭其他病原微生物的化学物质。抗生素主要从微生物的培养液中提取，目前已有不少品种能人工合成或半合成。

(二)分类

根据抗生素的化学结构，可将抗生素分为下列几类：

(1)β-内酰胺类　包括青霉素类、头孢菌素类等。前者有青霉素、氨苄西林、阿莫西林、苯唑西林等；后者有头孢唑啉、头孢氨苄、头孢拉定、头孢噻呋等。此外，还有非典型β-内酰胺类，如碳青霉烯类(亚胺培南)、单环β-内酰胺类(氨曲南)、β-内酰胺酶抑制剂(克拉维酸、舒巴坦)及氧头孢烯类(拉氧头孢)。

(2)大环内酯类　红霉素、泰乐菌素、替米考星、吉他霉素、螺旋霉素等。

(3)林可胺类　林可霉素、克林霉素等。

(4)截短侧耳素类　泰妙菌素、沃尼妙林等。

(5)氨基糖苷类　链霉素、卡那霉素、庆大霉素、阿米卡星、新霉素、大观霉素、安普霉素、潮霉素、越霉素 A 等。

(6)多肽类　杆菌肽、黏菌素、维吉尼霉素、硫肽菌素等。

(7)四环素类　土霉素、四环素、金霉素、多西环素、美他环素和米诺霉素等。

(8)酰胺醇类　甲砜霉素、氟苯尼考等。

(9)多烯类　制霉菌素、两性霉素 B 等。

(10)含磷多糖类　黄霉素、大碳霉素、喹北霉素等，主要用作饲料添加剂。

(三)作用机理

1.影响细菌细胞壁的合成

大多数细菌细胞(如革兰氏阳性菌)的胞浆膜外有一层坚韧的细胞壁，主要由黏肽组成，具有维持细胞形状、保护细菌不受周围环境渗透压的影响和机械损伤的作用。青霉素类、头孢菌素类、杆菌肽等能分别抑制黏肽合成过程中的不同环节。这些抗生素的作用均可使细菌细胞壁缺损，菌体内的高渗压在等渗环境中，外面的水分不断地渗入菌体内，引起菌体膨胀变形，加上激活自溶酶，使细菌裂解而死亡。抑制细菌细胞壁合成的抗生素对革兰氏阳性菌的作用强，而对革兰氏阴性菌的作用弱，因为革兰氏阳性菌的细胞壁主要成分为黏肽，占胞壁质量的 65%～95%；而革兰氏阴性菌细胞壁的主要成分是磷脂，黏肽仅占 1%～10%。它们主要影响正在繁殖的细菌细胞，故这类抗生素称为繁殖期杀菌剂。

2.增加细菌细胞膜的通透性

细胞膜是包围在菌体原生质外的一层半透性生物膜。它的功能在于维持渗透屏障、运输营养物质和排泄菌体内的废物，并参与细胞壁的合成等。当胞浆膜损伤时，通透性将增加，导致菌体内胞浆中的重要营养物质(如核酸、氨基酸、酶、磷酸、电解质)外漏而死亡，产生杀菌作用。如两性霉素 B、制霉菌素、多黏菌素。

3.抑制细菌蛋白质的合成

细菌蛋白质合成场所在胞浆的核糖体上，蛋白质的合成可分为三个阶段，即起始阶段、延长阶段和终止阶段。不同抗生素对三个阶段的作用不完全相同，有的可作用于三个阶段，如氨基糖苷类；有的仅作用于延长阶段，如林可胺类。

细菌细胞与哺乳动物细胞合成蛋白质的过程基本相同，两者最大的区别在于核糖体的结构及蛋白质、RNA 的组成不同。细菌核糖体的沉降系数为 70S，由 30S 和 50S 亚基组成。哺乳动物细胞核糖体的沉降系数为 80S，由 40S 和 60S 亚基组成。二者的生理、生化功能均不同。抗生素对细菌核糖体有高度的选择性作用，但不影响宿主核糖体的功能和蛋白质的合成。许多抗生素均可影响细菌蛋白质的合成，但作用部位及作用阶段不完全相同。四环素类主要作用于 30S 亚基。酰胺醇类、大环内酯类、林可胺类则主要作用于 50S 亚基，由于这些药物在核糖体 50S 亚基上的结合点相同或相连，因此，合用时可能发生拮抗作用。

4. 影响细菌核酸的合成

核酸包括脱氧核糖核酸（DNA）和核糖核酸（RNA），它们具有调控蛋白质合成的功能。如新生霉素、灰黄霉素、丝裂霉素 C、利福平等可抑制或阻碍细菌细胞 DNA 或 RNA 的合成，从而引起细菌死亡。

二、β-内酰胺类抗生素

β-内酰胺类抗生素，系指化学结构中含有 β-内酰胺环的一类抗生素，兽医常用药物主要包括青霉素类和头孢菌素类。

（一）青霉素类

青霉素类包括天然青霉素和半合成青霉素。前者的优点是杀菌力强、毒性低、价廉，但存在抗菌谱较窄，易被胃酸和 β-内酰胺酶（青霉素酶）水解破坏，金黄色葡萄球菌易产生耐药性等特点。后者具有耐酸、耐酶、广谱等优点。

1. 天然青霉素

（1）青霉素

青霉素（Benzylpenicillin，Penicillin）

［**理化性质**］

本品为有机酸，性质稳定，难溶于水。其钾盐或钠盐为白色结晶性粉末；有吸湿性。遇酸、碱或氧化剂等迅速失效，水溶液在室温放置易失效。临床应用时要新鲜配制。

［**药理作用**］

本品内服易被胃酸和消化酶破坏，仅少量吸收，肌内注射或皮下注射后吸收较快。吸收后在体内分布广泛，能分布到全身各组织，以肾、肝、肺、肌肉、小肠和脾等的浓度较高，骨骼、唾液和乳汁含量较低。当中枢神经系统或其他组织有炎症时，青霉素则较易透入（如发生脑膜炎时）。青霉素在动物体内的半衰期较短，种属间的差异较小。青霉素吸收进入血液循环后，大部分在体内不易破坏，小部分在肝代谢。主要以原型从尿中排出。此外，青霉素还可经乳汁排泄。

本品属窄谱的杀菌性抗生素，杀菌作用强且快。它的敏感菌主要是多数革兰氏阳性菌和革兰氏阴性球菌，如链球菌、葡萄球菌、猪丹毒杆菌、棒状杆菌、炭疽杆菌、破伤风梭菌、放线菌和螺旋体。对分支杆菌、支原体、衣原体、立克次氏体、真菌和病毒不敏感。

［**耐药性**］

除金黄色葡萄球菌外，一般细菌不易产生耐药性。

［**应用**］

主要用于敏感菌所引起的各种感染。如猪丹毒、气肿疽、恶性水肿、放线菌病、马腺疫、坏死杆菌病、钩端螺旋体病及乳腺炎、皮肤软组织感染、关节炎、子宫炎、肾盂肾炎、肺炎、败

血症和破伤风。治疗破伤风时宜与破伤风抗毒素合用。

[**不良反应**]

青霉素的毒性很小，其不良反应主要是过敏反应。大多数动物均可发生，但发生率较低。其主要临床表现为荨麻疹、皮疹等，严重时休克。某些动物可致二重感染。

[**制剂、用法与用量**]

注射用青霉素钠，注射用青霉素钾，肌内注射：一次量，每千克体重，马、牛 1 万～2 万 U；羊、猪、驹、犊 2 万～3 万 U；犬、猫 3 万～4 万 U；禽 5 万 U。一日 2～3 次。乳管内注入：一次量，每一乳室，牛 10 万 U，一日 2～3 次。

弃奶期：3 天。

(2)长效青霉素　为了克服青霉素钠或钾在动物体内的有效药物浓度维持时间短的特点，制成一些难溶于水的青霉素铵盐，肌内注射后，吸收缓慢，维持时间较长，称为青霉素长效制剂，如普鲁卡因青霉素、苄星青霉素。

普鲁卡因青霉素(Procaine Benzylpenicillin)

[**理化性质**]

本品为白色结晶性粉末。在甲醇中易溶，在乙醇或三氯甲烷中略溶。遇酸、碱或氧化剂等即迅速失效。

[**药理作用**]

本品肌内注射后，在局部水解释放出青霉素后被缓慢吸收。达峰时间较长，血中浓度低，但作用较青霉素持久。

[**应用**]

主要用于对青霉素高度敏感的病原菌感染，不宜用于治疗严重感染。

[**制剂、用法与用量**]

普鲁卡因青霉素注射液，肌内注射：一次量，每千克体重，马、牛 1 万～2 万 U；羊、猪、驹、犊 2 万～3 万 U；犬、猫 3 万～4 万 U。一日 1 次。

休药期：牛 10 天；羊 9 天；猪 7 天。弃奶期：48 h。

苄星青霉素(Benzathine Benzylpenicillin)

[**理化性质**]

本品为白色结晶性粉末。在乙醇中微溶，在水中极微溶解。

[**药理作用**]

本品为长效青霉素，吸收和排泄缓慢，血中浓度低。

[**应用**]

只适用于青霉素高度敏感的细菌所致的轻度或慢性感染，如牛的肾盂肾炎，子宫蓄脓或复杂骨折。

[**制剂、用法与用量**]

注射用苄星青霉素，肌内注射：一次量，每千克体重，马、牛 2 万～3 万 U；羊、猪 3 万～4 万 U；犬、猫 4 万～5 万 U。必要时 3～4 日重复一次。

休药期：牛、羊 4 天；猪 5 天。弃奶期：3 天。

2. 半合成青霉素

半合成青霉素是以青霉素结构中的母核6-氨基青霉素烷酸(6-APA)为基本结构，导入不同结构的侧链，从而合成了一系列的半合成青霉素。这些半合成青霉素可分为耐酸耐酶青霉素和广谱青霉素。耐酶青霉素主要有苯唑西林、氯唑西林、双氯西林。均具有耐酸的特点。广谱青霉素主要有氨苄西林、阿莫西林和羧苄西林。

苯唑西林(Oxacillin)

[**理化性质**]

本品又名苯唑青霉素、新青霉素Ⅱ，为白色粉末或结晶性粉末；无臭或微臭。在水中易溶，水溶液极不稳定。

[**药理作用**]

本品为半合成的耐酸、耐酶青霉素。对青霉素耐药的金黄色葡萄球菌有高效，但对其他革兰氏阳性菌的作用不如青霉素。

[**应用**]

主要用于对青霉素耐药的金黄色葡萄球菌感染，如败血症、肺炎、乳腺炎、烧伤创面感染。

[**制剂、用法与用量**]

注射用苯唑西林钠，肌内注射：一次量，每千克体重，马、牛、羊、猪 10～15 mg；犬、猫 15～20 mg，一日 2～3 次。连用 2～3 天。

休药期：牛、羊 14 天；猪 5 天。弃奶期：3 天。

氨苄西林(Ampicillin)

[**理化性质**]

本品又名氨苄青霉素、安比西林，为白色结晶性粉末；味微苦，钠盐无臭或微臭。有吸湿性，易溶于水，水溶液极不稳定。

[**药理作用**]

本品耐酸、不耐酶，内服或肌内注射均易吸收。单胃动物吸收的生物利用度为 30%～55%，反刍动物吸收差，绵羊内服的生物利用度仅为 2.1%，肌内注射吸收接近完全(>80%)。吸收后分布到各组织，其中以胆汁、肾、子宫等的浓度较高。主要由尿和胆汁排泄，给药后 24 h 大部分从尿中排出。

本品对大多数革兰氏阳性菌的抗菌活性稍弱于青霉素。对革兰氏阴性菌，如大肠杆菌、变形杆菌、沙门氏杆菌、嗜血杆菌和巴氏杆菌均有较强的作用。由于本品对青霉素酶敏感，对耐药金黄色葡萄球菌无效。

[**应用**]

主要用于敏感菌所致的全身感染。

[**制剂、用法与用量**]

氨苄西林可溶性粉，混饲：每升水，家禽 0.6 g。

休药期：鸡 7 天。

注射用氨苄西林钠，肌内或静脉注射：一次量，每千克体重，家畜 10～20 mg，一日 2～3

次，连用 2～3 天。

休药期：牛 6 天；猪 15 天。弃奶期：2 天。

阿莫西林(Amoxicillin)

[理化性质]

本品又名羟氨苄青霉素，为白色或类白色结晶性粉末；味微苦。在水中微溶，在乙醇中几乎不溶。耐酸性较氨苄西林强。

[药理作用]

本品在胃酸中较稳定，单胃动物内服后有 74%～92%被吸收，食物会影响吸收速率，但不影响吸收量。内服相同的剂量后，阿莫西林的血清浓度一般比氨苄西林高 1.5～3 倍。吸收后分布广泛，可进入脑脊液，脑膜炎时的浓度为血清浓度的 10%～60%。犬的血浆蛋白结合率约 13%，乳中的药物浓度很低。

本品的抗菌谱与氨苄西林基本相似，对肠球菌属和沙门氏菌的作用较氨苄西林强 2 倍，对痢疾杆菌、流感杆菌及厌氧菌的作用又较氨苄西林弱。

[应用]

主要用于呼吸道、泌尿道、皮肤及软组织及肝胆系统等感染。

[制剂、用法与用量]

阿莫西林可溶性粉，内服：一次量，每千克体重，鸡 20～30 mg，一日 2 次。混饮：每升水，鸡 60 mg，连用 3～5 天。

休药期：鸡 7 天。

阿莫西林注射液，肌内或皮下注射：一次量，每千克体重，牛、猪、犬、猫 15 mg。

休药期：牛、猪 28 天。弃奶期：4 天。

(二)头孢菌素类

又称先锋霉素类，是 7-氨基头孢烷酸的衍生物。根据其发现的先后可分为一、二、三、四代头孢菌素。头孢菌素类有杀菌力强、抗菌谱广、毒性小、过敏反应少、对酸和 β-内酰胺酶比青霉素类稳定等优点。头孢菌素的抗菌谱与广谱青霉素相似，对革兰氏阳性菌、阴性菌及螺旋体有效。

头孢噻呋(Ceftiofur)

[理化性质]

本品为类白色至淡黄色粉末。在丙酮中极微溶解，在水或乙醇中几乎不溶。

[药理作用]

本品内服不吸收，肌内和皮下注射吸收迅速且分布广泛，但不能透过血脑屏障。血中和组织中药物浓度高，有效血药浓度维持时间长。在体内代谢后从尿和粪便排泄。

本品具有广谱杀菌作用，对革兰氏阳性菌和革兰氏阴性菌均有效。敏感菌主要有多杀性巴氏杆菌、溶血性巴氏杆菌、胸膜肺炎放线杆菌、沙门氏菌、大肠杆菌、链球菌、葡萄球菌等，某些铜绿假单胞菌、肠球菌耐药。

[应用]

用于治疗牛的急性呼吸系统感染、乳腺炎和猪放线杆菌胸膜肺炎等。

[**不良反应**]

可引起胃肠道菌群紊乱或二重感染。

[**制剂、用法与用量**]

盐酸头孢噻呋注射液，肌内注射：一次量，每千克体重，猪 3～5 mg，一日 1 次，连用 3 天。

休药期：猪 4 天。

注射用头孢噻呋钠，肌内注射：一次量，每千克体重，牛 1.1～2.2 mg；猪 3～5 mg，一日 1 次，连用 3 天。皮下注射：1 日龄雏鸡，每羽 0.1 mg。

休药期：牛 3 天；猪 1 天。弃奶期：12 h。

3. β-内酰胺酶抑制剂

β-内酰胺酶抑制剂是一类能与革兰氏阳性菌、革兰氏阴性菌所产生的 β-内酰胺酶结合而抑制 β-内酰胺酶活性的药物。临床上常用克拉维酸、舒巴坦和三唑巴坦。

克拉维酸(Clavulanic Acid)

[**理化性质**]

本品又名棒酸。本品的钾盐为无色针状结晶；在水中易溶，水溶液极不稳定。

[**作用应用**]

本品为广谱抗生素，但仅有微弱的抗菌活性，对革兰氏阳性菌和革兰氏阴性菌所产生的 β-内酰胺酶均有抑制作用。内服吸收好，也可注射。本品不单独用于抗菌，通常与其他 β-内酰胺类抗生素合用以克服细菌的耐药性。如将克拉维酸与氨苄西林或阿莫西林合用，可使它们的抗菌谱增大，抗菌活性增强，且对多种产生 β-内酰胺酶的细菌产生明显的增效作用。

[**制剂、用法与用量**]

阿莫西林-克拉维酸钾片，内服：一次量(以阿莫西林计)，每千克体重，家畜 10～15 mg；鸡 20～30 mg，一日 2 次。混饮：每升水，鸡 0.5 g。

休药期：鸡 7 天。

阿莫西林-克拉维酸钾注射液，一次量(以阿莫西林计)，每千克体重，牛、猪、犬、猫 7 mg，一日 1 次。

休药期：牛、猪 14 天。弃奶期：60 h。

三、大环内酯类抗生素

大环内酯类是由链霉菌产生或半合成的一类弱碱性抗生素，具有 14～16 元环内酯结构。本类抗生素的抗菌谱和抗菌活性基本相似，主要对多数革兰氏阳性菌、革兰氏阴性球菌、厌氧菌及军团菌、支原体、衣原体有良好作用。与细菌核糖体的 50S 亚基可逆性结合，阻断转肽作用和 mRNA 位移而抑制细菌蛋白质合成。大环内酯类抗生素的这种作用基本上被限于快速分裂的细菌和支原体，属生长期快效抑菌剂。

红霉素(Erythromycin)

[**理化性质**]

本品为白色或类白色结晶或粉末；无臭、味苦；微有引湿性，难溶于水，在碱性溶液中稳定，抗菌作用强；与酸结合成盐，易溶于水，在酸性溶液中易失活，pH 低于 4 时几乎完全失活。

[**药理作用**]

本品内服易从小肠上段吸收，但也易被胃酸破坏，临床常采用耐酸制剂红霉素肠溶片或红霉素琥珀酸乙酯。吸收后广泛分布于全身各组织和体液中，在胆汁中的浓度最高，部分可经肠重吸收。可透过胎盘屏障，能进入关节腔。脑膜炎时脑脊液中可达较高浓度。大部分在肝内代谢灭活，主要经胆汁排泄，仅少量由肾排出。

本品的抗菌谱与青霉素相似，对革兰氏阳性菌如金黄色葡萄球菌、链球菌、肺炎球菌、猪丹毒杆菌、梭状芽孢杆菌、炭疽杆菌、棒状杆菌等有较强的抗菌作用；对某些革兰氏阴性菌如流感杆菌、脑膜炎球菌、布氏杆菌、巴氏杆菌等有高度抑菌作用，对其他多数革兰氏阴性杆菌不敏感。此外，对某些支原体、立克次氏体和螺旋体亦有效。对青霉素耐药的金黄色葡萄球菌亦敏感。

细菌对红霉素易产生耐药性，但停药数月后可恢复敏感性。与其他大环内酯类抗生素之间有部分或完全交叉耐药。

[**应用**]

主要用于治疗对青霉素耐药的金黄色葡萄球菌感染和青霉素过敏的病例，也可用于多杀性巴氏杆菌和猪丹毒杆菌引起的感染，对肺炎球菌、链球菌、炭疽杆菌、霉形体等引起的感染和猪传染性鼻炎也有治疗作用。

[**不良反应**]

本品毒性低，但刺激性强，肌内注射可发生局部炎症，宜采用深部肌内注射。静脉注射速度要缓慢，同时应避免漏出血管外。犬、猫内服可引起呕吐、腹痛、腹泻等症状，应慎用。

[**制剂、用法与用量**]

红霉素片，内服：一次量，每千克体重，仔猪、犬、猫 10～20 mg，一日 2 次，连用 3～5 天。

硫氰酸红霉素可溶性粉，混饮：每升水，鸡 2.5 g，连用 3～5 天。

休药期：鸡 3 天。

注射用乳糖酸红霉素，静脉注射：一次量，每千克体重，马、牛、羊、猪 3～5 mg；犬、猫 5～10 mg，一日 2 次，连用 2～3 天。

休药期：牛 14 天；羊 3 天；猪 7 天。弃奶期：3 天。

泰乐菌素(Tylosin)

[**理化性质**]

本品为白色至浅黄色粉末；微溶于水，可与酸制成易溶于水的盐。临床上常制成酒石酸盐和磷酸盐。

[**药理作用**]

本品内服以酒石酸盐吸收较好，磷酸盐吸收较差。肌内注射后，吸收迅速，组织中的药物浓度比内服大 2～3 倍，有效浓度持续时间亦较长。排泄途径主要有肾和胆汁。

本品为畜禽专用抗生素。对革兰氏阳性菌、螺旋体等均有抑制作用，尤其对支原体有较强的抑制作用。对大多数革兰氏阴性菌作用较差。与其他大环内酯类有交叉耐药现象。

[**应用**]

主要用于防治猪、禽支原体病，如鸡的慢性呼吸道病、传染性窦腔炎、猪的支原体肺炎和支原体关节炎等。

[**不良反应**]

肌内注射时可导致局部刺激。马属动物注射可致死。

[**制剂、用法与用量**]

酒石酸泰乐菌素可溶性粉，混饮：每升水，禽 0.5 g，连用 3～5 天。

休药期：鸡 1 天。蛋鸡产蛋期禁用。

磷酸泰乐菌素预混剂，混饲：每 1 000 kg 饲料，猪 10～100 g；鸡 4～50 g。

休药期：猪、鸡 5 天。

注射用酒石酸泰乐菌素，肌内注射：一次量，每千克体重，猪、禽 5～13 mg。

休药期：猪 21 天。

泰万菌素(Tylvalosin)

[**理化性质**]

本品为类白色或淡黄色粉末。

[**药理作用**]

本品为畜禽专用抗生素。抗菌作用与泰乐菌素相似。

[**应用**]

用于治疗猪、鸡支原体感染、猪赤痢螺旋体及其他敏感细菌引起的感染。

[**制剂、用法与用量**]

酒石酸泰万菌素可溶性粉，混饮：每升水，猪 50～85 mg，连用 5 天；鸡 200 mg，连用 3～5 天。

休药期：猪 3 天，鸡 5 天。产蛋期禁用。

酒石酸泰万菌素预混剂，混饲，每 1 000 kg 饲料，猪 50 g；鸡 100～300 g，连用 7 天。

休药期：猪 3 天，鸡 5 天。

吉他霉素(Kitasamycin)

[**理化性质**]

本品又名北里霉素，为白色或淡黄色粉末；无臭，味苦；微有引湿性；在甲醇、乙醇、丙酮中易溶，水中微溶。

[**药理作用**]

本品内服吸收良好，2 h 达到血药峰值。能广泛分布于主要脏器中，以肝、肺、肾和肌肉中浓度较高，其代谢消除速率较快，主要经肝胆系统排泄，尿中排出量较少。

本品抗菌谱与红霉素相似。对革兰氏阳性菌有较强的抗菌作用，主要的敏感菌是金黄色葡萄球菌、肺炎双球菌，链球菌、白喉杆菌、枯草杆菌及钩端螺旋体，对支原体的作用与泰乐菌素相似。细菌对本品产生耐药性的速度比红霉素慢，对大多数耐青霉素和红霉素的金黄色葡萄球菌有效。

[应用]

主要用于防治猪、鸡的支原体感染及革兰氏阳性菌(包括耐药金黄色葡萄球菌)的感染,也用于防治猪的弧菌性痢疾。此外,还用作猪、鸡的饲料添加剂,促进生长和提高饲料转化率。

[制剂、用法与用量]

吉他霉素片,内服:一次量,每千克体重,猪 20～30 mg;鸡 20～50 mg,一日 2 次,连用 3～5 天。

休药期:猪、鸡 7 天。产蛋期禁用。

吉他霉素预混剂,混饲:每 1 000 kg 饲料,促生长,猪 5～50 g;鸡 5～10 g。治疗,猪80～300 g;鸡 100～300 g。连用 5～7 天。

休药期:猪、鸡 7 天。

酒石酸吉他霉素可溶性粉,混饮:每升水,鸡 0.25～0.5 g,连用 3～5 天。

休药期:鸡 7 天。产蛋期禁用。

替米考星(Tilmicosin)

[理化特性]

本品为由泰乐菌素的水解产物半合成的畜禽专用抗生素,用其磷酸盐。为白色粉末;微有引湿性。在甲醇、乙醇或丙酮中易溶,在水中不溶。

[药理作用]

本品内服和皮下注射吸收快。肺中的药物浓度较高。具有良好的组织穿透力,能迅速而较完全地从血液进入乳房,乳中药物浓度高,维持时间长,乳中半衰期长达 1～2 天。皮下注射后,奶牛、奶山羊的血清半衰期分别为 4.2 h 和 29.3 h。尤其适合家畜肺炎和乳腺炎等感染性疾病的治疗。

本品的抗菌谱和泰乐菌素相似,主要抗革兰氏阳性菌,对某些革兰氏阴性菌、支原体、螺旋体等有效;对胸膜肺炎放线杆菌、巴氏杆菌及畜禽支原体具有比泰乐菌素更强的抗菌活性。

[应用]

主要用于防治由胸膜肺炎放线杆菌、巴氏杆菌、支原体等感染引起的家畜肺炎、禽支原体病及泌乳动物的乳腺炎。

[注意事项]

本品禁止静脉注射,牛一次静脉注射 5 mg/kg 即可致死,对猪、灵长类和马也易致死,其毒性作用的靶器官是心脏,可引起负性心力效应。

[制剂、用法与用量]

磷酸替米考星预混剂,混饲:每 1 000 kg 饲料,猪 400 g。用于防治胸膜肺炎放线杆菌及巴氏杆菌引起的肺炎。

休药期:猪 14 天。

替米考星溶液,混饮:每升水,鸡 75 mg,连用 3 天。用于鸡(蛋鸡除外)支原体病的治疗。

休药期:鸡 12 天。

替米考星注射液，皮下注射：一次量，每千克体重，牛 10 mg，仅注射 1 次；乳管内注入：一次量，每一乳室，奶牛 300 mg，用于治疗急性乳腺炎。

休药期：牛 35 天。

泰拉菌素(Tulathromycin)

[理化性质]

本品为白色或类白色粉末；在甲醇、丙酮和乙酸乙酯中易溶，在乙醇中溶解。

[药理作用]

抗菌作用与泰乐菌素相似，主要抗革兰氏阳性菌，对少数革兰氏阴性菌和支原体有效。对胸膜肺炎放线杆菌、巴氏杆菌及畜禽支原体的活性比泰乐菌素强。95%的溶血性巴氏杆菌菌株对本品敏感。

[应用]

主要用于防治由胸膜肺炎放线杆菌、巴氏杆菌、支原体等感染引起的家畜肺炎、禽支原体病及泌乳动物的乳腺炎。

[制剂、用法与用量]

泰拉菌素注射液，皮下注射：一次量，每千克体重，牛 2.5 mg，一个部位注射剂量不超过 7.5 mL。颈部肌内注射：一次量，每千克体重，猪 2.5 mg，一个部位注射剂量不超过 2 mL。

休药期：牛 49 天，猪 33 天。

四、林可胺类抗生素

林可胺类是一类作用机制与大环内酯类相似且脂溶性很高的碱性化合物，主要包括林可霉素、克林霉素和吡利霉素。

林可霉素(Lincomycin)

[理化性质]

本品又名洁霉素。其盐酸盐为白色结晶粉末；有微臭或特殊臭，味苦。在水或甲醇中易溶，乙醇中略溶。水溶液性质较稳定。

[药理作用]

本品内服吸收不完全，肌内注射吸收良好。广泛分布于各种体液、组织(包括骨骼)中，肝、肾中药物浓度最高。可扩散进入胎盘，但不易透过血脑屏障。部分在肝脏中代谢，代谢产物仍具有活性。药物以原形及代谢物在胆汁、尿与乳汁中排出，在粪中可继续排出数日，以致敏感微生物受到抑制。

本品抗菌谱与大环内酯类相似。对革兰氏阳性菌如葡萄球菌、溶血性链球菌和肺炎球菌以及某些支原体、钩端螺旋体等有较强的抗菌作用；对厌氧菌如破伤风梭菌、产气荚膜芽孢杆菌等有抑制作用；对革兰氏阴性菌作用差。

[应用]

主要用于敏感的革兰氏阳性菌引起的感染，特别对青霉素、红霉素的耐药菌、痢疾杆菌、支原体或副嗜血杆菌引起的猪、羊、犊牛、猫、犬的肠炎、肺炎均有较好的效果。本品可作饲料添加剂，促进肉鸡和猪的生长，提高饲料利用率；也可与大观霉素合用，用于鸡支原体病或大肠杆菌感染，其效力超过单一药物。

[**不良反应**]

能引起马、兔及其他草食动物严重的或致死性腹泻。具有神经肌肉阻断作用。

[**制剂、用法与用量**]

盐酸林可霉素片，内服：一次量，每千克体重，猪 10～15 mg；犬、猫 15～25 mg，一日 1～2 次。

休药期：猪 6 天。

盐酸林可霉素可溶性粉，混饮：每升水，猪 40～70 mg；鸡 17 mg。

休药期：猪、鸡 5 天。蛋鸡产蛋期禁用。

盐酸林可霉素预混剂，混饲：每 1 000 kg 饲料，猪 44～77 g，禽 22～44 g。

休药期：猪、鸡 5 天。

盐酸林可霉素注射液，肌内注射：一次量，每千克体重，猪 10 mg，一日 1 次；犬、猫 10 mg，一日 2 次，连用 3～5 天。

休药期：猪 2 天。

克林霉素(Clindymycin)

[**理化性质**]

本品又名氯林可霉素、氯洁霉素。其盐酸盐为白色或类白色晶粉；易溶于水。本品的盐酸盐、棕榈酸酯盐酸盐供内服，磷酸酯供注射用。

[**药理作用**]

本品内服吸收比林可霉素好，达峰时间比林可霉素快。犬静脉注射的半衰期为 3.2 h。肌内注射的生物利用度为 87%，半衰期为 3.6 h。分布、代谢特征与林可霉素相似，但血浆蛋白结合率高，可达 90%。

[**应用**]

抗菌作用、应用与林可霉素相同。抗菌效力比林可霉素强 4～8 倍。

[**制剂、用法与用量**]

磷酸克林霉素注射液，肌内注射：一次量，每千克体重，犬、猫 10 mg，一日 2 次。

五、截短侧耳素类抗生素

截短侧耳素类抗生素是由侧耳菌产生的一种主要对革兰氏阳性菌和支原体有活性的双萜类抗菌物质。主要包括泰妙菌素、沃尼妙林等。

泰妙菌素(Tiamulin)

[**理化性质**]

本品为白色或类白色结晶性粉末；无臭，无味。在甲醇或乙醇中易溶，在水中溶解，在丙酮中略溶。

［**药理作用**］

本品单胃动物内服吸收良好，生物利用度较高；反刍动物内服可被胃肠道菌群灭活。吸收后在体内分布广泛，组织中、乳中浓度高，肺中浓度最高。代谢产物主要经胆汁从粪便排泄，约30%由尿排泄。

本品抗菌谱与大环内酯类相似，对革兰氏阳性菌（包括金黄色葡萄球菌、链球菌）、支原体、猪胸膜肺炎放线杆菌及猪痢疾密螺旋体等均有较强的抑制作用，对支原体的作用强于大环内酯类。对革兰氏阴性菌作用非常弱。

［**应用**］

主要用于治疗由敏感的胸膜肺炎放线杆菌引起的猪肺炎、密螺旋体性痢疾，以及鸡慢性呼吸道病。本品与金霉素以1∶4配伍，可治疗猪细菌性肠炎、细菌性肺炎、密螺旋体性猪痢疾，对支原体肺炎、支气管败血波氏杆菌和多杀性巴氏杆菌混合感染所引起的肺炎疗效显著。

［**不良反应**］

可致马肠道菌群紊乱，宜禁用。

［**制剂、用法与用量**］

延胡索酸泰妙菌素可溶性粉，混饮：一次量，每升水，猪45～60 mg；鸡125～250 mg。

休药期：猪7天，鸡5天。

延胡索酸泰妙菌素预混剂，混饲：每1 000 kg饲料，猪40～100 g。

休药期：猪5天。

泰妙菌素注射液，肌内注射：一次量，每千克体重，猪10～15 mg，一日1次。

休药期：猪10天。

沃尼妙林(Valnemulin)

［**理化性质**］

本品为新一代动物专用截短侧耳素类半合成抗生素。

［**药理作用**］

抗菌谱广，对革兰氏阳性菌、部分革兰氏阴性菌和支原体有效，对金黄色葡萄球菌、链球菌、支原体、胸膜肺炎放线杆菌、结肠菌毛样短螺旋体等均有很强的抑制作用，特别是对支原体属和螺旋体属高度敏感。对革兰氏阴性菌如大肠杆菌、沙门氏菌效力较弱。抗菌作用略强于泰妙菌素。

［**应用**］

主要用于敏感菌引起的感染性疾病，尤其是畜禽呼吸道感染。

［**制剂、用法与用量**］

盐酸沃尼妙林预混剂，混饲：每1 000 kg饲料，猪75 g，连用3～5天。

休药期：猪1天。

六、氨基糖苷类抗生素

氨基糖苷类具有氨基糖分子，由链霉菌和小单胞菌产生或经半合成制得的一类水溶性的碱性抗生素。常用的有链霉素、卡那霉素、庆大霉素、新霉素、阿米卡星、大观霉素及安普霉素等。

本类药物的化学结构相似，且作用机理均是阻碍细菌蛋白质的合成，这些相似性使得氨基糖苷类抗生素具有一些共同特点：①均为有机碱，能与酸形成盐。常用制剂为硫酸盐，易溶于水，性质稳定。②内服吸收很少，几乎完全从粪便排出，可做胃肠道感染用药，注射给药后吸收迅速，大部分以原型从尿中排出，适用于泌尿道感染。③抗菌作用强，抗菌谱相近。对革兰氏阴性杆菌的作用强，对革兰氏阳性菌的作用较弱，但对金黄色葡萄球菌包括耐药菌株较敏感。在碱性环境中抗菌作用增强。④不良反应主要是损害第八对脑神经、肾，以及对神经-肌肉的阻断作用（出现重症肌无力）。

链霉素(Streptomycin)

［**理化性质**］

本品从放线菌属的灰链霉菌培养液中提取获得。其硫酸盐为白色或类白色粉末；有吸湿性。在水中易溶，在乙醇或三氯甲烷中不溶。

［**药理作用**］

本品内服难吸收，大部分以原型由粪便排出。肌内注射吸收迅速而完全，约 1 h 血药浓度达高峰，有效药物浓度可维持 6～12 h。主要分布于细胞外液，易透入胸腔、腹腔中，有炎症时渗入增多。亦可透过胎盘进入胎儿循环，胎血浓度约为母畜血浓度的一半。不易进入脑脊液。大部分以原形经过肾小球滤过而排出，在尿中浓度很高，可用于治疗泌尿道感染。在碱性环境中抗菌作用增强。

抗菌谱较广，对大多数革兰氏阴性杆菌和革兰氏阳性球菌有效，如对大肠杆菌、沙门氏菌、布鲁氏菌、变形杆菌、痢疾杆菌、鼠疫杆菌、鼻疽杆菌等均有较强的抗菌作用，但对伤寒杆菌和铜绿假单胞菌作用弱。对结核杆菌有突出的疗效，为抗结核的首选药。对金黄色葡萄球菌、钩端螺旋体、放线菌、败血支原体也有效。对梭菌、真菌、立克次氏体、病毒无效。

［**应用**］

主要用于敏感菌所致的急性感染，如家畜的呼吸道感染（肺炎、咽喉炎、支气管炎）、泌尿道感染、牛放线菌病、钩端螺旋体病、细菌性肠炎、乳腺炎及家禽的呼吸系统病（传染性鼻炎等）和细菌性肠炎等。

［**不良反应**］

链霉素最常引起前庭损害；剂量过大导致神经肌肉阻断作用；长时间应用导致肾损害。

［**制剂、用法与用量**］

注射用硫酸链霉素，肌内注射：一次量，每千克体重，家畜 10～15 mg，一日 2 次。

休药期：牛、羊、猪 18 天。弃奶期：3 天。

庆大霉素(Gentamicin)

［**理化性质**］

本品是从放线菌科小单孢子属的培养液中提取获得的 C_1、C_{1a} 和 C_2 三种成分的复合物，各成分的抗菌活性和毒性基本一致。其硫酸盐为白色或类白色结晶性粉末；无臭，有引湿性。在水中易溶，在乙醇、丙酮、乙醚、三氯甲烷中不溶。

[**药理作用**]

本品内服难吸收，肠内浓度较高。肌内注射后吸收快而完全。吸收后主要分布于细胞外液，可渗入胸腹腔、心包、胆汁及滑膜液中，亦可进入淋巴结及肌肉组织。主要通过肾小球滤过从尿中排出。

本品在氨基糖苷类中抗菌谱较广，抗菌活性最强。对多数革兰氏阴性菌（如大肠杆菌、克雷伯氏杆菌、变形杆菌、铜绿假单胞菌、巴氏杆菌、沙门氏菌）和金黄色葡萄球菌均有抗菌作用。多数链球菌（化脓链球菌、肺炎球菌、粪链球菌等）、厌氧菌（类杆菌属或梭状芽孢杆菌属）、结核杆菌、立克次氏体和真菌对本品耐药。

[**应用**]

主要用于敏感菌所引起的败血症、泌尿生殖道感染、呼吸道感染、胃肠道感染（包括腹膜炎）、胆道感染、乳腺炎及皮肤和软组织感染等。

[**不良反应**]

前庭功能损害多见；还可导致可逆性肾毒性。

[**制剂、用法与用量**]

硫酸庆大霉素注射液，肌内注射：一次量，每千克体重，家畜 2～4 mg；犬、猫 3～5 mg。一日 2 次，连用 2～3 天。

休药期：猪 40 天。

卡那霉素(Kanamycin)

[**理化性质**]

本品从卡那链霉菌的培养液中提取获得，有 A、B、C 三种成分。临床常用的以卡那霉素 A 为主。常用其硫酸盐，为白色或类白色结晶性粉末；无臭，有引湿性。在水中易溶，水溶液稳定。

[**药理作用**]

本品内服吸收差，大部分以原型经粪便排出。肌内注射吸收迅速且完全，有效血药浓度可维持 12 h。主要分布于各组织和体液中，以胸、腹腔中的药物浓度较高，胆汁、唾液、支气管分泌物及脑脊液中含量很低。40%～80%以原型从尿中排出，乳汁中可排出少量。

本品抗菌谱与链霉菌相似，但抗菌活性稍强。对多数革兰氏阴性菌如大肠杆菌、变形杆菌、沙门氏菌和多杀性巴氏杆菌等有效；对结核杆菌和耐青霉素的金黄色葡萄球菌亦有效。但对铜绿假单胞菌、革兰氏阳性菌（金黄色葡萄球菌除外）、立克次氏体、厌氧菌、真菌等无效。

[**应用**]

内服用于治疗敏感菌所致的肠道感染。肌内注射用于敏感菌所致的各种严重感染，如败血症、泌尿生殖道感染、呼吸道感染、皮肤和软组织感染等。

[**制剂、用法与用量**]

硫酸卡那霉素注射液，肌内注射：一次量，每千克体重，家畜 10～15 mg，一日 2 次，连用 2～3 天。

休药期：28 天；弃奶期：7 天。

新霉素(Neomycin)

[理化性质]

本品从链丝菌的培养液中提取获得,为白色或类白色粉末;无臭,极易引湿。在水中极易溶,在乙醇、丙酮、氯仿或乙醚中几乎不溶。

[药理作用]

本品抗菌谱与卡那霉素相似。内服用于肠道感染,局部用药对葡萄球菌和革兰氏阴性菌引起的皮肤、眼和耳感染及子宫内膜炎等有良好疗效。

[制剂、用法与用量]

硫酸新霉素片,内服:一次量,每千克体重,犬、猫 10～20 mg,一日 2 次,连用 2～3 天。

硫酸新霉素可溶性粉,混饮:每升水,禽 50～75 mg,连用 3～5 天。

休药期:鸡 5 天。

硫酸新霉素预混剂,混饲:每 1 000 kg 饲料,猪、鸡 77～154 g(以新霉素计),连用 3～5 天。

休药期:猪 0 天,鸡 5 天。产蛋期禁用。

安普霉素(Apramycin)

[理化性质]

本品又名阿普拉霉素。其硫酸盐为微黄色至黄褐色粉末;有引湿性。在水中易溶。

[药理作用]

本品内服给药可部分吸收(尤其是新生仔畜),吸收量与用量有关,并随动物年龄增长而减少。肌内注射后吸收迅速,1～2 h 可达血药峰浓度。本品只分布于细胞外液,大部分以原型从尿中排出。

本品抗菌谱较广,对多数革兰氏阴性菌(大肠杆菌、沙门氏菌、巴氏杆菌、变形杆菌、克雷白杆菌、假单胞菌等)及葡萄球菌、密螺旋体和某些支原体有较好的作用。

[应用]

主要用于治疗猪大肠杆菌和其他敏感菌感染。也用于治疗犊牛大肠杆菌和沙门氏菌引起的腹泻。对鸡的大肠杆菌、沙门氏菌及支原体感染也有效。

[制剂、用法与用量]

硫酸安普霉素可溶性粉,内服:每千克体重,猪 12.5 mg,连用 7 天。混饮:每升水,禽 250～500 mg,连用 5 天。

休药期:猪 21 天,鸡 7 天。

硫酸安普霉素预混剂,混饲:每 1 000 kg 饲料,猪 80～100 g,连用 7 天。

休药期:猪 21 天。

大观霉素(Spectinomycin)

[理化性质]

本品又名壮观霉素。其盐酸盐或硫酸盐为白色或类白色结晶性粉末;在水中易溶,水溶液在酸性溶液中稳定。

[药理作用]

本品内服吸收差，但在肠道内仍保持抗菌活性。皮下或肌内注射吸收迅速且完全。药物组织浓度低于血浆浓度，不易进入脑脊液。药物大部分以原型经肾脏排出。

本品对革兰氏阴性菌(大肠杆菌、沙门氏菌、巴氏杆菌、志贺氏菌、变形杆菌等)有中度抑制作用，肺炎球菌、表皮葡萄球菌和某些支原体(鸡毒支原体、火鸡支原体、滑液支原体、猪鼻支原体和猪滑膜支原体等)敏感。金黄色葡萄球菌不敏感，铜绿假单胞菌和密螺旋体耐药。

[应用]

主要用于防治仔猪大肠杆菌病、肉鸡慢性呼吸道病和传染性滑液囊炎。

[制剂、用法与用量]

盐酸大观霉素可溶性粉，混饮：每升水，鸡 1～2 g，连用 3～5 天。

休药期：鸡 5 天。

盐酸大观霉素盐酸林可霉素可溶性粉，混饮：每升水，禽 0.5～0.8 g，连用 3～5 天。仅用于 5～7 日龄雏鸡。

阿米卡星(Amikacin)

[理化性质]

本品为半合成氨基糖苷类抗生素。其硫酸盐为白色或类白色结晶性粉末；几乎无臭，无味；有引湿性。在水中极易溶解，且水溶液稳定。

[药理作用]

本品内服吸收不良，肌内注射吸收迅速且完全。主要通过肾排泄，尿中浓度很高，可用于泌尿道感染。抗菌谱较庆大霉素广，其特点是对庆大霉素、卡那霉素耐药的大肠杆菌、变形杆菌、克雷伯氏杆菌、肺炎杆菌等有效；对金黄色葡萄球菌亦有较好作用。

[应用]

用于治疗敏感菌引起的菌血症、败血症、呼吸道感染、消化道感染、腹膜炎、关节炎、脑膜炎等。

[制剂、用法与用量]

注射用硫酸阿米卡星，肌内注射：一次量，每千克体重，马、牛、羊、猪、犬、猫、家禽 5～7.5 mg，一日 2 次。

七、多肽类抗生素

多肽类是一类具有多肽结构的化学物质，药物有黏菌素、杆菌肽、维吉尼霉素和那西肽等。

黏菌素 E(Polymyxin)

[理化性质]

本品硫酸盐为白色或微黄色粉末；有引湿性；在水中易溶，乙醇中微溶。在酸性溶液中稳定，碱性溶液不稳定。

[**药理作用**]

本品内服几乎不吸收，但非肠道给药吸收迅速。进入机体的药物可迅速分布进入心、肺、肝、肾和骨骼肌，但不易进入脑脊液、胸腔、关节腔和感染病灶。主要经肾排泄。

本品对革兰氏阴性杆菌有强大的抗菌作用，对革兰氏阳性菌作用较弱。主要敏感菌有大肠杆菌、沙门氏杆菌、巴氏杆菌、嗜血杆菌、克雷伯氏杆菌、铜绿假单胞菌和志贺氏菌等。细菌对本品不易产生耐药性，但与多黏菌素 B 之间有交叉耐药性。

[**应用**]

主要用于革兰氏阴性杆菌引起的肠道感染，外用治疗烧伤和外伤引起的铜绿假单胞菌感染。用作饲料添加剂，能促进肉鸡和猪的生长，提高饲料利用率。

[**制剂、用法与用量**]

硫酸黏菌素可溶性粉，混饮，每升水，猪 40～100 mg；鸡 20～60 mg。混饲：每 1 000 kg 饲料，猪 40～80 mg。

休药期：猪、鸡 7 天。

硫酸黏菌素预混剂，混饲：每 1 000 kg 饲料，牛（哺乳期）10～40 g；猪（哺乳期）2～40 g；仔猪、鸡 2～20 g。

休药期：猪、鸡 7 天。

杆菌肽（Bacitracin）

[**理化性质**]

本品从枯草杆菌培养液中提取获得，为淡黄色或棕黄色粉末；具吸湿性，在水或乙醇中易溶。

[**药理作用**]

本品内服几乎不吸收，局部应用也很少吸收。肌内注射易吸收，但主要经肾排泄，对肾脏毒性大，不宜用于全身感染。

本品对大多数革兰氏阳性菌如金黄色葡萄球菌、链球菌、肠球菌、梭状芽孢杆菌和棒状杆菌等具有良好的抗菌活性，对放线菌和螺旋体也有效，敏感菌很少产生耐药性。其锌盐用作饲料添加剂，常用于禽、牛、猪促生长，提高饲料利用率。

[**应用**]

主要用于促进动物生长；治疗家畜的细菌性腹泻及密螺旋体所致的猪血痢。

[**制剂、用法与用量**]

杆菌肽锌预混剂，混饲：每 1 000 kg 饲料，3 月龄以下犊牛 10～100 g；3～6 月龄犊牛 4～40 g；6 月龄以下猪 4～40 g；16 周龄以下禽 4～40 g（以杆菌肽计）。

那西肽（Nosiheptide）

[**理化性质**]

本品为浅黄绿褐色或黄绿褐色粉末；有特异气味。在乙醇、丙酮或三氯甲烷中微溶，在水中不溶。

[**药理作用**]

本品混饲给药吸收很少，动物性产品中残留少。

本品对革兰氏阳性菌的抗菌活性较强，如葡萄球菌、梭状芽孢杆菌对其敏感。为畜禽专用抗生素。低浓度抑菌、高浓度杀菌。

［应用］

可用作猪、鸡促生长添加剂。

［制剂、用法与用量］

那西肽预混剂，混饲：每 1 000 kg 饲料，鸡 2.5 g。

休药期：鸡 7 天。

八、四环素类抗生素

四环素类可分为天然品和半合成品两类。前者有四环素、土霉素、金霉素和去甲金霉素；后者为半合成衍生物，有多西环素（强力霉素）、美的环素（甲烯土霉素）和米诺环素（二甲胺四环素）等。兽医临床上常用的有四环素、土霉素、金霉素和多西环素。

土霉素（Oxytetracycline）

［理化性质］

本品从土壤链霉菌的培养液中提取获得，为淡黄色的结晶性或无定形粉末；无臭；在日光下颜色变暗，在碱性溶液中易被破坏失效。在稀酸、稀碱中易溶，在水中微溶。常用其盐酸盐，性状稳定，水溶液不稳定，宜现用现配。

［药理作用］

本品内服吸收不规则且不完全，主要在小肠的上段被吸收。胃肠道内的镁、钙、铝、铁、锌、锰等多价金属离子，能与本品形成难溶的螯合物，而使药物吸收减少，因此不宜与含多价金属离子的药品、饲料或乳制品共服。反刍动物对本品吸收差，并且能抑制胃内微生物的活性，不宜内服给药。吸收后主要分布于细胞外液，可进入胸腔、腹腔、胎儿循环及乳汁中，但不能通过血脑屏障进入脑脊液中。在体内储存于胆、脾，尤其易沉积于骨骼和牙齿。有相当一部分可由胆汁进入肠道，被再次吸收利用，形成肠肝循环，从而延长药物在体内的时间。主要由肾排泄，在胆汁和尿中浓度高，有利于胆道及泌尿道感染的治疗。当肾功能障碍时，则减慢排泄，延长半衰期，增强对肝的毒性。

本品为广谱抗生素。除对革兰氏阳性菌和阴性菌有作用外，对立克次氏体、衣原体、支原体、螺旋体、放线菌和某些原虫亦有抑制作用。在革兰氏阳性菌中，对葡萄球菌、溶血性链球菌、炭疽杆菌、破伤风梭菌和梭状芽孢杆菌等的作用较强，但其作用不如青霉素类和头孢菌素类；在革兰氏阴性菌中，对大肠杆菌、沙门氏菌、布鲁氏菌和巴氏杆菌等较敏感，但其作用不如氨基糖苷类和酰胺醇类。

细菌对本品能产生耐药性，但产生较慢。天然四环素类之间存在交叉耐药性。

［应用］

主要用于治疗大肠杆菌或沙门氏菌引起的下痢，如犊牛白痢、羔羊痢疾、仔猪黄痢和白痢、雏鸡白痢；多杀性巴氏杆菌引起的牛出血性败血症、猪肺疫、禽霍乱等；支原体引起的牛肺炎、猪气喘病、鸡慢性呼吸道病等；对血孢子虫感染的泰勒焦虫病、放线菌病、钩端螺旋体病等也有一定疗效；局部用于坏死杆菌所致的坏死、子宫蓄脓、子宫内膜炎等。

[**不良反应**]

①局部刺激：其盐酸盐水溶液属强酸性，刺激性大，不宜肌内注射，静脉注射时勿漏出血管外，注射速度应缓慢。②二重感染：成年草食动物长期内服后，易引起肠道菌群紊乱，导致消化机能失常，造成肠炎或腹泻。③牙齿与骨发育影响：四环素进入机体后与钙结合，随钙沉积于牙齿和骨骼中。还易透过胎盘进入乳汁，孕畜、哺乳母畜、幼小动物禁用。④肝毒性：长期应用可导致肝脂肪变性，甚至坏死，应注意肝功能检查。

[**制剂、用法与用量**]

土霉素片，内服：一次量，每千克体重，猪、驹、犊牛、羔羊 10～25 mg；犬 15～50 mg；禽 25～50 mg，一日 2～3 次，连用 3～5 天。

休药期：牛、羊、猪 7 天；禽 5 天。弃奶期：3 天。

土霉素注射液，肌内注射：一次量，每千克体重，家畜 10～20 mg。

休药期：牛、羊、猪 28 天。

四环素（Tetracycline）

[**理化性质**]

本品从链霉菌培养液中提取获得。常用其盐酸盐，为黄色结晶性粉末；有引湿性。在日光下颜色变深。在碱性溶液中易被破坏失效。在水中溶解，在乙醇中略溶。水溶液放置后不断降解，效价降低，并变为混浊。

[**药理作用**]

本品内服后血药浓度较土霉素或金霉素高。对组织的渗透率较高，易透入胸腹腔、胎畜循环及乳汁中。抗菌谱与土霉素相似，但对革兰氏阴性杆菌的作用较好，对革兰氏阳性球菌，如葡萄糖球菌的效力则不如金霉菌。

[**应用**]

治疗某些革兰氏阳性菌和革兰氏阴性菌、支原体、立克次氏体、螺旋体、衣原体等引起的感染。

[**制剂、用法与用量**]

四环素片，内服：一次量，每千克体重，家畜 10～20 mg，一日 2～3 次。

休药期：牛 12 天，猪 10 天，鸡 4 天。

注射用盐酸四环素，静脉注射：一次量，每千克体重，家畜 5～10 mg，一日 2 次。

休药期：牛、羊、猪 8 天。弃奶期：2 天。

金霉素（Chlortetracycline）

[**理化性质**]

本品从链霉菌的培养液中提取获得。常用其盐酸盐，为金黄色或黄色结晶；无臭，味苦。遇光色渐变深，在水或乙醇中微溶，其水溶液不稳定。

[**作用与应用**]

抗菌谱与土霉素相似，但抗菌作用优于土霉素和四环素。多作饲料添加剂以预防疾病，促进生长或改善饲料利用率。也可防治鸡慢性呼吸道病、大肠杆菌病、猪细菌性肠炎、犊牛细菌性痢疾、滑膜炎、巴氏杆菌病等。

[制剂、用法与用量]

盐酸金霉素片,内服:一次量,每千克体重,猪、驹、犊牛、羔羊 10～25 mg,一日 2 次;混饲,每 1 000 kg 饲料,猪 300～500 g;家禽 200～600 g,一般不超过 3 天。

多西环素(Doxycycline)

[理化性质]

本品又名强力霉素。其盐酸盐为淡黄色或黄色结晶性粉末;无臭,味苦。在水中易溶,在乙醇中微溶。

[药理作用]

本品内服后吸收迅速,生物利用度高,维持有效血药浓度时间长,对组织渗透力强,分布广泛,易进入细胞内,有显著的肠肝循环。在肝内大部分以结合或络合方式灭活,再经胆汁分泌入肠道,随粪便排出。经肾脏排出时,由于本品具有较强的脂溶性,易被肾小管重吸收,因而有效药物浓度维持时间较长。

本品抗菌谱与其他四环素类相似,体内、外抗菌活性较土霉素、四环素强。细菌对本品与土霉素、四环素等存在交叉耐药性。

[应用]

主要用于治疗畜禽的支原体病、大肠杆菌病、沙门氏菌病、巴氏杆菌病和鹦鹉热等。本品在四环素类中毒性最小。

[不良反应]

马属动物静脉注射可能导致心律不齐、虚脱和死亡。

[制剂、用法与用量]

盐酸多西环素片,内服:一次量,每千克体重,猪、驹、犊牛、羔羊 3～5 mg;犬、猫 5～10 mg;禽 15～25 mg,一日 1 次,连用 3～5 天。

休药期:28 天。

九、酰胺醇类抗生素

本类抗生素属广谱抗生素,包括氯霉素、甲砜霉素、氟苯尼考(氟甲砜霉素)等。

甲砜霉素(Thiamphenicol)

[理化性质]

本品又名甲砜氯霉素、硫霉素,为白色结晶性粉末;无臭,味微苦;有吸湿性。在水中微溶,在无水乙醇中略溶。

[药理作用]

本品内服或注射给药吸收迅速且完全。吸收后在体内分布广泛,以肾、脾、肝、肺等组织器官中药物浓度较高,也可进入脑组织中。在肝内不易被代谢,在胆汁中的浓度较血药浓度高出数十倍,有肠肝循环过程。主要以原形经肾排泄。

本品属广谱抑菌性抗生素。对革兰氏阳性菌和阴性菌都有作用,但对阴性菌的作用较阳性菌强。对其敏感的革兰氏阴性菌有伤寒杆菌、副伤寒杆菌、大肠杆菌、沙门氏菌、布鲁氏菌及巴氏杆菌等；革兰氏阳性菌有炭疽杆菌、链球菌、棒状杆菌、肺炎球菌、葡萄球菌等。对衣原体、立克次氏体、钩端螺旋体敏感，对铜绿假单胞菌、结核杆菌、真菌、病毒无效。

[应用]

主要用于敏感菌引起的泌尿道、胆道、呼吸道感染，尤其是大肠杆菌、沙门氏菌及巴氏杆菌感染。如禽白痢、禽霍乱、幼畜白痢、幼畜副伤寒、幼畜肺炎、巴氏杆菌病。

[不良反应]

不引起再生障碍性贫血，但可抑制红细胞、白细胞和血小板生成；有较强的免疫抑制作用，可抑制抗体生成。长期内服可引起二重感染。具有胚胎毒性，妊娠期和哺乳期慎用。

[制剂、用法与用量]

甲砜霉素片，内服：一次量，每千克体重，家畜、家禽 5～10 mg，一日 2 次。

休药期：28 天。弃奶期：7 天。

氟苯尼考(Florfenicol)

[理化性质]

本品又名氟甲砜霉素，为甲砜霉素的单氟衍生物，为白色或类白色结晶性粉末；无臭。在二甲基甲酰胺中极易溶解，在甲醇中溶解，在冰醋酸中略溶，在水或氯仿中微溶。

[药理作用]

本品内服和肌内注射后，牛和猪吸收良好，体内分布较广，主要经尿和胆汁排泄。

本品属动物专用的广谱抗生素。抗菌谱与甲砜霉素相似，但抗菌活性优于甲砜霉素。对耐甲砜霉素的大肠杆菌、沙门氏菌、克雷伯氏杆菌亦有效。

[应用]

主要用于防治畜禽的巴氏杆菌、胸膜肺炎放线杆菌及霉形体引起的呼吸系统疾病，如猪的胸膜肺炎、黄痢、白痢、鸡的巴氏杆菌病。也可用于敏感菌引起的鱼虾疾病。

[制剂、用法与用量]

氟苯尼考粉，内服：一次量，每千克体重，猪、鸡 20～30 mg，一日 2 次，连用 3～5 天。

休药期：猪 20 天，鸡 5 天。

氟苯尼考溶液，混饮：每升水，鸡 100 mg，连用 3～5 天。

休药期：鸡 5 天。

氟苯尼考注射液，肌内注射：一次量，每千克体重，猪、鸡 15～20 mg，隔 48 h 一次，连用 2 次。

休药期：猪 14 天，鸡 28 天。

任务二十八　合成抗菌药

一、磺胺类

(一)概述

磺胺类药物是人工合成最早的化学治疗药。具有抗菌谱广、性质稳定、使用方便、价格低廉的优点。

1.理化性质

磺胺类药物多为白色或淡黄色结晶性粉末。在水中溶解度差，易溶于碱性溶液。其钠盐易溶于水，水溶液呈碱性。

2.构效关系

磺胺类药物的基本化学结构是对氨基苯磺酰胺(简称磺胺)(图 6-2)。R 代表不同的基团，由于所引入的基团不同，合成了一系列的磺胺类药物。磺酰胺基上引入其他基团，可获得内服易吸收的用于防治全身感染的药物，如磺胺嘧啶、磺胺甲噁唑；对位游离氨基上引入其他基团，可获得内服难吸收用于肠道感染的药物。另外游离氨基上的氢原子被酰胺化后，失去抗菌活性。

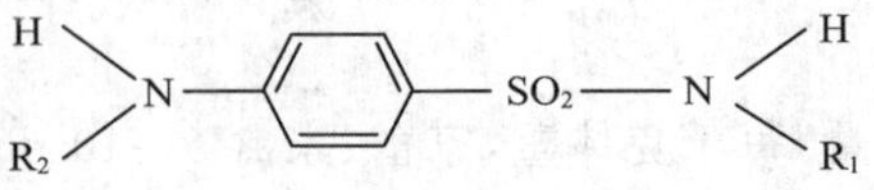

图 6-2　对氨基苯磺酰胺

3.分类

根据内服吸收的情况将磺胺类药物分为：肠道易吸收的磺胺药(用于全身性感染)、肠道难吸收的磺胺药(用于消化道感染)及外用磺胺药三类(表 6-1)。

表 6-1　磺胺类药物分类

药名	简名
用于全身性感染的磺胺药	
氨苯磺胺(Sulfaniamide)	SN
磺胺噻唑(Sulfathiazole)	ST
磺胺嘧啶(Sulfadiazine)	SD
磺胺二甲嘧啶(Sulfadimidine)	SM_2
磺胺甲噁唑(Sulfamethoxazole)	SMZ
磺胺对甲氧嘧啶(Sulfamethoxydiazine)	SMD
磺胺间甲氧嘧啶(Sulfamonomethoxine)	SMM；DS-36
磺胺地索辛(Sulfadimethoxine)	SDM
磺胺多辛(Sulfadoxine，Sulfadimoxine)	SDM′
磺胺喹噁啉(Sulfaquinoxaline)	SQ
磺胺氯吡嗪(Sulfachlorpyrazine)	Esb3
用于消化道感染的磺胺药	
磺胺脒(Sulfaguanidine)	SG
琥珀酰磺胺噻唑(Sulfasuxlidine，Succinylsulfathiazole)	SST
酞磺胺噻唑(Phthalysulfathiazole)	PST
酞磺醋胺(Phthalylsulfacetamide)	PSA
柳氮磺胺吡啶(Salicylazosulfapyridine)	SASP
外用磺胺药	
磺胺醋酰钠(Sulfacetamide Sodium)	SA-Na
醋酸磺胺米隆(Mafenide Acetate，Sulfamylon)	SML
磺胺嘧啶银(Sulfadiazine Silver)	SD-Ag

4.药动学

(1)吸收　用于全身性感染的磺胺药内服均易吸收,用于消化道感染的磺胺药为内服不易吸收的药物。各种内服易吸收的磺胺药,其生物利用度的大小因药物和动物种类而有差异。其顺序分别为 SM_2>SDM′>SN>SD>ST;禽>犬>猪>马>羊>牛。肉食动物内服后 3～4 h 吸收完全,草食动物为 4～6 h,反刍动物为 12～24 h,无反刍机能的犊牛、羔羊,其生物利用度比成年动物快而完全。此外,磺胺药的生物利用度也受胃肠内容物充盈度及胃肠蠕动快慢的影响。磺胺类药的钠盐可经肌内注射、腹腔注射或由子宫、乳管内注入而迅速吸收。

(2)分布　吸收后可分布于全身各组织和体液中。以血液、肝、肾含量较高,神经、肌肉及脂肪中的含量较低,可进入乳腺、胎盘、胸膜、腹膜及滑膜腔。吸收后,大部分与血浆蛋白结合,绝大多数磺胺药在脑脊液中的浓度极低。常用磺胺药中以磺胺嘧啶与血浆蛋白的结合率较低,因而进入脑脊液的浓度较高(为血药浓度的 50%～80%),故可作为脑部细菌感染的首选药。磺胺药与血浆蛋白结合率因药物和动物种属的不同而有很大的差异,各种家畜的血浆蛋白结合率,通常以牛为最高,羊、猪、马等次之。与血浆蛋白结合率高的磺胺药排泄较缓慢,血中有效物浓度维持时间也较长。

(3)代谢　磺胺类药物主要在肝代谢,最常见的方式是对位氨基的乙酰化。乙酰化后失去抗菌性,但仍保持原有磺胺的毒性。除 SD 外,其他乙酰化磺胺的溶解度普遍下降,增加了对肾的毒副作用。肉食及杂食动物,由于尿中酸度比草食动物高,较易引起磺胺及乙酰化磺胺的沉淀,产生结晶尿,损害肾功能。口服碳酸氢钠可碱化尿液,提高其溶解度,促进从尿中排出。

(4)排泄　内服难吸收的磺胺类主要随粪便排出;被吸收的磺胺类主要通过肾排出,少量由乳汁、消化液及其他分泌液排出。肾排泄的快慢与肾小管的分泌与重吸收有关,凡重吸收少者,排泄快,半衰期短,有效血药浓度维持时间短(如 SN、SD);而重吸收多者,排泄慢,半衰期长,有效血药浓度维持时间长(如 SMM、SDM)。当肾功能不全时,药物排出时间明显延长,毒性可能增加,临床使用时应注意。治疗泌尿道感染时,应选用乙酰化率低、原形排出多的磺胺药。

5.抗菌作用

磺胺药抗菌作用范围广泛,对大多数革兰氏阳性菌和一些革兰氏阴性菌都有抑制作用,为广谱抑制剂。对磺胺药高度敏感的病原菌有:链球菌、肺炎球菌、沙门氏菌、化脓棒状杆菌、大肠杆菌;次敏感菌有:葡萄球菌、变形杆菌、巴氏杆菌、产气荚膜梭菌、炭疽杆菌、李斯特氏菌、痢疾杆菌、铜绿假单胞菌等。磺胺药对某些放线菌、衣原体和某些原虫(如球虫、阿米巴原虫、弓形虫)也有较好的抑制作用。但对螺旋体、结核杆菌、立克次氏体、病毒等无效。

不同磺胺药对病原菌的抑制作用亦有明显差异。一般来说,磺胺药抗菌作用强度的顺序为:SMM>SMZ>SD>SDM>SMD>SM_2>SDM′>SN。

6.抗菌机理

磺胺药主要通过干扰细菌的叶酸代谢而抑制细菌的生长繁殖。与人和哺乳动物细胞不同,凡对磺胺药敏感的细菌都不能直接利用周围环境中的叶酸,只能吸收菌体外的对氨苯甲酸(PABA)和二氢蝶啶,在细菌体内经二氢叶酸合成酶的催化合成二氢叶酸,再经二氢叶酸还原酶的作用形成四氢叶酸。四氢叶酸是一碳基团转移酶的辅酶,参与嘌呤、嘧啶和氨基酸的合成。磺胺药的化学结构和PABA相似，可与PABA竞争二氢叶酸合成酶，阻碍敏感菌二氢叶酸的合成，或者形成以磺胺代替PABA的伪叶酸，从而抑制细菌生长繁殖（图6-3）。磺胺药仅有抑菌作用无杀菌作用，消除病原菌最终需依靠机体的防御机能。

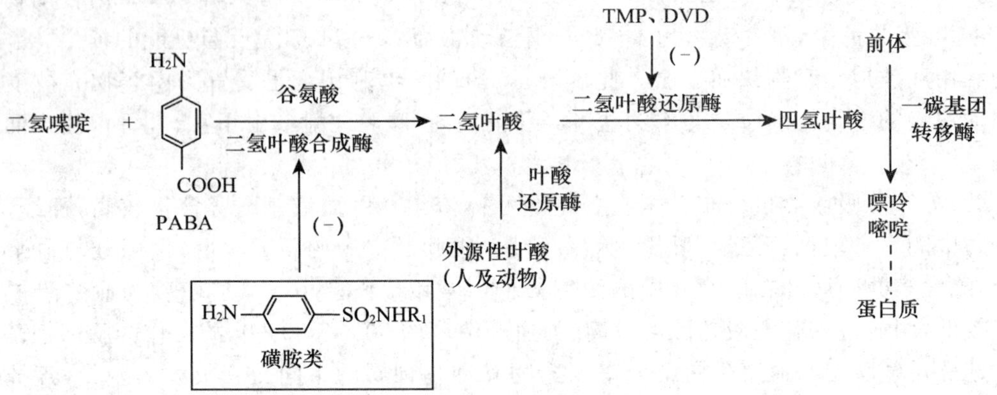

图6-3　磺胺类药物与抗菌增效剂的作用机理示意

由于PABA对二氢叶酸合成酶的亲和力远比磺胺类药物高，因此，使用磺胺药时，首次需加倍量。

7.耐药性

磺胺药在治疗过程中，可因剂量和疗程不足，使敏感菌产生耐药。其中葡萄球菌最易产生耐药性，大肠杆菌、链球菌等次之。各磺胺药之间可产生不同程度的交叉耐药性，但与其他抗菌药之间无交叉耐药现象。

8.不良反应

（1）急性中毒　多见于静脉注射磺胺类钠盐时，速度过快或剂量过大。表现为神经症状如共济失调、痉挛性麻痹、呕吐、昏迷、食欲降低和腹泻，严重者迅速死亡；牛、山羊还可见视物障碍、散瞳；雏鸡中毒时可导至大批死亡。

（2）慢性中毒　常见于剂量较大或连续用药超过1周以上。主要症状为：损伤泌尿系统，出现结晶尿、血尿和蛋白尿等；消化道系统障碍和草食动物的多发性肠炎等；造血机能破坏，出现溶血性贫血、凝血时间延长和毛细血管渗血；幼畜及幼禽免疫系统抑制、免疫器官出血及萎缩；家禽慢性中毒时，增重减慢、蛋鸡产蛋率下降、破蛋率和软蛋率增加。

9.注意

①选用疗效高、作用强、溶解度大、乙酰化率低的药物。②首次加倍量，以后维持量，症状消失后维持2～3天。连用不超过1周。用药期间，给予充足饮水，同时给予B族维生素和维生素K。碱化尿液，增加溶解，促进排泄。③局部使用时，需要清创排脓。④禁与普鲁卡因合用。宠物不宜肌内注射。产蛋期禁用。

（二）主要药物

1.磺胺嘧啶(SD)

用于各种敏感菌引起的全身感染。对溶血性链球菌、肺炎双球菌、沙门氏菌、大肠杆菌等作用较强，对葡萄球菌作用稍差。因与血浆蛋白的结合率较低，易进入脑脊液，故为脑部细菌感染的首选药物。

2. 磺胺二甲嘧啶(SM_2)

作用与磺胺嘧啶相似但疗效差,对球虫和弓形虫有良好的抑制作用。主要用于巴氏杆菌病、乳腺炎、子宫炎、呼吸道及消化道感染,亦用以防治兔、禽球虫病和猪弓形虫病。其乙酰化产物溶解度高,在肾小管内沉淀的发生率较低,不易引起结晶尿或血尿。

3. 磺胺甲噁唑(SMZ)

抗菌谱与磺胺嘧啶相近,但抗菌作用较强。与甲氧苄啶联合应用,可明显增强其抗菌作用。常用于呼吸道和泌尿道感染。本品与血浆蛋白结合率高,排泄较慢,乙酰化率高,且溶解度较低,较易出现结晶尿和血尿等。

4. 磺胺间甲氧嘧啶(SMM)

本品内服吸收良好,血中浓度高,维持作用时间近 24 h。乙酰化率低,乙酰化物溶解度大,不易引起结晶尿和血尿,与甲氧苄啶合用疗效增强。

本品为体内、外抗菌作用最强的磺胺药,对球虫、弓形虫有显著作用。主要用于各种敏感菌引起的呼吸道、消化道、泌尿道感染及球虫病、猪弓形虫病、猪水肿病、猪萎缩性鼻炎。其钠盐局部灌注可治疗乳腺炎和子宫内膜炎。

5. 磺胺对甲氧嘧啶(SMD)

本品乙酰化率低,游离型及乙酰化型的溶解度较高。主要从尿中排出,排泄缓慢,对尿路感染疗效显著。作用较磺胺嘧啶弱。主要用于泌尿道、呼吸道、消化道、皮肤、生殖道感染。也可用于球虫病的治疗。

6. 磺胺噻唑(ST)

在体内与血浆蛋白的结合率和乙酰化程度均较高,其乙酰化合物溶解度比原药低,易产生结晶尿而损害肾脏。抗菌作用比磺胺嘧啶强。用于敏感菌所致的肺炎、出血性败血症、子宫内膜炎及禽霍乱、雏白痢等。对感染创可外用其软膏剂。

7. 磺胺多辛(SDM′)

本品的血浆结合率及乙酰化率较高,但乙酰化物大部分与葡萄糖醛酸结合后易溶解,不易引起结晶尿和血尿。抗菌作用同磺胺嘧啶,但稍弱。用于轻度或中度呼吸道、泌尿道感染。对鸡球虫和猪弓形虫病也有疗效。

8. 磺胺喹噁啉(SQ)

是抗球虫的专用磺胺药。本品通常与氨丙啉或抗菌增效剂联合应用,以扩大抗虫谱及增强抗球虫效果。还广泛用于反刍幼畜、家兔和小动物的球虫病。

9. 磺胺脒(SG)

最早用于肠道感染的磺胺药,内服后虽有一定量从肠道吸收,但不足以达到有效血浓度,不用于全身性感染。但肠道中浓度较高,多用于消化道的细菌感染。主要用于各种动物(反刍动物和草食动物慎用)的肠炎或菌痢。

10. 琥珀酰磺胺噻唑(SST)

体外无抗菌作用。内服后肠道极少吸收,经肠道细菌的作用,释出游离磺胺噻唑少而产生抑菌作用。作用比磺胺脒强。成年反刍动物少用。治疗肠炎和菌痢,亦可预防肠道手术前后的感染。

11. 酞磺胺噻唑(PST)

用于幼畜和中、小动物肠道敏感菌感染,也可用于预防肠道手术感染。

12. 醋酸磺胺米隆(SML)

抗菌谱较广，对铜绿假单胞菌有较强的作用。在化脓创感染治疗时，抗菌作用不受PABA的影响。还能促进烧伤创面上皮的生长愈合。临床可用于烧伤感染、外科手术、外伤局部炎症与铜绿假单胞菌感染的治疗。

13. 磺胺醋酰钠(SA-Na)

抑菌作用较弱，有微弱的刺激性，穿透力强。主要用于结膜炎、角膜炎及其他眼部感染。

14. 磺胺嘧啶银(SD-Ag)

抗菌作用与磺胺嘧啶相同，对铜绿假单胞菌具有强大的抗菌作用，对致病细菌和真菌等都有抑制效果，并且具有收敛作用，可使创面干燥、结痂和早期愈合。用于预防烧伤后感染，治疗烧伤，促进创面干燥和加速愈合。主要用于烧伤创面。

[**制剂、用法与用量**]

磺胺嘧啶片，内服：一次量，每千克体重，家畜首次量0.14～0.2 g；维持量0.07～0.1 g，一日2次，连用3～5天。

休药期：猪5天；牛28天。

磺胺嘧啶钠注射液，静脉注射：一次量，每千克体重，家畜50～100 mg，一日1～2次，连用2～3天。

休药期：牛10天；羊18天；猪10天。弃奶期：3天。

磺胺二甲嘧啶片，内服：一次量，每千克体重，家畜首次量0.14～0.2 g；维持量0.07～0.1 g，一日1～2次，连用3～5天。

休药期：牛10天；猪15天；禽10天。

磺胺二甲嘧啶钠注射液，静脉注射：一次量，每千克体重，家畜50～100 mg，一日1～2次，连用2～3天。

休药期：28天。

复方磺胺甲噁唑片，内服：一次量，每千克体重，家畜20～25 mg(以磺胺甲噁唑计)，一日2次，连用3～5天。

休药期：28天。弃奶期：7天。

磺胺间甲氧嘧啶钠片，内服：一次量，每千克体重，家畜首次量50～100 mg，维持量25～50 mg，一日2次，连用3～5天。

休药期：28天。

磺胺间甲氧嘧啶钠注射液，静脉注射：一次量，每千克体重。家畜50 mg，一日1～2次，连用2～3天。

休药期：28天。

磺胺对甲氧嘧啶片，内服：一次量，每千克体重，家畜首次量50～100 mg，维持量25～50 mg，一日1～2次，连用3～5天。

休药期：28天。

复方磺胺对甲氧嘧啶钠注射液，肌内注射：一次量，每千克体重，家畜15～20 mg(以磺胺对甲氧嘧啶计)，一日1～2次，连用3～5天。

休药期：28天。弃奶期：7天。

磺胺噻唑片，内服：一次量，每千克体重，家畜首次量0.14～0.2 g，维持量0.07～0.1 g，一日 1～2 次，连用 3～5 天。

休药期：28 天。

磺胺噻唑钠注射液，静脉注射，每千克体重，家畜 50～100 mg，一日 1～2，连用 2～3 天。

休药期：28 天。

磺胺多辛片，内服：一次量，每千克体重，家畜首次量 50～100 mg，维持量 25～50 mg，一日 1 次。

休药期：28 天。

磺胺喹噁啉二甲氧苄啶预混剂，混饲：每 1 000 kg 饲料，鸡 500 g。

休药期：10 天。

磺胺喹噁啉钠可溶性粉，混饮：每升饮水，鸡 3～5 g。

休药期：10 天。

磺胺脒片，内服，一次量，每千克体重，家畜 0.1～0.2 g，一日 2 次，连用 3～5 天。

休药期：28 天。

酞磺胺噻唑片，内服，一次量，每千克体重，犊牛、羔羊、猪、犬、猫 0.1～0.15 g，一日 2 次，连用 3～5 天。

二、抗菌增效剂

抗菌增效剂是一类人工合成的新型广谱抗菌药物。目前，国内常用甲氧苄啶（TMP）和二甲氧苄啶（DVD）两种。

甲氧苄啶（Trimethoprim TMP）

［**理化性质**］

本品为白色或类白色结晶性粉末；无臭，味苦。在乙醇和丙酮中微溶，在水中几乎不溶。

［**药理作用**］

本品内服吸收迅速而完全。体内分布广泛，主要从尿液排泄，少量经胆汁、乳汁排泄。抗菌谱与磺胺类药物相似而活性较强。对多种革兰氏阳性菌及阴性菌均有抗菌作用，但铜绿假单胞菌、结核杆菌、丹毒丝菌、钩端螺旋体等对本品耐药。

［**作用机理**］

本品可抑制二氢叶酸还原酶，使二氢叶酸不能还原成四氢叶酸，因而阻碍了敏感菌叶酸代谢和利用，从而妨碍菌体核酸的合成。与磺胺类合用时，可共同作用于叶酸合成同一过程的两个不同阶段，两者合用可使抗菌作用增强数倍至几十倍，甚至使抑菌作用变为杀菌作用。对磺胺药耐药的大肠杆菌、变形杆菌、化脓链球菌等亦有作用，并可减少耐药菌株的产生。

［**应用**］

与磺胺类药联合应用，可产生协同作用。常以 1∶5 比例与 SMD、SMM、SMZ、SD、SM_2、SQ 等磺胺药合用。

二甲氧苄啶(Diaveridine,DVD)

[理化性质]

本品为白色或微黄色结晶性粉末;几乎无臭。在三氯甲烷中极微溶解,在水、乙醇或乙醚中不溶。

[药理作用]

本品抗菌机理同TMP,抗菌作用较弱,为畜禽专用药。

[应用]

常以1∶5比例与SQ合用,用于防治禽、兔球虫病及畜禽肠道感染。

三、喹诺酮类

喹诺酮类药物是人工合成的一类具有4-喹诺酮环结构的静止期杀菌性抗菌药。第一代喹诺酮类主要是萘啶酸,只对大肠杆菌、痢疾杆菌、肺炎杆菌、变形杆菌及沙门氏菌等有效,对革兰氏阳性菌、铜绿假单胞菌作用弱或无效。因疗效不佳又易产生耐药性临床现已少用。第二代的药物主要有吡哌酸,其抗菌谱比萘啶酸广,对大肠杆菌、痢疾杆菌等有较强的作用,且对铜绿假单胞菌也有效。第三代喹诺酮类(又称氟喹诺酮类)药物,其抗菌谱更广,抗菌活性更强,对革兰氏阳性菌和革兰氏阴性菌等有效。国内临床常用的有诺氟沙星、环丙沙星、恩诺沙星、达诺沙星、二氟沙星、沙拉沙星等。

1.抗菌作用

氟喹诺酮类药物为广谱杀菌性药物。对革兰氏阳性菌、阴性菌、支原体、某些厌氧菌均有效。例如对大肠杆菌、沙门氏菌、巴氏杆菌、克雷伯氏杆菌、变形杆菌、铜绿假单胞菌、嗜血杆菌、波氏杆菌、丹毒杆菌、金黄色葡萄球菌、链球菌、化脓棒状杆菌、支原体等均敏感。对耐甲氧苯青霉素的金黄色葡萄球菌、耐磺胺类和TMP的细菌、耐庆大霉素的铜绿假单胞菌、耐泰乐菌素或泰妙菌素的支原体也有效。

2.作用机理

喹诺酮类与其他抗菌剂的抗菌作用机理有明显的差异,通过抑制细菌脱氧核糖核酸(DNA)回旋酶,干扰DNA复制使细菌死亡。DNA回旋酶由2个A亚单位及2个B亚单位组成,能将染色体正超螺旋的一条单链切开、移位、封闭,形成负超螺旋结构。氟喹诺酮类可与DNA和DNA回旋酶形成复合物,进而抑制A亚单位,只有少数药物还作用于B亚单位,结果不能形成负超螺旋结构,阻断DNA复制,导致细菌死亡。由于细菌细胞的DNA呈裸露状态(原核细胞),而畜禽细胞的DNA呈包被状态(真核细胞),因此,这类药物易进入菌体直接与DNA相接触而呈选择性作用。动物细胞内有与细菌DNA回旋酶功能相似的酶,称为拓扑异构酶Ⅱ,治疗量的氟喹诺酮类对此酶无明显影响。但应注意的是利福平(RNA合成抑制剂)、氯霉素(蛋白质合成抑制剂)均可导致氟喹诺酮类药物作用的降低。

3.耐药性

由于本类药物的广泛应用,耐药菌株逐渐增多,且本类药物之间存在交叉耐药性。

恩诺沙星(Enrofloxacin)

[**理化性质**]

本品为微黄色或淡橙黄色结晶性粉末;无臭,味微苦;遇光渐变微橙红色。在三氯甲烷中易溶,在水中微溶。

[**药理作用**]

本品在体内代谢主要是脱乙基成为环丙沙星。大多数单胃动物内服吸收迅速而完全,成年反刍动物内服生物利用度很低,须注射给药。分布广泛、能很好地进入组织、体液。15%～50%的药物以原形通过尿液排泄。

本品为动物专用广谱杀菌药,对支原体有特效,其抗支原体的效力强于泰乐菌素和泰妙菌素,对耐泰乐菌素和泰妙菌素的支原体也敏感。

[**应用**]

用于牛、猪、禽、猫、犬、水生动物的敏感菌或支原体所致的消化系统、呼吸系统、泌尿系统、生殖系统及皮肤软组织的各种感染性疾病。如支原体病、巴氏杆菌病、大肠杆菌病、沙门氏菌病和链球菌病等。

[**制剂、用法与用量**]

恩诺沙星片,内服:一次量,每千克体重,犬、猫 2.5～5 mg;禽 5～7.5 mg。一日 2 次,连用 3～5 天。

休药期:鸡 8 天。

恩诺沙星可溶性粉,混饮:每升水,鸡 25～75 mg。一日 2 次,连用 3～5 天。

休药期:鸡 8 天。

恩诺沙星注射液,肌内注射:一次量,每千克体重,牛、羊、猪 2.5 mg;犬、猫、兔 2.5～5 mg。一日 1～2 次,连用 2～3 天。

休药期:牛、羊 14 天;猪 10 天;兔 14 天。

环丙沙星(Ciprofloxacin)

[**理化性质**]

本品为类白色或微黄色结晶性粉末;无臭,味苦;有引湿性。在水中易溶,冰醋酸中略溶,三氯甲烷中几乎不溶。

[**药理作用**]

本品作用与恩诺沙星基本相似,对某些细菌的体外抗菌作用略强于恩诺沙星。

[**应用**]

适用于敏感细菌及支原体所致畜禽及小动物的各种感染性疾病,如鸡的慢性呼吸道病、大肠杆菌病、传染性鼻炎、禽巴氏杆菌病、禽伤寒、葡萄球菌病、仔猪黄痢、白痢等。

[**制剂、用法与用量**]

乳酸环丙沙星可溶性粉,混饮:每升水,禽 40～80 mg,一日 2 次,连用 3 天。

休药期:禽 8 天。

乳酸环丙沙星注射液,肌内注射:一次量,每千克体重,家畜 2.5 mg;禽 5 mg;静脉注射:家畜 2 mg,一日 2 次,连用 2～3 天。

休药期：牛 14 天；猪 10 天；禽 28 天。弃奶期：84 h。

盐酸环丙沙星注射液，静脉注射：一次量，每千克体重，家畜 2.5～5 mg；家禽 5～10 mg，一日 2 次，连用 2～3 天。

休药期：28 天。

沙拉沙星(Sarafloxacin)

[理化性质]

本品为类白色至淡黄色结晶性粉末；无臭，味微苦；有引湿性。遇光、遇热色渐变深；在水中或乙醇中几乎不溶或不溶。

[药理作用]

本品吸收迅速且体内分布广泛，主要以原形经肾排泄。

本品为动物专用药物，抗菌谱和作用机理同恩诺沙星，抗菌活性略低于恩诺沙星。

[应用]

主要用于猪、鸡的敏感细菌及支原体所致的各种感染性疾病，如猪、鸡的大肠杆菌病、沙门氏菌病、支原体病和葡萄球菌感染，也用于鱼敏感菌感染性疾病。

[制剂、用法与用量]

盐酸沙拉沙星片，内服：一次量，每千克体重，鸡 5～10 mg，一日 1～2 次，连用 1～2 天。

休药期：鸡 0 天。

盐酸沙拉沙星可溶性粉，混饮：每升水，鸡 25～50 mg，连用 3～5 天。

休药期：鸡 0 天。

盐酸沙拉沙星注射液，肌内注射：一次量，每千克体重，猪、鸡 2.5～5 mg，一日 2 次，连用 3～5 天。

休药期：0 天。

达氟沙星(Danofloxacin)

[理化性质]

本品为白色至淡黄色结晶性粉末；无臭，味苦；在水中易溶，在甲醇中微溶，三氯甲烷中几乎不溶。

[药理作用]

本品内服、肌内注射和皮下注射吸收迅速而完全。体内分布广泛，尤其是在肺部浓度是血浆的 5～7 倍。主要通过肾排泄。

本品为动物专用抗菌药，抗菌谱与恩诺沙星相似，对畜禽的呼吸道致病菌有良好的抗菌活性。敏感菌包括溶血性巴氏杆菌、多杀性巴氏杆菌、胸膜肺炎放线杆菌和支原体等。

[应用]

适用于牛、猪和禽的敏感细菌及支原体所致各种感染性疾病，如牛的巴氏杆菌病、支原体病；猪的放线杆菌性胸膜肺炎、支原体病；鸡的巴氏杆菌病、大肠杆菌病和败血支原体病等。

[制剂、用法与用量]

甲磺酸达氟沙星粉末，内服：每千克体重，鸡 2.5～5 mg，一日 1 次，连用 3 天。

休药期：鸡5天。

甲磺酸达氟沙星溶液，混饮：每升水，鸡25～50 mg，一日1次，连用3天。

休药期：鸡5天。

甲磺酸达氟沙星注射液，肌内注射：一次量，每千克体重，猪1.25～2.5 mg，一日1次，连用3天。

休药期：猪25天。

二氟沙星(Difloxacin)

[理化性质]

本品为类白色或淡黄色结晶性粉末；无臭，味微苦；遇光色渐变深；有引湿性。在水中微溶，在乙醇中极微溶解，在冰醋酸中微溶。

[药理作用]

本品内服和肌内注射吸收迅速。分布广泛，消除缓慢。经肾排泄。

本品为动物专用广谱杀菌剂。抗菌谱与恩诺沙星相似，但抗菌活性略低。对畜禽呼吸道致病菌有良好的抗菌活性，尤其对葡萄球菌有较强的抗菌活性。

[应用]

用于治疗猪和禽类的敏感菌及支原体所致的各种感染性疾病，如猪放线杆菌性胸膜肺炎、猪巴氏杆菌病、鸡的慢性呼吸道疾病等。

[制剂、用法与用量]

盐酸二氟沙星片、盐酸二氟沙星溶液，内服：每千克体重，鸡5～10 mg，一日2次，连用3～5天。

休药期：鸡1天。

盐酸二氟沙星注射液，肌内注射：一次量，每千克体重，猪5 mg，一日2次，连用3天。

休药期：猪45天。

诺氟沙星(Norfloxacin)

[理化性质]

本品为类白色至淡黄色结晶性粉末；无臭，味微苦。在空气中能吸收水分，遇光色渐变深。在醋酸、盐酸中易溶，在水或乙醇中极微溶解。

[药理作用]

本品作用与其他氟喹诺酮类药物相似，抗菌活性强于萘啶酸和吡哌酸，但不及恩诺沙星。

[应用]

用于治疗猪和禽类的敏感菌及支原体所致的各种感染性疾病，如禽大肠杆菌病、禽巴氏杆菌病、鸡白痢、仔猪黄痢、白痢。

[制剂、用法与用量]

烟酸诺氟沙星可溶性粉，混饮：预防，每升水，鸡4 g，连用3～5 d；治疗，每升水，鸡20 g，一日1次，连用3～5天。

休药期：鸡28天。

烟酸诺氟沙星溶液，混饮：预防，每升水，鸡 10 mL，连用 3～5 天；治疗，每升水，鸡 50 mL，一日 1 次，连用 3～5 天。

休药期：鸡 28 天。

烟酸诺氟沙星注射液，肌内注射：一次量，每千克体重，仔猪 10 mg，一日 2 次，连用 3～5 天。

休药期：猪 28 天。

四、其他

乙酰甲喹(Maquindox)

[理化性质]

本品又名痢菌净。为鲜黄色结晶或黄色粉末；无臭，味微苦。在水或甲醇中微溶，遇光色渐变深。

[药理作用]

本品内服和肌内注射给药均易吸收，可分布于全身各组织，体内消除快，半衰期约 2 h，给药后 8 h 血液中已测不到药物。在体内破坏少，约 75%以原药从尿中排出。

本品具有广谱抗菌作用，对革兰氏阴性菌的作用强于革兰氏阳性菌，对猪痢疾密螺旋体的作用尤为突出。对大肠杆菌、巴氏杆菌、猪霍乱沙门氏菌、鼠伤寒沙门氏菌、变形杆菌的作用较强；对某些革兰氏阳性菌如金黄色葡萄球菌、链球菌亦有抑制作用。

[应用]

主要用于治疗密螺旋体所致的猪痢疾，也用于细菌性肠炎。

[不良反应]

本品的毒性较小。但用药量高于治疗量的 3～5 倍或长时间应用，会引起不良反应，甚至死亡。家禽尤为敏感。

[制剂、用法与用量]

乙酰甲喹片，内服：一次量，每千克体重，牛、猪 5～10 mg。

休药期：牛、猪 35 天。

乙酰甲喹注射液，肌内注射：一次量，每千克体重，牛、猪 2.5～5 mg，一日 2 次，连用 3 天。

休药期：牛、猪 35 天。

喹乙醇(Olaquindox)

[理化性质]

本品为浅黄色结晶性粉末；无臭，味苦。在热水中溶解，在水中微溶，在甲醇、乙醇、三氯甲烷中几乎不溶。

[药理作用]

本品具有广谱抗菌作用，对革兰氏阴性菌作用较强，大肠杆菌对其较敏感，对密螺旋体也有抑制作用。此外，还具有蛋白同化作用，提高饲料转化率和瘦肉率，促进动物生长。

[应用]

作为抗菌促生长剂，主要用于猪。还可用于防治仔猪黄痢、白痢，猪沙门氏菌感染等。

[制剂、用法与用量]

喹乙醇预混剂，混饲：每 1 000 kg 饲料，猪 50～100 g。

休药期：猪 35 天。

乌洛托品(Methenamine)

[理化性质]

本品为无色、有光泽的结晶性粉末；几乎无臭，味初甜、后苦；遇火能燃烧。在水中易溶，在乙醇、三氯甲烷中溶解，在乙醚中微溶。

[药理作用]

本品能在酸性环境中分解释放甲醛和氨，呈现杀菌作用。内服吸收后大部分以原形随尿排泄。在酸性尿液中缓慢分解释放出甲醛，并在尿道呈现杀菌作用。

[应用]

主要用于尿路感染。

[制剂、用法与用量]

乌洛托品注射液，静脉注射：一次量，马、牛 15～30 g；羊、猪 5～10 g；犬 0.5～2 g。

任务二十九　抗真菌药

真菌种类繁多，可引起动物多种不同的感染。真菌感染根据感染部位不同可分为两类：一为浅表真菌感染，如皮肤、羽毛、趾甲、鸡冠、肉髯等，引起多种癣病，有的人、畜之间可以相互传染；二为深部真菌感染，主要侵犯机体的深部组织及内脏器官，如念珠菌病、犊牛真菌性肠炎、牛真菌性子宫炎和雏鸡霉菌性肺炎等。兽医临床常用的抗真菌药有两性霉素 B、灰黄霉素、酮康唑、制霉菌素及克霉唑等。

两性霉素 B(Amphotericin B)

[理化性质]

本品从链霉菌的培养液中分离获得，为黄色或橙黄色粉末，在水或乙醇中不溶。

[药理作用]

本品内服和肌内注射均不吸收，肌内注射刺激性大，一般缓慢静脉注射。体内分布广泛，但不易进入脑脊液。大部分经肾缓慢排泄，少部分经胆汁排泄。

本品为广谱抗真菌药，对隐球菌、白色念珠菌、球孢子菌、芽生菌等真菌都有抑制作用。尤其对深部真菌有强烈的抑制作用。

[应用]

主要用于敏感真菌感染，如犬组织胞浆菌病、芽生菌病、球孢子菌病。可预防白色念珠菌感染及局部真菌感染，如甲或爪的浅表真菌感染、雏鸡嗉囊真菌感染等。因内服不易吸收，也用于消化系统真菌感染。

[**不良反应**]

本品毒性较大，治疗过程中可引起肝、肾损害，贫血和白细胞减少等。

[**制剂、用法与用量**]

注射用两性霉素 B，静脉注射：一次量，每千克体重，犬、猫 0.15～0.5 mg，隔日 1 次或 1 周 3 次，总量 4～11 mg。马开始用 0.38 mg，一日 1 次，连用 4～10 天，以后可增加到 1 mg，再用 4～8 天。用注射用水溶解，再用 5%葡萄糖注射液稀释成 0.1%的注射液，缓缓静脉注射。

外用：0.5%溶液，涂敷或注入局部皮下，或用其 3%软膏。

灰黄霉素(Griseofulvin)

[**理化性质**]

本品为白色或类白色微细粉末；无臭，味微苦；在水中极微溶，在乙醇中微溶。

[**药理作用**]

本品内服易吸收，生物利用度高。吸收后广泛分布于全身各组织，以皮肤、毛发、爪、甲、肝、脂肪和肌肉中含量较高。在肝内代谢，经肾排泄。

本品可有效地抑制毛癣菌属、小孢子菌属和表皮癣菌属等真菌的生长，但对白色念珠菌等深部真菌感染、放线菌属及细菌无效，对曲霉菌属作用也很小。

[**应用**]

主要用于小孢子菌、毛癣菌及表皮癣菌引起的各种皮肤真菌病，如犊牛、马属动物、犬的毛癣。

[**不良反应**]

有致癌和致畸作用，禁用于怀孕动物，尤其是母马及母猫。

[**制剂、用法与用量**]

灰黄霉素片，内服：一次量，每千克体重，马、牛 10 mg；犬 40～50 mg；连用 4～8 周。

制霉菌素(Nystatin)

[**理化性质**]

本品为淡黄色或浅褐色粉末；具有吸湿性，在水中微溶，在甲醇或乙醇中略溶。

[**作用应用**]

本品广谱抗真菌药，作用与两性霉素 B 相似，但毒性较大，不用于全身感染。可用于治疗胃肠道真菌感染，如犊牛真菌性胃炎、禽曲霉菌病、禽念珠菌病；也可用于治疗皮肤、黏膜真菌感染，如念珠菌和曲霉菌引起的乳腺炎、子宫炎。

[**制剂、用法与用量**]

制霉菌素片，内服：一次量，马、牛 250 万～500 万 U；羊、猪 50 万～100 万 U；犬 5 万～15 万 U。一日 2 次。雏鸡曲霉菌病，每 100 羽 50 万 U，一日 2 次，连用 2～4 天。

制霉菌素混悬液，乳管内注入：马、牛 150 万～200 万U；子宫内灌注：马、牛 150 万～200 万U。

克霉唑(Clotrimazole)

[**药理作用**]

本品为广谱抗真菌药，对浅表真菌的作用与灰黄霉素相似，对深部真菌作用较两性霉素 B 弱。

［应用］

外用治疗体表真菌病，如耳真菌感染和毛癣。内服治疗各种深部真菌感染，如肺、子宫、胃的真菌感染，白色念珠菌病，真菌性败血症。与两性霉素 B 合用可获得良好疗效。

［制剂、用法与用量］

克霉唑片，内服：一次量，马、牛 5～10 g；驹、犊、猪、羊 1～1.5 g，一日 2 次。混饲：每 100 只雏鸡 1 g。

克霉唑软膏，外用：1%或 3%软膏。

酮康唑(Econazole)

［理化性质］

本品属咪唑类合成全身抗真菌药，为类白色结晶性粉末；无臭，无味。在甲醇中溶解，在乙醇中微溶，在水中不溶。

［药理作用］

本品内服易吸收，吸收后分布于胆汁、唾液、尿、滑液囊和脑脊液，血浆蛋白结合率高。大部分经胆汁排泄，小部分经肾排泄。

本品为广谱抗真菌药，对全身及浅表真菌均有抗菌活性。对芽生菌、球孢子菌、隐形菌、念珠菌、组织胞浆菌、小孢子菌和毛癣菌等真菌有抑制作用，疗效优于两性霉素 B；对曲霉菌、孢子丝菌作用弱；对白色念珠菌无效。

［应用］

主要用于消化道、呼吸道及全身性真菌感染，亦可防治皮肤真菌感染。

［制剂、用法与用量］

酮康唑片(胶囊)，内服：一次量，每千克体重，马 3～6 mg；犬、猫 5～10 mg，一日 1 次。

任务三十 抗微生物药的合理使用

抗微生物药物是目前我国兽医临床使用最广泛和最重要的抗感染药物，对控制畜禽的传染性疾病起着巨大的作用，解决了不少畜牧业生产中存在的问题。但由于目前国家对抗微生物药物用于畜禽的政策规定和执业兽医师制度尚未完善之际，养殖户可从多种渠道获得抗生素和合成抗菌药，给抗微生物药物的临床应用带来许多新的问题。目前，不合理使用尤其是滥用的现象较为严重，不仅造成药品的浪费，而且导致畜禽不良反应增多、细菌耐药性的产生和散播、兽药残留超标等，给兽医工作、公共卫生及人民健康带来不良的后果。耐药菌株的增加，药物选用不当，剂量与疗程的过大与不足，不恰当的联合用药，以及忽视药物的药动学因素对药效学的影响等，往往导致抗菌药物临床治疗的失败。为了充分发挥抗菌药的疗效，降低药物的不良反应，减少细菌耐药性的产生，提高药物治疗水平，必须切实合理使用抗菌药物。

一、严格掌握适应症

正确诊断是选择药物的前提，有了确切的诊断，方可了解其致病菌，从而选择对病原菌高度敏感的药物。但细菌学的诊断针对性更强，细菌的药敏试验及联合药敏试验与临床疗效的符合率为70%～80%。若有条件，可做细菌的分离鉴定来选用抗菌药。应尽量避免对无指征或指征不强而使用抗菌药，例如各种病毒性感染不宜使用抗菌药；对真菌性感染也不宜选用一般的抗菌药，因为目前多数抗菌药对病毒和真菌无作用，但合并细菌性感染者除外。应根据致病菌及其引起的感染确诊，选择作用强、疗效好、不良反应少的药物。确定病原微生物后，根据药物的抗菌谱、活性、药动学特征、不良反应、药源、价格等情况，选用合适药物。当病原菌确定时，可选用窄谱抗菌药，病原不明或疑似有合并感染时，可选用广谱抗菌药。一般对革兰氏阳性菌引起的疾病，如葡萄球菌病、链球菌病、猪丹毒、马腺疫、气肿疽、牛放线菌病等可选用β-内酰胺类、红霉素、林可霉素、四环素类；对革兰氏阴性菌引起的疾病，如大肠杆菌病、沙门氏菌病、巴氏杆菌病、泌尿生殖道感染等则优先选用氨基糖苷类、氟喹诺酮类、氟苯尼考等；对耐青霉素的金黄色葡萄球菌所致的感染可选用苯唑西林、氯唑西林，亦可用庆大霉素、红霉素和头孢噻呋等；对铜绿假单胞菌引起的创面感染、尿路感染、败血症可选用羧苄西林、庆大霉素、黏菌素等；对支原体引起的猪喘气病和鸡慢性呼吸道病首选恩诺沙星、达氟沙星、替米考星、泰乐菌素、泰妙菌素，还可选用多西环素、林可霉素等。

二、掌握药物动力学特征，制订合理的给药方案

抗菌药在机体内要发挥杀灭或抑制病原菌的作用，必须在靶组织或器官内达到有效的浓度，并能维持一定的时间。兽医临床药理学中通常是以有效血药浓度作为衡量剂量是否适宜的指标，其浓度应至少大于最小抑菌浓度（MIC）。根据临床试验表明，一般对轻、中度感染，其最大稳态血药浓度宜超过MIC的4～8倍，而重度感染则应在8倍以上，同时，血中有效浓度维持时间受药物在体内的吸收、分布、代谢和排泄的影响。因此，应在考虑各药的药物动力学、药效学特征的基础上，结合畜禽的病情、体况，制定合理的给药方案，包括药物品种、给药途径、剂量、间隔时间及疗程等。例如，对动物的细菌性或支原体性肺炎的治疗，除选择对致病菌敏感的药物外，还应考虑选择能在肺组织中达到有效浓度的药物，如恩诺沙星、达氟沙星等氟喹诺酮类及四环素类、大环内酯类；细菌性的脑部感染首选磺胺嘧啶，是因为该药在脑脊液中的浓度高。合适的给药途径是药物取得疗效的保证。一般来说，危重病例应以肌内注射或静脉注射给药，消化道感染以内服为主，严重的消化道感染与并发败血症、菌血症，在内服的同时，可配合注射给药。疗程应充足，一般的感染性疾病可连续用药2～3天，症状消失后，再加强巩固1～2天，以防复发；支原体病的治疗要求疗程较长，一般需要5～7天；磺胺类药的疗程要增加2天。对急性感染，如临床效果欠佳，应在用药后5天内进行给药方案的调整，如改换药物或适当加大剂量。此外，兽医临床药理学提倡按药物动力学参数制定给药方案，特别是对毒性较大、用药时将较长的药物，最好能通过血药浓度监测，作为用药的参考，以保证药物的疗效，减少不良反应的发生。

三、避免耐药性的产生

随着抗菌药物在兽医临床和畜牧养殖业中的广泛应用，细菌耐药率逐年升高，细菌耐药性的问题变得日益严重，其中以金黄色葡萄球菌、大肠杆菌、铜绿假单胞菌、痢疾杆菌及分枝杆菌最易产生耐药性。为了防止耐药菌株的产生，应注意以下几点：①严格掌握适应症，不

滥用抗菌药物。凡属不一定要用的尽量不用，禁止将兽医临床治疗用的或人畜共用的抗菌药用做动物促生长剂。用单一抗菌药物有效的就不采用联合用药。②严格掌握用药指征，剂量要够，疗程要恰当。③尽可能避免局部用药，并杜绝不必要的预防应用。④病因不明者，不要轻易使用抗菌药。⑤发现耐药菌株感染，应改用对病原菌敏感的药物或采用联合用药。⑥尽量减少长期用药，局部地区不要长期固定使用某一类或某几种药物，要有计划的分期、分批交替使用不同类或不同作用机理的抗菌药。

四、防止药物的不良反应

应用抗菌药治疗畜禽疾病的过程中，除要密切注意药效外，同时要注意可能出现的不良反应，一经发现应及时停药、更换药物和采取相应解救措施。对有肝功能或肾功能不全的病例，易引起由肝代谢（如红霉素、氟苯尼考）或肾清除（如β-内酰胺类、氨基糖苷类、四环素类、磺胺类、氟喹诺酮类）的药物蓄积，产生不良反应。对于这样的病畜，应调整给药剂量或延长给药间隔时间，以尽量避免药物的蓄积性中毒。动物机体的机能状态不同，对药物的反应亦有差异。营养不良、体质衰弱或孕畜对药物的敏感性较高，容易产生不良反应。新生仔畜或幼龄动物，由于肝脏酶系发育不全，血浆蛋白结合率和肾小球滤过率较低，血脑屏障机能尚未完全形成，对药物的敏感性较高。与成年动物比较，药动学参数有较大的差异。例如马驹使用氯霉素在1日龄、3日龄、1周龄、2周龄及6周龄时的半衰期分别为5.29 h、1.35 h、0.61 h、0.51 h和0.34 h，体清除率随日龄增长而增大，表观分布容积随日龄增长而减少，故不少药物对幼龄动物可能出现明显的不良反应。此外，随着畜牧业的高度集约化，不可避免地大量使用抗菌药物防治疾病，随之而来的是动物性食品（肉、蛋、奶）中抗菌药物的残留问题日益严重；另一方面，各种饲养场大量粪、尿或排泄物向周围环境排放，抗菌药又成为环境的污染物，给生态环境带来许多不良影响。

五、抗菌药物的联合应用

联合应用抗菌药的目的主要在于扩大抗菌谱、增强疗效、减少用量、降低或避免毒副作用，减少或延缓耐药菌株的产生。多数细菌性感染只需用一种抗菌药物进行治疗，即使细菌的合并感染，目前也有多种广谱抗菌药可供选择。联合用药仅适用于少数情况，一般两种药物联合即可，三四种药物联合并无必要。联合应用抗菌药必须有明确的指征：①用一种药物不能控制的严重感染或/和混合感染，如败血症、慢性尿道感染、腹膜炎、创伤感染、鸡支原体-大肠杆菌混合感染、牛支原体-巴氏杆菌混合感染。②病因未明的严重感染，先进行联合用药，待确诊后，再调整用药。③长期用药治疗容易出现耐药性的细菌感染，如慢性乳腺炎、结核病。④联合用药使毒性较大的抗菌药减少剂量，如两性霉素B或黏菌素与四环素合用时可减少前者的用量，并减轻了毒性反应。

在兽医临床联合应用取得成功的实例不少，如磺胺药与抗菌增效剂TMP和DVD合用，抗菌作用增强，抗菌范围也有扩大；青霉素与链霉素合用，使抗菌作用增强，同时扩大抗菌谱；阿莫西林与克拉维酸合用，能有效地治疗由产生β-内酰胺酶的致病菌引起的感染；林可霉素与大观霉素合用；泰妙菌素与金霉素合用等。

为了获得联合用药的协同作用，必须根据抗菌药的作用特性和机理进行选择，防止盲目组合。目前,一般将抗菌药按其作用性质分为四大类:Ⅰ类为繁殖期或速效杀菌药,如青霉素类、头孢菌素类;Ⅱ类为静止期或慢效杀菌药,如氨基糖苷类、氟喹诺酮类、多黏菌素类;Ⅲ类为速效抑菌药,如四环素类、酰胺醇类、大环内酯类;Ⅳ类为慢效抑菌药,如磺胺类等。Ⅰ类与Ⅱ类合用一般可获得增强作用,如青霉素和链霉素合用,前者破坏细菌细胞壁的完整性,有利于后者进入菌体内作用于其靶位。Ⅰ类与Ⅲ类合用出现拮抗作用,例如青霉素与四环素合用,在四环素的作用下,细菌蛋白质合成迅速抑制,细菌停止生长繁殖,使青霉素的作用减弱。Ⅰ类与Ⅳ类合用,可出现相加或无关,因Ⅳ类对Ⅰ类的抗菌活性无重要影响,如在治疗脑膜炎时,青霉素与SD合用可获得相加作用而提高疗效。其他类合用多出现相加或无关作用。还应注意,作用机理相同的同一类药物合用的疗效并不增强,而可能相互增加毒性,如氨基糖苷类之间合用能增加对第八对脑神经的毒性。氯霉素、大环内酯类、林可胺类,因作用机理相似,均竞争细菌同一靶位,有可能出现拮抗作用。此外,联合用药时应注意药物之间的理化性质、药物动力学和药效学之间的相互作用与配伍禁忌,不同菌种和菌株、药物的剂量和给药顺序等因素均可影响联合用药的结果。

六、采取综合治疗措施

机体的免疫力是协同抗菌药物的重要因素,外因通过内因起作用,在治疗中过分强调抗菌药的功效而忽视机体内在因素,往往是导致治疗失败的重要原因之一。因此,在使用抗菌药物的同时,根据病畜的种属、年龄、生理、病理状况,采取综合治疗措施,增强抗病能力,如纠正机体酸碱平衡失调、补充能量、扩充血容量等辅助治疗、促进疾病康复。

任务三十一　消毒防腐药

一、概述

(一)概念

消毒防腐药是一类杀灭或抑制病原微生物生长繁殖的药物,根据作用强度,可分为消毒药和防腐药。消毒药是指能迅速杀灭病原微生物的药物,防腐药是指能抑制病原微生物生长繁殖的药物,两者之间并无严格的界限,低浓度的消毒药仅能抑菌,而高浓度的防腐药也能杀菌。因此,一般统称为消毒防腐药。

(二)理想消毒防腐药的条件

理想的消毒防腐药应具备广谱的抗菌作用;对黏膜和组织无刺激性;毒性低,无吸收作用;对脓液和坏死组织穿透力强;药效不受脓汁和坏死组织的影响;不影响正常的愈合过程;价格低廉,容易获得;对金属器械无腐蚀性;药液带色,能够区分用药的界限;性质稳定,作用持久。

(三)消毒防腐药的作用机理

各类消毒防腐药的作用机理各不相同,可归纳为以下三种。

1.使菌体蛋白变性或沉淀

大部分的消毒防腐药是通过这一机理起作用的,其作用不具选择性,可损害一切生活物质,由于不仅能杀菌,也能破坏宿主组织,因此适用于环境消毒。如酚类、醛类、醇类、重金属盐类等。

2.改变菌体细胞膜的通透性

表面活性剂等的杀菌作用是通过降低菌体的表面张力，增加菌体细胞膜的通透性，从而引起重要的酶和营养物质漏失，水则向菌体内渗入，使菌体溶解或破裂。

3.干扰或损害细菌的酶系统

当消毒防腐药的化学结构与菌体内的代谢物相似时，可竞争或非竞争性地与酶结合，从而抑制酶的活性，导致菌体的抑制或死亡；也可通过氧化、还原等反应损害酶的活性基因，如氧化剂、卤化物等。

(四)影响消毒防腐药作用的因素

消毒防腐药的抗菌作用不仅决定于其理化性质，而且还受许多因素的影响。为了正确使用和充分发挥消毒作用，必须全面了解各种能增强或减弱其作用的因素。

1.病原微生物类型

不同的菌种和处于不同状态的微生物，在形态结构和生理生化上各有特点，故对同一种消毒药的敏感性不同，如革兰氏阳性菌对消毒药一般比革兰氏阴性菌敏感；病毒对碱类很敏感，对酚类的抵抗力很大；适当浓度的酚类化合物几乎对所有不产生芽孢的繁殖型细菌均有杀灭作用，但对处于休眠期的芽孢作用不强。

2.浓度和作用时间

一般情况下，当其他条件一致时，消毒药的杀菌效力一般随其溶液浓度的增加而增强(乙醇例外)，或者说，呈现相同杀菌效力所需的时间，一般随消毒药液浓度的增加而缩短，两者的关系是一种指数函数。为取得良好的消毒效果，应选择有效时间长的消毒药溶液，并应选取其合适的浓度和按消毒药的理化特性，达到规定的消毒时间。

3.环境温度

消毒药的抗菌效果与环境温度呈正相关，即温度越高，杀菌力越强。一般规律是温度每增加 10℃时，消毒效果增强 1～2 倍。消毒防腐药抗菌效力的检定，通常都在 15～20℃气温下进行，以与实际的环境温度相近。对热稳定的药物，常用其热溶液消毒。

4.pH

环境或病变部位的 pH 对有些消毒防腐药作用的影响较大。如戊二醛在酸性环境中较稳定，但杀菌能力较弱；当加入 0.3%碳酸氢钠，使其溶液 pH 为 7.5～8.5 时，杀菌活性显著增强，不仅能杀死多种繁殖型细菌，还能杀死芽孢。含氯消毒剂作用的最佳 pH 为 5.0～6.0。以分子形式起作用的酚、苯甲酸等，当环境 pH 升高时，其分子的解离程度相应增加，杀菌效力随之减弱或消失。环境 pH 升高可使菌体表面负电基团相应地增多，从而导致其与带正电荷的消毒药分子结合数量的增多，这是季铵盐类、洗必泰、染料类等防腐药作用增强的原因。

5.有机物的存在

消毒环境中粪、尿等或创面上的脓、血、体液等有机物的存在，必然会影响杀菌效力，它们与消毒防腐药结合形成不溶性化合物，或将其吸附、发生化学反应或对微生物起机械性保护作用。有机物越多，对消毒防腐药抗菌效力影响越大。因此在消毒前务必清扫消毒场所或清理创面。

6.水质硬度

硬水中的 Ca^{2+} 和 Mg^{2+} 能与季铵盐类、洗必泰或碘等结合形成不溶性盐类从而降低其抗菌效力。

7.配伍禁忌

实践中常见到两种消毒药合用，或者消毒药与清洁剂或除臭剂合用时，消毒效果降低，这是由于物理性或化学性配伍禁忌造成的。例如，阴离子表面活性剂肥皂与阳离子表面活性剂合用时，发生置换反应，使消毒效果减弱，甚至完全消失。又如高锰酸钾、过氧乙酸等氧化剂与碘酊等还原剂之间可发生氧化还原反应，不但减弱消毒作用，而且会加重对皮肤的刺激性和毒性。

8.其他因素

消毒物表面的形状、结构和化学活性，消毒液的表面张力，消毒药的剂型以及在溶液中的解离度等，都会影响抗菌作用。

二、环境消毒药

苯酚(Phenol)

[理化性质]

本品又称石炭酸，为无色或微红色针状结晶或结晶性块状；有特臭；引湿性；水溶液显弱酸性反应，遇光或在空气中色渐变深。在乙醇、氯仿、乙醚、甘油、脂肪油或挥发油中易溶，在水中溶解，在液体石蜡中略溶。

[药理作用]

本品为原浆毒，能使蛋白质变性，因而具有杀菌作用。0.1%～1%溶液有抑菌作用；1%～2%溶液有杀菌和杀真菌作用；5%溶液可在48 h内杀死炭疽芽孢。对病毒作用较弱。碱性环境、脂类、皂类等能减弱其杀菌作用。对动物和人有较强的毒性，不能用于创面和皮肤的消毒。

[不良反应]

当苯酚浓度高于0.5%～5%时，具有局部麻醉作用；高于5%溶液对组织产生强烈的刺激和腐蚀作用。动物意外吞服或皮肤、黏膜大面积接触本品会引起全身性中毒，表现为中枢神经先兴奋后抑制以及心血管系统受抑制，严重者可因呼吸麻痹致死。

[制剂与用法]

复合酚，配成2%～5%溶液，用于器具、厩舍、排泄物和污物等消毒。

甲酚(Cresol)

[理化性质]

本品又称煤酚，为几乎无色、淡紫红色或淡棕黄色的澄清液体；有类似苯酚的臭气；久贮或在日光下，色渐变深。在水中略溶，生成带混浊的溶液，其饱和水溶液显中性或弱酸性反应。本品与乙醇、氯仿、乙醚、甘油、脂肪油或挥发油能任意混合，在氢氧化钠溶液中溶解。

[药理作用]

本品为原浆毒，抗菌作用比苯酚强3～10倍，毒性大致相等，但消毒用药液浓度较低，故较苯酚安全。可杀灭一般繁殖型病原菌，对芽孢无效，对病毒作用不可靠。是酚类中最常用的消毒药。由于甲酚的水浓度较低，通常都用肥皂乳化配制成50%甲酚皂溶液。

[注意]

甲酚有特臭不宜在肉联厂、乳牛厩舍、牛乳加工车间和食品加工厂等应用，以免影响食品质量。由于色泽污染，不宜用于棉、毛纤维织品的消毒。对皮肤有刺激性，若用其1%～2%溶液消毒水和皮肤，务必精确计量。

[制剂与用法]

甲酚皂溶液，3%～5%溶液用于厩舍、场地、排泄物、器具和器械等消毒。

甲醛溶液(Formaldehyde Solution)

[理化性质]

本品为无色或几乎无色的澄明液体；有刺激性特臭，能与水或乙醇任意混合。本品中含有10%～12%甲醇以防止聚合。在冷处久贮，易生成聚甲醛而发生混浊。

[药理作用]

本品在气态或溶液状态下，均呈现强大的杀菌作用，甲醛能凝固蛋白和溶解类脂，能与蛋白质的氨基结合而使蛋白变性，因此具有强大的广谱杀菌作用。不仅能杀死繁殖型细菌，也能杀死芽孢(如炭疽芽孢)以及抵抗力强的结核杆菌、病毒及真菌等。

[应用]

主要用于厩舍、仓库、孵化室、皮毛、衣物、器具等的熏蒸消毒，标本和尸体防腐；亦用于胃肠道制酵。消毒温度应在20℃以上。甲醛对皮肤和黏膜的刺激性很强，但不损坏金属、皮毛、纺织物和橡胶等。甲醛的穿透力差，不易透入物品深部发挥作用。具滞留性，消毒结束后即应通风或用水冲洗，甲醛的刺激性气味不易散失，故消毒空间仅需相对密闭。

[注意]

甲醛气体有强致癌作用，尤其肺癌，近年来已较少用于消毒。消毒后在物体表面形成一层具腐蚀作用的薄膜。动物误服大量甲醛溶液，应迅速灌服稀氨水解毒。药液污染皮肤，应立即用肥皂和水清洗。

[制剂与用法]

甲醛溶液，熏蒸消毒：15 mL/m^3。标本防腐：5%～10%溶液。

复方甲醛溶液，厩舍、物品、运输工具消毒：1∶(200～400)倍稀释。

戊二醛(Glutaral)

[理化性质]

本品为无色或淡黄色澄清液体；味苦。有微弱的甲醛臭，但挥发性较低。可与水或醇作任何比例的混溶。溶液呈弱酸性。pH高于9.0时，可迅速聚合。

[药理作用]

本品原为病理标本固定剂，近年来发现其碱性水溶液具有较好的杀菌作用。当pH为7.5～8.5时，作用最强，可杀灭细菌的繁殖体和芽孢、真菌、病毒，其作用较甲醛强2～10倍。本品的消毒作用不受有机物的影响，刺激性较弱。缺点是稳定性差，在碱性溶液中尤易分解。

[应用]

用于动物厩舍及器具消毒。

[**注意**]

避免与皮肤、黏膜接触，接触后应及时用水冲洗干净。使用过程中，不应接触金属器具。

[**制剂与用法**]

戊二醛溶液，喷洒、浸泡消毒：配成0.78%溶液，5 min或放置至干。橡胶、塑料制品及手术器械消毒：配成2%溶液。

氢氧化钠(Sodium Hydroxide)

[**理化性质**]

本品为熔制的白色干燥颗粒、块、棒或薄片；吸湿性强，露置空气中会逐渐溶解而成溶液状态。易从空气中吸收CO_2，渐变成碳酸钠。宜密闭保存。本品在水中极易溶解，在乙醇中易溶。

[**药理作用**]

本品属原浆毒，杀菌力强，能杀死繁殖型细菌、芽孢和病毒，还能皂化脂肪和清洁皮肤。

[**应用**]

适合于厩舍、运输工具等消毒，也可用于牛、羊新生角的腐蚀。

[**注意**]

对组织有腐蚀性，能损坏织物和铝制品。消毒人员应注意防护。

[**制剂与用法**]

氢氧化钠，消毒：配成1%～2%的热溶液。腐蚀动物新生角：配成50%溶液。

碳酸钠(Sodium Carbonate)

[**理化性质**]

本品为白色粉状结晶；无臭；水溶液遇酚酞指示剂显碱性反应。

[**药理作用**]

本品溶于水可解离出OH^-起抗菌作用，但杀菌效力较弱，很少单用于环境消毒，主要用于去污性消毒，也可用于皮肤清洁、去除痂皮等。

[**应用**]

用于器械煮沸消毒和清洁皮肤、去除痂皮等。

[**制剂与用法**]

碳酸钠，清洁皮肤、去除痂皮：配成0.5%～2%的溶液；器械煮沸消毒：配成1%溶液。

过氧乙酸(Peracetic Acid)

[**理化性质**]

本品又称过醋酸，为无色透明液体；呈弱酸性，有刺激性酸味，易挥发，在水和有机溶剂中易溶，不稳定，遇热或有机物、重金属离子、强碱等易分解。

[**药理作用**]

本品兼具酸和氧化剂特性，是一种高效灭菌剂，其气体和溶液均具较强的杀菌作用，并较一般的酸或氧化剂作用强。作用产生快，能杀死细菌、真菌、病毒和芽孢，在低温下仍有杀菌和抗芽孢能力。用本品消毒的表面，药物残留极微。

[应用]

用于厩舍、食品厂的地面、墙壁、用具、车船及皮肤黏膜等消毒。

[注意]

腐蚀性强,有漂白作用。

[制剂与用法]

厩舍和车船等喷雾消毒:配成0.5%溶液;空间加热熏蒸消毒:配成3%～5%溶液;器具浸泡消毒:配成0.04%～0.25%溶液;黏膜或皮肤消毒配成0.02%～0.2%溶液。

癸甲溴铵溶液(Deciquam Solution)

[理化性质]

本品又名百毒杀,是一种双链季铵盐类高效表面活性剂,为无色或微黄色黏稠性液体;振摇时有泡沫产生。

[药理作用]

对多种细菌、真菌和藻类有杀灭作用,对亲脂性病毒也有效。低浓度抑菌、高浓度杀菌。还具有除臭和清洁作用。

[应用]

用于动物厩舍、饲喂器具、饮水等消毒。

[制剂与用法]

癸甲溴铵溶液,厩舍、器具消毒:配成0.015%～0.05%溶液;饮水消毒:配成0.002 5%～0.005%溶液。

辛氨乙甘酸(Octicine)

[理化性质]

本品为黄色澄明液体;有微腥臭,味微苦;强力振摇发生多量泡沫。

[药理作用]

本品为双离子表面活性剂。对化脓菌、肠道杆菌及真菌有良好的杀灭作用,对细菌芽孢无杀灭作用。结核分枝杆菌用1%溶液需作用12 h。杀菌作用不受血清、牛乳等有机物影响。

[应用]

用于厩舍、场地、器械、饮水及种蛋消毒。

[制剂与用法]

辛氨乙甘酸溶液,厩舍、场地、器械消毒:100～200倍稀释;种蛋消毒:500倍稀释;饮水消毒:1 000倍稀释。

漂白粉(Chlorinated Lime)

[理化性质]

本品为灰白色颗粒性粉末;有氯臭。在水或乙醇中部分溶解,水溶液遇石蕊试纸显碱性反应,随即将试纸漂白。在空气中吸收水分与二氧化碳而缓缓分解,丧失有效氯。密封,贮存于凉暗干燥处。不可与易燃、易爆物放一起。

[药理作用]

本品遇水产生次氯酸，次氯酸可放出活性氯和新生态氧，而呈现杀菌作用。对细菌、芽孢及病毒都有杀灭作用。在酸性环境中抗菌作用增强。在碱性环境中杀菌力显著减小。漂白粉的抗菌作用强但不持久，1%澄清液作用 0.5～1 min 即可抑制炭疽杆菌、沙门氏菌、猪丹毒杆菌和巴氏杆菌等多数繁殖型细菌的生长；1～5 min 抑制葡萄球菌和链球菌。对结核杆菌和鼻疽杆菌效果较差。30%漂白粉混悬液作用 7 min 后，炭疽芽孢即停止生长。实际消毒时，漂白粉与被消毒物的接触至少需 15～20 min。漂白粉的杀菌作用受有机物的影响。漂白粉中所含的氯可与氨和硫化氢发生反应，故有除臭作用。

[应用]

用于厩舍、畜栏、场地、车辆、排泄物等的消毒。

[注意]

漂白粉对皮肤和黏膜有刺激作用，消毒人员应注意防护。

[制剂与用法]

含氯石灰，厩舍等消毒：临用前配成 5%～20%混悬液或 1%～5%澄清液。玻璃器皿和非金属用具消毒：临用前配成 1%～5%澄清液。饮水消毒：每 50 L 水 1 g 。

溴氯海因(1-Bromo-3-chloro-5,5-dimethylhydantoin)

[理化性质]

本品为类白色或淡黄色结晶性粉末；有次氯酸的刺激性气味；有引湿性。在乙醇和三氯甲烷中溶解，在水中微溶。

[药理作用]

本品为有机溴氯复合型消毒剂。有广谱杀菌作用，药效持久。对细菌繁殖体、芽孢、真菌和病毒有杀灭作用。

[应用]

用于厩舍、运输工具、场地和养殖水体消毒。

[制剂与用法]

溴氯海因粉，厩舍、运输工具及场地消毒：200～4 000 倍稀释；养殖水体消毒：每立方米 0.03～0.04 g。

月苄三甲氯铵(Halimide)

[理化性质]

本品常温下为黄色胶状体；几乎无臭，味苦；水溶液强力振摇发生多量泡沫。

[药理作用]

本品属于阳离子型表面活性剂，具有较强的杀灭病原微生物的作用，金黄色葡萄球菌、猪丹毒杆菌、鸡白痢沙门氏菌、炭疽芽孢杆菌、化脓性链球菌、鸡新城疫病毒、口蹄疫病毒以及细小病毒等对其敏感。

[应用]

用于厩舍及器具消毒。

[制剂与用法]

月苄三甲氯铵溶液,厩舍喷洒消毒:1∶300倍稀释;浸洗器具:1∶(1 000～1 500)倍稀释。

三、皮肤、黏膜消毒药

乙醇(Ethanol)

[理化性质]

本品为无色澄明液体,易挥发,易燃烧,燃烧时显淡蓝色火焰,加热至约78℃即沸腾。与水、甘油、氯仿或乙醚能任意混合。

[药理作用]

本品为常用的消毒药,它的杀菌作用是能使菌体蛋白迅速地凝固与脱水,可杀死一般繁殖型的病原菌,对芽孢无效。浓度若超过75%时,消毒作用反而减弱,这是由于菌体表层蛋白质被凝固,阻碍了乙醇向细菌深部蛋白质渗透。此外,对组织有刺激作用,浓度愈大刺激性愈强。涂擦局部可促进炎性渗出物的吸收,减轻疼痛。

[应用]

常用75%乙醇消毒皮肤(例如注射部位、术野和伤口周围的皮肤消毒)以及器械(刀、剪、体温计等)浸泡消毒,亦可用作溶媒。急性关节炎、腱鞘炎、肌炎等可用浓乙醇涂擦或热敷。

[制剂与用法]

75%乙醇溶液,用于手、皮肤、体温计、注射针头和小件医疗器械的消毒。

碘(Iodinne)

[理化性质]

本品为灰黑色或蓝黑色、有金属光泽的片状结晶或块状物,质重、脆;有特臭;在常温中能挥发。在水中几乎不溶,在四氯化碳中略溶,在碘化钾或碘化钠的水溶液中溶解,在氯仿中溶解,在乙醇、乙醚和二硫化碳中易溶。

[药理作用]

本品具有强大的杀菌作用,也可杀灭细菌芽孢、真菌、病毒、原虫。碘主要以分子(I_2)形式发挥杀菌作用。其原理可能是碘化和氧化菌体蛋白的活性基因,并与蛋白的氨基结合而成导致蛋白变性和抑制菌体的代谢酶系统。碘在水中的溶解度很小,且有挥发性,但在有碘化物存在时,因形成可溶性的三碘化物,碘的溶解度增高数百倍,又能降低其挥发性。利用此原理,在配制碘溶液时,常加适量的碘化钾,以促进碘在水中的溶解。由于碘难溶于水,在水中不易水解形成次碘酸。在碘水溶液中具有杀菌作用的成分为元素碘(I_2)、三碘化物的离子(I_3^-)和次碘酸(HIO),其中HIO的量较少,但杀菌作用最强;I_2次之;解离的I_3^-的杀菌作用极微弱。在酸性条件下,游离碘增多,杀菌作用较强;在碱性条件下,则反之。

[应用]

碘酊是常用且最有效的皮肤消毒药。一般皮肤消毒用2%碘酊,大家畜的皮肤和术野消毒用5%碘酊。由于碘对组织有较强的刺激性,其强度与浓度成正比,故碘酊涂抹皮肤待稍干后，宜用75%乙醇擦去，以免引起发泡、脱皮和皮炎。碘甘油刺激性较小，用于黏膜表面消毒。2%碘溶液不含酒精，适用于皮肤浅表破损和创面，以防止细菌感染。在紧急条件下用于饮水消毒，每升水中加入2%碘酊5～6滴，15 min后可供饮用，水无不良气味，且水中各种致病菌、原虫和其他生物可被杀死。

[制剂与用法]

碘酊，主要用于手术部位、注射部位、手指的消毒，亦可用于新鲜创面的处理。

碘附，主要用于手术部位和手术器械的消毒。

碘甘油，常用于治疗黏膜的各种炎症，如口炎、鼻炎、阴道黏膜等炎症和溃疡。

聚维酮碘(Povidone Iodine)

[理化性质]

本品为黄棕至红棕色无定型粉末；在水或乙醇中溶解，在氯仿或乙醚中不溶。

[药理作用]

本品是一种高效低毒的杀菌药物，对细菌、病毒和真菌均有良好的杀灭作用。作用机理主要是通过不断释放游离碘，破坏菌体新陈代谢，而使细菌等微生物失活。

[应用]

用于手术部位、皮肤、黏膜消毒。

[制剂与用法]

聚维酮碘溶液，皮肤消毒及治疗皮肤病：5%溶液；奶牛乳头浸泡消毒：0.5%～1%溶液；黏膜及创面冲洗消毒：0.1%溶液(均以聚维酮碘计)。

碘仿(Iodoform)

[理化性质]

本品为黄色有光泽的叶状结晶或结晶性粉末；有特臭，光滑感，易挥发。与苯或丙酮任意混溶，在乙醚或三氯甲烷中易溶，在水中几乎不溶。密封，于暗处保存。

[药理作用]

本品本身没有防腐作用，只有当它和组织液等接触时，能分解游离的碘，呈现防腐作用，但这种分解过程缓慢，所以碘仿的作用特点是防腐作用持久(1～3天)，对组织的刺激小，并能促进肉芽的形成。此外碘仿具有特殊气味，还可以防蝇。

[应用]

用于创伤和瘘管的治疗。

[制剂与用法]

治疗深部瘘管、蜂窝织炎和关节炎等制成10%碘仿醚溶液充填；会阴等深而易污染的创伤制成4%～6%碘仿纱布。此外，碘仿硼酸粉(1∶9)，碘仿磺胺粉(1∶9)，碘仿磺胺活性炭粉(各等份配合)，可用于治疗创伤、溃疡等。10%碘仿醚溶液可治疗深部瘘管、蜂窝织炎和关节炎等。与凡士林配成5%～15%软膏，可涂敷于患处。

苯扎溴铵(Benzalkonium Bromide)

[**理化性质**]

本品又名新洁尔灭。常温下为黄色胶状体,低温时可逐渐形成蜡状固体;在水或乙醇中易溶,水溶液呈碱性反应,振摇时产生多量泡沫。在丙酮中微溶,在乙醚或苯中不溶。

[**药理作用**]

本品为常用的一种阳离子表面活性剂,有较强的消毒作用。对多数革兰氏阳性菌和阴性菌有杀菌作用,接触数分钟即能杀死。对病毒效果差,不能杀死结核杆菌、霉菌和炭疽芽孢。

[**应用**]

主要用于手术时手、臂消毒,手术器械及创面消毒等。

[**注意**]

与肥皂及其他阴离子活性剂、盐类消毒药、碘化物和过氧化物等有拮抗作用。

[**制剂与用法**]

苯扎溴铵溶液,0.1%溶液用于皮肤和术前手消毒(浸泡 5 min),手术器械消毒(煮沸15 min后浸泡 30 min);0.01%溶液用于创面消毒;感染性创面宜用 0.1%溶液局部冲洗后湿敷。

氯己定(Chlorhexidime)

[**理化性质**]

本品又称洗必泰,为白色结晶性粉末;无臭,味苦。在乙醇中溶解,在水中微溶,在酸性溶液中解离。

[**药理作用**]

本品为阳离子表面活性剂,对革兰氏阳性细菌、阴性细菌和真菌均有杀灭作用。抗菌作用强于苯扎溴铵,其作用迅速且持久,毒性低,无局部刺激作用。本品不易被有机物灭活,但易被硬水中的阴离子沉淀而失去活性。与苯扎溴铵联用对大肠杆菌有协同杀菌作用,两药的混合液呈相加消毒效力。醋酸洗必泰水溶液常用于黏膜、皮肤、术野、创面、器械、用具等的消毒。

[**应用**]

用于皮肤、黏膜、手术创面、手及器械消毒等。

[**制剂与用法**]

皮肤消毒:配成 0.5%的醇(以 70%乙醇制作)溶液;黏膜及创面消毒:配成 0.05%溶液;术者手部消毒:配成 0.02%溶液;器械消毒:配成 0.1%溶液。

度米芬(Domiphen Bromide)

[**理化性质**]

本品又称消毒宁,为溴化季铵盐类。白色或微黄色片状结晶;无臭或微带特臭,味苦,在水中易溶,振摇水溶液会产生泡沫。在乙醇或氯仿中极易溶解,在水中易溶,在丙酮中略溶,在乙醚中几乎不溶。

［药理作用］

本品为阳离子表面活性剂。对革兰氏阳性菌和革兰氏阴性菌均有杀菌作用，但对后者需要较高浓度。对细菌芽孢、结核杆菌和病毒效果不显著；具有抗真菌作用。在中性或碱性溶液中效果好，在酸性溶液中效果明显下降。

［应用］

用于创面、黏膜、皮肤和器械消毒。

［制剂与用法］

创面、黏膜消毒：配成 0.02%～0.05%溶液。皮肤、器械消毒：配成 0.05%～0.1%溶液。

过氧化氢(Hydrogen Peroxide)

［理化性质］

本品又名双氧水。为无色澄清液体；无臭或有类似臭氧的臭气。遇氧化物或还原物即迅速分解并产生泡沫，遇光、热易变质。置棕色玻璃瓶，遮光，在阴凉处保存。

［药理作用］

本品有较强的氧化性，在与组织或血液中的过氧化氢酶接触时，迅速分解，释放出新生态氧，对细菌产生氧化作用，干扰其酶系统的功能而发挥抗菌作用。由于作用时间短，且有机物能大大减弱其作用，因此杀菌力很弱。在接触创面时，由于分解迅速，会产生大量气泡，机械地松动脓块、血块、坏死组织及组织粘连的敷料，有利于清洁创面。3%的过氧化氢溶液常用于清洗化脓性创伤，去除痂皮，尤其对厌氧性感染更有效。过氧化氢具有除臭和止血作用，可用其 5%溶液(用浓过氧化氢溶液稀释而成)涂于出血的细小创面上止血。

［应用］

用于化脓创、深部创伤消毒，冲洗口腔或阴道等。

［注意］

浓度大于 3%对组织有腐蚀性和刺激性，不宜与碱、碘化物、高锰酸钾等过氧化剂配伍。

［制剂与用法］

过氧化氢溶液，清洗带恶臭的创伤及深部创伤：配成 1%～3%溶液；冲洗口腔、阴道：配成 0.3%～1%溶液。

高锰酸钾(Potassium Permanganate)

［理化性质］

本品为黑紫色、细长的菱形结晶或颗粒，带蓝色的金属光泽；无臭，与某些有机物或易氧化的化合物研磨或混合时，易引起爆炸或燃烧。在水中溶解，在沸水中易溶，水溶液呈紫色。

［药理作用］

本品为强氧化剂，遇有机物、加热、加酸或碱等均释放出新生氧而呈现杀菌、除臭、氧化等作用。本品的抗菌作用较过氧化氢强。在发生氧化反应时，其本身还原为棕色的二氧化锰，后者可与蛋白结合成蛋白盐类复合物，因此高锰酸钾在低浓度时对组织有收敛作用。高浓度时有刺激和腐蚀作用。但它极易被有机物分解而作用减弱。在酸性环境中杀菌作用增强，如 2%～5%溶液能在 24 h 内杀死芽孢；在 1%溶液中加 1.1%盐酸，则能在 30 s 内杀死炭疽芽孢。还可使吗啡、士的宁等生物碱、苯酚、水合氯醛、氯丙嗪等化学药物，磷和氰化物等氧化而失去毒性。

[**应用**]

用于皮肤创伤及腔道炎症；也用于有机毒物中毒等。

[**注意**]

高浓度的高锰酸钾对组织有刺激和腐蚀作用，不应反复用本品溶液洗胃。动物应用本品中毒后，应用温水或添加3%过氧化氢溶液洗胃，并内服牛奶、豆浆或氢氧化铝凝胶，以延缓吸收。

[**制剂与用法**]

腔道冲洗及洗胃：配成0.05%～0.1%溶液；创伤冲洗：配成0.1%～0.2%溶液。

硼酸(Boric Acid)

[**理化性质**]

本品为无色微带珍珠光泽的结晶或白色疏松的粉末，有滑腻感；无臭；在沸水、沸乙醇或甘油中易溶，在水或乙醇中溶解，水溶液显弱酸性反应。

[**药理作用**]

本品通过释放氢离子而发挥抑菌作用。对细菌和真菌作用微弱，硼酸的特点是既无刺激性，也不损伤组织，故临床经常用于比较敏感部位(如黏膜)的防腐。

[**应用**]

洗眼或冲洗黏膜。

[**不良反应**]

外用一般毒性不大，但不适用于大面积创伤和新生肉芽组织，以避免吸收积蓄中毒。急性中毒早期症状为呕吐、腹泻、皮疹、中枢神经系统先兴奋后抑制，严重时可引起循环衰竭或休克。

[**制剂与用法**]

外用：洗眼或冲洗黏膜配成2%～4%溶液。也可以用硼酸磺胺粉(1∶1)治疗创伤，硼酸甘油(30∶100)治疗口、鼻黏膜炎症，硼酸软膏(10%)治疗溃疡、褥疮等。

甲紫(Methylrosanilinium Chloride)

[**理化性质**]

本品为深绿紫色的颗粒性粉末或绿紫色有金属光泽的碎片；微臭；在乙醇或三氯甲烷中溶解，在水中略溶，在乙醚中不溶。

[**药理作用**]

甲紫、龙胆紫、结晶紫是一类性质相似的碱性染料。对革兰氏阳性菌有强大的选择作用，也有抗真菌作用，毒性很小，对组织无刺激性，有收敛作用。

[**应用**]

用于黏膜和皮肤的创伤、烧伤和溃疡的消毒。

[**制剂与用法**]

外用：涂敷患处，配成1%溶液。

松馏油(Pine Tar Oil)

[理化性质]

本品为黑棕色或类黑色极黏稠的液体，薄层半透明；有特臭；在乙醇、乙醚、三氯甲烷、冰醋酸或挥发油中易溶，在水中微溶。

[药理作用]

本品具有防腐、溶解角质、止痒、促进炎性物质吸收和刺激肉芽组织生长等作用。

[应用]

用于治疗慢性皮肤病如湿疹、皮癣、过敏性皮炎、脂溢性皮炎和生长迟缓的肉芽创等，还可用于蹄病(如蹄叉腐烂)等。

[制剂与用法]

松馏油，适量，涂敷患处。

氯胺 T(Chloramine-T)

[理化性质]

本品为白色结晶性粉末，微有氯的特殊臭味；置空气中易分解，变黄色并释放氯气。在水中易溶，在乙醇中能溶，在三氯甲烷或乙醚中不溶。

[药理作用]

本品具有广谱杀菌作用，对细菌繁殖体、病毒、真菌及细菌芽孢均有杀灭作用。因其水解常数较低，消毒作用较次氯酸盐类慢且弱。

[应用]

用于皮肤、黏膜消毒，也用于饮水消毒。

[制剂与用法]

皮肤伤口消毒：配成 0.5%～2%溶液；眼、鼻、阴道黏膜等消毒：配成 0.2%～0.3%溶液；毛、鬃的消毒：配成 10%溶液；饮水消毒：1∶250 000 倍稀释。

任务三十二　抗菌药的体外抗菌实验

[目的要求]

掌握抗菌药物的体外抗菌实验方法和步骤，为临床合理选药奠定基础。

[材料]

药品：青霉素、链霉素、加葡萄糖和酚红(或溴甲酚紫)的肉汤培养基。

菌种：新鲜的金黄色葡萄球菌和大肠杆菌悬液等。

器材：试管、酒精灯、微量注射器、微量吸管、恒温培养箱。

[方法步骤]

①A、B、C、D 4 组试管，每组 10 支并分别编为 1～10 号，每管加入肉汤培养基 5 mL。

②将青霉素、链霉素分别以适量注射用水溶解后，在以肉汤培养基稀释成 32 IU/mL 的浓度备用。

③将 32 IU/mL 的青霉素和链霉素分别在各试管中从 1 号管至 8 号管作连续稀释，即吸取 5 mL 药液加入 1 号管混合均匀后，吸取 5 mL 加入 2 号管混合均匀后，吸取 5 mL 加入 3 号管，如此稀释至 8 号管均匀后吸取 5 mL 弃去，使之成为 16 IU/mL、8 IU/mL、4 IU/mL、2 IU/mL、1 IU/mL、0.5 IU/mL、0.25 IU/mL、0.125 IU/mL 的浓度梯度。A 组和 B 组加青霉素并标以“青”字，C 组和 D 组加链霉素并标以“链”字，以示识别。

④向 A 组和 C 组管中加入金黄色葡萄球菌，向 B 组和 D 组管中加入大肠杆菌（每管加入 0.01 mL 预先作 100 倍稀释的新鲜菌液），并振摇均匀。

⑤置 37℃恒温箱培养 6 h，观察培养基颜色的变化。与空白管比较，颜色变为微黄色者表示有少量细菌生长，此浓度为该抗生素的最小抑菌浓度；颜色与空白管一致者为完全无细菌生长，此浓度为该抗生素的最小杀菌浓度。为使结果更精确，培养 24 h 再观察一次。

［**作业**］

分析实验结果，写出实训报告。

任务三十三　常用消毒剂的配制及应用

［**目的要求**］

掌握常用消毒药液浓度的配制及其在厩舍、场地、用具、病畜排泄物等环境的消毒方法。

［**材料**］

药品：煤酚皂溶液、氢氧化钠、氧化钙。

器材：烧杯、量筒、喷雾器等。

［**方法与步骤**］

第一组将煤酚皂溶液稀释成 3%～5%溶液。在本校动物医院和实习牧场进行厩舍、场地、病畜排泄物等的消毒，并将部分溶液浸泡用具、器械等（二维码 22）。

二维码 22　甲酚皂稀释及应用方法

第二组将氢氧化钠用热水配制成 2%溶液，对细菌（鸡白痢等）或病毒（猪瘟等）污染的畜栏、禽舍、场地、饲槽、车辆等进行消毒。配制溶液的量根据畜栏、禽舍、场地等面积大小而定。消毒厩舍时，应驱除畜禽，隔半天用清水冲洗饲槽、地面后，方可让畜禽进入。

第三组将氧化钙加水配制成 10%～20%石灰乳，涂刷厩舍、墙壁、畜栏、地面和病畜排泄物。石灰乳应当现用现配，不宜久放。也可用生石灰 10 g 加水适量，使之松散后，撒布在潮湿地面、粪池周围及污水沟等处进行消毒。如直接将生石灰撒布在干燥地面，消毒效果差。

［**作业**］

扼要记录试验过程和结果，分析实验结果。

【学习要求】

识记　抗微生物药物、化疗指数、抗菌谱、抗菌活性、抗菌后效应、耐药性、抗生素、联合用药、协同作用、拮抗作用配伍禁忌、消毒防腐药的概念。

理解 抗生素和合成抗菌药的分类、消毒防腐药的分类、抗生素及消毒防腐药的作用机理。

运用 合理选用抗生素、合成抗菌药和消毒防腐药。

【知识拓展】

1.消毒防腐药杀菌效力的检定

消毒防腐药的杀菌效力曾用酚系数来表示。酚系数是指消毒防腐药在 10 min 内杀死某标准数量的细菌所需要的稀释倍数与具有相等杀菌效力的苯酚的稀释倍数之比。

目前，消毒防腐药的效力主要从其对革兰氏阳性菌、革兰氏阴性菌、芽孢、分支杆菌、无囊膜病毒和囊膜病毒的杀灭作用来测定。同时，从其作用时间的长短、是否具有局部毒性或全身毒性、是否易被有机物灭活、是否污染环境和价格等各方面来判断其实用性。

2.消毒防腐药杀菌效果的测定

①用灭菌蒸馏水将 500 g/L 戊二醛稀释成浓度为 2.5 g/L、10 g/L、20 g/L。

②将大肠杆菌、金黄色葡萄球菌分别接种于肉汤培养液中，37℃恒温箱中培养 16～18 h，取增菌后的菌液 0.5 mL，用磷酸盐缓冲液稀释至浓度为 1×10^6～1×10^7 CFU/mL。

③将 0.5 mL 菌悬液加入 4.5 mL 试验浓度消毒液中混匀计时，到规定作用时间后，从中吸取 0.5 mL 加入 4.5 mL 中和剂(即 1%甘氨酸)中混匀，使之充分中和，10 min 后吸取 0.5 mL 悬液用涂抹法接种于营养琼脂培养基平板上，于 37℃恒温箱中培养 24 h，计数生长菌落。每个样本选择适宜稀释度接种 2 个平皿。

④按照公式计算杀菌率(η)。

$$\eta=\frac{N_1-N_0}{N_1}\times100\%$$

式中：N_1 为消毒前活菌数；N_0 为消毒后活菌数。

⑤将结果记入下表：

菌种	戊二醛浓度/(g/L)	作用不同时间的杀菌率/%		
		5 min	10 min	20 min
大肠杆菌	2.5			
	10			
	20			
金黄色葡萄球菌	2.5			
	10			
	20			

注意：实验温度要求在 20～25℃。

【知识链接】

1.《中华人民共和国兽药典兽药使用指南化学药品卷》

2.《中华人民共和国兽药典兽药使用指南生物制品卷》

3.《处方药与非处方药管理办法》
4.《消毒技术规范》
5. 中国兽药信息网 http://www.ivdc.gov.cn
6. 中国兽药协会 http://www.cvda.cn

Project 7

抗寄生虫药理

学习目标

掌握主要抗蠕虫药、抗原虫药及杀虫药的作用，抗蠕虫药、抗原虫药的合理应用，杀虫药的分类及主要药物。

理解抗蠕虫药分类与作用机理，抗球虫药的作用机理；抗寄生虫药物使用注意事项。

【学习内容】

(一)概念

抗寄生虫药是用于驱除或杀灭体内、外寄生虫的药物。根据药物抗虫作用和寄生虫分类,可将抗寄生虫药分为以下几类。

(1)抗蠕虫药　又称驱虫药。根据蠕虫的种类,又可将此类药物分为驱线虫药、驱绦虫药和驱吸虫药。

(2)抗原虫药　根据原虫的种类,分为抗球虫药、抗锥虫药、抗梨形虫药和抗滴虫药。

(3)杀虫药　杀灭体外寄生虫的药物。

(二)理想的抗寄生虫药的条件

(1)安全　抗寄生虫药的治疗指数大于3时,一般认为才有临床应用意义。凡是对虫体毒性大,对宿主毒性小或无毒性的抗寄生虫药是安全的。

(2)高效、广谱　高效是指应用剂量小、驱杀寄生虫的效果好,而且对成虫、幼虫,甚至虫卵都有较高的驱杀效果。广谱是指驱虫范围广。动物寄生虫病多是混合感染,特别是不同类别寄生虫的混合感染,因此在生产实践中需要能同时驱杀多种不同类别寄生虫的药物。

(3)具有适于群体给药的理化特性　以内服途径给药的驱内寄生虫药应无味、无特臭、适口性好。若还能溶于水,则更为理想。用于注射给药者,对局部应无刺激性。杀外寄生虫药应能溶于一定溶媒中,以喷雾等方法群体杀灭外寄生虫。更为理想的广谱抗寄生虫药在溶于一定溶媒中后,以浇淋方法给药或涂擦于动物皮肤上,既能杀灭外寄生虫,又能经透皮吸收后,驱杀内寄生虫。

(4)价格低廉　可在畜牧生产上大规模推广应用。

(5)无残留　食品动物应用后,药物不残留于肉、蛋和乳及其制品中,或可通过遵守休药期等措施,控制药物在动物性食品中的残留。

(三)作用机理

抗寄生虫药的种类繁多,其作用机理亦各不相同。从蠕虫的生化过程和药物的构效关系研究,大概可以归纳为如下几个方面。

(1)抑制虫体内的某些酶　许多抗蠕虫药能抑制虫体内酶的活性,使虫体的代谢过程发生障碍。如左旋咪唑、硝硫氰胺、硫双二氯酚能抑制虫体内延胡索酸还原酶(琥珀酸脱氢酶)的活性,阻断延胡索酸还原为琥珀酸,阻断了能量的产生,导致虫体缺乏能量而死亡;又如有机磷酸酯类能与胆碱酯酶结合,阻碍乙酰胆碱降解,使虫体内乙酰胆碱蓄积,引起虫体兴奋痉挛,最后麻痹死亡。

(2)干扰虫体的代谢　某些抗寄生虫药能直接干扰虫体内的物质代谢过程,如苯并咪唑类药物能抑制虫体微管蛋白的合成,影响酶的分泌,抑制虫体对葡萄糖的利用,导致虫体死亡;氯硝柳胺能干扰虫体氧化磷酸化过程,影响ATP的合成,使绦虫缺乏能量,头节脱离肠壁而排出体外。

(3)作用于虫体的神经肌肉系统　有些抗寄生虫药可直接作用于虫体的神经肌肉系统,影响其运动功能或导致虫体麻痹死亡。例如,哌嗪有箭毒样作用,使虫体肌细胞膜超极化,引起弛缓性麻痹,阿维菌素类则能刺激γ-氨基丁酸(GABA)的释放,使神经肌肉传递受阻,导致虫体产生弛缓性麻痹,最终可引起虫体死亡或排出体外;噻嘧啶能与虫体的胆碱受体结合,产生与乙酰胆碱相似的作用,引起虫体肌肉强烈收缩,导致痉挛性麻痹。

(4)干扰虫体内离子的平衡和转运　聚醚类抗球虫药能与钠、钾、钙等金属阳离子形成亲脂性复合物，使其能自由穿过细胞膜，使子孢子和裂殖子中的阳离子大量蓄积，导致水分过多地进入细胞，使细胞膨胀变形，细胞膜破裂，引起虫体死亡。

(四)应用注意

(1)正确认识和处理好药物、寄生虫和宿主三者之间的关系，合理使用抗寄生虫药。三者之间的关系是互相影响、互相制约的，因而在选用抗寄生虫药时不仅应了解药物对虫体的作用以及其在宿主体内的代谢过程和对宿主的毒性，而且应了解寄生虫的寄生方式、生活史、流行病学和季节动态感染强度及范围；为更好发挥药物的作用，还应熟悉药物的理化性质、剂型、剂量、疗程和给药方法等。

(2)为控制好药物的剂量和疗程，在使用抗寄生虫药进行大规模驱虫前，务必选择少数动物先做驱虫试验，以免发生大批中毒事故。

(3)在防治寄生虫病时，应定期更换不同类型的抗寄生虫药物，以避免或减少因长期或反复使用某些抗寄生虫药而导致虫体产生耐药性。

(4)为避免动物性食品中药物残留危害消费者的健康和造成公害，应熟悉掌握抗寄生虫药物在食品动物体内的分布状况，遵守有关药物在动物组织中的最高残留限量和休药期的规定。

任务三十四　抗蠕虫药

蠕虫可分为线虫、吸虫、绦虫和血吸虫四大类。抗蠕虫药是指能驱除或杀灭畜禽体内蠕虫的药物，又称驱虫药，分为抗线虫药、抗绦虫药、抗吸虫药及抗血吸虫药。

一、抗线虫药

1.苯并咪唑类

本类主要有阿苯达唑、氧阿苯达唑、芬苯达唑、奥芬达唑、氟苯达唑等。

阿苯达唑(Albendazole)

[理化性质]

本品又名丙硫苯咪唑、肠虫清。为白色或类白色粉末；无臭，无味。在冰醋酸中溶解，在乙醇中几乎不溶，在水中不溶。

[药理作用]

本品为广谱、高效、低毒的新型驱虫药。对动物肠道线虫、绦虫、多数吸虫等均有效，可同时驱除混合感染的多种寄生虫。

本品对马的大型圆线虫如普通圆形线虫、无齿圆形线虫、马圆形线虫和多数小型圆形线虫的成虫及幼虫均有高效；对牛、羊消化道寄生的主要线虫的成虫及其幼虫均有较好的驱除作用，治疗剂量时，对牛、羊肝片型吸虫及莫尼茨绦虫亦有良好的作用；对猪蛔虫、后圆线虫、食道口线虫、毛首线虫均有良好效果；对犬蛔虫及犬钩虫、绦虫有特效；对鸡蛔虫成虫及未成熟虫体、鸡赖利绦虫成虫有较好效果;对鹅剑带绦虫、裂口线虫、棘口吸虫有较好疗效。

[**应用**]

用于畜禽线虫病、绦虫病和吸虫病。

[**不良反应**]

可引起犬、猫再生障碍性贫血,并已证实,有致畸作用。

[**制剂、用法与用量**]

阿苯达唑片,内服,一次量,每千克体重,马 5~10 mg;牛、羊 10~15 mg;猪 5~10 mg;犬 25~50 mg;禽 10~20 mg。

休药期:牛 14 天;羊 4 天;猪 7 天;禽 4 天。弃奶期:60 h。

氧阿苯达唑(Albendazole Oxide)

[**理化性质**]

本品为白色或类白色粉末;无臭,无味;在乙醇中极微溶解,在丙酮中几乎不溶,在水中不溶。

[**药理作用**]

本品为阿苯达唑在动物体内的一级氧化代谢产物,是主要起抗线虫作用的活性物质,作用与阿苯达唑相似。

[**应用**]

用于畜禽线虫病和绦虫病。

[**制剂、用法与用量**]

氧阿苯达唑片,内服,一次量,每千克体重,羊 5~10 mg。

休药期:羊 4 天。

芬苯达唑(Fenbendazole)

[**理化性质**]

本品为白色或类白色粉末;无臭,无味。在二甲基亚砜或冰醋酸中溶解,在甲醇中微溶,在水中不溶。

[**药理作用**]

由于本品溶解度较低,因而内服时吸收极少,反刍动物吸收缓慢,单胃动物稍快。吸收后在动物体内代谢为亚砜和砜,主要以原形经粪便排泄。

本品抗虫谱不如阿苯达唑广,作用略强。它不仅对动物胃肠道线虫成虫、幼虫有高度驱虫活性,而且对网尾线虫、矛形双腔吸虫、片形吸虫和绦虫亦有较佳效果。

[**应用**]

用于畜禽线虫病和绦虫病。

[**制剂、用法与用量**]

芬苯达唑片,内服:一次量,每千克体重,马、牛、羊、猪 5~7.5 mg;犬、猫 25~50 mg;禽 10~50 mg。

休药期:牛、羊 21 天;猪 3 天。弃奶期:7 天。

奥芬达唑(Oxfendazole)

[**理化性质**]

本品又名丙氧咪唑,为白色或类白色粉末;有轻微的特殊气味。在甲醇、酮、氯仿、乙醚中微溶,在水中不溶。

[**药理作用**]

内服较易从胃肠道吸收。但反刍动物吸收量明显低于单胃动物,而且舍饲反刍动物比放牧时吸收量多。吸收后奥芬达唑在体内主要的代谢产物是芬苯达唑砜。奥芬达唑对单胃动物主要经尿排泄,而反刍动物有 65%给药量经粪便排泄。经乳汁排泄的虽仅占给药量的 0.6%。

本品为芬苯达唑的衍生物,其驱虫谱大致与芬苯达唑相同,但抗虫活性更强。

[**应用**]

用于畜禽线虫病和绦虫病。

[**制剂、用法与用量**]

奥芬达唑片,内服:一次量,每千克体重,马 10 mg;牛 5 mg;羊 5～7.5 mg;猪 4 mg;犬 10 mg。

休药期:牛、羊、猪 7 天。

2.阿维菌素类

本类为由阿维链霉菌产生的一组新型大环内酯类抗寄生虫药,主要有阿维菌素、伊维菌素、多拉菌素等,具有广谱、高效、安全和用量小等特点。

伊维菌素(Ivermectin)

[**理化性质**]

本品为白色结晶性粉末;微有引湿性;在甲醇、三氯甲烷中易溶,在乙醇或丙酮中溶解,在水中几乎不溶;性质稳定,但易受光线的影响而降解。

[**药理作用**]

本品具有广谱、高效、低毒和用量小的优点,广泛用于马、牛、羊、猪胃肠道线虫、肺线虫和寄生节肢昆虫,犬的肠道线虫、耳螨、疥螨、心丝虫、微丝蚴以及家禽胃肠道线虫和体外寄生虫。

[**应用**]

用于防治家畜线虫病、螨病及其他寄生性昆虫病。

[**不良反应**]

注射部位有不适和暂时性水肿,Collies 品系牧羊犬对本药异常敏感,不宜使用。

[**制剂、用法与用量**]

伊维菌素注射液,皮下注射:一次量,每千克体重,牛、羊 0.2 mg;猪 0.3 mg。

休药期牛、羊 21 天;猪 20 天。弃奶期:20 天。

伊维菌素预混剂,混饲:每 1 000 kg 饲料,猪 2 mg。连用 7 天。

休药期:猪 5 天。

多拉菌素(Doramectin)

[理化性质]

本品为白色或类白色结晶性粉末;无臭,有引湿性。在三氯甲烷或甲醇中溶解,在水中极微溶解。

[药理作用]

本品抗虫谱与伊维菌素相似,抗虫作用比伊维菌素稍强,毒性较小。对胃肠道线虫、肺线虫、眼丝虫、心丝虫感染,体外寄生虫如蝇、蜱、螨等均有效。

[应用]

用于防治家畜线虫病和螨病等体内外寄生虫病。

[制剂、用法与用量]

多拉菌素注射液,肌内注射:一次量,每千克体重,猪 0.3 mg。

休药期:猪 56 天。

阿维菌素(Avermectin)

[理化性质]

本品为白色或淡黄色粉末;无味。在三氯甲烷或丙酮中溶解,在乙醇或甲醇中略溶,在水中几乎不溶。

[药理作用]

本品抗虫谱与伊维菌素相似。作为杀虫剂,对水产和农业昆虫、螨虫以及火蚁具有广谱活性。毒性比伊维菌素稍大。

[应用]

用于治疗家畜线虫病、螨病和寄生性昆虫病。

[制剂、用法与用量]

阿维菌素片,内服:一次量,每千克体重,羊、猪 0.3 mg。

休药期:羊 35 天,猪 28 天。

阿维菌素注射液,皮下注射:一次量,每千克体重,羊 0.2 mg;猪 0.3 mg。

休药期:羊 35 天,猪 28 天。

阿维菌素透皮溶液,浇注或涂擦:一次量,每千克体重,0.1 mL,牛、猪由肩部向后,沿背中线浇注;犬、兔两耳耳背部涂擦。

休药期:牛、猪 42 天。

3.咪唑并噻唑类

本类药物对畜禽主要消化道寄生线虫和肺线虫有效,驱虫范围广,包括四咪唑和左旋咪唑。

左旋咪唑(Levamisole)

[理化性质]

常用其盐酸盐或磷酸盐。为白色或类白色的针状结晶或结晶性粉末;无臭,味苦;在水或乙醇中易溶,三氯甲烷中微溶。

[药理作用]

本品为广谱、高效、低毒驱虫药。对牛、羊主要消化道线虫的成虫有极佳的驱虫作用，如皱胃中的血矛属、奥斯特属线虫，小肠的古柏属、毛圆属、仰口属线虫，大肠食道口属、毛首属线虫及牛的蛔虫，羊丝状网尾线虫等。对猪、鸡、猫、犬的蛔虫及其他肠道线虫的成虫有良好的作用。但对消化道寄生虫的幼虫及童虫驱虫效果没有成虫高。左旋咪唑对马的蛔虫有高效驱虫效果，但对大型圆线虫驱除效果差。

本品除了具有驱虫活性外，还有免疫增强作用。它可恢复外周 T 淋巴细胞的细胞介导免疫功能，兴奋单核细胞的吞噬作用，对免疫功能受损的动物作用更明显。

[应用]

用作牛、羊、猪、犬、猫和禽的胃肠道线虫、肺线虫以及犬心丝虫和猪肾虫感染的治疗。其次也用于免疫功能低下动物的辅助治疗和提高疫苗的免疫效果。

[注意事项]

本品对牛、羊、猪、禽安全范围较大，马较敏感，对骆驼十分敏感，宜禁用。中毒时可用阿托品解救。

[制剂、用法与用量]

盐酸左旋咪唑片，内服：一次量，每千克体重，牛、羊、猪 7.5 mg；犬、猫 10 mg；家禽 25 mg。

休药期：牛 2 天，羊、猪 3 天，禽 28 天。

盐酸左旋咪唑注射液，皮下、肌内注射：一次量，每千克体重，牛、羊、猪 7.5 mg；犬、猫 10 mg；家禽 25 mg。

休药期：牛 14 天，羊、猪 28 天。

4. 四氢嘧啶类

双羟萘酸噻嘧啶(Pyrantel Pamoate)

[理化性质]

本品为淡黄色粉末；无臭，无味；在乙醇中极微溶解，在水中几乎不溶。

[药理作用]

本品为广谱抗线虫药。可以驱除马的普通圆线虫、圆形线虫、副蛔虫和胎生普氏线虫。也可用于驱除犬的蛔虫如犬弓蛔虫、狮弓蛔虫，钩虫如犬钩口线虫、狭窄钩虫和胃线虫如泡翼线虫属。对猫类似寄生虫也有驱除作用。

[应用]

用于治疗家畜胃肠道线虫病。

[制剂、用法与用量]

双羟萘酸噻嘧啶片，内服：一次量，每千克体重，马 7.5～15 mg；犬、猫 5～10 mg。

5. 哌嗪类

磷酸哌嗪(Piperazine Phosphate)

[理化性质]

本品为白色鳞片状结晶或结晶性粉末；无臭，味微酸带涩；在沸水中溶解，在水中略溶，在乙醇、三氯甲烷或乙醚中不溶。

[药理作用]

本品能使虫体肌肉麻痹，丧失附着肠管和逆行的能力，随粪便排出体外。对畜禽蛔虫、食道口线虫、毛细线虫的成虫驱除效果好，对其幼虫驱除效果差，对宿主毒性小，安全性高。

[应用]

主要用于畜禽蛔虫病，也用于马蛲虫病及毛首线虫病。

[制剂、用法与用量]

磷酸哌嗪片，内服：一次量，每千克体重，马、猪 0.2～0.25 g；犬、猫 0.07～0.1 g；禽 0.2～0.5 g。

休药期：猪 21 天，禽 14 天。

6.有机磷化合物

本类中一些低毒的化合物可用于驱虫，有敌百虫、哈罗松、库马磷等，其中敌百虫、哈罗松应用较多。

精制敌百虫(Purified Metrifonate)

[理化性质]

本品为白色结晶或结晶性粉末；在空气中易吸湿、结块或潮解。在水中易溶，水溶液呈酸性反应，性质不稳定，使用前宜新鲜配置。敌百虫在碱性水溶液中易转化成敌敌畏而毒性增强。

[药理作用]

本品驱虫范围广，对消化道内的大多数线虫及少数吸虫、血吸虫有良好的效果，如蛔虫、血矛线虫、毛首线虫、食道口线虫、仰口线虫、圆形线虫、姜片吸虫。也可用于马胃蝇蛆、羊鼻蝇蛆等。本品杀灭体表及环境中外寄生虫的作用也很强。外用可杀死疥螨；对蚊、蝇、蚤等昆虫有胃毒和接触毒；对钉螺、血吸虫卵和尾蚴也有显著的杀灭效果。

[注意]

本品对哺乳动物的毒性较低，但由于安全范围小，应用过量容易引起中毒。各种动物对敌百虫的敏感性不同，以猪、马较能耐受，羊次之，牛较敏感，宜慎用；家禽最敏感，不宜应用；幼畜较成年家畜感受性高。

[制剂、用法与用量]

精制敌百虫片，内服：一次量，每千克体重，牛 20～40 mg；马 30～50 mg；绵羊、猪 80～100 mg；山羊 50～70 mg。极量：内服，一次量，马 20 g；牛 15 g。

休药期：28 天。

二、抗绦虫药

抗绦虫药根据其作用可分为杀绦虫药和驱绦虫药。能使绦虫在寄生部位死亡的药物称为杀绦虫药，促使绦虫排出体外的药物称为驱绦虫药。驱绦虫药通常是干扰绦虫的头节吸附于胃肠黏膜，并干扰虫体的蠕动，使其不能保持在胃肠道中。很多天然有机化合物都属于驱绦虫药，能暂时麻痹虫体，需借助泻药作用将虫体排出体外，否则，绦虫可能再次吸附于肠壁。现代合成药物大多具有杀绦虫作用，能在原寄生部位将虫体杀死。

氯硝柳胺(Niclosamide)

[理化性质]

本品又名灭绦灵。为淡黄色粉末；无臭，无味。在乙醇、三氯甲烷或乙醚中微溶，在水中几乎不溶。置空气中易呈黄色。

[药理作用]

本品内服吸收少，肠道内浓度高。主要从粪便排泄。

本品具有灭绦范围广、驱虫效果良好、毒性低、使用安全等优点。对牛、羊的莫尼茨绦虫、无卵黄腺绦虫及条纹绦虫，对马的裸头绦虫、叶状裸头绦虫和侏儒副裸头绦虫，鸡的绦虫、鱼的绦虫(裂头绦虫)及犬的带属绦虫均有效。对牛、羊的前后盘吸虫亦有良好的效果。

本品还有较强的杀钉螺(血吸虫中间宿主)作用，对螺卵和尾蚴也有杀灭作用。

[应用]

用于畜禽绦虫病，反刍动物的同盘吸虫感染。

[不良反应]

本品安全范围较广，牛、羊、马应用安全；犬、猫稍敏感；鱼类敏感，易中毒致死。

[制剂、用法与用量]

氯硝柳胺片，内服：一次量，每千克体重，牛 40～60 mg；羊 60～70 mg；犬、猫 80～100 mg；禽 50～60 mg。

休药期：牛、羊 28 天。

氢溴酸槟榔碱(Arecoline Hydrobromide)

[理化性质]

本品为白色或淡黄色结晶性粉末；无臭，味苦，性质较稳定。在水或乙醇中易溶，在三氯甲烷或乙醚中微溶。

[药理作用]

槟榔碱对绦虫肌肉有较强的麻痹作用，使虫体失去附着能力，同时增强宿主肠蠕动，有利于麻痹虫体迅速排除。对犬的细粒棘球绦虫、豆状带绦虫、泡状带绦虫、绵羊带绦虫和多头绦虫有效，对鸡的赖利绦虫，鸭、鹅剑带绦虫具有较好的驱除效果。

[应用]

主要用于驱除犬细粒棘球绦虫和带属绦虫，也可用于驱除家禽绦虫。

[注意事项]

治疗量能使犬产生呕吐或腹泻症状，多可自愈。猫使用后可使支气管大量分泌引发窒息。

[制剂、用法与用量]

氢溴酸槟榔碱片，内服：一次量，每千克体重，犬 2 mg；鸡 3 mg；鸭、鹅 1～2 mg。

三、抗吸虫药

硝氯酚(Niclofolan)

[**理化性质**]

本品又名拜耳-9015,为黄色结晶性粉末;无臭。在丙酮、三氯甲烷或氢氧化钠中溶解,在乙醇中微溶,在水中不溶。

[**药理作用**]

本品对牛、羊片形吸虫成虫有很好的驱杀作用,具有高效、低毒、用量小的特点,对片形吸虫的幼虫虽然有效,但需要较高剂量,且不安全。硝氯酚对各种前后盘吸虫移行期幼虫也有较好效果。

[**应用**]

用于牛、羊片形吸虫病。

[**不良反应**]

本品对动物比较安全,治疗量一般不出现不良反应。剂量过大可能出现中毒症状,如体温升高、心率加快、呼吸增数,严重时呼吸困难而死。黄牛对本品较耐受,而羊则较敏感。

[**制剂、用法与用量**]

硝氯酚片,内服:一次量,每千克体重,黄牛 3~7 mg;水牛 1~3 mg;羊 3~4 mg。

休药期:28 天。

碘醚柳胺(Rafoxanide)

[**理化性质**]

本品为灰白色至棕色粉末。本品在丙酮中溶解,在醋酸乙醚或三氯甲烷中略溶,在甲醇中微溶,在水中不溶。

[**药理作用**]

本品内服后迅速由小肠吸收而进入血液,24~48 h 达血药峰值。在牛、羊体内不被代谢,血浆蛋白结合率极高(大于 99%),具有很长的半衰期(16.6 天),牛一次内服 15 mg/kg 体重,用药 28 天后可食用组织测不到残留药物。

本品对肝片吸虫和大片形吸虫的成虫具有杀灭作用,对未成熟虫体也有很高的活性。此外,对牛血矛线虫、仰口线虫成虫,对羊肝片吸虫的成虫和未成熟虫体及羊鼻蝇蛆的各期寄生虫均有很高的有效率。

[**注意**]

本品毒性很小,安全范围广。为彻底消除未成熟虫体,用药 3 周后,最好再重复用药 1 次。泌乳期禁用。

[**应用**]

用于治疗牛、羊肝片吸虫病。

[**制剂、用法与用量**]

碘醚柳胺混悬液,内服:一次量,每千克体重,牛、羊 7~12 mg。

休药期：牛、羊 60 天。

硝碘酚腈(Nitroxinil)

［**理化性质**］

本品为淡黄色粉末；无臭或几乎无臭。在乙醚中略溶，在乙醇中微溶，在水中不溶。

［**药理作用**］

本品对牛、羊肝片吸虫、大片形吸虫成虫有驱杀效果，但对未成熟的虫体效果差。对伊维菌素类和苯并咪唑类有抗性的羊捻转血矛线虫虫株仍然有效。

［**应用**］

用于羊肝片吸虫病、胃肠道线虫病。

［**制剂、用法与用量**］

硝碘酚腈注射液，皮下注射：一次量，每千克体重，羊 10 mg。

休药期：羊 30 天。弃奶期：5 天。

三氯苯达唑(Triclabendazole)

［**理化性质**］

本品又称三氯苯咪唑，为白色或类白色粉末；微有臭味；在丙酮中易溶，甲醇中溶解，三氯甲烷中微溶，水中不溶。

［**药理作用**］

本品为苯并咪唑类中专用于抗片形吸虫病的药物，对各种日龄的肝片吸虫均有明显杀灭效果，是比较理想的杀肝片吸虫药。对牛、羊大片形吸虫、前后盘吸虫亦有效，对鹿肝片吸虫有高效。本品毒性较小，治疗量对动物无不良反应，与左旋咪唑联合应用时，安全有效。

［**应用**］

用于治疗牛、羊肝片吸虫病。

［**制剂、用法与用量**］

三氯苯达唑片、三氯苯达唑颗粒，内服：一次量，每千克体重，牛 12 mg；羊、鹿 10 mg。

休药期：牛、羊 56 天。

三氯苯达唑混悬液，内服：一次量，每千克体重，牛 6～12 mg；羊 5～10 mg。

休药期：牛、羊 56 天。

溴酚磷(Bromophenophos)

［**理化性质**］

本品为白色或类白色结晶性粉末；在甲醇或丙酮中易溶，在水、三氯甲烷、乙醚或苯中几乎不溶。

［**药理作用**］

本品属于有机磷酸酯类抗肝片吸虫药。不仅对牛、羊肝片形吸虫的成虫有效(85%～100%)，而且对肝实质内移行期幼虫也有效。对动物园饲养的反刍动物(鹿、牛羚、驼等)的肝片吸虫，按 12～16 mg/kg 体重剂量给药，虫卵转阴率为 100%，但对寄生于瘤胃的前后盘吸虫无效。

[应用]

用于防治牛、羊肝片吸虫病。

[制剂、用法与用量]

溴酚磷片、溴酚磷粉,内服:一次量,每千克体重,牛 12 mg;羊 12～16 mg。

休药期:牛、羊 21 天。弃奶期:5 天。

四、抗血吸虫药

动物血吸虫病是由分体属吸虫和东毕属吸虫引起的。吡喹酮具有高效、低毒、疗程短、内服有效等特点,是血吸虫病防治的首选药物之一。其他具有抗血吸虫作用的药物有硝硫氰胺、硝硫氰醚、没食子酸锑钠、敌百虫等。

吡喹酮(Praziquantel)

[理化性质]

本品又名环吡异喹酮,为白色或类白色结晶性粉末;几乎无臭,味苦,有吸湿性。在三氯甲烷中易溶,在乙醇中溶解,在水或乙醚中不溶。

[药理作用]

本品内服后几乎全部迅速由消化道吸收,但有显著的首过效应。吸收后药物广泛分布于所有组织器官,甚至能透过大鼠血脑屏障,且能进入犬的胆汁。在动物组织器官内广泛分布。肝中代谢为无活性代谢产物后经肾排泄。

本品具有广谱抗血吸虫和抗绦虫作用。对各种绦虫的成虫具有极高的活性,对幼虫也具有良好的活性;对血吸虫有很好的驱杀作用。对羊莫尼茨绦虫、球点斯泰绦虫和无卵黄腺绦虫有驱杀效果,对胰阔盘吸虫和矛形双腔吸虫有效;对牛、羊的细颈囊尾蚴和日本分体血吸虫也有很好的效果;对猪的细颈囊尾蚴有较好的效果;另外,对犬、猫、禽的各种绦虫均有高效。

[应用]

主要用于动物的血吸虫病,也用于绦虫病和囊尾蚴病。

[不良反应]

高剂量时,部分牛出现体温升高、肌肉震颤、臌气等。

[制剂、用量与用法]

吡喹酮片,内服:一次量,每千克体重,牛、羊、猪 10～35 mg;犬、猫 2.5～5 mg;禽 10～20 mg。

休药期:28 天。弃奶期:7 天。

任务三十五　抗原虫药

畜禽原虫病是由单细胞原生动物所引起的一类寄生虫病,主要有球虫病、锥虫病、梨形虫病及弓形虫病等。临床上多表现为急性或亚急性经过。对畜禽危害较严重,有时会造成畜禽大批死亡，直接危害畜牧业的发展。

抗原虫药可分为抗球虫药、抗锥虫药、抗梨形虫药及抗滴虫药。

一、抗球虫药

球虫病是球虫寄生于胆管或肠道上皮细胞的一种原虫病，以消瘦、贫血、下痢、便血为主要临床特征。严重危害雏鸡、犊牛、羔羊、幼兔的生长发育，甚至造成大批雏鸡、幼兔死亡。危害最大的是艾美耳属的 9 种球虫，其次是等孢属球虫。

抗球虫药种类很多，作用峰期（指药物对球虫发育起作用的主要阶段）各不相同。作用于第一代无性增殖的药物，如氯羟吡啶、离子载体类抗生素，预防性强，但不利于动物形成对球虫的免疫力。作用于第二代裂殖体的药物，如磺胺喹噁啉、磺胺氯吡嗪、尼卡巴嗪、托曲珠利、二硝托胺，既有治疗作用又对动物抗球虫免疫力的形成影响不大。

不论何种球虫药，长期反复使用均可诱发明显的耐药性。为了避免或减少耐药性产生，抗球虫药通常采用轮换用药、穿梭用药或联合用药等方式。轮换用药是指一种抗球虫药连用数月后，换用另一种作用机理不同的药。穿梭用药是指在同一个饲养期内，换用两种或两种以上不同性质的药物。例如，初期使用一种药，如盐霉素、马杜米星等聚醚类抗生素，后期使用另一种药，如地克珠利。联合用药是指在同一个饲养期内使用两种或两种以上抗球虫药，通过药物间的协同作用既可延缓耐药虫株的产生，又可增强药效或减少用量。值得注意的是，不得采用加大剂量的办法以避免耐药性，因为加大剂量不仅会增强毒副作用，而且还影响对球虫免疫力的形成，甚至造成药物在可食性组织残留。

磺胺喹噁啉(Sulfaquinoxaline)

［**理化性质**］

本品为淡黄色或黄色粉末；无臭。在乙醇中极微溶解，在水或乙醚中几乎不溶，在氢氧化钠试液中易溶。

［**药理作用**］

本品是抗球虫的专用磺胺药。对鸡的巨型、布氏和堆型艾美耳球虫作用最强，对柔嫩和毒害艾美耳球虫作用较弱，需用高剂量才能见效。常与氨丙啉或二甲氧苄啶合用，以增强疗效。作用峰期是第二代裂殖体（球虫感染的第 3～4 天），不影响禽产生球虫免疫力。有一定的抑菌活性，可预防球虫的继发感染。

［**应用**］

用于禽类球虫病。

［**制剂、用法与用量**］

磺胺喹噁啉钠可溶性粉，混饮：每升水，禽 3～5 g。

休药期：10 天。

磺胺喹噁啉二甲氧苄啶预混剂，混饲：每 1 000 kg 饲料，鸡 500 g。

休药期：10 天。

磺胺氯吡嗪钠(Sulfchlorpyrazine Sodium)

[**理化性质**]

本品又名三字球虫粉,为白色或淡黄色粉末;无味。在水或甲醇中溶解,在乙醇或丙酮中微溶,在三氯甲烷中不溶。

[**药理作用**]

本品内服后在消化道迅速吸收,3～4 h血药浓度达峰值,并迅速经尿排泄。

本品为磺胺类抗球虫药,多在球虫暴发时短期应用。抗球虫的活性峰期是球虫第二代裂殖体,对第一代裂殖体也有一定作用,但对有性周期无效。其作用机理同磺胺喹噁啉。

[**应用**]

用于治疗羊、鸡、兔球虫病。

[**注意**]

本品毒性虽较磺胺喹噁啉低,但长期应用仍会出现磺胺药中毒症状,因此肉鸡只能按推荐浓度,连用3天,最多不得超过5天。

[**制剂、用法与用量**]

磺胺氯吡嗪钠可溶粉,混饮:每升水,肉鸡、火鸡1 g。混饲:每1 000 kg饲料,肉鸡、火鸡2 000 g,连用3天。

休药期:火鸡4天,肉鸡1天。

地克珠利(Diclazuril)

[**理化性质**]

本品又名杀球灵,化学名为氯嗪苯乙氰。为类白色或淡黄色粉末;几乎无臭。在二甲基甲酰胺中略溶,在水、乙醇中几乎不溶。

[**药理作用**]

本品为三嗪类广谱抗球虫药,具有杀球虫效应,对球虫发育的各个阶段均有作用。作用峰期在子孢子和第一代裂殖体的早期阶段。对鸡的柔嫩、堆型、毒害、布氏、巨型等艾美耳球虫,鸭和兔的球虫均有良好的效果。

[**应用**]

用于预防禽、兔球虫病。

[**注意**]

长期使用易诱导耐药性产生,宜穿梭用药或短期用药。

[**制剂、用法与用量**]

地克珠利预混剂,混饲:每1 000 kg饲料,禽、兔1 g。

休药期:鸡5天。

地克珠利溶液,混饮:每升饮水,禽0.5～1 mg。

休药期:鸡5天。

托曲珠利(Toltrazuril)

[理化性质]

本品为白色或类白色结晶性粉末;无臭。在三氯甲烷中溶解,在甲醇中略溶,在水中不溶。

[药理作用]

本品为三嗪酮类广谱抗球虫药。对鸡的柔嫩、堆型、毒害、布氏、巨型、和缓等艾美耳球虫,以及火鸡的腺状、大艾和小艾等艾美耳球虫均有杀灭作用,对其他抗球虫药耐药虫株也有效,对哺乳动物的球虫、住肉孢子虫和弓形虫也有一定效果。主要作用于球虫裂子生殖和配子生殖阶段,对球虫的两个无性生殖周期均有作用,如抑制裂殖体、小配子体的核分裂和小配子体的壁形成体。不影响鸡对球虫产生免疫力。

[应用]

用于治疗和预防禽球虫病。

[制剂、用法与用量]

托曲珠利溶液,混饮:每升水,鸡 25 mg,连用 2 天。

休药期:鸡 8 天。

莫能菌素(Monensin)

[理化性质]

本品为白色或类白色结晶性粉末。在甲醇、乙醇、氯仿中易溶,在水中几乎不溶。

[药理作用]

本品在牛和家禽肠道内吸收极少,经粪便排泄的药物及代谢产物约占给药量的 99%。

本品为单价聚醚离子载体抗生素,具有广谱抗球虫作用。其作用机理是能与球虫体内 Na^+、K^+、Ca^{2+} 等金属离子形成亲脂性络合物,这种亲脂性络合物容易进入生物膜的脂质层,使线粒体内部的 Na^+、K^+ 等阳离子有选择性地流出膜外,妨碍离子正常平衡或转运,影响细胞的渗透压,导致球虫细胞崩解;细胞内外离子浓度发生变化,使球虫的代谢环境发生变化,各种代谢物的摄取与排泄出现障碍。这种对球虫细胞的杀伤作用属不可逆性的。其活性主要是在球虫生活周期最初两天,抑制子孢子或第一代裂殖体。此外,莫能菌素对产气荚膜芽孢梭菌有抑杀作用,可防止坏死性肠炎发生。此外,对肉牛有促生长效应。

[应用]

用于预防鸡球虫病,促进肉牛生长,辅助缓解奶牛酮病症状,提高产奶量。

[药物相互作用]

本品通常不宜与其他抗球虫药并用,因并用后常使毒性增强。泰妙菌素能明显影响莫能菌素的代谢,导致雏鸡体重减轻,甚至中毒死亡。

[制剂、用法与用量]

莫能菌素预混剂,混饲:每 1 000 kg 饲料,鸡 90～110 g;肉牛一日量,每头 0.2～0.36 g;奶牛(泌乳期)一日量,每头 0.15～0.45 g。

休药期:5 天。

盐霉素(Salinomycin)

[理化性质]

本品又名沙利霉素、优素精。为白色或淡黄色结晶性粉末;微有特异臭味。在甲醇、乙醇、丙酮、乙醚、氯仿中易溶,在正己烷中微溶,在水中不溶。

[药理作用]

鸡内服盐霉素,在消化道内极少吸收。肝、肾、小肠含量相对较高,其他组织含量极微。进入体内的盐霉素,在肝中迅速代谢,并由小肠分泌经粪便排出体外,通常 48 h 后排泄率为 94.6%。

本品属单价聚醚离子载体抗生素。其抗球虫效应大致与莫能菌素相似。亦可用作猪促生长剂,但安全范围较窄,使用受到限制。对鸡球虫的子孢子以及第一、二代裂殖子均有明显作用。

[应用]

用于防治畜禽球虫病,也用于畜禽促生长。

[制剂、用法与用量]

盐霉素钠预混剂,混饲:每 1 000 kg 饲料,鸡 60 g;牛 10～30 g;猪 25～75 g。

休药期:牛、猪、鸡 5 天。

拉沙洛西钠(Lasalocid Sodium)

[理化性质]

本品为白色或类白色粉末;有特臭。在三氯甲烷或甲醇中溶解,在水中极微溶解。

[药理作用]

本品为二价聚醚离子载体抗生素,可捕获和释放二价阳离子。除对鸡堆型艾美耳球虫作用稍差外,对柔嫩、毒害、巨型及和缓等艾美耳球虫作用较强。对球虫子孢子、第一代和第二代裂殖子均有抑杀作用。此外,还能促进动物生长,增加体重和提高饲料转化率。

[应用]

用于防治鸡球虫病,提高肉牛的饲料转化率。

[制剂、用法与用量]

拉沙洛西钠预混剂,混饲:每 1 000 kg 饲料,鸡 75～125 g;肉牛 10～30 g。

休药期:牛 0 天、鸡 3 天。

马杜米星(Maduramicin)

[理化性质]

本品又名马杜霉素,为白色或类白色结晶性粉末;有微臭。在甲醇、乙醇或氯仿中易溶,在水中不溶。

[药理作用]

本品为一价单糖苷离子载体抗球虫药。抗球虫谱广,其活性较其他聚醚类抗生素强。对鸡的柔嫩、毒害、巨型、堆型、布氏及变位等艾美耳球虫有高效,也能控制对其他聚醚类抗生素具有耐药性的虫株。能干扰球虫发育的子孢子、第一代裂殖体。

[应用]

用于预防鸡球虫病。

[注意]

牛、羊、猪等敏感,易中毒。

[制剂、用法与用量]

马杜米星铵预混剂,混饲:每 1 000 kg 饲料,鸡 500 g。

休药期:鸡 5 天。

二硝托胺(Dinitolmide)

[理化性质]

本品又名硝苯酚胺或球痢灵,为淡黄色或淡黄褐色粉末;无臭,味苦。在丙酮中溶解,在乙醇中微溶,在三氯甲烷或乙醚中极微溶解,在水中几乎不溶。

[药理作用]

对鸡多种艾美耳球虫,如毒害、柔嫩、布氏、巨型和堆型艾美耳球虫有效果,特别是对柔嫩、毒害艾美耳球虫作用最强,但本品对堆型艾美耳球虫作用稍差。作用峰期在感染后的第 3 天,不影响机体对球虫的免疫力。

[制剂、用法与用量]

二硝托胺预混剂,混饲:每 1 000 kg 饲料,鸡 500 g。

休药期:鸡 3 天。

尼卡巴嗪(Nicarbazine)

[理化性质]

本品又名球虫净,为黄色或黄绿色粉末;无臭,稍具异味。在二甲基甲酰胺中微溶,在水、乙醇、乙酸乙酯、三氯甲烷、乙醚中不溶。

[药理作用]

本品对鸡多种艾美耳球虫,如毒害、脆弱、柔嫩、布氏、巨型和堆型艾美耳球虫有良好的效果。作用峰期在感染后的第 4 天。球虫对本品不易产生耐药性,对其他药物耐药的虫体,使用本品仍有效。

[应用]

用于防治鸡、火鸡球虫病。

[用法与用量]

尼卡巴嗪预混剂,混饲:每 1 000 kg 饲料,鸡 1 000 g。

休药期:鸡 4 天。

氨丙啉(Amprolium)

[理化性质]

本品为白色或类白色粉末,无臭或几乎无臭。在水中易溶,在乙醇中微溶,在乙醚中极微溶解,在三氯甲烷中不溶。

［药理作用］

本品为广谱抗球虫药，机理是与硫胺素有相似的化学结构，可竞争性抑制虫体对硫胺素的摄取，妨碍虫体糖代谢，抑制了球虫发育。

本品对各种球虫均有作用，其中对柔嫩与堆型艾美耳球虫作用最强，对毒害、布氏、巨型、和缓艾美耳球虫作用较弱。作用峰期在感染后的第3天，是阻止第一代裂殖体形成裂殖子，此外，对球虫有性周期和孢子形成的卵囊也有抑杀作用。

［注意］

混饲浓度过高会引起动物维生素B_1缺乏症。

［应用］

用于防治鸡球虫病。

［制剂、用法与用量］

盐酸氨丙啉可溶性粉，混饮：每升水，鸡1.2 g，连用5～7天。

休药期：7天。

复方盐酸氨丙啉可溶性粉，混饮：每升水，鸡0.5 g，治疗时连用3天，停2～3天，再用连用2～3天；预防时连用2～4天。

休药期：7天。

盐酸氨丙啉乙氧酰胺苯甲酯预混剂，混饲：每1 000 kg饲料，鸡500 g。

休药期：3天。

氯羟吡啶(Clopidol)

［理化性质］

本品又名克球粉或可爱丹，为白色或类白色粉末；无臭。在甲醇或乙醇中极微溶解，在水、丙酮、乙醚或苯中不溶；在氢氧化钠试液中微溶。

［药理作用］

对鸡的柔嫩、毒害、布氏、巨型、堆型、和缓和早熟等艾美耳属球虫有效，特别是对柔嫩艾美耳球虫作用最强，对兔球虫也有一定效果。对球虫的作用峰期主要在子孢子发育阶段，即感染后的第1天。在用药后60天内，可使子孢子在上皮细胞内不能发育。对球虫仅是抑制作用，停药后，子孢子即能重新发育成长。能使宿主对球虫的免疫力明显降低。

［应用］

用于预防禽、兔球虫病。

［制剂、用法与用量］

氯羟吡啶预混剂，混饲：每1 000 kg饲料，鸡500 g，兔800 g。

休药期：鸡、兔5天。

复方氯羟吡啶预混剂，混饲：每1 000 kg饲料，鸡500 g。

休药期：鸡7天。

二、抗锥虫药

家畜锥虫病是由寄生于血液和组织细胞间的锥虫引起的一类疾病。危害马、牛和骆驼的锥虫主要有伊氏锥虫和马媾疫锥虫。防控本类疾病，除应用抗锥虫药消灭虫体外，杀灭蠓及其他吸血昆虫等中间宿主也是重要的综合防治措施之一。应用本类药物治疗锥虫病时应联合用药并保证剂量充足。

三氮脒(Diminazene Aceturate)

[**理化性质**]

本品又名贝尼尔或血虫净，为黄色或橙色结晶性粉末；无臭，遇光、遇热变为橙红色。在水中溶解，在乙醇中几乎不溶，在三氯甲烷及乙醚中不溶。

[**药理作用**]

本品对家畜锥虫、梨形虫和边虫(无形体)均有治疗作用，但预防效果较差。对驽巴贝斯虫、马巴贝斯虫、牛双芽巴贝斯虫、牛巴贝斯虫、柯契卡巴贝斯虫和羊巴贝斯虫等梨形虫效果显著，对牛环形泰勒虫、边虫、马媾疫锥虫、水牛伊氏锥虫亦有一定的治疗作用，但对其他梨形虫预防效果不佳。

[**应用**]

用于家畜巴贝斯虫梨形虫、泰勒梨形虫病，伊氏锥虫病和媾疫锥虫病。

[**注意**]

本品毒性较大，安全范围小，治疗量有时也会出现不良反应。骆驼对本品敏感，以不用为宜；马较敏感，用大剂量时应慎重；水牛较黄牛敏感，特别是连续应用时，易出现毒性反应。

[**制剂、用法与用量**]

注射用三氮脒，肌内注射：一次量，每千克体重，马 3～4 mg；牛、羊 3～5 mg，临用前配成 5%～7%灭菌溶液。

休药期：牛、羊 28 天。弃奶期：7 天。

甲硫喹嘧胺(Quinapyramine Dimetilsulfate)

[**理化性质**]

本品为白色或微黄色结晶性粉末；无臭、味苦。在水中易溶，在有机溶剂中几乎不溶。

[**药理作用**]

本品注射后吸收迅速；进入机体后分布较广，尤以肝、肾分布较多。

本品抗锥虫谱较广，对伊氏锥虫、马媾疫锥虫、刚果锥虫和活跃锥虫等作用明显，但对布氏锥虫作用较差。

[**应用**]

主要用于防治马、牛、骆驼伊氏锥虫病和马媾疫。

[**注意**]

常与喹嘧氯胺混合应用，在流行地区作预防给予，通常用药一次，对马有效预防可维持 3 个月，对骆驼则为 3～5 个月。

[**制剂、用法与用量**]

注射用喹嘧胺，肌内、皮下注射：一次量，每千克体重，马、牛、骆驼 4～5 mg。临用前配成 10%水悬液。

喹嘧氯胺(Quinapyramine Dichloride)

［理化性质］

本品为白色或微黄色结晶性粉末；无臭、味苦。在热水中略溶，在水中微溶，在有机溶剂中几乎不溶。

［药理作用］

本品抗锥虫作用与甲硫喹嘧胺相似，但肌内或皮下注射吸收缓慢，因此适用于预防用药。

［应用］

主要用于家畜锥虫病。

［制剂、用法与用量］

注射用喹嘧胺，肌内、皮下注射：一次量，每千克体重，马、牛、骆驼 4～5 mg。临用前配成 10％水悬液。

三、抗梨形虫药

梨形虫(曾称焦虫)病是一种寄生于红细胞内的原虫病，以蜱或其他吸血昆虫为媒介进行传播，常发生于马、牛等动物。牛、羊常见的梨形虫主要有双芽巴贝斯虫、牛巴贝斯虫、分歧巴贝斯虫、牛泰勒虫、羊泰勒虫和牛无浆体；马主要有驽巴贝斯虫、马巴贝斯虫；犬主要有犬巴贝斯虫、吉氏巴贝斯虫等。梨形虫病症状基本相似，如发热、贫血、黄疸。

硫酸喹啉脲(Quinurone Sulfate)

［理化性质］

本品为淡黄绿色或黄色粉末；在水中易溶，在乙醚、三氯甲烷中几乎不溶。

［药理作用］

本品对家畜的巴贝斯虫有特效。对马巴贝斯虫、驽巴贝斯虫、牛双芽巴贝斯虫、牛巴贝斯虫、羊巴贝斯虫、猪巴贝斯虫和犬巴贝斯虫等均有良好的效果。一般于用药后 6～12 h 出现药效，12～36 h 体温下降，患畜症状改善，外周血液内原虫消失。本品对牛早期的泰勒虫病有一些效果，对无浆体效果差。

［应用］

主要用于家畜巴贝斯虫病。

［不良反应］

毒性较大，大剂量使用可发生血压骤降，导致休克死亡。禁止静脉注射。

［制剂、用法与用量］

硫酸喹啉脲注射液，肌内、皮下注射：一次量，每千克体重，马 0.6～1 mg；牛 1 mg；羊、猪 2 mg；犬 0.25 mg。

青蒿琥酯(Artesunate)

[理化性质]

本品系菊科黄花蒿中的提取物,为白色结晶性粉末;无臭,几乎无味。在乙醇、丙酮或三氯甲烷中易溶,在水中略溶。

[药理作用]

本品具有抗牛、羊泰勒虫及双芽巴贝斯虫的作用,并能杀灭红细胞配子体,减少细胞分裂及虫体代谢产物的致热原作用。

[应用]

主要用于牛、羊泰勒虫病。

[制剂、用法与用量]

青蒿琥酯片,内服:每千克体重,牛 5 mg;首次剂量加倍,一日 2 次,连用 2～4 天。

双脒苯脲(Imidocarb)

[理化性质]

常用其二盐酸盐或二丙酸盐,均为无色粉末,在水中易溶。

[药理作用]

本品为新型抗梨形虫药,兼有预防及治疗作用。其疗效和安全范围都优于三氮脒,且毒性较其他抗梨形虫药小,但应用治疗剂量时,仍有某些动物出现类似抗胆碱脂酶作用的不良反应,一般能自行恢复。

[应用]

用于治疗或预防牛、马、犬巴贝斯虫病。

[制剂、用法与用量]

二丙酸双脒苯脲注射液,皮下、肌内注射:一次量,每千克体重,马 2.2～5 mg;牛 1～2 mg;犬 6 mg。

四、抗滴虫药

甲硝唑(Metronidazole)

[理化性质]

本品又名灭滴灵,为白色或微黄色结晶或结晶性粉末;有微臭,味苦而略咸。在乙醇中略溶,在水或三氯甲烷中微溶,在乙醚中极微溶解。

[药理作用]

本品能迅速自胃肠道吸收,并且在组织中能很快达到高浓度,因而保证了对腔内外原虫的有效抗虫活性。在肝中以氧化和葡糖醛酸结合的形式代谢,主要经肾排泄,少量出现在唾液和乳汁中。具有抗滴虫、球虫、贾第虫、阿米巴原虫的作用。此外,还具有抗厌氧菌的作用。

[应用]

用于犬、猫、马的贾第虫病，牛、犬的生殖道毛滴虫病以及家禽的组织滴虫病。

[注意]

剂量太大，则出现胃炎，恶心，呕吐，白细胞减少甚至神经症状，但通常均能耐过。长期应用时，应监测动物肝、肾功能。

[制剂、用法与用量]

甲硝唑片，内服：一次量，每千克体重，牛 60 mg；犬 25 mg。

甲硝唑注射液，静脉注射：一次量，每千克体重，牛 75 mg；马 20 mg，一日 1 次，连用 3 天。

地美硝唑(Dimetridazole)

[理化性质]

本品为类白色至微黄色粉末；无臭。遇光色渐变深，遇热升华。在三氯甲烷中易溶，在乙醇中溶解，在水中微溶。

[药理作用]

本品具有广谱抗原虫和抗菌作用。对组织滴虫、纤毛虫、阿米巴原虫、厌氧菌、大肠弧菌、猪痢疾蛇形螺旋体有效。

[应用]

用于禽组织滴虫病、猪痢疾蛇形螺旋体病、畜禽肠道和全身厌氧菌感染。

[药物相互作用]

由于本品存在一些毒性反应，不能与其他抗组织滴虫药联合应用。

[注意]

家禽连续应用，以不超过 10 天为宜。产蛋家禽禁用。

[制剂、用法与用量]

地美硝唑预混剂，混饲：每 1 000 kg 饲料，禽 80～500 g；猪 200～500 g(以地美硝唑计)。连续用药，鸡不得超过 10 天。

休药期：3 天。

任务三十六　杀虫药

杀虫药是指能杀灭体外寄生虫，从而防治由此类寄生虫所引起的畜禽皮肤病的一类药物。由螨、蜱、虱、蚤、蝇、蚊等节肢动物引起的畜禽外寄生虫病，不仅直接危害动物，引起贫血，减少增重，降低饲料利用率，影响毛、皮质量，而且更重要的是传播畜禽的某些重要虫媒性疾病，如马传贫、马脑炎、梨形虫病、鸡住白细胞虫病、犬心丝虫病等，给畜牧业造成了很大的经济损失，并危害人类身体健康，因此，选用高效、安全、经济、方便的杀虫药具有极其重要的意义。杀虫药主要包括有机磷类、有机氯类、拟驱虫菊酯类及其他类等。

一、有机磷类

有机磷类药物包括有机磷酸酯类和硫代有机磷酸酯类。其特点是杀虫效力强、杀虫谱广、残效期短，对人、畜毒性一般不大。

二嗪农(Dimpylate)

[理化性质]

本品为无色油状液体，有淡酯香味。在乙醇、丙酮或二甲苯中易溶，在水中难溶；在水和酸性溶液中迅速水解。

[药理作用]

本品为新型的有机磷杀虫、杀螨剂。具有触杀、胃毒、熏蒸和较弱的内吸作用。对各种螨、蝇、虱、蜱有良好杀灭效果，喷洒后在皮肤、被毛上的附着力很强，能维持长期的杀虫作用，一次用药的有效期可达 6～8 周。被吸收的药物在 3 天内从尿和奶中排出体外。

[应用]

主要用于驱杀家畜体表寄生的疥螨、痒螨及蜱、虱等。

[不良反应]

可使动物产生胆碱能神经兴奋症状。

[制剂、用法及用量]

二嗪农溶液，药浴：每升水，牛初液 0.6～0.625 g，补充液 1.5 g；绵羊初液 0.25 g，补充液 0.75 g(以二嗪农计)。

休药期：牛、羊 14 天。弃奶期：3 天。

二嗪农项圈，犬、猫，每只一次 1 条，使用 4 个月。

巴胺磷(Propetamphose)

[理化性质]

本品为棕黄色液体；有异臭；在丙酮等有机溶剂中易溶，在水中极微溶解。

[药理作用]

本品主要通过触杀、胃毒起作用，不仅能杀灭家畜体表寄生虫，如螨、蜱，还能杀灭卫生害虫蚊、蝇等。根据体表杀螨试验，每升中含 20 mg 巴胺磷，经 30 min 螨虫麻痹，3.5 h 全部死亡。患羊螨绵羊药浴(药物浓度为 20 mg/L)，螨虫一般于 2 天后全部死亡。

[应用]

主要驱杀牛、羊、猪等家畜体表螨、蚊、蝇、虱等。

[注意]

对严重感染的羊只，药浴时最好人工辅助擦洗，数日后再药浴一次，效果更好。对家禽、鱼类具明显的毒性。

[制剂、用法与用量]

巴胺磷溶液，喷淋、药浴：每 1 000 L 水，羊 500 mL。

休药期：羊 14 天。

蝇毒磷(Coumaphos)

[理化性质]

本品为微棕色粉末；在丙酮、三氯甲烷或苯中易溶，在乙醇中略溶，在水中不溶。

[药理作用]

本品是有机磷杀虫剂中唯一可用于奶牛的药物。奶牛吸收后大部分经代谢或以原形由粪、尿排泄。乳汁中残留极微。

[应用]

防治牛皮蝇蛆、蜱、螨、虱和蝇等外寄生虫病。

[制剂、用法与用量]

蝇毒磷溶液，外用：配成 0.02%～0.05%的乳剂。

休药期：28 天。

精制马拉硫磷(Purified Malathion)

[理化性质]

本品为无色或浅黄色油状液体；对光稳定，在酸、碱性介质中易水解。在醇、酮中溶解，在水中微溶。

[药理作用]

本品主要以触杀、胃毒和熏蒸杀灭害虫，具有广谱、低毒、使用安全等特点，对蚊、蝇、虱、螨、臭虫均具有杀灭作用。马拉硫磷对害虫的毒力较强，主要在害虫体内被氧化为马拉氧磷，后者抗胆碱酯酶活力增强 1 000 倍。但是，马拉硫磷对人、畜的毒性很低，其原因是马拉硫磷在哺乳动物体内在磷胺酯酶作用下水解，失去活性，而昆虫体内缺乏此酶，马拉硫磷及其氧化产物不能水解失活，故对昆虫的毒性较大。

[应用]

杀灭畜禽体表寄生虫，例如牛皮蝇、牛体虱、羊痒螨、猪疥螨。

[制剂、用法与用量]

精制马拉硫磷溶液，药浴、喷雾：配成 0.2%～0.3%水溶液。

休药期：28 天。

敌敌畏(Dichlorvos)

[理化性质]

本品为淡黄色至淡黄棕色的油状液体；稍带有芳香气味；有挥发性，温度越高，挥发越快。在强碱和热水中易分解，在酸性溶液中比较稳定。在乙醇、丙酮或乙醚中易溶，在水中微溶。

[药理作用]

本品是一种高效、速效和广谱的杀虫剂，对畜禽的多种外寄生虫和马胃蝇、牛皮蝇、羊蝇鼻具有熏蒸、触杀和胃毒三种作用。其杀虫作用比敌百虫强 8～10 倍，毒性亦高于敌百虫。

[应用]

用于杀灭蜱、螨、虱等外寄生虫。

[制剂、用法与用量]

敌敌畏溶液,喷洒、涂擦:配成 0.2%~0.4%溶液。

辛硫磷(Phoxim)

[理化性质]

本品为无色或浅黄色油状液体。在醇、酮中易溶,在水中微溶。在中性和酸性环境中稳定,在碱性环境中分解较快。对光稳定较差,紫外线照射下很快分解。

[药理作用]

本品具有高效、低毒、广谱,杀虫残效期长等特点,对害虫有强触杀及胃毒作用,对蝇、蚊、虱、螨的速杀作用仅次于敌敌畏,强于马拉磷硫、倍硫磷等。

[应用]

用于杀灭猪螨、蜱、虱等外寄生虫。

[制剂、用法与用量]

辛硫磷浇泼剂,外用:每千克体重,猪 30 mg。沿脊背从两耳浇淋到尾根。

休药期:14 天。

甲基吡啶磷(Azamethiphos)

[理化性质]

本品为白色或类白色结晶粉末,有特臭,在甲醇中溶解,在水中微溶。

[药理作用]

本品是高效、低毒的新型有机磷杀虫剂。主要以胃毒为主,兼有触杀作用,杀灭苍蝇、蟑螂、蚂蚁及部分昆虫的成虫。按规定浓度一次性喷雾,苍蝇的减少率可达 84%~97%。甲基吡啶磷还具有残效期长的特点。例如,将其涂于纸板上,悬挂于舍内或贴于墙壁上,残效期可达 10~12 周,喷洒于墙壁天花板上残效期达 6~8 周。

[应用]

主要用于控制动物厩舍内蝇等昆虫。

[制剂、用法与用量]

甲基吡啶磷可湿性粉混悬液,喷雾:每 200 m^2 厩舍,取本品 500 g 充分混合于 4 L 温水中喷雾;涂布:每 200 m^2,取本品 250 g 充分混合于 200 mL 温水,涂 30 点。

二、拟除虫菊酯

除虫菊酯为菊科植物除虫菊干燥花絮的有效成分,具有杀灭各种昆虫的作用。特别是击倒力甚强。由于除虫菊人工产量有限,天然除虫菊酯性质不稳定,受到光、热条件易被氧化而失效,杀灭害虫力度不强,虽被击落但不能彻底被杀死。为此,人们在天然除虫菊酯化学结构基础上,人工合成了一系列除虫菊酯拟似物,即拟除虫菊酯类化合物。

溴氰菊酯(Coumaphos)

[理化性质]

本品又名敌杀死，为白色结晶粉末；在丙酮、苯、二甲苯等有机溶剂中易溶，在水中难溶。在酸、中性溶液中稳定，遇碱迅速分解。

[药理作用]

本品具有杀虫范围广，对多种害虫有杀灭作用，具杀虫效力强、迅速、低毒、低残留等优点。对虫体有胃毒和触发毒，无内吸作用。对畜禽外寄生虫，如蚊、家蝇、厩蝇、羊鼻蝇、牛皮蝇、羊痒螨、牛、羊各种虱、猪血虱及禽羽虱等均有良好的杀灭作用。

[应用]

广泛用于防治家畜体外寄生虫病以及杀灭环境、仓库等卫生昆虫。

[注意]

本品对人、畜毒性虽小，但对皮肤、黏膜、眼睛、呼吸道有较强的刺激性，特别对大面积皮肤病或有组织损伤者，影响更为严重，用时注意防护。对塑料制品有腐蚀性。

[制剂、用法与用量]

溴氰菊酯溶液，药浴：每升水，牛、羊 5～15 mg。

休药期：28 天。

氰戊菊酯(Fenvalerate)

[理化性质]

本品又名速灭杀丁，为淡黄色结晶性粉末；在丙酮中易溶，在甲醇中溶解，在水中几乎不溶。耐光性较强，在酸性溶液中稳定，碱性溶液中迅速分解。

[药理作用]

本品对畜禽的多种外寄生虫及吸血昆虫如螨、虱、蚤、蟑、蚊、蝇、虻等有良好的杀灭作用，杀虫力强、效果确切。以触杀为主，兼有胃毒和驱避作用。有害昆虫接触后，药物迅速进入虫体的神经系统，表现强烈兴奋、抖动，很快转入全身麻痹、瘫痪，最后击倒而杀灭。应用氰戊菊酯喷淋畜禽体表，螨、虱、蚤等于 10 min 出现中毒，4～12 h 后全部死亡。加之又有一定的残效作用，可使虫卵孵化后再次杀死，所以，一般情况下用药一次即可，不需要重复用药。

[应用]

用于驱杀畜禽体表寄生虫如各类螨、蜱、虱、蚤等。尤其对有机氯、有机磷化合物敏感的畜禽，使用较安全，还可杀灭环境、畜禽厩舍卫生昆虫，如蚊、蝇。

[制剂、用法与用量]

氰戊菊酯溶液，喷雾：加水以 1：(1 000～2 000)倍稀释。

三、其他类

双甲脒(Amitraz)

[理化性质]

本品为白色或浅黄色结晶性粉末；在丙酮中易溶，在水中几乎不溶。

[**药理作用**]

本品为广谱杀虫药，对各种螨、蜱、蝇、虱有效，主要为接触毒，兼有胃毒和内吸毒作用。产生杀虫作用较慢，一般在用药后 24 h 才能使虱、蜱等解体，48 h 可使螨从患部皮肤自行脱落。一次用药可维持 4～8 周，保护畜体不再受外寄生虫的侵害。

[**应用**]

主要用于杀螨，也用于杀灭蜱、虱等外寄生虫。

[**注意**]

马敏感，慎用。

[**制剂、用法与用量**]

双甲脒溶液，药浴、喷洒或涂擦：家畜，配成 0.025%～0.05%溶液。

休药期：牛、羊 21 天；猪 8 天。弃奶期 2 天。

双甲脒项圈，每只犬 1 条。驱蜱，使用 4 个月；驱毛囊虫，使用 1 个月。

环丙氨嗪(Cyromazine)

[**理化性质**]

本品为白色结晶性粉末；无臭或几乎无臭；在水或甲醇中略溶，在丙酮中微溶。

[**药理作用**]

本品为昆虫生长调节剂，可抑制双翅目幼虫的蜕皮，特别是第一期幼虫的蜕皮，使蝇蛆繁殖受阻，也可使蝇蛆不能蜕皮而死亡。鸡内服给药，即使在粪便中含药量极低也可彻底杀灭蝇蛆。

[**应用**]

主要用于控制动物厩舍内蝇蛆的繁殖生长，杀灭粪池内蝇蛆，以保护环境卫生。

[**制剂、用法与用量**]

环丙氨嗪预混剂，混饲：每 1 000 kg 饲料，鸡 5 g。连用 4～6 周。

休药期：3 天。

环丙氨嗪可溶性粉，喷洒：每 20 m^2，10 g 加水 15 L；喷雾：每 20 m^2，10 g 加水 5 L。

休药期：3 天。

非泼罗尼(Fipronil)

[**理化性质**]

本品为白色粉末；在丙酮中易溶，在水中微溶。遇光缓慢分解，在水溶液中经光照可快速分解。

[**药理作用**]

本品是一种对多种害虫具有防治效果的广谱杀虫药。主要通过胃毒和触杀起作用，也具有一定的内吸毒作用。对 480 余种农业、畜牧、卫生害虫和螨类有杀灭效果。此外，对拟除虫菊酯类、氨基甲酸酯类杀虫剂产生抗药性的害虫也具有极强的驱杀作用。残效期一般为 2～4 周，最长可达 6 周。

[**应用**]

用于驱杀犬、猫体表跳蚤和犬蜱。

［**制剂、用法与用量**］

非泼罗尼滴剂，外用：滴于皮肤，每只动物，猫 0.5 mL；犬体重 10 kg 以下 0.67 mL，体重 10～20 kg 用 1.34 mL，体重 20～40 kg 用 2.68 mL，体重 40 kg 以上用 5.36 mL。

非泼罗尼喷剂，喷雾：每千克体重，犬、猫 3～6 mL。

复方非泼罗尼滴剂（猫用），外用：滴于皮肤，每只猫 0.5 mL。

复方非泼罗尼滴剂（犬用），外用：滴于皮肤，每只动物，犬体重 10 kg 以下 0.67 mL，体重 10～20 kg 用 1.34 mL，体重 20～40 kg 用 2.68 mL，体重 40～60 kg 用 4.02 mL，体重 60 kg 以上用 4.02 mL，加另一相应小管。

【学习要求】

识记 抗寄生虫药、抗蠕虫药、抗线虫药、抗绦虫药、抗吸虫药、抗球虫药、抗锥虫药、抗梨形虫药、抗滴虫药的概念。

理解 抗蠕虫药物的分类、抗原虫药物的分类及常用药物的作用与应用。

运用 合理选用抗寄生虫药物防治动物寄生虫病。

【知识拓展】

抗球虫药的合理应用

(1)重视药物预防作用，加强饲养管理　目前应用的抗球虫药，多数是抑杀球虫发育过程的无性生殖阶段，一般从雏鸡感染球虫开始大约进行 4 天的无性生殖，故必须在感染后前 4 天用药方能奏效。待出现血便等症状时，球虫发育基本完成了无性生殖而开始进入有性生殖阶段，这时用药为时已晚。如果鸡群已经发生了球虫病，此时用药只能保护未出现明显症状或未感染的鸡，而对出现严重症状的病鸡，用药很难收到效果。同时，畜禽舍内潮湿、卫生条件恶劣及病鸡、兔或带虫鸡、兔的粪便污染等，均可诱发球虫病。因此，在早期预防用药期间，应加强饲养管理，减少球虫病的传播，以提高抗球虫药物的防治效果。

(2)合理选用不同作用峰期的药物　作用峰期是指对药物最敏感的球虫生活史阶段，或药物主要作用于球虫发育的某生活周期，即为其作用峰期，也可按球虫生活史（即动物感染后）的第几日来计算。抗球虫药种类较多，作用峰期也不尽相同。一般来说，作用峰期在感染后第 1～2 天的药物，其抗球虫作用较弱，多用作预防和早期治疗。而作用峰期在感染后第 3～4 天的药物，其抗球虫作用较强，多用作治疗药应用。由于球虫的致病阶段是在发育史的裂殖生殖和配子生殖阶段，尤其是第二代裂殖生殖阶段，因此，应选择作用峰期与球虫致病阶段相一致的抗球虫药作为治疗性药物。属于这种类型的抗球虫药有尼卡巴嗪、托曲珠利、磺胺氯吡嗪钠、磺胺喹噁啉、磺胺二甲嘧啶、二硝托胺。

(3)注意药物对球虫免疫力的影响　由于抗球虫药抑制球虫发育阶段的不同，会直接影响鸡对球虫产生免疫力。作用于第一代裂殖体的药物，影响鸡产生免疫力，故多用于肉鸡，而蛋鸡和肉用种鸡一般不用或不宜长时间应用。作用于第二代裂殖体的药物，不影响鸡产生免疫力，故可用于蛋鸡和肉用种鸡。

(4)采用轮换用药、穿梭用药或联合用药　若长期低剂量使用抗球虫药物，可诱发球虫产生耐药性，甚至会对结构相似或作用机理相同的同类药物产生交叉耐药性，以致使抗球虫药的有效性降低或完全无效。实践证明，有计划地在短期内轮换或穿梭使用作用机理不同、抗球虫作用峰期不同的抗球虫药，不仅可减少或避免耐药性的产生，而且可提高药物的防治效果。

(5)选择适当的给药方法、注意配伍禁忌　由于球虫病患鸡通常食欲减退，甚至废绝，但是饮欲正常，甚至增加，因而通过饮水给药可使患鸡获得足够的药物剂量，而且混饮给药比混料更方便，治疗性用药宜提倡混饮给药。另外，选择药物时还要考虑耐药性的问题。有条件者应在平时进行耐药性测定，筛选出几种对当地球虫虫株敏感的抗球虫药，以备发生球虫病时使用。同时，有些抗球虫药与其他药物配伍禁忌，如莫能菌素、盐霉素禁止与泰妙菌素、竹桃霉素并用，否则会造成鸡只生长发育受阻，甚至中毒死亡。

(6)合理的剂量和充足的疗程　应该了解饲料中已添加的抗球虫药物添加剂品种，以避免治疗性用药时重复使用同一品种药物，造成药物中毒。有些抗球虫药的推荐治疗剂量与中毒剂量非常接近，如马杜米星的预防剂量为每千克体重 5 mg，中毒剂量为每千克体重 9 mg，重复用药会造成药物中毒。

(7)严格遵守我国兽药残留和休药期规定，保障动物性食品消费者健康　应严格根据我国《动物性食品中兽药最高残留限量》的规定，认真监控抗球虫药残留；遵守《中国兽药典》(2010 年版)关于抗球虫药休药期的规定以及其他有关的注意事项。

【知识链接】

1.《抗寄生虫药物临床应用指南》

2.《中华人民共和国兽药典兽药使用指南化学药品卷》

3.《中华人民共和国兽药典兽药使用指南中药卷》

4.《中华人民共和国兽药典兽药使用指南生物制品卷》

5.《处方药与非处方药管理办法》

6.《动物球虫病诊断技术》(GB/T 18647—2002)

7. 中国兽药信息网 http://www.ivdc.gov.cn

8. 中国兽药协会 http://www.cvda.cn

Project 8

解毒药药理

学习目标

掌握常用非特异性解毒药的使用方法，特异性解毒药的作用与应用。

理解常见中毒病的毒理及解毒原理。

【学习内容】

能阻止或解除毒物对动物机体毒性作用的药物称为解毒药。根据其作用特点及疗效，解毒药可分为两类：非特异性解毒药和特异性解毒药。

任务三十七　非特异性解毒药

非特异性解毒药又称一般解毒药，其解毒范围广，但作用无特异性，解毒效果较差，仅在毒物产生毒性作用之前，通过破坏毒物、促进毒物排除、稀释毒物浓度、保护胃肠黏膜、阻止毒物吸收等方式，保护机体免遭毒物进一步损害，赢得抢救时间，在实践中具有重要意义。常用的非特异性解毒药有以下几种。

一、物理性解毒药

1. 吸附剂

吸附剂可使毒物附着于其表面或空隙中，以减少或延缓毒物吸收，起到解毒作用。吸附剂不受剂量限制，任何经口进入机体的毒物中毒都可以使用。使用吸附剂的同时配合使用泻剂或催吐剂。常用的吸附剂有药用炭、木炭末、通用解毒剂（药用炭 50%、氧化镁 25%和鞣酸 25%混合后给中等动物每次服 20～30 g，大动物 100～150 g），其中药用炭最为常用。

2. 催吐剂

一般用于中毒初期，使动物发生呕吐，促进毒物排出。只适用于猪、犬、猫等。常用催吐剂有硫酸铜、吐根末、吐酒石等。

3. 泻药

一般用于中毒中期，促进胃肠道内毒物的排出，以避免或减少毒物吸收。一般应用盐类泻药，但升汞中毒时不能使用盐类泻药。在巴比妥类、阿片类、颠茄中毒时，可使肠蠕动受抑制，因而增加镁离子的吸收，尤其是肾功能不全的动物，能加深中枢神经及呼吸机能的抑制，不能用硫酸镁泻下，尽可能用硫酸钠。对发生严重腹泻或脱水的动物应慎用或不用泻药。

4. 其他

大部分毒物吸收后主要经肾排泄，因此，可应用利尿药促进毒物排泄，或静脉注射生理盐水、葡萄糖等，以稀释血液中毒物浓度，减轻毒性作用。

二、化学性解毒药

1. 氧化剂

利用氧化剂与毒物间的氧化反应破坏毒物，使毒物毒性降低或丧失。可用于生物碱类药物、氰化物、无机磷、巴比妥类、阿片类、士的宁、砷化物、一氧化碳、烟碱、毒扁豆碱、蛇毒、棉酚等的解毒，但有机磷毒物如 1605、1059、3911、乐果等的中毒不能使用氧化剂解毒。常用的氧化剂有高锰酸钾、过氧化氢等。

2. 中和剂

利用弱酸弱碱类与强酸强碱类毒物间发生中和作用，使其失去毒性。常用的弱酸解毒剂有：食醋、酸奶、稀盐酸、稀醋酸等；常用的弱碱解毒剂有：氧化镁、石灰水上清液、小苏打水、肥皂水等。

3. 还原剂

维生素 C 的解毒作用与其参与某些代谢过程、保护含巯基的酶、促进抗体生成、增强肝解毒能力和改善心血管功能有关（详见有关项目内容）。

4. 沉淀剂

沉淀剂使毒物沉淀，以减少其毒性或延缓吸收产生解毒作用。沉淀剂有鞣酸、浓茶、稀碘酊、钙剂、五倍子、蛋清、牛奶等。其中 3%～5% 鞣酸水或浓茶水为最常用的沉淀剂，能与多种有机毒物（如生物碱）、重金属盐生成沉淀，减少吸收。

三、药理性解毒药

这类解毒药主要通过药物与毒物之间的拮抗作用，部分或完全抵消毒物的作用而产生解毒。常见的相互拮抗的药物或毒物如下：

（1）毛果芸香碱、烟碱、氨甲酰胆碱、新斯的明等拟胆碱药与阿托品、颠茄及其制剂、曼陀罗、莨菪碱等抗胆碱药有拮抗作用，可互为解毒药。阿托品等对有机磷农药及吗啡类药物，也有一定的拮抗性解毒作用。

（2）水合氯醛、巴比妥类等中枢抑制药与尼可刹米、安钠咖、士的宁等中枢兴奋药及麻黄碱、山梗菜碱、美解眠（贝美格）等有拮抗作用。

四、对症治疗药

中毒时往往会伴随发生一些严重的症状：惊厥、呼吸衰竭、心功能障碍、休克等，如不迅速处理，将影响动物康复，甚至危及生命。因此，在解毒的同时要及时使用抗惊厥药、呼吸兴奋药、强心药、抗休克药等对症治疗药以配合解毒，还应使用抗生素预防肺炎以度过危险期。

任务三十八　特异性解毒药

一、金属络合剂

金属汞、锑、铋、铅、铜或类金属砷等大量进入动物体内，与组织蛋白质和酶系统中巯基结合，抑制酶活性，使细胞代谢障碍而产生一系列中毒症状。巯基络合剂的共同特点是在碳链上的 2 个活性巯基与金属有强大的亲和力，能与机体组织蛋白质或酶的巯基竞争与金属络合，并能夺取组织中已被酶系统结合的金属原子，使体内失活的巯基酶恢复活性，解除重金属或类金属引起的中毒症状。该类药物包括对铅中毒有特效的依地酸钙钠，与二巯丙醇作用相似的二巯丁二钠，可内服吸收的青霉胺和解救铁中毒的去铁胺等。

依地酸钙钠(Calcium Disodium Edetate EDTA $Ca\text{-}Na_2$)

[**理化性质**]

本品为白色结晶性或颗粒性粉末;无臭,无味;易潮解,在水中易溶,在乙醇或乙醚中不溶。

[**药理作用**]

本品内服不易吸收。静脉注射后,几乎全部分布于血液和细胞外液而不能进入细胞内;脑脊液中分布极微。在体内几乎不被代谢,经肾小球滤过后,迅速经尿排出。

本品能与多种二价和三价重金属离子络合形成可溶性复合物,由组织释放到细胞外液,经肾小球滤过后,由尿排出。在体内与金属的络合能力其中以铅最强,而与其他金属的络合效果较差,对汞和砷则无效。

[**不良反应**]

应用大剂量时可出现肾小管上皮细胞损害、水肿,甚至急性肾功能衰竭。

[**应用**]

主要用于治疗急性、慢性铅中毒。对无机铅中毒有特效。亦可用于锌、镉、锰铬、镍、钴、铁和铜中毒,但效果较差。

[**制剂、用法与用量**]

依地酸钙钠注射液,静脉注射:一次量,马、牛 3~6 g;猪、羊 1~2 g,每日 2 次,连用 4 天。皮下注射:每千克体重,犬、猫 25 mg。

二巯丙醇(Dimercaprol)

[**理化性质**]

本品为无色或几乎无色,易流动的澄清液体;有类似蒜的特臭。在甲醇、乙醇或苯甲酸苄酯中极易溶解,在水中溶解,在脂肪油中不溶。

[**药理作用**]

本品内服不吸收。肌内注射在 30 min 内血药浓度达峰值,维持 2~4 h 后几乎全部代谢、降解,以中性硫形式经尿迅速排出体外。

本品对金属有特异性解毒作用。一分子的本品可结合一个金属原子,形成不溶性复合物;两个分子的本品与一个金属原子结合,形成较稳定的水溶性复合物。由于复合物在动物体内有一部分可重新逐渐解离为金属和二巯丙醇,而游离出的金属仍能引起机体中毒,因此必须反复给予足够剂量,以保持血液中药物与金属浓度 2∶1 的优势,使游离出的金属再度与二巯丙醇结合,直到由尿排出为止。

[**应用**]

用于解救砷、汞、锑、铋等中毒。

[**制剂、用法与用量**]

二巯丙醇注射液,肌内注射:一次量,每千克体重,家畜 2.5~5 mg。

二巯丙磺钠(Sodium Dimercaptopropanesulfonate)

[**理化性质**]

本品为白色结晶性粉末;有类似蒜的特臭,无味;有引湿性。在水中易溶,在乙醇、三氯甲烷或乙醚中不溶。

[**药理作用**]

本品作用与二巯丙醇相似,但比二巯丙醇强,毒性较小。除对汞、砷中毒有效外,对铅、镉中毒也有效。

[**应用**]

用于解救汞、砷、铅、镉等中毒。

[**制剂、用法与用量**]

二巯丙磺钠注射液,静脉、肌内注射:一次量,每千克体重,马、牛 5～8 mg;羊、猪 7～10 mg。

去铁胺(Deferoxamine)

[**理化性质**]

本品又名去铁敏,由链球菌的发酵液中提取的天然产物。白色结晶粉末,易溶于水,水溶液稳定。

[**药理作用**]

本品与游离或蛋白结合的三价铁(Fe^{3+})和铝(Al^{3+})形成稳定无毒的水溶性铁胺和铝胺复合物(在酸性 pH 条件下结合作用加强),由尿排出。但与其他金属离子结合力较小,所以主要用于铁中毒的解救。本品能清除铁蛋白和含铁血黄素中的铁离子,而对转铁蛋白中的铁离子清除作用不强,更不能清除血红蛋白、肌球蛋白和细胞色素中的铁离子。

[**应用**]

主要用于急性铁中毒的解毒。

[**制剂、用法与用量**]

注射用去铁胺,肌内注射:参考剂量,每千克体重,开始量 20 mg,维持量 10 mg。总日量,每千克体重,不超过 120 mg。

青霉胺(Penicillamine)

[**理化性质**]

本品又名二甲基半胱氨酸,为青霉素分解产物,属单巯基络合剂,白色或类白色晶粉末。在水中易溶,在乙醇中微溶,在三氯甲烷或乙醚中不溶。

[**药理作用**]

本品能络合铜、铁、汞、铅、砷等,形成稳定和可溶性复合物由尿迅速排出。对铜中毒的解毒效果强于二巯丙醇,对铅和汞中毒的解毒作用不及依地酸钙钠和二巯丙磺钠。毒性低于二巯丙醇,无蓄积作用。内服吸收迅速,副作用小,不易破坏,可供轻度重金属中毒或其他络合剂有禁忌时选用。

[应用]

临床上应用 *D*-盐酸青霉胺解救慢性铜、铅、汞的中毒。

[制剂、用法与用量]

青霉胺片，内服：一次量，每千克体重，家畜 5～10 mg，每日 4 次，5～7 天为一疗程；间歇 2 天。

二巯丁二钠（Sodium Dimercaptosuccinate）

[理化性质]

本品为白色粉末；易潮解。在水中易溶，在乙醇、氯仿或乙醚中不溶。水溶液无色或微红色，不稳定，久置后毒性增大。

[药理作用]

本品排铅作用不亚于依地酸钙钠，能使中毒症迅速缓解；对锑的解毒作用最强；对汞、砷的解毒与二巯丙磺钠相同。毒性较低，无蓄积作用。

[应用]

主要用于锑、汞、砷、铅中毒，也可用于铜、锌、镉、钴、镍、银等金属中毒。

[制剂、用法与用量]

注射用二巯丁二钠，静脉注射：一次量，每千克体重，家畜 20 mg，临用前以灭菌生理盐水稀释成 5%～10%溶液。慢性中毒时，每日 1 次，5～7 天为一疗程；急性中毒时每日 4 次，连用 3 天。

二、胆碱酯酶复活剂

有机磷杀虫剂、农药等进入动物体内，与胆碱酯酶结合，形成磷酰化胆碱酯酶，使酶失去水解乙酰胆碱的活性，导致乙酰胆碱在体内蓄积，引起胆碱能神经支配的组织和器官出现兴奋的中毒症状。胆碱酯酶复活剂分子中的肟与磷原子的亲和力强，能夺取胆碱酯酶上的磷酰化基团，从而使受有机磷抑制的胆碱酯酶恢复活性。胆碱酯酶复活剂对有机磷的烟碱样作用中毒症状治疗效果明显，而阿托品对有机磷的毒蕈碱样作用中毒症状解除效果较强，因此在解除有机磷化合物严重中毒时二者常同时使用。常用的胆碱酯酶复活剂有碘解磷定、氯磷定。

碘解磷定（Pralidoxime Iodide）

[理化性质]

本品又名解磷定、派姆或碘磷定，为黄色颗粒状结晶或结晶性粉末；无臭，味苦；遇光易变质。在水或热乙醇中溶解，在乙醇中微溶，在乙醚中不溶。

[药理作用]

本品以其季铵基团直接与胆碱酯酶的磷酰化基团结合，然后脱离胆碱酯酶，使得胆碱酯酶恢复活性。胆碱酯酶被有机磷抑制超过 36 h，其活性难以恢复，所以应用胆碱酯酶复活剂治疗有机磷中毒时，早期用药效果较好，而治疗慢性有机磷中毒则无效。对由有机磷引起的烟碱样作用中毒症状的治疗作用明显，另外肟类化合物还能直接与血中的有机磷结合，使其成为无毒物质由尿排出。

对轻度有机磷中毒,可单独应用本品或阿托品控制中毒症状;中度或重度中毒时,因本品对体内已蓄积的乙酰胆碱无作用,则必须合用阿托品。

[**应用**]

用于解救多种有机磷中毒。但其对有机磷的解毒作用有一定选择性。如对内吸磷、对硫磷、特普、乙硫磷中毒的疗效较好;而对马拉硫磷、敌敌畏、敌百虫、乐果、甲氟磷、丙胺氟磷和八甲磷等中毒的疗效较差;对氨基甲酸酯类杀虫剂中毒则无效。

[**制剂、用法与用量**]

碘解磷定注射液,静脉注射:一次量,每千克体重,家畜 15~30 mg,症状缓解前 2 h 注射 1 次;症状缓解后,每日 4~6 次,连用 1~2 天。

氯磷定(Pralidoxime Chloride)

[**理化性质**]

本品为微带黄色的结晶或结晶性粉末;在水中易溶,在乙醇中微溶,在三氯甲烷或乙醚中几乎不溶。

[**药理作用**]

本品化学结构与碘解磷定相似,仅以 Cl^- 替代 I^-。氯磷定的作用及用途同碘解磷定,作用较碘解磷定强。氯磷定的水溶性和稳定性好,除供静脉注射外,也可肌内注射。作用产生快,毒性较低。

[**应用**]

用于解救有机磷中毒。

[**制剂、用法与用量**]

氯磷定注射液,静脉、肌内注射:一次量,每千克体重,家畜 15~30 mg。

三、高铁血红蛋白还原剂

高铁血红蛋白血症是正常血红蛋白被亚硝酸盐等和含有(或产生)芳香胺的化学物氧化,形成高铁血红蛋白后而产生的。高铁血红蛋白含 Fe^{3+},常与羟基牢固结合而不能接受氧分子,失去携氧能力,从而引起组织缺氧、紫绀等中毒症状。化学物亚硝酸盐、硝酸盐、苯胺、硝基苯、三硝基甲苯、苯醌、苯肼等,含有(或产生)芳香胺的药物如乙酰苯胺、对乙酰氨基酚、非那西丁、氨苯磺胺等也会引起高铁血红蛋白症。

常用的高铁血红蛋白还原剂为亚甲蓝,维生素 C 和葡萄糖也有较弱的还原作用,在解救高铁血红蛋白症时可同时使用。

亚甲蓝(Methylthioninium Chloride)

[**理化性质**]

本品又名美蓝,为深绿色、具铜光的柱状结晶或结晶性粉末;无臭。在水或乙醇中易溶,在三氯甲烷中溶解。

[**药理作用**]

本品本身是氧化剂，但根据其在血液中浓度的不同，而对血红蛋白产生两种不同的作用。当低浓度时，体内6-磷酸-葡萄糖脱氢过程中的氢离子传递给亚甲蓝，使亚甲蓝转变为还原型亚甲蓝，还原型亚甲蓝又将氢离子传递给带Fe^{3+}的高铁血红蛋白，使其还原为带Fe^{2+}的正常血红蛋白，与此同时还原型亚甲蓝又被氧化成亚甲蓝。

所以临床上使用小剂量（1～2 mg/kg 体重）解救高铁血红蛋白症。当使用大剂量（5～10 mg/kg 体重及以上）时血中形成高浓度的亚甲蓝，高铁血红蛋白脱氢酶的生成量不能使亚甲蓝全部转变为还原型亚甲蓝，此时血中高浓度的亚甲蓝则可使血红蛋白氧化为高铁血红蛋白。

亚甲蓝内服不易自胃肠道吸收，在组织中可迅速被还原为还原型亚甲蓝，并部分被代谢。亚甲蓝、还原型亚甲蓝及代谢产物均由尿中缓慢排出；肠道中未吸收部分则由粪便排出。尿和粪可染成蓝色。

[**应用**]

用于解救亚硝酸盐中毒。

[**制剂、用法与用量**]

亚甲蓝注射液，静脉注射：一次量，每千克体重，家畜1～2 mg。

四、氰化物解毒剂

氰化物中毒时，氰离子（CN^-）能迅速与氧化型细胞色素氧化酶的Fe^{3+}结合，从而阻碍酶的还原，抑制酶的活性，使组织细胞不能得到足够的氧，导致动物中毒。含氰苷的植物如土豆幼芽、高粱、玉米的幼苗等是家畜氰化物中毒的主要来源，以牛最敏感，其次是羊、马和猪。

目前一般采用亚硝酸钠-硫代硫酸钠联合解毒。先用3%亚硝酸钠将带Fe^{2+}的血红蛋白氧化为Fe^{3+}的高铁血红蛋白，然后CN^-与Fe^{3+}结合，并形成氰化高铁血红蛋白，使氰不发生毒性作用。但CN^-仍然可以解离出来产生毒性作用，因此接着需要用硫代硫酸钠，使其与CN^-形成毒性很小、稳定的硫氰酸盐，由尿排出。

亚硝酸钠(Sodium Nitrite)

[**理化性质**]

本品为无色或白色至微黄色结晶；无臭，味微咸；有引湿性。在水中易溶，在乙醇中微溶，水溶液显碱性反应。

[**药理作用**]

本品为氧化剂，可使血红蛋白中的二价铁（Fe^{2+}）氧化成三价铁（Fe^{3+}），形成高铁血红蛋白，后者中的Fe^{3+}与CN^-结合力比氧化型细胞色素氧化酶的Fe^{3+}强，可使已与氧化型细胞色素氧化酶结合的CN^-重新释放，恢复酶的活力。但高铁血红蛋白与CN^-结合后形成的氰化高铁血红蛋白，在数分钟后又逐渐解离，释出的CN^-又重现毒性，此时宜再注射硫代硫酸钠。本品仅能暂时性地延迟氰化物对机体的毒性。

本品尚有扩张血管的作用。内服后吸收迅速，静脉注射立即起作用。高铁血红蛋白还能竞争性地结合组织中未与细胞色素氧化酶起反应的 CN^-。由于亚硝酸钠容易引起高铁血红蛋白症，故不宜重复给药。

［应用］

用于氰化物中毒。

［制剂、用法与用量］

亚硝酸钠注射液，静脉注射：一次量，马、牛 2 g；羊、猪 0.1～0.2 g。

硫代硫酸钠（Sodium Thiosulfate）

［理化性质］

本品为无色、透明结晶或结晶性细粒；无臭，味咸。在干燥空气中有风化性，在湿空气中有潮解性。在水中极易溶解，在乙醇中不溶。水溶液显微弱的碱性反应。

［药理作用］

本品在肝内硫氰生成酶的催化下，能与体内游离的或已与高铁血红蛋白结合的 CN^- 结合，使转化为毒性很小的硫氰酸盐而随尿排出。本品不易由消化道吸收；静脉注射后可迅速分布到各组织的细胞外液。

［应用］

主要用于氰化物中毒，也可用于砷、汞、铅、铋、碘等中毒。

［制剂、用法与用量］

硫代硫酸钠注射液，静脉、肌内注射：一次量，马、牛 5～10 g；羊、猪 1～3 g；犬、猫 1～2 g。

五、氟乙酰胺解毒剂

乙酰胺（Acetamide）

［理化性质］

本品又名解氟灵，为白色透明结晶，易潮解。在水中极易溶解，在乙醇中易溶，在甘油或三氯甲烷中溶解。

［药理作用］

本品对有机氟杀虫药和杀鼠药氟乙酰胺、氟乙酸钠等中毒具有解毒作用。有机氟进入机体后，脱胺生成氟乙酸，阻碍细胞正常生理功能，引起细胞死亡。解毒剂乙酰胺由于其化学结构与氟乙酰胺相似，乙酰胺的乙酰基与氟乙酰胺争夺酰胺酶，使后者不能转化为氟乙酸，从而消除其对机体的毒性。

［应用］

用于解救氟乙酰胺等有机氟中毒。

［注意］

本品酸性强，肌内注射时局部疼痛，可配合应用 0.5%普鲁卡因或利多卡因，以减轻疼痛。

［制剂、用法与用量］

乙酰胺注射液，静脉、肌内注射；一次量，每千克体重，家畜 50～100 mg。

任务三十九　有机磷中毒及解救

[**目的要求**]

通过实验观察、了解有机磷的中毒症状，比较阿托品与碘解磷定的解毒效果。

[**材料**]

动物：家兔。

药物：10％敌百虫溶液、0.1％硫酸阿托品注射液、2.5％碘解磷定注射液。

器材：注射器（1 mL/5 mL）、8 号针头、尺子、消毒棉球、剪子、听诊器、台秤。

[**方法步骤**]

①取家兔 3 只，称重并标记后，分别观察其正常活动、唾液分泌情况，测其瞳孔大小、呼吸与心跳次数、胃肠蠕动状况，并剪去背部或腹部被毛，观察有无肌肉震颤现象，将观察结果详细记录。

②3 只家兔按每千克体重 1 mL 分别耳静脉缓慢注射 10％敌百虫溶液，待症状明显时，观察以上指标有何变化，并记录。

③在中毒的 3 只家兔中，甲兔按每千克体重 1 mL 耳根部皮下注射 0.1％硫酸阿托品注射液；乙兔按每千克体重 2 mL 耳静脉注射 2.5％碘解磷定注射液；丙兔同时注射 0.1％硫酸阿托品注射液和 2.5％碘解磷定注射液，方法、剂量同甲、乙兔。注射完毕后，分别观察甲、乙、丙 3 只家兔上述各项指标有何变化，并记录入下表。

编号	体重/kg	药物	瞳孔大小	唾液分泌（口腔湿润度）	胃肠蠕动（排粪、尿情况）	肌肉震颤	呼吸次数	心率次数
甲		给药前						
		注射敌百虫后						
		注射阿托品后						
乙		给药前						
		注射敌百虫后						
		注射碘解磷定后						
丙		给药前						
		注射敌百虫后						
		注射阿托品和碘解磷定后						

[**作业**]

记录试验过程和结果，分析敌百虫中毒的毒理和阿托品、碘解磷定的解毒机理，并填写一份实训报告。

提示：本试验也可用 1 只家兔，先用阿托品解救，15 min 后，再用碘解磷定。也可每组 1 只家兔，3 组分别按甲、乙、丙编号试验，最后将 3 组结果对比分析。

【学习要求】

识记 解毒药、非特异性解毒药、特异性解毒药的概念。

理解 解毒药物的分类、常用特异性解毒药物的作用机理。

运用 合理选用解毒药物防治动物中毒疾病。

【知识拓展】

动物中毒解救的基本原则

动物中毒病的治疗,特别是大群动物中毒,必须及早发现,尽快处理。解救措施应包括脱离污染现场,清除毒物;对中毒动物应阻止毒物吸收,用对症及支持疗法以缓和毒物在体内的作用,及时用特效解毒剂解毒。解毒原则如下:

(1)排除毒物　可根据毒物吸收的途径进行排除。从胃肠道排除毒物的方式有洗胃(包括第一胃切开)、催吐、泻下和灌肠。如阻止毒物进一步吸收可使用吸附药(如药用炭)、黏浆剂(如淀粉)及蛋白等物质;也可使用化学解毒剂如氧化剂、中和剂配合洗胃、灌肠或灌服。在煤油、腐蚀性物质、巴比妥类中毒或动物在抽搐时禁止催吐。环境污染(如含氨化肥)或使用体表的杀虫剂往往从皮肤、黏膜吸收毒物,此时应以清水充分冲洗、抹净。对上述或其他途径进入体内并已吸收的毒物可使用利尿药或放血,促进毒物排出。

(2)对症治疗　对症疗法及支持疗法的目的在于维持中毒动物生命机能的正常运转,直至通过上述排毒措施或机体本身的解毒机制使毒物消除;同时对所出现症状加以治疗。常用于对症治疗的药物包括中枢兴奋药、镇静药、强心药、利尿药、抗休克药、解痉药、制酵药和补液药等。

(3)病因治疗　根据发病原因的分析,病畜的症状和毒物的检测等确切的诊断,进行对因治疗。这种治疗往往借助药理性的拮抗作用解毒或特效解毒。

【知识链接】

1.《中华人民共和国兽药典兽药使用指南化学药品卷》

2.《处方药与非处方药管理办法》

3. 中国兽药信息网 http://www.ivdc.gov.cn

4. 中国兽药协会 http://www.cvda.cn

模块二　动物毒理

项目九　毒理学概论

项目十　毒物的毒性作用

项目十一　毒理学安全性评价

Project 9

毒理学概论

学习目标

掌握毒物的概念、毒性作用及分类、中毒、致死剂量、阈剂量、无作用剂量、安全限值及毒作用带。

理解危险性、危险度、安全性、毒性的影响因素、损害作用与非损害作用、毒作用谱及靶器官。

了解剂量、效应与反应，剂量-效应关系与剂量-反应关系及其曲线。

【学习内容】

任务四十　毒理学基本概念

一、毒物及其分类

(一)毒物

在一定条件下,对机体产生损害作用或使机体出现异常反应的外源化学物称为毒物。毒物可以是固体、液体和气体,在与机体接触或进入机体后,能与机体相互作用,发生物理化学或生物化学反应,引起暂时或永久的功能性或器质性损害,严重的甚至危及生命。毒物是一个相对的概念,与非毒物之间无绝对界限,正如毒理学家 Paracelsus 所说:“物质本身并非毒物,只有在一定剂量下才变成毒物,毒物和药物只是剂量的不同”。在特定的条件下,几乎所有的外源化学物都有引起机体损害的潜力。一种物质是否有毒,不仅取决于毒物本身的结构和理化性质,还取决于接触外源化学物的剂量、途径、动物种类和机能状态等。

(二)毒素

毒素是由活的机体产生的一类特殊毒物。毒素根据其来源分为植物毒素、动物毒素、霉菌毒素和细菌毒素等。细菌毒素又分为内毒素和外毒素。凡是通过叮咬(如蛇、蚊虫)或蛰刺(如蜂类)传播的动物毒素称为毒液。一种毒素在确定其化学结构和阐明其特性后,往往按它的化学结构重新命名。

(三)毒物的分类

1.内源性毒物

指在动物体内形成的毒物,主要是机体的代谢产物。正常情况下,由于自体解毒机制或排泄作用,这些物质对机体不产生毒性作用,当机体正常生理机能发生紊乱时,即可产生毒性作用,如肾功能障碍引起的尿中毒、代谢障碍引起的酸中毒等。

2.外源性毒物

即环境毒物。在一定条件下,从自然环境中进入机体内的毒物,致病作用往往较强,有些还能促进内源性毒物的形成,加重中毒的临床症状和病理过程,因此,外源性毒物对动物中毒的发生和发展具有特别重要的作用。目前常用的“外源化学物”一词通常都是指毒物。外源化学物根据其用途和分布范围可分为:

(1)工业化学品　包括生产时使用的原料、辅助剂以及生产中产生的中间体、副产品、杂质、废弃物和成品等。

(2)食品中的有毒物质　包括天然的或食品变质后产生的毒素,以及各种食品添加剂,如糖精、食用色素和防腐剂。

(3)环境污染物　如生产过程产生的废水、废气和废渣中的各种化学物质。

(4)日用化学品　如化妆品、洗涤用品、家庭卫生防虫杀虫用品。

(5)农用化学品　包括化肥、农药、除草剂、植物生长调节剂、瓜果蔬菜保鲜剂和动物饲料添加剂等。

(6)医用化学品　包括用于诊断、预防和治疗的化学物质,如血管造影剂、医用消毒剂、医用药物。

(7)生物毒素　也统称为毒素,如动物毒素、植物毒素及细菌毒素。

(8)军事毒物　主要指用于军事上的一些化学物质,如芥子气。

此外,毒物还可按其毒性作用的靶部位、毒性作用性质和外源化学物的化学结构或理化性状进行分类。如肝脏毒物、无机毒物、剧毒毒物、膜毒物等。

二、危险性、危险度、安全性

(1)危险性　是指外源化学物对机体引起有害生物学作用的可能性大小。某一种化学毒物的毒性可能很大,但其危险性未必就大。如氰化物极小剂量即可导致人或动物中毒死亡,但是由于实际生活中接触机会较少,中毒死亡较少发生,故危险性就小。相反,乙醇的毒性较小,却常有中毒发生。

(2)危险度　是指从事某项活动,如吸烟、喝酒等而使机体损伤、致病或死亡的概率。在生活中,只要接触外源化学物质,总要冒一定风险,只是危险度到什么程度,这是评价危险度的基本出发点。

(3)安全性　理论上是指无危险度或危险度达到可忽视的程度。实际上不可能存在绝对的安全,如致癌物除了零剂量接触外,其他任何剂量接触都有引起损害的可能性。

三、毒性及其影响因素

毒性是指外源化学物与机体接触或进入体内的易感部位后,能引起损害作用的相对能力。一种外源化学物对机体的损害作用愈大,则其毒性就愈高。毒性较高的物质,只需要相对较小的剂量或浓度即可对机体造成一定的损害;而毒性较低的物质,则需要较高的剂量或浓度才能呈现毒性作用。

毒物对机体毒性的大小都是相对的,从这个意义上来说,只要达到一定的剂量或浓度,任何物质都具有毒性,而如果低于某一特定剂量或浓度,这些物质又都可不具有毒性,关键在于与机体接触的条件。因此涉及外源化学物对机体可能造成的损害时,必须充分考虑其接触的剂量或浓度、接触途径(经胃肠道、呼吸道、皮肤或其他途径)和接触频度(一次接触、多次接触、每次接触的时间长短和间隔),其中与机体接触的剂量或浓度是最主要的因素。

四、中毒

(一)中毒概念及其分类

1.中毒的概念

在一定条件下,某种外源化学物进入机体后引起相应的病理过程叫中毒。

2.中毒的分类

根据中毒的经过时间分为以下 3 种:

(1)急性中毒　是动物在 24 h 内一次或多次接触或摄入大剂量的外源化学物,出现严重的病理现象与临床症状,造成动物迅速死亡的中毒过程。

(2)慢性中毒　是动物在较长时间内(3个月或更长)连续摄入或吸收较小剂量的外源化学物,病程发展缓慢,往往先出现食欲不振,体况下降,临床症状逐渐加重,若及时诊断、治疗或护理可恢复健康的中毒过程。

(3)亚急性中毒　介于急性和慢性中毒之间,一般是指在10～90天,动物多次接触外源化学物引起的中毒过程。

(二)中毒的原因

动物中毒的原因很多,总体上分为自然因素引起的中毒和人为因素引起的中毒两类,两者之间有时没有明显的界限,由于人为因素的干预常使自然状态存在的危险物进入动物机体引起中毒。

1.自然因素引起的中毒

自然因素包括有毒矿物质、有毒植物、有毒动物等。

(1)有毒矿物质引起的中毒　主要是某些地区土壤中的有毒矿物质或某种正常的元素含量过高,使饮水、牧草或饲料中含量亦增高,引起动物急慢性中毒。如动物采食聚硒植物,引起急慢性硒中毒;某些地区土壤中含氟量很高,易引起地方性氟中毒。这些因素引起的动物中毒都有明显的地区性。

(2)有毒植物引起的中毒　主要是人畜误食有毒植物引起的中毒。有毒植物主要有自身能产生天然有毒物质的植物、能蓄积有毒物质(如重金属、氟、硒及亚硝酸盐)的植物,也包括被有毒物质、病虫害及农药等污染的植物及条件性有毒植物。

(3)有毒动物引起的中毒　分泌毒液的爬虫或昆虫叮咬或随同牧草被食入等,可引起动物中毒,如蛇毒中毒、蜂毒中毒、斑蝥毒中毒、蟾蜍毒中毒及蚜虫毒中毒。

(4)霉菌及藻类中毒　某些霉菌在一定条件下,能产生霉菌毒素,如黄曲霉毒素。死水中的蓝绿藻能引起动物中毒。

2.人为因素引起的中毒

人为因素可分为来自工业污染和不适当地使用农药、兽药以及劣质饲料和饮水等。

(1)工业污染引起中毒　工业“三废”中的有毒物质,未经无害化处理进入环境,污染空气、牧草、土壤及饮水引起动物中毒。放射性物质等均可污染饲草、饲料和饮水而引起动物中毒。

(2)农药、兽药引起中毒　因为农药、兽药使用管理不当或滥用,过量使用或使动物误食等引起畜禽中毒,甚至死亡。

(3)饲料毒物引起中毒　饲料配合调制不当、混合不匀或饲喂有毒饲料等引起动物中毒。如长期大量饲喂未经脱毒处理的棉籽饼或菜籽饼引起中毒;饲料在保管、贮存不当时,发霉腐败而产生的有毒物质,引起动物中毒,如霉玉米中毒、发芽的马铃薯中毒。此外,饲料营养物质不全可提高中毒病的发生率,如缺钙可促进氟中毒的发生,缺维生素A可促进棉籽饼中毒的发生。

(4)饲料添加剂引起中毒　饲料添加剂使用不当,如用量过大、应用时间过长、配比不当,或添加剂中有毒杂质含量过高等,均可引起动物中毒甚至大批死亡。

(5)人主观因素　恶意投毒。

(6)其他方面　有毒气体中毒等。

任务四十一　剂量-效应关系与剂量-反应关系

一、剂量、效应与反应

(一)剂量

剂量是决定外源化学物对机体损害作用的重要因素。其概念较为广泛,可包括以下几种:

(1)接触剂量　又称外剂量是指外源化学物与机体(如人、指示生物、生态系统)的接触剂量,可以是单次接触或某浓度下一定时间的持续接触。

(2)吸收剂量　又称内剂量,是指外源化学物穿过一种或多种生物屏障,吸收进入体内的剂量。

(3)到达计量　又称靶剂量或生物有效量,是指吸收后到达靶器官(如组织、细胞)的外源化学物和/或其代谢产物的剂量。

化学物对机体的损害作用的性质和强度,直接取决于其在靶器官中的剂量,但测定此剂量比较复杂。一般而言,接触或摄入的剂量愈大,靶器官内的剂量也愈大。因此,常以接触剂量来衡量,接触剂量以单位体重接触外源化学物的量(如 mg/kg 体重)或环境中浓度(mg/m^3 空气或 mg/L)来表示。

(二)效应

效应指接触一定剂量外来化学物后所引起的一个生物、器官或组织的生物学改变,又称毒效应。动物机体对化学毒物的效应分为量效应和质效应两类。量效应可被定量测定,此种变化的程度用计量单位来表示,例如毫克、单位等。例如某种有机磷化合物可使血液中胆碱酯酶的活力降低,其程度可用酶活性单位的测定值来表示。质效应不能用具体的数值来表示,没有强度的差别,只有发生与不发生两种可能性,常以"阴性或阳性"、"有或无"来表示,如死亡或存活,中毒或未中毒。在一定条件下量效应可以转化成质效应。

(三)反应

反应指在接受一定剂量或浓度的外源化学物的群体中,表现质效应并达到一定强度的个体在群体中所占的比率。一般以百分比或比值来表示,如死亡率、发病率、阳性率等。

效应针对个体,反应涉及群体。效应可以用一定的计量单位表示其强度,例如凝血时间、酶活力、心率等;反应的强度则用百分率或比值表示。在毒理学研究中,个体的生物学效应或一个病例的观察难以评价群体接触的危险性。所以,评价外源化学物的毒作用往往需要一定数量的实验动物样本。

二、剂量-效应关系、剂量-反应关系

(一)剂量-效应关系

表示一种外源化学物的剂量与其在某一个体呈现的效应(量效应)之间的关系。例如,空气中的一氧化碳浓度增加,导致红细胞中碳氧血红蛋白含量升高;动物机体摄入四氯化碳

量的增加，引起谷丙转氨酶活性增强。

(二)剂量-反应关系

表示一种外源化学物的剂量与其在某一群体中出现某种反应（质效应）的个体在群体中所占的比例关系。如半数致死量（LD_{50}）就表示一种剂量-反应关系。与量效应和质效应一样，在一定条件下，剂量-效应关系可转换成剂量-反应关系。

剂量-效应关系和剂量-反应关系是毒理学的重要概念。机体内出现的某种损害作用，如果肯定是由某种外源化学物所引起的，一般来说就应存在明确的剂量-效应关系或剂量-反应关系。值得注意的是，机体的过敏性反应虽然也是外源化学物引起的损害作用，但这是另外一类反应，它与一般中毒效应不同，涉及机体的免疫系统，小剂量即可引起剧烈的甚至是致死性的全身症状或反应，往往不存在明显的剂量-反应关系。

外源化学物的安全性评价或允许量标准的制定，主要建立在剂量-反应关系上，只有剂量-反应关系的研究成果才能用于评价某种外源化学物对动物和人类的安全性。

三、剂量-效应关系与剂量-反应关系曲线

剂量-效应关系和剂量-反应关系都可用曲线表示，即以表示效应强度的计量单位或表示反应的百分率或比值为纵坐标，以剂量为横坐标，绘制散点图所得到的曲线。不同外源化学物在不同具体条件下，引起的效应或反应类型是不同的，这主要是剂量与效应或反应的相关关系不一致，因此，在用曲线进行描述时可呈现不同类型的曲线。一般情况下，剂量-效应或剂量-反应曲线有下列基本类型：

1. 直线形

效应或反应强度与剂量呈直线形关系，即随着剂量的增加，效应或反应的强度增强，并成正比关系。但在生物体内，此种直线型关系较少出现，仅在某些体外实验中，在一定的剂量范围内存在。如采用修复缺陷的细菌或细胞试验系统进行致突变试验时，常常在较低剂量下即曲线的起始部分观察到线性的剂量-反应关系，在这种情况下，剂量与反应率完全成正比。

2. 抛物线形

剂量与效应或反应呈非线性关系，即随着剂量的增加，效应或反应的强度也增高，且最初增高急速，随后变得缓慢，以致曲线先陡峭后平缓，而呈抛物线形。如将此剂量换成对数值则呈一条直线。将剂量与效应或反应关系曲线转换成直线，可便于在低剂量与高剂量或低反应强度与高反应强度之间进行互相推算。

3. S 形曲线

在外源化学物的剂量与反应关系中较为常见，部分剂量与效应关系中也有出现。此种曲线的特点是在低剂量范围内，随着剂量增加，反应或效应强度增大较为缓慢，然后剂量较高时，反应或效应强度也随之急速增加，但当剂量继续增加时，反应或效应强度增大又趋向缓慢。曲线开始平缓，继之陡峭，然后又趋平缓呈 S 形状，如图 9-1 所示。该曲线的中间部分，即在反应率 50%左右，斜率最大，此时剂量略有变动，反应即有较大增减。S 形曲线可分为对称与非对称两种。非对称 S 形曲线两端不对称，一端较长，另一端较短。如将非对称 S 形曲线的剂量以对数表示，则成为一对称 S 形曲线，如再将反应率换成概率单位则成一条直线。

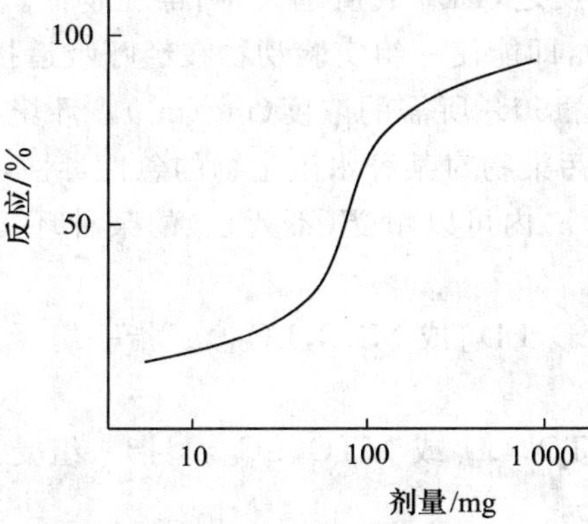

图 9-1 剂量-反应 S 形曲线

4."全或无"反应

在毒性试验中有时可见到"全或无"的剂量-反应关系现象,这种现象仅在一个狭窄的剂量范围内才能观察到,为坡度极陡的线性剂量-反应关系。例如,致畸试验中的剂量-反应关系,在低剂量时,由于只有极个别的动物易感,因此致畸率的增长并不明显,当剂量增加到一定程度时,致畸率迅速增高,随后剂量稍有增加,即可引起胎仔或母鼠的死亡,因此在高剂量范围内致畸率增高的曲线就无法被观察和描述。产生"全或无"反应的原因应根据具体情况进行分析和解释。

除上述几种反应类型的曲线外,剂量-反应关系还可能表现为其他的曲线形式。

任务四十二　毒性参数

任何外源化学物的毒性大小均不一致,有些化学物在极大剂量下才能引起动物中毒,而有些化学物极小剂量就能导致动物死亡,为了判定外源化学物毒性大小和毒性作用特点,比较不同化学毒物的毒性,通常用毒性参数进行评价。

一、致死剂量

致死剂量(LD)是指某种外源化学物能引起个体急性死亡的剂量。它是用来评价化学物毒性的一种重要指标,常用的有以下四种:

(1)绝对致死量或浓度(LD_{100}或LC_{100})　指引起一组受试实验动物全部死亡的最低剂量或浓度。由于一个群体中,不同个体之间对外源化学物的耐受性存在差异,个别个体耐受性过高,并因此造成100%死亡的剂量显著增加。所以表示一种外源化学物的毒性高低或对不同外源化学物的毒性进行比较时,一般不用绝对致死量(LD_{100}),而采用半数致死量(LD_{50})。LD_{50}较少受个体耐受程度差异的影响,较为准确。

(2)半数致死量或浓度(LD_{50}或LC_{50})　指引起一组受试实验动物半数死亡的剂量或浓度

度。它是一个经过统计学处理计算得到的数值,常用以表示急性毒性的大小。LD_{50}数值越小,表示外源化学物的毒性越强;反之,LD_{50}数值越大,则毒性越低。与LD_{50}概念相似的毒性参数,还有半数致死浓度(LC_{50}),即能使一组实验动物在经呼吸道接触外源化学物一定时间(一般固定为2 h或4 h)后,死亡50%所需的浓度(mg/m^3)。环境毒理学中,还有半数耐受限量(TLm)用于表示一种环境污染物对某种水生生物的急性毒性,即一群水生生物(例如鱼类)中50%个体在一定时间(48 h)内可以耐受(不死亡)的某种环境污染物在水中的浓度(mg/L),一般用TLm48表示。

(3)最小致死剂量或浓度(MLD,LD_{01}或MLC,LC_{01})　指一组受试实验动物中,仅引起个别动物死亡的最小剂量或浓度。

(4)最大耐受剂量或浓度(MTD,LD_0或MTC,LC_0)　指一组受试实验动物中,不引起动物死亡的最大剂量或浓度。

二、阈剂量

阈剂量是指能引起群体中极少数个体开始出现最轻微毒效应的最小剂量。低于此剂量的任何剂量都不应对机体产生任何损害作用,故又称最小有作用剂量或最低毒剂量。能否观察到最轻微的毒效应,受检测技术灵敏度、精确性、被观察指标敏感性以及样本大小的限制。因此,阈剂量应确切称为观察到轻微毒效应的最低剂量。阈剂量又分为急性阈剂量和慢性阈剂量,急性阈剂量是与化学毒物一次接触所得,慢性阈剂量则为长期反复多次与化学毒物接触所得。

三、无作用剂量

无作用剂量又称最大无作用剂量(ED_0或NOEL),是指某种外源化学物在一定时间内,按一定方式与机体接触,用现代的检测方法和最灵敏的观察指标,未能观察到对机体产生任何毒效应的最大剂量。它是评定一种化学物质毒性的主要依据。

阈剂量和无作用剂量是两个相邻的毒性参数,从理论上讲,低于阈剂量就是最大无作用剂量,在最大无作用剂量的基础上,剂量稍有增加即可达到阈剂量。但由于受到检测手段的限制,常不能发现机体的细微异常变化,只有剂量增加到一定水平时,才能看到损害作用。故在实际工作中这两个剂量之间存在一定差距。另外,对于同一化学毒物,在不同试验条件下,因动物品种、染毒方法、染毒时间、观察指标和观察方法的不同,可得出不同的最大无作用剂量和阈剂量。因此,在表示这两个毒性参数时,应注明具体试验条件。对于大多数毒物来说,如果选用最敏感的动物、最敏感的指标、最好的观察手段、足够的动物样本,进行长期染毒后得到的最大无作用剂量,就可以确定为该化学物质的最大无作用剂量。对于特定毒物,最大无作用剂量和阈剂量并非一成不变,随着检测手段的进步和更为敏感的观察指标的发现,这两个毒性参数会逐渐得以更新。

四、安全限值

动物试验外推到人通常有三种基本的方法:利用不确定系数(安全系数);利用药物动力

学外推(广泛用于药品安全性评价并考虑到受体敏感性的差别);利用数学模型。毒理学家对于"最好"的模型及模型的生物学意义尚无统一的意见。

安全限值是指为保护人群健康,对生产生活环境和各种介质(空气、水、食物和土壤等)中与人群身体健康有关的各种因素(物理、化学和生物等)所规定的浓度和接触时间的限制性量值,在低于此种浓度和接触时间内,根据现有的知识,不会观察到任何直接和/或间接的有害作用。也就是说,在低于此种浓度和接触时间内,对个体或群体健康的危险度是可忽略的。安全限值可以是每日容许摄入量(ADI)、可耐受摄入量(TI)、参考剂量(RfD)、参考浓度(RfC)和最高容许浓度(MAC)等。

1.每日容许摄入量(ADI)

是以体重表达的每日容许摄入量,以此量终生摄入无可测量的健康危险性(标准人体重为 60 kg)。

2.可耐受摄入量(TI)

是由 IPCS(国际化学品安全规划署)提出的,是指没有可估计的有害健康的危险性对一种物质终生摄入的容许量。取决于摄入途径,TI 可以不同的单位来表达,如吸入可表示为空气中浓度(如 $\mu g/m^3$ 或 mg/m^3)。

3.参考剂量和参考浓度

是美国环境保护局(EPA)对非致癌物质进行危险性评价提出的概念。参考剂量(RfD)和参考浓度(RfC),是指一种日平均剂量和估计值。人群(包括敏感亚群)终身暴露于该水平时,预期在一生中发生非致癌(或非致突变)性有害效应的危险度很低,在实际上是不可检出的。

4.最高容许浓度(MAC)

系指某一外源化学物可以在环境中存在而不致对人体造成任何损害作用的浓度。我国在制订 MAC 时遵循"在保证健康的前提下,做到经济合理,技术可行"的原则,因此与上述几种以保护健康为基础的安全限值有区别。MAC 的概念对生活环境和生产环境都适用,但人类在生活与生产活动中的具体接触情况存在较大差异,同一外源化学物在生活环境中与生产环境中的 MAC 也不相同。

5.安全系数和不确定系数

安全系数(SF)是根据所得的最大无作用剂量(NOAEL)提出安全限值时,为解决由实验动物资料外推到人的不确定因素及人群毒性资料本身所包含的不确定因素而设置的转换系数。安全系数一般采用 100,据认为安全系数 100 是为物种间差异(10)和个体间差异(10)两个安全系数的乘积。

不确定系数(UF)是为求得可耐受摄入量(TI)说明关键研究的适宜性(可信性),物种间外推,在人个体间变异,全部资料的适宜性(充分性)和毒性性质的各个因子的乘积。将临界效应的 NOAEL 或 LOAEL 除以不确定系数即求得安全限值。此术语比安全系数更为适当,因为此术语避免被误解为绝对安全,并且 UF 的大小与不确定性大小成比例,而不是与安全性成比例。UF 的选择应根据可利用的科学证据。

五、毒作用带

毒作用带是表示外源化学物作用特点和危险性评价的主要参数。包括急性毒作用带和慢性毒作用带两类。

1. **急性毒作用带(Zac)**

是半数致死量(LD_{50})与急性阈剂量的比值。化学物的急性毒作用带愈窄,说明该化学物从产生可观察的毒效应到导致急性死亡的剂量范围窄,引起机体发生急性死亡的危险性愈大;反之,则引起急性死亡的危险性就愈小。

2. **慢性毒作用带(Zch)**

是化学物急性阈剂量与慢性阈剂量的比值。慢性毒作用带愈窄,则引起慢性中毒的危险性较小,而引起急性中毒的危险性较大。

任务四十三 毒作用谱

一、损害作用与非损害作用

外源化学物在机体内可引起一定的生物学效应,其中包括损害作用和非损害作用。损害作用是外源化学物毒性的具体表现。毒理学的主要研究对象是外源化学物的损害作用。因此必须明确损害作用的概念,并与非损害作用加以区别。

外源化学物对机体的损害作用,应具有下列特点:

①机体的正常形态学、生理学、生长发育过程受到影响,寿命可能缩短。

②机体功能容量降低。

③机体对外加应激的代偿能力降低。

④机体对其他某些环境因素不利影响的易感性增高。

在试验中观察到的效应,是否是有害效应,这依赖于该效应的性质。例如,有机磷酸酯农药引起的血浆胆碱酯酶抑制不应认为是毒性效应,虽然是一种效应,可作为接触标志物。肝重量的可逆性增加可能是适应性反应,而不是毒效应,但需要进行辅助的研究。有害作用也称为健康效应,即引起功能紊乱、损伤、疾病或死亡的生物学效应。

外源化学物对机体的非损害作用与损害作用相反,一般认为非损害作用不引起机体机能形态、生长发育和寿命的改变,不引起机体功能容量的降低;也不引起机体对额外应激状态代偿能力的损伤,非损害作用中,机体发生的一切生物学变化应在机体代偿能力范围之内,当机体停止接触该种外源化学物后,机体维持体内稳态的能力不应有所降低,机体对其他外界不利因素影响的易感性也不应增高。

应该指出,损害作用与非损害作用都属于外源化学物在机体内引起的生物学作用。而在生物学作用中,量的变化往往引起质的变化,所以非损害作用与损害作用具有一定的相对意义。正如在健康和疾病状态之间没有一个绝对的分界,存在亚健康状态和亚疾病状态一样,有时也难以判断外源化学物在机体内引起的生物学作用是非损害作用还是损害作用。随着生命科学的进展,将不断出现新的概念和方法,有可能过去认为是非损害作用的生物学作用,会重新判断为损害作用。因此,应充分地认识到对损害作用与非损害作用判断的相对性和发展性。

二、毒效应谱

机体接触外源化学物后，依据外源化学物的性质和剂量引起的多种变化，称为毒效应谱，可以表现为：①机体对外源化学物的负荷增加；②意义不明的生理和生化改变；③亚临床改变；④临床中毒；⑤死亡。机体负荷是指在体内化学物和/或其代谢物的量及分布。亚临床改变、临床中毒、死亡属于损害作用（毒效应），毒效应谱还包括致癌、致突变和致畸作用。

适应是机体对一种通常能引起有害作用的化学物显示的不易感性或易感性降低。抗性和耐受相关，但含义不同。抗性用于一个群体对于应激原化学物反应的遗传机构改变，以至与未暴露的群体相比有更多的个体对该化学物不易感性。因此抗性产生必须有化学物的选择及随后的繁殖遗传。耐受对个体是指获得对某种化学物毒作用的抗性，通常是早先暴露的结果。耐受也可用于在暴露前即有高频率的抗性基因的群体。

耐受是由于实验前对某化学物或结构类似化学物的暴露导致对该化学物毒作用反应性降低的状态。引起耐受的主要机制可能是由于到达毒作用靶部位的毒物量降低（处置性耐受）或某组织对该化学物的反应性降低。处置性耐受的例子如四氯化碳预处理可使肝损伤的活性代谢物（$CCl_3 \cdot$）生成减少，而引起对其本身的耐受。而铜可诱导金属硫蛋白生成，镉与金属硫蛋白结合而导致毒性降低。

三、毒性作用分类

外源化学物对机体的毒性作用可按以下几个方面进行分类：

1.速发作用与迟发作用

某些外源化学物在一次接触后的短时间内所引起的即刻毒性作用称为速发性毒作用。如氰化钾和硫化氢等引起的急性中毒。一般说来，接触毒物后迅速中毒，说明其吸收、分布快，作用直接；反之则说明吸收缓慢或在作用前需经代谢转化。中毒后迅速恢复，说明毒物能很快被排出或被解毒；反之则说明解毒或排泄效率低，或已产生病理或生化方面的损害以致难以恢复。

在一次或多次接触某种外源化学物后，经一定时间间隔才出现的毒性作用称为迟发性毒作用。例如，某些具有迟发性神经毒作用的有机磷类化合物。又如致癌性外源化学物，人类一般要在初次接触后10～20年才能出现肿瘤。

2.局部作用与全身作用

局部毒性作用是指某些外源化学物在机体接触部位直接造成的损害作用。如接触具有腐蚀性的酸碱所造成的皮肤损伤，吸入刺激性气体引起的呼吸道损伤等。全身毒性作用是指外源化学物被机体吸收并分布至靶器官或全身后所产生的损害作用，例如一氧化碳引起机体的全身性缺氧。除一些活性很高的物质外、大多数化学物产生全身毒作用，有些物质两种作用兼而有之。例如四乙基铅可作用于皮肤的吸收部位，然后分布至全身对中枢神经系统和其他器官产生毒作用。

3.可逆作用与不可逆作用

外源化学物的可逆作用是指停止接触后可逐渐消失的毒性作用。一般情况下，机体接触外源化学物的浓度愈低，时间愈短，造成的损伤愈轻，则脱离接触后其毒性作用消失得就愈快。不可逆作用是指在停止接触外源化学物后其毒性作用继续存在，甚至对机体造成的损害作用可进一步发展。例如，外源化学物引起的肝硬化、肿瘤等就是不可逆的。化学物的毒性作用是否可逆，在很大程度上还取决于所受损伤组织的修复和再生能力。例如肝具有较强的再生能力，因此大多数肝损伤是可逆的，反之，中枢神经系统的损伤，多数是不可逆的。

4. 过敏反应

也称之为变态反应，是机体对外源化学物产生的一种病理性免疫反应。引起过敏性反应的外源化学物称为过敏原，过敏原可以是完全抗原，也可以是半抗原。许多外源化学物作为一种半抗原，当其进入机体后，首先与内源性蛋白质结合形成抗原，然后再进一步激发抗体的产生。当再次与该外源化学物接触后，即可引发抗原抗体反应，产生典型的变态反应症状。变态反应是一种有害反应，没有典型的S形剂量-反应关系曲线，但对特定的个体来说，变态反应与剂量有关。例如一个经花粉致敏的人，其过敏反应强度与空气中花粉的浓度有关。

5. 特异体质反应

通常是指机体对外源化学物的一种遗传性异常反应。例如，病人接受一个标准治疗剂量肌肉松弛剂琥珀胆碱，一般情况下引起的肌肉松弛时间较短，因为它能迅速被血清胆碱酯酶分解。但有些病人由于这种酶的缺乏，可出现较长时间的肌肉松弛甚至呼吸暂停。又如，体内缺乏 NADH 高铁血红蛋白还原酶的人，对亚硝酸盐及其他能引起高铁血红蛋白症的外源化学物异常敏感。

一种外源化学物的毒效应可能涉及上述几种分类。例如，强酸可引起皮肤的局部毒作用，并且是立即作用，但早期是可逆的。氯乙烯在较低剂量的长期接触可引起肝血管肉瘤，但在一次高剂量接触可引起麻醉和肝毒性。青霉素对某些个体引起的变态反应是间接作用，有时是立即的全身毒作用，此作用可能是可逆的。

四、靶器官

化学物进入机体后，对体内各器官的毒作用并不一样，往往有选择性，外源化学物可以直接发挥毒作用的器官就称为该物质的靶器官。如脑是甲基汞的靶器官，肾是镉的靶器官。毒作用的强弱，主要取决于该物质在靶器官中的浓度。但靶器官不一定是该物质浓度最高的场所。例如铅浓集在骨中但其毒性则由于铅对造血系统、神经系统等其他组织的作用所致。同样 DDT 在脂肪中的浓度最高，但并不对脂肪组织产生毒作用。在全身毒作用中常见的靶器官有神经系统、血液和造血系统、肝、肾、肺等。

外源化学物出现毒性效应的器官称为效应器官。效应器官可以是靶器官，或不是靶器官。例如马钱子碱中毒可引起抽搐和惊厥，靶器官是中枢神经系统，效应器官是肌肉。甲氧基荧烷，在体内经代谢作用释放出 F^-。虽然，此代谢反应发生于肝，但其毒性却作用于肾。可能由于某些尚不清楚的原因，肾较肝更为敏感。

某个特定的器官成为毒物的靶器官可能有多种原因：①该器官的血液供应；②存在特殊的酶或生化途径；③器官的功能和在体内的解剖位置；④对特异性损伤的易感性；⑤对损伤

的修复能力；⑥具有特殊的摄入系统；⑦代谢毒物的能力和活化/解毒系统平衡；⑧毒物与特殊的生物大分子结合等。

机体对外源化学物的处置是影响毒性效应的重要因素。这是因为，在靶器官内的外源化学物或其活性代谢物的浓度及持续时间，决定了机体的毒性效应的性质及其强度。影响吸收、分布、代谢和排泄的各种因素和外源化学物物理化学性质均可影响在靶器官中外源化学物的量。对特定靶器官的毒性，直接取决于外源化学物与生物大分子如受体、酶、蛋白、核酸、膜脂质的作用，激活并启动了生物放大系统，靶器官和/或效应器官在生物放大系统的支配下，发生功能或形态变化，产生具体的局部毒性效应；受到机体整合、适应和代偿等因素的影响产生整体毒效应。

【学习要求】

识记 毒物、中毒、致死剂量、阈剂量、无作用剂量、安全限值、毒作用带、靶器官、损害作用与非损害作用的概念。

理解 毒性及其影响因素，剂量-效应和剂量-反应关系，毒作用及分类。

运用 运用所学知识对化学物进行定量评价。

【知识拓展】

动物中毒的预防措施

应认真贯彻“预防为主”的方针，针对中毒的原因，注意做好以下工作：

1.规范饲料的生产

将饲料生产纳入农业生产计划，统筹兼顾，全面安排，既要种植高产优质饲料，又要种植传统性饲料，力求做到品种多样化、数量多、质量好；经常保持青、干配合，精、粗搭配，防止饲料单一、欠缺和突变。注意青饲料的贮存和调制，防止产生有毒物质。注意已知有毒成分饲料的脱毒、去毒处理和喂量；对尚无有效脱毒方法的饲料，应严格控制喂量。在安排饲料生产时，要注意敏感动物的饲料和某种饲料的产毒季节；在利用新品种饲料时，要经过喂饲试验，确证无毒害后才能大批喂给动物。防止牲畜偷食大量含碳水化合物的饲料而发生中毒。

2.防除霉败饲料

妥善贮藏饲料，严格控制温度、湿度，防止霉败变质。对已经霉败的饲料，不论数量多少，一定要进行脱毒、去毒处理，并且经过饲喂试验，证明安全无害后才能使用。未经脱毒、去毒的饲料，经饲喂试验仍发生中毒时，必须废弃不用。

3.防止农作物病虫害

从消灭或控制病虫害和防止动物中毒的角度出发，有病虫害的农作物按消灭病虫害的要求予以处理，不要用作饲料。但个别如赤霉病的麦粒、玉米粒及虫蛀的粮食等，既有有效的脱毒、去毒方法，又有一定的营养价值，可经过严格脱毒、去毒处理和饲喂试验，确认无毒后方可饲喂。

4.科学保管与使用农药

杀虫剂、除草剂、杀软体动物药等一定要严格保管，谨慎使用。防止误食误用。在使用农药、除草剂、杀软体动物药以后,一定要注意残毒期,凡残毒期未过的农副产品必须经过脱毒或去毒处理后才能用作饲料。用农药拌过的种子,要妥善保管,防止畜禽偷吃。盛装农药的瓶子、沾染过农药的各种容器,应该清洁处理,不能乱丢乱放。运输农药的车辆和船舶、堆放过农药的房屋,必须彻底清除残留物,并充分冲洗。堆放过农药的仓库,应远离饲料仓库,以免污染而引起中毒。

5.应保管好化肥,防止误用和被畜禽误食

使用过化肥的田水,在残毒期未过的时间内,不要用作饮水。刚施过化肥的青饲料,喂时应洗净。凡与化肥接触过的用具、车船及堆放地点、仓库,都应彻底清除和洗涤后才能接触饲料。堆放化肥的仓库,应远离饲料仓库或畜舍,以免污染而引起中毒。

6.妥善保管和应用药物

要严格遵守有关规定,注意用量和用法,不要超量用药。对于有剧毒的药品要专柜保存,最好实行小剂量多次使用,防止发生中毒。治疗量与中毒量很相近的药,要特别小心。静脉注射是要根据要求掌握速度。

7.禁止采食有毒物质

要经常注意牧地、草场和采集的饲料,一旦发现有毒或可疑的植物,都应及时剔除或废弃,以免发生意外。新引进的牧草可先进行饲喂试验和成分分析,证明无毒无害后才能利用。加强有毒植物的调查研究和宣传工作,防止中毒病发生。

8.在工厂和矿区附近,要注意有害的废水、废气、废物等的危害

兽医部门要注意调查研究当地中毒病发生的季节性、地域性和病畜特征(性别、病势、死亡率、繁殖率与饲料饮水的关系等),有关部门和工厂、矿区应注意三废的处理,定期检测环境卫生(包括大气、牧草及饲料、土壤、饮水等),发现超标时,应责成有关单位根据"大气质量标准"、"排污标准"、"卫生标准"等规定限期进行治理。

9.使用微量元素、维生素、添加剂时要注意用量

经常观察效果和异常变化,稍有异常即应停止使用,报告有关部门,检查原因并做恰当处理。

10.其他方面

凡有可能发生蜂蜇伤、蛇咬伤,以及气体中毒的地区应经常注意防范。教育饲养人员要提高警惕,严防破坏活动。同时,有关部门应经常进行土壤、水源、空气中有毒物质含量的测定,并采取有效防制措施,以防止中毒。对已知常发生某种中毒的地区及时宣传、普及防治知识,特别是大型养殖场要做好这方面的工作,以免造成大的损失。

【知识链接】

1.《化学品毒性鉴定技术规范》(2005)

2.《危险化学品安全管理条例》

3.《化学品毒性鉴定管理规范》

4.《实验动物与饲料标准》(GB 14924—2001)

5.《实验动物环境与设施》(GB 14925—2001)

Project 10

毒物的毒性作用

学习目标

掌握实验动物选择的方法，动物的随机分组，染毒方法，急性毒性、蓄积毒性、亚慢性和慢性毒性试验设计及评价；致突变作用、致畸作用、致癌作用及相关试验。

理解蓄积毒性的产生原理，发育各阶段毒性作用的特点，发育毒性的具体表现，致癌物及其分类，化学致癌过程，各种试验的原理及评价中存在的问题等。

【学习内容】

毒物在一定剂量、接触时间和接触方式下，对实验动物所产生的毒性效应称为毒性作用。包括外源化学物的一般毒性作用和特殊毒性作用。根据相应的试验结果对化学毒物的毒性进行评价称为毒性评价。对化学物的毒性进行全面的安全性评价，除进行毒性试验外，还应结合流行病学调查做出综合评价。对于新化学物只能依靠毒性试验来进行安全性评价。

任务四十四　急性毒性试验及其评价

一、基本概念及试验目的

急性毒性是指实验动物一次接触或 24 h 内多次接触某一化学物所引起的毒效应，包括致死效应。对于上述定义中的"一次"接触在经呼吸道与皮肤染毒时，指在一个规定的期间内使实验动物持续接触化学物的过程。而"多次"的概念是指当外源化学物毒性很低时，即使一次给予实验动物最大染毒容量还观察不到毒性作用，同时该容量还未达到规定的限制剂量时，便需要在 24 h 内多次染毒，从而达到规定的限制剂量。其目的主要是：确定受试物的毒性、毒作用方式和特点；测定半数致死量并对其毒性做出初步判定；揭示化学物的可能靶器官和特殊的毒效应；为亚慢性和慢性毒性试验研究提供剂量设计依据。

二、急性毒性试验设计

急性毒性试验常以死亡为指标，因为这是易于判断，不易发生主观错误的观察指标。试验一般观察染毒后 7 天或 14 天(必要时 28 天)的死亡情况。

(一)实验动物选择

1.动物品种、品系的选择

对实验动物物种选择的基本原则是：选择对受试物在代谢、生物化学和毒理学特征与人最接近的物种；自然寿命不太长的物种；易于饲养和试验操作的物种；经济并易于获得的物种。

目前常规选择的是利用两个物种，一种是啮齿类，另一种是非啮齿类。系统毒性研究最常用的啮齿类是大鼠和小鼠，非啮齿类是犬。豚鼠常用于皮肤刺激试验和致敏试验，兔常用于皮肤刺激试验和眼刺激试验。遗传毒理学试验多用小鼠，致癌试验常用大鼠和小鼠，致畸试验常用大鼠、小鼠和兔。迟发性神经毒性试验常用母鸡。一般假设，如以与人相同的接触方式、大致相同的剂量水平，在两个物种有毒性反应，则人有可能以相同的方式发生毒性反应。当不同物种的毒性反应有很大的差异时，必须研究外源化学物在不同物种的代谢、动力学及毒作用机制，然后才可将实验结果外推到人。

在确定品种后，还应注意品系差异，应当选择敏感品系。在选择品种和品系时，如无特殊理由，应注意与文献上常用的动物一致，以便于将实验结果相互比较。

2.个体选择

实验动物对外来化学物的毒性反应还存在个体差异，应注意实验动物的个体选择。

(1)性别　同一物种、同一品系的实验动物雌、雄两性通常对相同外源化学物毒性反应类似，但雌、雄两性在化学物的毒性敏感性上存在着差别。有文献报道在149种外源化学物中雌、雄敏感性比值小鼠平均为0.92、大鼠为0.88，这种差别表现在实验动物性发育成熟开始，直至老年期。可见雌、雄两性动物的性激素性质和水平是关键因素，一般讲雄性动物体内微粒体细胞色素P-450酶系活性大于雌性动物，所以经该酶系降解解毒的外源化学物对雌性动物表现的毒性大，然而经该酶活化增毒的外源化学物却相反。

一般来说，对于初次试验的受试物，应该采用两种性别。对大鼠和小鼠各一种性别进行试验可能比单个物种两种性别提供更好的危害鉴定，但这需要更多的资料来证明。

(2)年龄和体重　实验动物同人类一样，生命全程大体上可区分三个阶段，即幼年期(从出生到性成熟之前)、成年期和老年期。在成年期，各种激素(包括性激素)、代谢酶都处于高峰稳定期，并对外源化学物的毒性反应差异较小，且有代表性。在幼年期和老年期，对外源化学物的生物转运和生物转化，靶器官和受体的敏感性均与成年期不同。如有报道外源化学物对成年动物的致死剂量(或LD_{50})与新生动物比较，其比值在0.002～16，表明有的外源化学物对新生动物毒性低，也有的毒性反应强。

毒理学试验选用实验动物的年龄取决于试验的类型。急性试验一般选用成年动物；慢性试验因实验周期长，应选用较年幼的或初断乳的动物，以使实验周期能覆盖成年期。实验动物的年龄应由其出生日期来定，但实际工作中常以动物的体重粗略地判断动物的年龄，作为挑选适龄动物的依据。同一试验中，组内个体间体重差异应小于10%，各组间平均体重差异不应超过5%。

(3)生理状态　在毒理学试验中动物如出现妊娠，则影响体重及其他指标的检测结果，并且，性激素对外源化学物代谢转化有影响，故应选用未产未孕的雌性动物。雌雄动物应分笼饲养。但在某些试验如显性致死试验、致畸试验及繁殖试验等，则需有计划地合笼交配。

(4)健康状况　实验动物的健康状态对毒理学试验结果有很大的影响，因此应选用健康动物。对于实验动物微生物控制的选择实际上是选择健康状况的一个重要指标，健康个体的选择还包括其他方面。健康动物应发育正常、体形健壮，无外观畸形，被毛浓密、有光泽、顺贴而不蓬乱，行动灵活、反应敏捷，眼睛明亮有神，表皮无溃疡和结痂，天然孔道干净无分泌物等。为确保选择健康动物，一般在实验前观察5～7天。对于大鼠和犬的亚慢性和慢性试验，可在实验前采血进行血液学和血液生化学检查，异常的动物应剔除；对犬应常规驱除肠道寄生虫。饲养要求：营养合理，卫生良好，舍内通风良好、光线充足，室内温度为(22±3)℃、相对湿度30%～70%，饲养密度不要过于拥挤。

(二)分组与染毒剂量

1.随机分组

根据实验目的确定分组，以随机分配的原则，使每个动物都有同等机会被分配到各个试验组中去。否则，会增大各组之间的差异，增加对实验结果的干扰因素。一般选用随机数字表方法进行随机分组。在毒性试验中，除试验组外，还需设对照组。对照组除不给予受试物外，控制其他条件尽量与试验组相同。对照的方法一般有两种：

(1)平行对照　对照组与试验组均随机抽自同一总体，两组动物数相等，又分为正对照与负对照。正对照是给试验组动物灌服某受试物的溶液,而对照组以同样方法给予等量的溶剂;负对照组动物不给任何物质。

(2)自身对照　对照和试验都在同一动物体上进行。用试验前的数据作为对照,试验后的数据作为实验结果,这样可排除生物间的个体差异,效果较好。但对于受时间影响的指标或需处死动物后才能测得的指标,如病理学检查或使用内脏组织匀浆测定的各项指标,就无法用自身做对照。

2.染毒剂量

Lock(1983)提出一个简化的剂量设计程序,抛弃了预测 LD_0 和 LD_{100} 的程序,预试时只按 10 mg/kg、100 mg/kg、1 000 mg/kg 三个固定的剂量组,每组 3 只动物。由高剂量组开始,如在高或中剂量组无死亡即可不必做下一个剂量的试验。根据预试死亡情况设合适的间距即可按表 10-1 中指定的正式试验剂量进行试验,每组 1 只。两步共用 13 只动物。

表 10-1　急性致死毒性试验简化剂量设计方案

预试剂量/(mg/kg 体重)			正式试验剂量/(mg/kg 体重)			
10	100	1 000				
—	—	0/3		1 600	2 900	5 000
—	0/3	1/3	600	1 000	1 700	2 900
—	0/3	2/3	200	400	800	1 600
—	0/3	3/3	140	225	370	600
0/3	1/3	3/3	50	100	200	400
0/3	2/3	3/3	20	40	80	160
0/3	3/3	3/3	15	25	40	60
1/3	3/3	3/3	5	10	20	40
2/3	3/3	3/3	2	4	8	16
3/3	3/3	3/3	1	2	4	8

注:表中的分数其分母为受试动物数,分子为死亡动物数。

根据以上试验结果,取 2～3 个相邻剂量的几何均值即得 LD_{50} 值。例如 370 mg/kg 体重和 600 mg/kg 体重剂量组的死亡率分别为 0/1 和 1/1,取几何均值(先将试验值变换成对数值,然后求这些对数值的算术均数,最后求算数均数的反对数)的值为 470 mg/kg 体重。

(三)受试物

用于毒性试验的受试物,尽可能纯净,并且能够代表今后推广的商品。若有溶媒或赋形剂,则必须是惰性的,即既不会改变受试物的化学性质,也不与受试物结合,并且进行对比试验,借以证实试验过程中所观察到的变化确实由受试物所引起,而不是赋形剂所致。

(四)染毒方法的选择

基础毒性研究,不论是急性、亚慢性与慢性毒性研究,主要是经消化道、经呼吸道及经皮肤三种染毒途径。

1.经消化道染毒

即是研究外源化学物经胃肠道吸收的毒性反应。这在环境毒理学与食品毒理学中是主要的染毒途径。

(1)灌胃法　人工给实验动物灌入外源化学物是经常使用的经口染毒方法。此时外源化学物直接灌入胃内，而不与口腔及食道接触，故而给予的化学物剂量准确。但是，当待测化学物为气态或固体时均需用某种溶剂溶解，液态化学物往往也需用溶剂稀释。

实验动物灌胃染毒需每只动物依次灌胃，故而工作量大，且有误伤食道或误灌入气管造成动物死亡的危险。

(2)喂饲法　喂饲方法染毒是将化学物溶于无害的溶液中拌入饲料或饮用水中，使动物自行摄入含化学物的饲料或水，然后依每日食入的饲料与水再计算动物实际摄入化学物的剂量。

喂饲法的优点是接触化学物的方式符合人类接触污染食物与水的方式。但是由于动物(尤其是啮齿类动物)进食时浪费、损失饲料很多，往往摄入的化学物量不准确。如果化学物有异味，动物可能拒食，如果化学物在室温下可以挥发或在饲料和水中可以水解，则剂量也不准确，且有经呼吸道与皮肤交叉吸收的可能，喂饲法为了计算每只动物摄入化学物的剂量，一定要每只动物单笼饲养。

(3)胶囊吞服法　将所需剂量的受试化学物装入药用胶囊内，强制放到动物的舌后咽部迫使其咽下。此法剂量准确，尤其适用于易挥发、易水解和有异臭的化学物。兔、猫及犬等较大动物可用此法。

2.经呼吸道染毒

凡是气态或易挥发的液态化学物均有经呼吸道吸入的可能，在生产过程中形成气溶胶的化学物也可经呼吸道吸入。经呼吸道染毒有两种类型，一种是吸入染毒，另一种是气管注入。吸入染毒又分静式吸入染毒与动式吸入染毒两种方法。

二维码 23　染毒柜

(1)吸入染毒

①静式吸入染毒：是将实验动物放入一定容积的密闭容器中(如染毒柜或大口瓶)(二维码 23)，加入一定量的气态或挥发性化学物，使之达到设计浓度，在规定的时间内对实验动物进行染毒。染毒时，要用小型风扇搅拌使化学物在染毒柜内分布均匀。该方法设备简单、操作方便、消耗化学物少，适用于每次染毒持续时间不长、动物数量不多的情况。缺点是实验动物消耗氧，排出二氧化碳，随着染毒时间的延长，染毒柜内氧含量逐渐下降，二氧化碳浓度相应增加，温度和湿度增高。同时，由于动物被毛、排泄物及染毒柜壁可吸附一定量的化学物，化学物可能分解，使柜内化学物浓度逐渐降低。

②动式吸入染毒：是连续不断地送入含有一定浓度化学物的新鲜空气，以造成一个不断更新空气而染毒浓度相当稳定的动态平衡的空气环境，以供实验动物吸入染毒。该方法优点是动物不受染毒容积限制，只需按动物数来决定供应新鲜空气量。染毒时间也不受限制，只要动物数不超过单位时间供应新鲜空气量的许可，就可避免实验动物缺氧和二氧化碳积聚，温度、湿度也易于保持恒定。因此，动式吸入染毒适用于每次染毒时间较长的情况。

(2)气管注入　此法注入量可以定量，但不容易折算吸入的浓度，故是在吸入染毒困难时，进行定性研究的一种替代方法。气管注入法有气管插入法、气管穿刺法和暴露气管穿刺法三种。

3.经皮肤染毒

液态、气态和粉尘状外源化学物均有接触皮肤的机会。外源化学物是否能经皮肤吸收导致机体中毒或仅在皮肤局部引起损伤与外源化学物的性质有关。能经皮肤吸收的化学物主要以扩散方式经过皮肤角质层屏障，在表皮角质细胞的间质中充满非极性的脂类物质。此为具有脂溶性化学物渗透皮肤的主要途径，所以角质层薄的皮肤部位更易吸收。表皮破损、皮肤水化或脱水，以及易于滞留于角质层的化学物，均可增加化学物的渗透。

在研究外源化学物的经皮吸收时，皮肤接触化学物的面积、时间长短，环境中温、湿度均应控制统一的条件。再者，老龄的动物表皮厚度改变、细胞成分也有变化，所以应选择成年动物为宜。此外，为保证不因皮肤部位不同而形成的化学物渗透率差异，一般大鼠、豚鼠、兔均使用背部皮肤。

4.其他途径染毒

有时需对外源化学物进行绝对毒性或比较毒性研究，或进行一些必要的特殊研究（静脉注射毒物动力学、代谢研究、急救药物筛选等），往往用注射途径染毒。注射途径包括静脉注射（大鼠、小鼠尾静脉，兔耳缘静脉）、肌内注射、皮下注射及小动物腹腔注射染毒。但注射时应控制注射体积。

（五）LD_{50}计算

参见 295 页的知识拓展。

三、急性毒性分级

急性毒性分级使化学物的毒性评价和安全管理有一个共同的尺度，但各国目前对其标准不一致，对同一化学物在不同应用范围的分级标准各国的处理办法也不一样。Pascoe（1983）推荐的分级标准见表 10-2。我国根据化学物的用途不一，也制定出了一些相应的急性毒性分级标准。

表 10-2　急性毒性分级标准

级别	LD_{50}/(mg/kg 体重)
超级毒	＜5
剧毒	5～50
高毒	50～500
中等毒	500～5 000
低毒	5 000～15 000
实际无毒	＞15 000

四、急性毒性试验评价

进行急性毒性试验，可得出半数致死量（LD_{50}），参照急性毒性分级标准，可评价受试物毒性，但不能全面反映受试物的特点。如有些受试物，其急性毒性很低，但小剂量长期摄入时，可能因蓄积作用而表现出严重的毒性作用；有些受试物一般毒性作用不明显，但可显示出特殊的毒性作用，如致癌、致畸和致突变作用。因此，对外源化学物的毒性进行评价时，除做急性毒性试验外，还必须进行亚慢性和慢性试验及其他特殊毒性试验，才可对受试物的毒性有较全面的评价。

任务四十五　蓄积毒性试验及其评价

一、基本概念及试验目的

外源化学物进入机体后，经过代谢转化排出体外，或直接排出体外，但是当其连续地、反复地进入机体，而且吸收速度超过代谢转化与排泄的速度时，化学物质在体内的量逐渐增加，称为化学物质的蓄积作用。

外源化学物的蓄积作用是发生慢性毒性的基础。慢性毒性可以是因外源化学物或其代谢产物的物质蓄积，但有的化学物质，经长期接触后在机体内测不出该化学物质的原形或其代谢产物，可却出现了慢性毒性作用时，称之为损伤蓄积(也称为功能蓄积)。但实验动物多次反复接触化学毒物后，若用化学分析方法能测得机体内存在该物质或其代谢产物的量，称为物质蓄积。实际上，功能蓄积和物质蓄积只是两个相对的概念，它们同时存在，互为基础。

蓄积毒性试验是检测外源化学物在体内蓄积性大小的试验。试验目的是为了了解某种外源化学物在体内蓄积情况及动物对其是否会产生耐受性，并为慢性毒性试验及其他有关毒性试验的剂量选择提供参考。

二、蓄积试验的方法及评价

蓄积作用的检测有理化方法和生物学方法两种。理化方法是应用化学分析或放射性核素技术测定化学物进入机体后，在体内的含量变化的过程。该方法可确定化学物的半衰期，故可作为检测物质蓄积的方法。生物学方法是将多次染毒与一次染毒所产生的生物学效应进行比较，故所测出的蓄积性不能区分功能蓄积和物质蓄积。生物学方法又分为 3 类：蓄积系数法、20 天蓄积试验法与残留率测定法，我国常用的为蓄积系数法和 20 天蓄积试验法。

(一)蓄积系数法

蓄积系数法是一种以生物效应为指标，用蓄积系数(K)评价蓄积作用的方法。该方法简便，但不能区分化学物是物质蓄积或功能蓄积。蓄积系数法的原理是在一定期限内以低于半数致死剂量(小于 LD_{50} 剂量)，每日给实验动物染毒，直至出现预计的毒性效应(如死亡 50%)为止。计算达到此种效应所染毒的总累积剂量，求此累积剂量与一次染毒该化学物产生相同效应的剂量之比值，此比值即为蓄积系数 K。在毒理学研究外源化学物的蓄积作用时多选择小鼠或大鼠为实验动物，以动物死亡 50%为效应指标。求 K 的公式如下：

$$K=\frac{LD_{50(n)}}{LD_{50(1)}}$$

式中：$LD_{50(n)}$ 为引起 50%动物死亡的累积总剂量；$LD_{50(1)}$ 为该化学物的 LD_{50} 剂量。

如果受试化学物在实验动物体内全部蓄积或每次染毒后毒性效应是叠加的，则 $LD_{50(n)}$ 应相等于 $LD_{50(1)}$，即 $K=1$。如果反复染毒实验动物对受试化学物发生过敏现象，则可能出

现 $K<1$。若化学物产生部分蓄积则 $K>1$。蓄积系数评价标准见表 10-3。

表 10-3　蓄积系数评价标准

蓄积系数 K	蓄积作用强度
$K<1$	高度蓄积
$1\leqslant K<3$	明显蓄积
$3\leqslant K<5$	中等蓄积
$K\geqslant 5$	轻度蓄积

虽然蓄积系数法评价化学物的蓄积作用有一定的使用价值，但是利用蓄积系数评价外源化学物潜在的慢性毒性还是应当慎重的。因为有些外源化学物的慢性毒性效应与系数 K 是相左的。例如有的化学物反复接触后引起免疫毒性，但其 K 不一定很小。又如有机磷化合物往往 K 很大，但是它的中枢神经系统的慢性危害与非胆碱能的毒性却仍表现出慢性毒性效应。再如丙烯腈的蓄积系数在小鼠 $K>12.8$，但依然存在慢性危害。

蓄积系数法具体的试验方案主要有两种：

1. 固定剂量法

一般多以灌胃或腹腔注射等方法对小鼠或大鼠进行染毒。先测出一次染毒的 LD_{50}，即 $LD_{50(1)}$。然后选取相同条件的 40 只（或更多）小鼠，分为对照组和染毒组，每组至少 20 只，雌雄各半。试验组动物每天给予 1/10 LD_{50}（偶尔用 1/20 LD_{50}），直至半数动物死亡为止，此时的总剂量即为 $LD_{50(n)}$。然后，按照上述公式计算出所求的蓄积系数，同蓄积系数强度评价标准值比较，就可以对受试物的蓄积作出评价。如果到 50 天时死亡动物仍未达到半数，则停止试验，因为此时总剂量已达 5 个 LD_{50}（指每天 1/10$LD_{50(1)}$ 时），此时计算得出 $K\geqslant 5$，表示该受试物仅有轻度蓄积作用。

2. 递增剂量法

先测定 $LD_{50(1)}$，然后用另一组动物（小鼠或大鼠 30 只）测定 $LD_{50(n)}$。其染毒以 4 天为一个周期，在同一周期中，每天剂量相同，下一周期剂量为上一周期剂量的 1.5 倍，第一周期每天为 0.1$LD_{50(1)}$，直至半数动物死亡，计算总剂量即为 $LD_{50(n)}$。同样，按上述公式计算蓄积系数，与蓄积系数强度评价标准值比较而进行评价。详细染毒剂量见表 10-4。如果到 28 天，死亡动物仍未足半数，可停止试验，因为此时总剂量已达 12.8 $LD_{50(1)}$，$K\geqslant 12.8$，可认为无蓄积性。

表 10-4　定期递增染毒剂量　　mg/kg 体重

项目	染毒期限/天						
	1～4	5～8	9～12	13～16	17～20	21～24	25～28
每日染毒剂量(LD_{50})	0.1	0.15	0.22	0.34	0.50	0.75	1.12
每 4 天染毒总剂量(LD_{50})	0.4	0.60	0.90	1.36	2.00	3.00	4.48
累积染毒总剂量(LD_{50})	0.4	1.00	1.90	3.26	5.26	8.26	12.74

递增剂量法可在 1 个月内对一种基本无蓄积性的化学物作出结论，但若使用固定剂量法，要测出 $K\geqslant 12.8$ 的一种化学物作出相似结论则需 128 天。但是机体实际接触外源化学

物时，尽管剂量有波动，但递增的极少。因此，这种方法与实际情况不符。另外，此法的染毒剂量设计，使可能产生的耐受性不易出现。

目前，我国现行的有关化学物毒理学安全性评价程序（如化妆品、消毒剂）中，明确规定在递增剂量法中，如染毒 20 天，死亡动物仍未足半数即可停止试验。

（二）20 天蓄积试验法

此法是我国（1984）在农药及食品安全性毒理学评价程序的制定过程中，综合上述两种方法提出的。其方法是：将实验动物分为 5 组，即 1/2 LD_{50}、1/5 LD_{50}、1/10 LD_{50}、1/20 LD_{50} 和阴性对照组，进行分别染毒，每天 1 次，共 20 天，故称为 20 天法。此法按《农药登记毒理学试验方法》（GB 15670—1995）和《消毒技术规范》规定，结果评定标准为：停止染毒 7 天内，各剂量组动物均未死亡，即为蓄积不明显（或未见蓄积性）；仅高剂量组（1/2 LD_{50}）有死亡，其他组无死亡，为弱蓄积性；若低剂量组（1/20 LD_{50}）无死亡，但其他剂量组有死亡，并呈剂量-反应关系，为中等蓄积性；如低剂量组（1/20 LD_{50}）出现死亡，且各剂量组呈剂量-反应关系，则为强蓄积性。

任务四十六　亚慢性和慢性毒性试验及其评价

亚慢性与慢性毒性试验使用和选择实验动物物种、品系和实验动物的个体条件、有关的染毒方法等一般与急性毒性试验所介绍的相同。

一、亚慢性毒性试验程序

（一）实验动物

一般要求选择两个动物物种，一种为啮齿类动物，常用大鼠；另一种非啮齿类动物，如犬，以便于较全面地了解受试化学物的毒性。大鼠每个染毒剂量组用 10～20 只，犬为 4～6 只，皆雌雄各半。如设计染毒期间处死部分动物作有关指标检验，则每组动物数需相应增加。动物体重要求在染毒前差异不超过平均体重的 20%。大鼠体重应在 100 g 左右（最好在 6 周龄），犬的年龄要求为 4～6 个月。

（二）染毒条件

当动物为吸入染毒时，每日吸入 6 h；经皮染毒，每日涂布染毒 6 h，每周在染毒部位重新脱毛一次。需指出，不论经何种途径给动物染毒，必须每日定时染毒，且保持良好的温、湿度环境。

（三）亚慢性试验的剂量分组

不论是经消化道、吸入或经皮肤途径染毒，要求设立 3 个染毒剂量组。最高剂量组的剂量应使实验动物在染毒期间产生明显的中毒症状或某项观察指标发生明显的改变。最高剂量组实验动物应于染毒期间不发生死亡，即或有死亡，也应少于动物数的 10%。确定最高剂量可参考两个数值，一是以受试化学物急性毒性的阈剂量（相同的实验动物品系、相同染毒途径）为亚慢性试验的最高剂量；一是以其 LD_{50} 的 1/20～1/5 为最高剂量。最低剂量组中实验动物应无中毒反应或仅有极其轻微的反应。在最高与最低剂量组之间再加一中间剂量组。但无论如何，剂量组间距应大于2倍，同时必须设立相同动物数量的对照组，或再加上一个受试化学物所用的溶剂的对照组。此外，有些学者主张为了考察受试化学物毒作用的可逆性、持久性及迟发效应，最好最高剂量组(或中间剂量组)的动物数加倍，于染毒终止后，对余者再继续观察4周左右。

(四)观察指标

1.动物体重

亚慢性试验(包括慢性试验)应重视对实验动物的体重观察。它是非特异性的、反映动物机体中毒效应的综合性指标。实验动物体重的增加抑制或减轻是受多种毒性效应影响的，包括食欲、食物吸收、消化功能、代谢和能量消耗变化等。如果各试验组体重增长抑制呈剂量-反应相关关系，则可以肯定这是一种综合毒性效应。例如每日给大鼠肌内注射丙烯腈20 mg/kg体重，连续80天，试验组体重增长率与对照组平均体重增长率之差与丙烯腈染毒累积剂量呈直线相关。大鼠一般每周称体重一次，犬可7～10天称重一次。

2.食物利用率

亚慢性试验期间必须注意观察并记录动物每日饮食情况，力争计算动物的食物利用率，即动物每食入100 g饲料所增长的体重克数(g体重/100 g饲料)。比较染毒组与对照组食物利用率，有助于了解受试化学物的毒性效应。如染毒化学物影响动物食欲，则每日进食量减少，体重增长减慢，但食物利用率不一定有改变。若染毒化学物干扰了食物的吸收或代谢，此时食欲不一定受影响，而体重增长减慢，则食物利用率也发生变化。例如给大鼠喂饲被溴甲烷熏蒸过的饲料两个月，喂饲组与对照组的食物利用率大致相等(分别为25.2与25.6)，但试验组体重仅相当于对照组平均体重的86.6%，说明被溴甲烷熏蒸过的饲料基本上不影响食物的吸收利用，但可能影响了大鼠的食欲。

3.症状

在染毒期间应每日都观察实验动物有无中毒症状及程度。此外，还应观察被毛的光洁、色泽。被毛无光、污秽反映动物机体的衰弱。

4.化验检查

染毒前动物应作血及肾、肝功能常规检查，凡有异常的动物需弃之不用。染毒期间及染毒终止除进行例行的血常规与肝、肾功能检查外，可依受试化学物的化学结构、中毒症状等再增加一些特殊化验项目。但需控制动物的采血量及频度，以保证动物健康。

5.脏器系数

脏器系数是指某个脏器与单位体重之比值，或称脏/体比值。单位体重通常以100 g体重计，如肝/体比，即指(全肝湿重/体重)×100。这个指标是一个经济的、实用的指标，往往能提供受试化学物靶器官的重要线索。其依据是实验动物在到达成年末期或老年期之前，尤其是小动物均随着年龄的增加体重增长，且各脏器与体重之间的重量比值有一定规律。如若受试化学物使某脏器受到损害，此比值将发生改变。例如，凡引起肺水肿或充血的化学物，肺/体比值将增大，引起肺纤维化的肺/体比值也将增大。又如小鼠吸入或腹腔注射丙烯腈后13周，小鼠染毒组的肝/体比值均明显增大，且在吸入试验呈现肝/体比值增大与吸入丙烯腈浓度有剂量相关。

但使用脏/体比值指标时应注意排除假象。如果受试化学物在试验期间明显抑制实验动物体重增长，虽然某脏器没有受到明显损伤，则也会出现脏/体比值增大。故此时应同时比较试验组动物与对照组动物各脏器的绝对湿重，以校正之。再者，需注意摘取动物脏器后，在称重前应洗去脏器表面的血污，且用滤纸吸干表面水分，再精确称重，但是同时要防止脏器风干、失水。

6. 病理学检查

应当重视病理学检查。凡在试验期间死亡的和濒死的动物均需及时作病理学检查及病理组织学检查，必要时选择脏器作组织化学或电镜镜检。尤其要注意，凡是临床中毒症状涉及受累器官与系统更需关注。一般讲病理组织学检查应包括全部肉眼可见的损伤部位及脑（多水平）、脊髓、眼与视神经、一些腺体（甲状腺、胸腺等）、心与主动脉、肺与支气管、胃、肠（大、小肠多水平）、肾上腺、肾（多水平）、肝（多水平）、胰、胆，必要时加上膀胱、骨骼与骨骼肌。

7. 其他特征性指标

特征性指标可以反映受试化学物中毒特征，也有助于取得中毒机理的线索。但是选择此种指标难度大，必须仔细分析受试化学物急性、亚急性毒性试验过程中动物的中毒表现，以及结合受试化学物的化学结构和其有何特殊化学基团找出线索，方可设计方案。

二、慢性毒性试验程序

（一）实验动物

一般要求选用几种实验动物。目前对啮齿类动物首选大鼠，非啮齿类动物是犬与灵长类。最好慢性试验使用的实验动物与亚慢性实验动物相同，有利于研究的连续性。每个染毒剂量组应用的动物数量各家看法不完全一致，如大鼠在 40～100 只，雄雄各半。不过以统计学方法处理数据可靠性为依据，则要在试验设计时做好准备。例如求化学物慢性阈值，设计要求实验动物有 5%出现某项指标改变为阈剂量的标准，使概率达到 0.01 时，则此剂量组至少应有 90 只实验动物。但如果以剂量组间及与对照组比较，某项指标呈明显的剂量-反应即可，取用的动物数则可以相应地减少些。此外，如染毒不同期间设计处死部分动物作病理组织学或某些脏器的生化分析，或准备染毒终止后再留部分染毒动物作远期效应观察，则应适当增加每个剂量组的动物数。依此，非啮齿类动物也应较多，最低每个剂量组每种性别应在 4 只以上。

由于慢性毒性试验期长，所选动物年龄应小。大鼠、小鼠应为初断奶者，即小鼠出生后 3 周（体重 10～15 g），大鼠出生后 3～4 周（体重 50～70 g）。

（二）染毒期限和染毒条件

研究工业毒物一般认为染毒 6 个月或以上即可；环境毒理与食品毒理慢性试验染毒期一般要求 1 年以上或 2 年。也有学者主张动物采用终生染毒，认为终生染毒所求得的阈剂量与无作用剂量更能全面反映外源化学物的慢性毒性作用。但是，也有学者根据一些试验认为，以大鼠为实验动物慢性染毒 1 年以上，大鼠不一定再出现新的毒性效应。例如据报道，在 122 种化学物中，大鼠连续染毒 3 个月（90 天）之后才出现毒性效应的只有 3 种（占 2.46%），其余均在 3 个月内已出现毒性效应。现已有一些国家推荐以 90 天染毒代替慢性染毒。

慢性染毒条件基本上与亚慢性染毒条件相同。需强调指出，在染毒期间一定要保证合理饮食及适宜的温湿度等环境条件，以防止特别是老年动物不应有的死亡。

此外，也有的学者认为慢性毒性研究可以与化学物的致癌性研究结合进行。若此则实验动物数应增加，且需进行动物终生染毒。

(三)慢性试验的剂量分组

研究化学物的慢性毒性一般设立 3 个染毒组与 1 个对照组，必要时再加 1 个化学物的溶剂对照组。最大剂量组实验动物应有轻微可见的毒性反应(或者某些化验指标的明确而轻微的改变)，最低剂量组应是阈剂量组或是无作用剂量组，依研究目的而定。

选择染毒剂量可参考三类数值：一是以亚慢性试验的阈值或其 1/5～1/2 为慢性试验的最高剂量，以 1/50～1/10 亚慢性阈剂量为慢性试验中间剂量组，以 1/100 亚慢性阈剂量为最低剂量组；一是以亚慢性试验的最大耐受量(MTD)的 1/2 剂量为慢性试验的最高剂量组，依次是 MTD 的 1/4、MTD 的 1/8 为下两个剂量组；一是以该化学物 LD_{50} 的 1/10 为最高剂量，依次为 1/100 与 1/1 000。

(四)观察指标

同亚慢性毒性试验所介绍的内容。在此强调，由于在慢性试验中，染毒化学物剂量极低，往往一些观察指标变化程度较小，为此需注意如下几点：一是在染毒前对动物一些预计观察指标，如血、尿、肝、肾常规检查及某些生化指标应进行测定，既利于染毒后比较，又可对动物健康状况进行筛选。凡是指标差异过大的动物应废弃。二是在染毒期间进行定期指标观察时，对照组需同步观察。三是所进行的各项指标应进行质量控制。此外，凡是实验动物在染毒期间死亡及染毒终止时出现肿瘤的，必须作病理组织学检查、鉴定。

试验终了，主张将最高剂量组与对照组各留部分动物继续留养 1～2 个月，以对已显现变化的指标进行追踪观察，有助于探讨受试化学物对实验动物有无其他作用及损伤可否恢复。

三、评价

1.亚慢性毒性试验结果评价

综合分析亚慢性毒性试验结果，可初步估计受试物在试验条件下，对机体毒作用的特点、部位、最大无作用剂量及亚慢性毒性阈剂量，并可为进一步开展慢性毒性试验提供依据。

尽管亚慢性毒性试验的一个主要目的是为慢性毒性试验的设计提供资料，但如果发现受试物的毒性较大或很小，有时就不必进行慢性毒性试验。例如，我国卫生部 1994 年发布的《食品安全性毒理学评价程序和方法》中指出："根据 90 天喂养试验、繁殖试验、传统致畸试验中所采用的最敏感指标所得的最大无作用剂量进行评价的原则是：最大无作用剂量小于或等于人的可能摄入量的 100 倍者表示毒性较强，应放弃该受试物用于食品；最大无作用剂量大于 100 倍而小于 300 倍者，应进行慢性毒性试验；大于或等于 300 倍者则不必进行慢性毒性试验，可进行安全性评价。"

敏感指标就是在较低或最低的染毒剂量中，比对照组增强或增多而且有显著意义的指标，也是有害效应的观察指标。如果试验是分阶段观察，则最敏感指标也指最早出现改变的指标。

2. 慢性毒性试验结果评价

慢性毒作用 LOAEL 和 NOAEL 是评价慢性毒性和制订卫生标准的主要依据。一般 LOAEL 和 NOAEL 越小，说明慢性中毒的危险性越大，卫生标准应该越严格。对于农药在食品中的残留或食品添加剂与食用色素等，则应参考在食物中可能达到的含量，即以摄入量与 NOAEL 之比来评价其慢性毒性。

任务四十七　致突变作用与致突变试验

一、致突变作用

地球上任何生物物种，从原核细胞生物到灵长目动物，尽管其形态和生理性状千差万别，但在漫长的自然选择和生物进化过程中，都能以相对稳定的生命形式和性状存在于自然界，并继续不断地繁衍后代。这种长期保持特定性状相对稳定的能力是与遗传物质 DNA 的特殊结构及其精确的复制和高保真度的修复方式分不开的。

同一物种的个体间和历代间的种种差异称为变异。按现代基因论的观点，只有起源于基因和染色体的变异才能遗传，可遗传的变异才能称之为突变。突变有自发突变和诱发突变。自发突变的发生频率极低，物种的进化与自发突变有密切关系，诱发突变最早由 Muller (1927) 发现 X 线可引起果蝇生殖细胞发生基因突变。Auerback 和 Robson(1943) 发现芥子气也能引起果蝇发生基因突变，首次阐述化学物可诱发突变。

突变是致突变作用的后果，主要有基因突变、染色体畸变和染色体分离异常三类。

(一)基因突变

产生基因突变的损伤可分三个类型：碱基置换、移码和大段损伤。

1. 碱基置换

当某一碱基在诱变物的作用下脱落或其配对性能发生改变，就会在 DNA 复制时使 DNA 互补链上的相应位点配上一个错误的碱基，即错误配对。这一错误配上的碱基在下一次 DNA 复制时却按正常规律配对，于是原来的碱基对被错误的碱基对所置换，称碱基对置换或碱基置换。这是名副其实的点突变，可细分为转换和颠换。转换指原来的嘌呤被另一种嘌呤置换，或原来的嘧啶被另一种嘧啶置换。颠换则指原来的嘌呤被任一种嘧啶置换或相反是原来的嘧啶被嘌呤置换。无论是转换还是颠换都只涉及一对碱基，其结果是造成一个三联密码子的改变，可能出现错义密码、无义密码(终止密码)和同义密码。由于错义密码所编码的氨基酸不同，于是基因产物的蛋白质有可能受到某种影响。终止密码则使所编码的蛋白质肽链缩短。

2. 移码

移码是发生一对或少数几对(3 对除外)的碱基减少或增加，于是从受损点开始碱基序列完全改变，从而形成错误的密码，并转译成为不正常的氨基酸。如果所形成的错误密码中包含有终止密码，则肽链还会缩短。发生移码后所编码的蛋白质的活性改变较大，常出现致死性突变。如果减少或增多的碱基对数目刚好是 3 对，则基因产物的肽链中仅减少或增加 1 个氨基酸，其后果与碱基置换相似，与移码完全不一样，故不包括在移码范畴内。

3. 大段损伤

这是指 DNA 链大段缺失或插入。这种损伤有时可波及两个基因甚至数个基因。按严格的定义,基因突变应是一个基因范围内损伤导致的改变。当损伤足够大,例如超过 10^4 碱基对以上,就介于基因突变与染色体畸变之间的不明确的过渡范围。

(二)染色体畸变

染色体畸变仅指染色体结构异常,它是染色体成染色单体断裂所致。当断端不发生重接或虽重接而不在原处,即可出现染色体结构异常。诱发这种作用的物质称为断裂剂,这种作用的发生及其过程即为断裂作用。断裂作用的关键是诱发 DNA 断裂。大多数化学断裂剂像紫外线一样只能诱发 DNA 单链断裂,故称拟紫外线断裂剂。DNA 单链断裂需经 S 期进行复制,才能在中期相细胞出现染色单体型畸变。一种保守观点认为拟紫外线断裂剂主要在 S 期和 S 期前很短时间内发生作用;并认为有时表面上看是在 G_2 期发生的作用实质上是细胞周期被延长而发生的误解。不管怎样,拟紫外线断裂剂的作用结果必须经过 S 期之后才显露出来,所以又称为 S 期依赖断裂剂。少数化学断裂剂像电离辐射那样能诱发 DNA 双链断裂,故称拟放射性断裂剂。所以如在 S 期已发生复制之后或 G_2 期发生作用都可在中期相出现染色单体型畸变;而在 G_0 和 G_1 期作用,则经 S 期复制才到中期就呈染色体型畸变。由于拟放射性断裂剂能在细胞周期任何时发生作用并在随即到来的中期相不须经过 S 期即可见到染色体结构改变,故称 S 期不依赖断裂剂。

任何断裂剂产生的染色单体型畸变,都将在下一次细胞分裂时演变为染色体型畸变。其主要表现类型有:断裂、断片、缺失和微小体、倒位、着丝粒环和无着丝粒环、易位等。

(三)染色体分离异常

以动物正常细胞染色体数目 $2n$ 为基准,染色体分离异常可出现整倍性改变和非整倍性改变。整倍性改变可有单倍体、三倍体和四倍体。超过二倍体的整倍性改变也统称为多倍体。非整倍性改变为二倍体丢失或增多一个或多个染色体。当染色体数目在细胞群体中的众数接近二倍体时称为近二倍体,众数比二倍体稍少则称亚二倍体,众数比二倍体稍多则称超二倍体。在人类常见的非整倍体改变为单体、三体和四体。如果某号染色体一对均缺,就叫缺体。

无论是整倍性或非整倍性染色体数目异常的细胞或个体部分都称为异倍体。

二、致突变试验

1. 鼠伤寒沙门氏菌回复突变试验(Ames 试验)

鼠伤寒沙门氏菌回复突变试验由美国加州大学的 Ames 教授于 1979 年建立并完善,得名 Ames 试验,用来检测受试物诱发鼠伤寒沙门氏菌组氨酸营养缺陷型突变株回复突变成野生型的能力。本试验的优点是所选用菌株比一般指示微生物敏感,故检出率高,每个平皿可有 5×10^9 个菌落,其中有几个突变菌就可检出,而且 48 h 可获取结果,费用也比较低,不足之处是不能检出如苏铁素等非肝微粒体酶系代谢活化的间接诱变剂。

将野生型微生物用物理或化学方法使其发生突变而成为突变型,称为正向突变,反之即为回复突变。

$$\text{野生型微生物} \underset{\text{回复突变}}{\overset{\text{正向突变}}{\rightleftharpoons}} \text{突变型微生物}$$

Ames 试验原理是利用一种人工诱变的突变型微生物即组氨酸营养缺陷型的鼠伤寒沙门氏菌的几种突变株作为指示微生物，这些特殊的菌株由于组氨酸合成的某个调控基因发生了点突变，不能自行合成组氨酸，在缺乏组氨酸的选择性培养基中不能生长，在加有受试物的培养基上培养该细菌，如果受试物具有致突变性，可使基因回复突变成野生型，恢复了自行合成组氨酸的能力，在上述选择培养基上形成菌落。通过选择培养基上的回变菌落数来判定受试物是否能够引起基因突变。

2. 细菌 DNA 修复试验

细菌 DNA 修复试验是使野生型及其相应修复缺陷突变型菌株同时接触受试物，如果发生 DNA 损伤，则修复缺陷突变型细菌较野生型易于死亡。观察终点是两种菌株在受试物的存在下生长受抑的差异，并以此来推断 DNA 完整性是否受损。如果生长受抑是 DNA 损伤以外的毒物所致，则两菌株受抑程度一致。常用的菌株有大肠杆菌、枯草杆菌和沙门氏菌，其中枯草杆菌在我国应用较其他菌株普遍。由于枯草杆菌在本试验中涉及重组修复基因，因此试验结果显示了受试物可为重组修复所矫正，故又称为重组试验。本试验对检测能与 DNA 形成加合物或嵌入作用的化学物较为敏感；对于阻滞 DNA 促旋酶、诱发 DNA 与蛋白质交联、碱基置换和移码的化学物也可检出。

3. 微核试验

细胞质中的微核来源有两种：一是断片或无着丝粒染色体环在细胞分裂后期不能定向移动，遗留在细胞质中；二是有丝分裂的作用使个别染色体或断片和带着丝粒的染色体环在细胞分裂后期被留在细胞质中。因此微核试验既能检出断裂剂又能检出有丝分裂毒物。由于微核观察技术简单而省时，近年大有取代染色体分析之势。传统的微核试验是体内试验，方法是多次染毒后，观察嗜多染红细胞细胞质中的微核情况。也可用 CHL 等细胞系或外周淋巴细胞进行体外试验。

原理：正常细胞在有丝分裂的中期，染色体排列在赤道板附近，分裂后期便分成两份，各被一纺锤丝牵引，移向细胞的两极，并在终期分别形成两个子细胞的核。由于细胞受到诱变剂的作用后，染色体断裂形成无着丝粒的断片或因纺锤丝受损而丢失的整个染色体，在细胞分裂后期落后于向两极移动的染色体而滞留于赤道板附近，在形成子细胞核时，这些断片在子细胞质内形成了小块物质，即微核（二维码 24）。它比普通细胞核小，其出现率与染色体畸变率之间有明显的相关性。典型的微核在细胞质中是单个的，有时一个细胞含有两个或两个以上微核，呈圆形或椭圆形、肾形、马蹄形等。

二维码 24　微核

4. 显性致死试验

显性致死指发育中的精子或卵子细胞发生遗传学损伤，导致受精卵或发育中的胚胎死亡。一般认为，显性致死主要是染色体损伤的结果。显性致死突变是指生殖细胞染色体发生结构和数目的变化，导致受精卵在着床前死亡或胚胎早期死亡。显性致死试验属于体内试验，以胚胎死亡为观察终点，用于检测受试物对雄性哺乳动物性细胞的染色体损伤作用。常使性成熟的雄性大鼠或小鼠接触受试物，染毒后与未接触受试物的雌鼠交配使其受孕，通过观察胚胎早期死亡情况来判断受试物的遗传毒性作用。一般认为染色体断裂是显性死亡的原因,因为这将导致缺失,或者同时还发生染色体重排或不分开,从而引起染色体的不平衡分离,形成单体型或三体型等非整倍体,但本试验往往漏检三体型。至于着床前死亡,则认为是精细胞DNA受到多处损伤的结果。阳性结果显示受试物可通过血睾屏障并使精细胞发生突变。显然胚胎死亡这一结果并不影响下一代的基因库。

由于卵子对诱变物的敏感性相对较低,而且受试物作用于母体动物,可能产生不利于胚胎发育的种种干扰因素,影响试验结果的准确性。因此一般不采用对雌性动物染毒的方式,而是仅对雄性动物染毒。但也有一些报道指出,有些化学物,如阿霉素、博来霉素、海甘宋等在雄性动物显性致死试验中呈阴性,但对雌性生殖细胞可诱发显性致死。同小鼠精子畸形试验一样,为检测化学物对精子发育全过程的影响,并检出精子受遗传毒物作用时的发育阶段,每周需要更换一批新的雌鼠与染毒雄鼠交配,小鼠持续6~8周,大鼠8~10周。

本试验是评价化学毒物对精子遗传毒性较好的方法之一,与Ames试验、微核试验一道被认为是致突变试验的三个基本方法。本方法不需要特殊的设备条件,在一般的实验室内就可操作,比较实用。缺点是灵敏度低,使用实验动物的数量大,而且仅能反映雄性生殖细胞的突变。

任务四十八　生殖和发育毒性作用与试验

一、生殖和发育毒性作用

生殖是使种族延续的各种生理过程的总称。生殖过程一般是指从配子形成直到胎儿娩出的整个过程,因此具有广泛的含义。其中包括精子的发生、卵子的形成、配子的释放、受精、卵裂和胚泡发育;着床、胚胎发生、胎儿发育、分娩。而胎儿的娩出也并不意味着胎儿发育成熟的终止,从广义上说还应包括胎儿娩出后的新生儿期、哺乳期,直到性成熟的整个过程。环境有害因素造成对亲代的生殖功能及对子代发育过程的有害影响的作用称为生殖毒性和发育毒性。化学品对生殖发育的损害不仅与妊娠母体有关,带有致畸因子的雄性也会使胎仔发生畸形。

生殖毒性指对雄性和雌性生殖功能或能力的损害及对后代的有害影响。生殖毒性既可发生于妊娠期,也可发生于妊前期和哺乳期,表现为外源化学物对生殖过程的影响,例如生殖器官及内分泌系统的变化,对性周期和性行为的影响,以及对生育力和妊娠结局的影响等。

某些化合物可具有干扰胚胎的发育过程、影响正常发育的作用,即发育毒性。发育毒性指在到达成体之前诱发的任何有害影响,包括在胚期和胎期诱发或显示的影响,以及在出生后诱发和显示的影响。

(一)发育各阶段毒性作用的特点

不同的化学毒物作用于不同发育阶段。过早或过迟接触都可能不产生效应。每个发育阶段可再细分,如着床前期又分为受精、卵裂、囊胚形成。而不同系统和器官的形成与发育是不完全同步的,有不同速度,有先有后,日期不同。在胎儿期,器官长大和功能成熟,但神经系统和生殖系统等功能的完全成熟延伸至出生后的儿童期、少年期、青春期。所以,应该从更长时间来评价发育毒性。

1.着床前期

着床前期又称分化前期，从受精时算起，到完成着床之前。其期限在人类为第11～12天，啮齿动物为前6天。卵子受精后，细胞迅速分裂而形成胚囊，分化很少，受损的是相对未分化细胞。一般认为，此时很少发生特异的致畸效应，通常是未分化细胞受化学毒物损伤而致胚泡死亡，称为着床前丢失。然而，也有着床前期接触毒物导致胎儿畸形的例子。如环氧乙烷、甲基亚硝基脲、乙基亚硝基脲、乙基磺酸甲烷和三乙烯三聚氰胺等。小鼠妊娠前第2.5天、第3.5天和第4.5天用甲基亚硝基脲处理可造成子代神经管缺陷和腭裂。

2.器官形成期

着床后孕体即进入器官形成期，直到硬腭闭合，还可细分为原肠胚形成(有人将其称为着床后期)和各器官结构的形成。在人是3～8周。一般认为大鼠、小鼠、兔的着床时间为妊娠第6～7天，硬腭闭合时间为妊娠第15～18天。器官形成的迅速变化需要细胞增殖、细胞移动、细胞与细胞交互作用和形态发生的组织改造。一个毒物可能影响一个或一些发育事件，因此一个结构的敏感性的模式因毒性作用的性质而不同。器官形成期特别容易感受致畸物的作用而诱发器官结构的缺陷，即结构畸形，故又称为致畸敏感期或致畸作用危险期。器官形成期也可能引起胚胎死亡。一胎多仔动物(如啮齿类)胚胎死亡后被吸收，称为吸收胎，在人和灵长类则以流产告终。所以，在这一时期，外源化学物表现出发育毒性，以结构畸形最突出，也可有胚胎死亡、生长迟缓。

3.胎儿期

器官形成结束(以硬腭闭合为标志)后即进入胎儿期(人类为第56～58天起)，直到分娩。胎儿期以组织分化、生长和生理学的成熟为基本特色，这一过程一般在器官形成完成之前就开始并持续到出生后的生长期。在胎儿期接触发育毒物很可能对生长和功能成熟产生效应。如免疫系统、中枢神经系统和生殖器官的功能异常，包括行为、精神、运动的缺陷和生殖力降低等。这些临床表现出生前不明显，需要出生后对子代仔细观察和测试。某些结构变化在胎儿期也能发生，但是这些通常是变形(干扰先前正常的结构)或异常而非畸形。在胎儿期毒性暴露的一些效应可能需要多年才变得明显。所以，胎儿期外源化学物的不良作用主要表现为：全身生长迟缓、特异的功能障碍、经胎盘致癌和偶见死胎。

4.围生期和出生后的发育期

研究较多的是发育免疫毒性、神经行为发育异常和儿童期肿瘤。妊娠期或围生期接触某些外源化学物，会严重影响出生后T细胞、B细胞和吞噬细胞的发育、迁移、归巢和功能。可能暂时或永久地损伤机体的免疫系统。如氯氰菊酯诱导儿茶酚胺释放介导T细胞迁移和归巢，引起胸腺细胞分布和功能改变；干扰某些细胞因子的产生和释放；损伤IL-2和IL-2的产生并影响其导致的胸腺细胞增殖。引起子代胸腺细胞数量减少，ConA诱导的T细胞增殖受抑制。许多化学物具有发育神经毒性，表现为对感觉、运动、自主和认知的影响。如妊娠期饮酒造成的乙醇综合征胎儿(FAS)，出现包括小头、颅面畸形，子宫内和出生后生长迟缓，精神、运动和智力发育滞后，智商低，终身神经行为紊乱等神经发育异常。

(二)发育毒性的具体表现

1.发育生物体死亡

发育生物体死亡指受精卵未发育即死亡或胚泡未着床即死亡，或着床之后发育到一定阶段死亡。后者也称胚胎致死作用，指某些外源化学物在一定的剂量范围内可在胚胎发育期间对胚胎产生损害作用，并使其死亡。具体表现为自然流产或死产、死胎。在一般情况下，引起胚胎死亡的剂量较致畸作用的剂量为高，而造成发育迟缓的剂量往往低于胚胎毒性作用的剂量，但高于致畸作用的剂量。以上四种发育毒性的具体表现并非一定在一种外源化学物质作用下同时出现，有时只出现其中的一种或一部分。此外有些外源化学物通过胎盘与发育中的胚胎接触还可引起子代肿瘤发生率增高。

2.生长改变

生长改变即生长缓慢，指胚胎的发育过程在有害环境因素影响下，较正常的发育过程缓慢。能引起胚胎死亡和畸形的毒物多数能引起生长迟缓。一般认为胎儿的生长发育指标比正常对照的均值低2个标准差时，即可定为生长迟缓。胎鼠胸骨及枕骨骨化迟缓及低出生体重等是生长迟缓的较敏感指标。生长迟缓造成的局部发育不全可视为畸形，如脑小畸形和眼小畸形等。

3.功能缺陷

功能缺陷也称功能不全和异常，即胎儿的生化、生理、代谢、免疫、神经活动及行为的缺陷或异常。大多在出生后一定时间才被发现，因为正常情况下，有些功能在出生后一定时间才发育完全。如听力或视力异常、行为发育迟缓等。

4.致畸作用

即结构异常，指胎儿形态结构异常，致畸性是指化学物质在胚胎发育期间引起永久的结构与功能异常的性质。致畸物是指出生前接触，诱发永久的结构与功能异常的物质。由于外源化学物质的干扰，胎儿出生时，某种器官表现形态结构异常。致畸作用所表现的形态结构异常，在出生后立即可被发现。致畸作用在外源化学物发育毒性具体表现中，对存活后代机体影响较为严重，往往是一种不可逆过程，具有重要的毒理学意义，有些文献中，将致畸作用称为发育毒性，可以理解为发育毒性的狭义概念。发育毒性以及致畸作用是有害环境因素对机体损害作用的一种表现。

二、生殖发育毒性试验

评价化学物对生殖和发育的毒性需要三方面的资料，即环境流行病学资料、动物生殖与发育毒性试验资料和控制的临床研究资料。另外体外筛选试验还可为发育毒性提供初筛和补充。但是在一些新化学品和药品开发初期，显然不可能得到流行病学方面的资料，也不能直接对人体做临床研究，首先要靠动物试验来预测它们对人生殖与发育的危险。

1.传统致畸试验

传统致畸试验是在胚胎细胞分化和胎儿组织形成期给受孕动物饲喂受试物，于分娩期观察胎仔有无畸形来判断受试物毒性的一种传统试验方法。

实验动物用小鼠、大鼠或兔。一般设3个剂量组和1个对照组，确定剂量的方法是根据预试结果，最高剂量要求可引起母体轻度中毒，但死亡率不超过10%；最低剂量组不应观察到任何中毒症状；在高剂量组和低剂量组之间等比级数设置中剂量。小鼠、大鼠在妊娠6～15天，兔在妊娠6～18天饲喂受试物。于分娩前1～2天剖检，观察是否妊娠、有无死胎和吸收胎及子宫内活胎的发育情况。根据各组动物畸胎出现的数量和所产活胎总数，计算畸胎发生率。经统计学处理后求出最小致畸剂量，并以致畸指数（母体 LD_{50}/最小致畸剂量）比较不同毒物的致畸强度。致畸指数在 10 以下的毒物为非致畸物，10～100 者为致畸物，大于 100 者为强致畸物。

2. 喂养致畸试验

一般在 90 天亚慢性试验结束时，从各剂量组分别随机取出雌鼠 20 只、雄鼠 8～15 只。将同一剂量组的雌、雄鼠进行交配，记录孕期 0 天。受孕鼠仍按照原剂量喂以含受试物的饲料。观察指标和结果判定同传统致畸试验。

任务四十九　致癌作用与致癌试验

一、致癌物及其分类

化学致癌物是指能引起肿瘤，或使肿瘤发生率增加、潜伏期缩短的化学物质，如黄曲霉毒素、3,4-苯并(a)芘及苯等。化学致癌作用是指化学物质引起肿瘤发生率和/或类型增加、潜伏期缩短的效应。可以用多种标准对化学致癌物进行分类，如根据化学致癌物的结构和来源、根据致癌作用的证据可靠性程度、根据作用机制等。本任务主要介绍国际癌症研究所(IARC)的分类及根据作用机制的分类。

IARC 从 1971 年起组织专家组收集和评价世界各国有关化学物质对人类致癌危险性的资料，到 20 世纪 90 年代中期为止。IARC 共评述了 878 种化学物质。根据证据的强度将已评述的化学物质分为四组：

Ⅰ组：确证的人类致癌物，是指在人类流行病学及动物致癌实验中均有充分证据的致癌物，有 87 种。

Ⅱ组：动物致癌物，是指在动物致癌实验中有充分的证据，但人类流行病学的调查结果证据不充分的致癌物。它分为两组：

——Ⅱ组 2A：对人类很可能是致癌物，是指对人类致癌性证据有限，对试验动物致癌性证据充足，有 63 种；

——Ⅱ组 2B：对人类是可能致癌物，是指对人类致癌性证据有限，对试验动物致癌性证据并不充分，或是指对人类致癌性证据不足，对试验动物致病性证据充分，有 234 种。

Ⅲ组：可疑致癌物，动物实验及流行病学调查有一定结果，但均未能确切证实其有致癌性的物质，有 493 种。

Ⅳ组：非致癌物，按目前的试验结果，未见有致癌性的物质，有 1 种。

IARC 关于化学物质致人类癌症危险性分类只与一种化学物致癌性证据的充分性（证据权重）有关，而并不涉及其致癌活性大小及其机制。

二、化学致癌过程

对化学致癌作用的机制研究已有多年的历史，随着分子生物学、生物化学及遗传学等基础学科的迅速发展，目前对致癌作用机制逐步深入，鉴于致癌物的多样性和致癌过程的复杂性，目前认为，癌症的发生是多阶段过程，至少包括引发、促长和进展阶段。

1.引发阶段

引发阶段是指化学物或其活性代谢物（亲电子剂）与DNA作用，导致体细胞突变成引发细胞的阶段。在引发过程中至少有三个细胞功能是重要的，即致癌物的代谢，DNA修复和细胞增殖。

引发剂本身有致癌性，大多数是致突变物，没有可检测的阈剂量，引发作用是不可逆的并且是累积性的。引发剂作用的靶主要是原癌基因和肿瘤抑制基因。引发阶段的个体变异、物种差异及亲器官特征是取决于细胞对致癌物的代谢、DNA修复及细胞增殖/凋亡的平衡。

2.促长阶段

促长阶段是引发细胞增殖成为癌前病变或良性肿瘤的过程。促长剂单独使用不具致癌性，必须在引发剂后使用才发挥促长作用，促长剂通常是非致突变物，存在阈剂量和最大效应，其剂量-反应关系呈S形曲线。促长剂通常影响引发细胞的增殖，导致局部增殖并引起良性局灶性病理损害如乳头瘤、结节或息肉。这些病损很多会消退，仅少数细胞发生进一步突变形成恶性肿瘤。促长剂可能经特异的受体中介干扰细胞信号转导途径、改变基因表达；促长剂可能在细胞和分子水平上通过改变细胞周期控制，选择性促进引发细胞的增殖；促长剂还可能抑制程序性细胞死亡（凋亡）。促长阶段历时较长，早期有可逆性，晚期为不可逆的，因此在促长阶段（特别是在早期）持续给以促长剂是必需的。促长阶段的另一个特点是对生理因素调节的敏感性，衰老、饮食和激素可影响促长作用。

3.进展阶段

进展阶段是从引发细胞群（癌前病变、良性肿瘤）转变成恶性肿痛的过程，在进展期肿瘤获得生长、侵袭和转移。在进展期中可观察到恶性肿瘤（癌）的多种特征，包括生长率增加、侵袭、转移、对激素无反应性、形态特征随疾病的发展独立地变异等。这些特征是由于在进展阶段的核型不稳定性。环境因素在早期可影响进展阶段，但随恶性肿瘤的生长和核型不稳定性的发展，对环境因素的反应可能丧失。

作用于促长阶段的细胞转变成进展期的化学物称为进展剂，进展剂可引起染色体畸变，但不一定只有引发活性。进展剂导致核型不稳定性的机制很多，包括有丝分裂装置的紊乱、端粒功能改变、DNA低甲基化、重组、基因易位和基因扩增等。进展阶段主要的特征是核型不稳定性，肿瘤的染色体发生断裂和断片易位，存在多复本或部分/整个缺失。染色体结构改变伴有细胞癌基因和/或肿瘤抑制基因的突变，这些突变可能反映了适于恶性生长的细胞选择并也可能反过来增加了核型不稳定性。这些突变可能来自于癌基因、肿瘤抑制基因的功能改变或由于化学致癌物暴露。

综上所述，化学致癌是长期的、复杂的多阶段过程，至少涉及引发、促长和进展阶段。在引发和进展阶段涉及遗传机制，在促长阶段主要是遗传外机制。在引发阶段主要是细胞原癌基因和肿瘤抑制基因的突变，在进展阶段主要是核型不稳定性。正常细胞经过遗传学改变的积累才能转变为癌细胞。

三、致癌试验

(一)哺乳动物致癌试验

哺乳动物致癌试验是鉴定化学致癌物的标准体内试验。哺乳动物致癌试验用来确定受试物对试验动物的致癌性、剂量-反应关系及诱发肿瘤的靶器官。在下列情况下,一般应考虑进行致癌性评价:①人体可能长期暴露于该化学物;②该化学物或其代谢物的化学结构与已知致癌物相似;③反复染毒毒性试验提示该化学物可能产生癌前病变。

1.实验动物

物种和品系:要求用两种实验动物,常规选用大鼠和小鼠,也可用仓鼠。啮齿类动物对多数致癌物易感性较高,寿命相对较短,费用也较低,生理和病理学资料较完备,因此使用最广泛。

在选择品系时应选择较敏感、自发肿瘤率低、生活力强及寿命较长的品系。美国国立癌症研究所(NCI)推荐 Fischer344 大鼠和 B6C3F1 小鼠。

性别:为接近人类情况,应使用同等数量的雌雄两种性别的动物。

年龄:使用刚断乳的动物,以保证有足够长的染毒和发生癌症的时间,而且幼年动物解毒酶及免疫系统尚未完善,对致癌作用比较敏感。

2.剂量选择

致癌试验一般设 3 个试验组。美国 NCI 推荐以最大耐受剂量(MTD)为高剂量。最大耐受剂量是由 90 天毒性试验来确定的,此剂量应使动物体重减轻不超过对照组的 10%,并且不引起死亡及导致缩短寿命的中毒症状或病理损伤。ICH(1995)提出,高剂量选择可以根据:①毒性终点,即最大耐受剂量(MTD);②药代动力学终点,啮齿动物血浆 AUC(时量曲线下面积)为人的 25 倍;③选择吸收饱和剂量;④药效学终点,不应产生生理学和内稳态紊乱;⑤最大可行剂量,受试物在饲料中最高含量为 5%。限制剂量为 1 500 mg/(kg 体重·天)。

中等及低剂量组则按等比级数下推,如分别为上一个剂量水平的 1/2 或 1/3。低剂量组应不影响动物的正常生长、发育和寿命,即不产生任何毒性效应。但低剂量组应高于人的接触剂量,一般不低于高剂量的 10%。中剂量组介于高、低剂量之间,如有可能按受试物的毒物动力学性质来确定;对照组除不给受试物外,其他条件均与试验组相同。

同时应设阴性(溶剂或赋形剂)对照组。必要时可设阳性对照组,阳性致癌物最好与受试物的化学结构相近。

每组至少有雌雄各 50 只动物,希望在出现第一个肿瘤时,每组还有不少于 25 只动物。

3.染毒途径

应尽可能模拟人体可能的暴露途径,主要途径有经口、经皮和吸入三种,应根据受试物的理化性质和接触方式选择确定。

经口染毒是将受试物给予实验动物的常用途径,一般把受试物掺入饲料或饮水中连续给予动物(每周 5~7 天)。若掺入后的适口性不良,可用灌胃法。掺入浓度要定期监测,观察其均匀性和稳定性,掺入的浓度一般不超过 5%。

经皮肤染毒,涂敷受试物的面积一般不少于动物体表总面积的 10%。必须保证受试物与皮肤良好接触,并防止动物舔食。每天涂抹一次,每周 3~7 次。

吸入染毒，每天染毒 4 h，每周 5～7 天。染毒柜内受试物浓度应定期或连续监测，其分布应均匀、恒定。

其他注射途径可根据需要采用。

4.试验期限

ICH(1995)建议参考下面几条准则：

(1)一般情况下，试验期限小鼠和仓鼠应为 18 个月，大鼠为 24 个月；然而对于某些生命期较长或自发肿瘤率低的动物品系，小鼠和仓鼠可持续 24 个月、大鼠可持续 30 个月。

(2)当最低剂量组或对照组存活的动物只有 25%时，也可以结束试验，对于有明显性别差异的试验，则试验结束的时间对不同的性别应有所不同，在某种情况下因明显的毒性作用，只造成高剂量组动物过早死亡，此时不应结束试验。

一个合格的阴性对照试验应符合下列标准：①因自溶、同类自食或因管理问题所造成的动物损失在任何一组都不能高于 10%。②小鼠和仓鼠在 18 个月、大鼠在 24 个月时各组存活的动物不能少于 50%。

5.观察和结果分析

(1)一般观察　每天观察受试动物一次，主要观察其外表、活动、摄食情况等。在实验最初三个月每周称体重一次，以后每两周称体重一次。经饲料或饮水给以受试物时，应记录食物消耗量或饮水量，以计算受试物的摄入量。观察时要注意有无肿瘤出现、肿瘤出现时间及死亡时间。老年动物多病易死，应加强巡视，防止动物死亡后未及时剖验，发生尸体组织自溶。

(2)病理检查　动物自然死亡或处死后必须及时进行病理检查，包括肉眼和组织切片检查。组织切片检查应包括已出现肿瘤或可疑肿瘤的器官及肉眼检查有明显病变的器官，应注意观察癌前病变。通过病理检查确定肿瘤的性质和靶器官。

(3)结果分析　统计各种肿瘤的数量(包括良性和恶性肿瘤)及任何可见的肿瘤、患肿瘤的动物数、每只动物的肿瘤数及肿瘤潜伏期。

肿瘤发生率=(实验结束时患肿瘤动物总数/有效动物总数)×100%

式中，有效动物总数指最早发现肿瘤时存活动物总数。肿瘤潜伏期即从摄入受试物起到发现肿瘤的时间，因为内脏肿瘤不易觉察，通常将肿瘤引起该动物死亡的时间定为发生肿瘤的时间。应对试验结果进行仔细的统计学分析，并研究剂量-反应关系。

致癌试验阳性的判定标准为 WHO 提出的标准。WHO(1969)提出机体可以对致癌物有下列一种或多种反应：

①对于对照组也出现的一种或数种肿瘤，试验组肿瘤发生率增加；

②试验组发生对照组没有的肿瘤类型；

③试验组肿瘤发生早于对照组；

④与对照组比较，试验组每个动物的平均肿瘤数增加。

在进行试验的两个物种两种性别动物中，有一种结果为阳性，即认为该受试物有致癌性。两个物种两种性别动物试验结果均为阴性时，方能认为未观察到致癌作用。

在结果报告中，应着重报告发现肿瘤的部位、数量、性质、癌前病变以及其他毒性效应；应报告剂量-反应关系及统计学分析结果。如在动物组织中观察到良性和恶性肿瘤，并有良性肿瘤向恶性化进展的证据，在进行统计学分析之前将良性和恶性肿瘤合并是适宜的，但仍希望对良性和恶性肿瘤分别进行统计学处理。评价该试验不同剂量良性肿瘤和恶性肿瘤的相对数量可有助于确定该受试动物对受试物的剂量-反应关系。另一方面，如果仅观察到良性肿瘤，并无恶性化进展的证据，则将此受试物认为是致癌物是不适宜的，此仅提示在该试验条件下需要进一步研究。

(二)哺乳动物短期致癌试验

哺乳动物短期致癌试验又称为有限体内试验，指时间有限(数月)、靶器官有限。较受重视的短期致癌试验有下列四种：

(1)小鼠皮肤肿瘤诱发试验　于小鼠皮肤局部连续涂抹受试物，以观察皮肤乳头瘤和癌的发生，一般 20 周可结束实验，较敏感的小鼠为 SENCAR 小鼠。此试验也可设计为检测受试物的引发活性或促长活性。典型的引发剂为致癌性多环芳烃，促长剂为佛波醇酯(TPA)。

(2)小鼠肺肿瘤诱发试验　染毒途径常用腹腔注射，也可灌胃或吸入，一般 30 周可结束实验，观察肺肿瘤的发生。较敏感的小鼠为 A 系小鼠。此试验也可设计为检测受试物的引发活性或促长活性。典型的引发剂为乌拉坦，促长剂为二丁基羟基甲苯(BHT)。

(3)大鼠肝转化灶诱发试验　对大鼠进行肝大部分切除术后，给以受试物，一般可在 8～14 周结束实验，观察肝转化灶生成。肝转化灶是癌前病变，有 γ-谷氨酰转肽酶(γ-GT)活性升高、G6P 酶和 ATP 酶活性降低以及铁摄取能力降低。转化灶可用组织化学或免疫化学方法鉴定。此试验也可设计为检测受试物的引发活性或促长活性。典型的引发剂为二乙基亚硝胺(DEN)，促长剂为苯巴比妥(PB)。

(4)雌性大鼠乳腺癌诱发试验　一般可用 SD 大鼠(或 Wistar 大鼠)，实验周期为 6 个月。

此四个试验不是成组试验，应根据受试物的特点选择使用。此四个试验任一试验得到阳性结果的意义与长期动物致癌试验相似，但阴性结果并不能排除受试物的致癌性。

【学习要求】

识记　急性毒性试验、灌胃法、喂饲法、吸入染毒、蓄积毒性试验、功能蓄积、物质蓄积、亚慢性与慢性毒性作用、亚慢性与慢性试验、脏器系数、致突变作用、碱基置换、移码、致畸作用、致癌作用的概念。

理解　急性毒性试验的方法、固定剂量法、递增剂量法、20 天蓄积试验法、鼠伤寒沙门氏菌回复突变试验、细菌 DNA 修复试验、微核试验、传统致畸试验、喂养致畸试验、致癌试验的试验设计方法。

运用　所学知识合理设计相应试验。

【知识拓展】

LD_{50}的计算

LD_{50}的计算方法很多，一般都假定剂量对数死亡率曲线呈对称的 S 形曲线。主要的 LD_{50}计算方法有两类：一类是曲线拟合法，包括极大似然法、图解法、加权最小二乘法、简化概率单位法、加权近似法和计算器拟合法；一类是插值法，包括累计法、面积法、点斜法、移动平均法、霍恩法、Gad 和 Weil 查表法。前者需对反应率做函数变换，后者则否。在这主要介绍面积法、点斜法、序贯法及图解法。

1.面积法

该法由 Karber(1931)提出，常称为寇氏法。此法较为简单，适合于按等比级数分组的实验设计，同时还可以计算标准误和可信限。但要求各组动物数相等(以 5～20 只为宜)，试验组不应少于 5 只，在死亡率 50%两侧的剂量组数应相等或近似，最小剂量的反应率为 0%和最大剂量的反应率为 100%(即实验结果应包括死亡率 $p=0$ 和 $p=1$ 的剂量组)。其计算公式如下：

$$\lg LD_{50}=X_m-\frac{d}{z}\sum(p_i+p_{i+1})$$

求 $\lg LD_{50}$ 标准误($S_{\lg LD_{50}}$)：

$$S_{\lg LD_{50}}=d\sqrt{\frac{\sum p_i-\sum p_i^2}{n-1}}$$

LD_{50} 的 95%可信区间为 $\lg^{-1}(\lg LD_{50}\pm 0.96S_{\lg LD_{50}})$

式中：X_m 为最高剂量组的对数值；d 为相邻两组的对数剂量差值；p_i 为各组死亡率；p_i+p_{i+1} 为相应的各组死亡率之和；n 为每组动物数；i 为组次。

2.点斜法

为孙瑞元(1963)改进的寇氏法。此法要求在最小剂量时 $p\leqslant 0.2$，在最大剂量时 $p\geqslant 0.8$ 即可。此外，也要求各组动物数相等，以 5～20 只为宜。每个剂量组的组间距成等比级数，d 在0.096～0.155(即 1.25～1.4 倍)。50%死亡率两侧试验组数大致相等。计算公式如下：

$$\lg LD_{50}=X_m-d(\sum p-0.5)$$

求 $\lg LD_{50}$ 标准误($S_{\mathrm{ld}LD_{50}}$)：

$$S_{\lg LD_{50}}=d\sqrt{\sum\frac{pq}{n}}$$

式中：q 为存活率($q=1-p$)。

95%可信区间计算同上法。

3.序贯法

本法适用于迅速起效毒物的 LD_{50} 测定，每次剂量要看前一次剂量的反应而增减，方便简单，节省试验动物，一般 12～14 只动物即可完成试验。试验时，不预先将实验动物按剂量分组，而以一个剂量逐只动物进行试验，先从大剂量开始试验，若动物死亡，在表中记"+"号，下一只动物就降低一个剂量级，若仍死亡再降低一个剂量级；若出现存活，在表中记"-"号，下一个动物就增加一个剂量级，依此类推。实际上是在 LD_{50} 剂量上下探讨，最终求出 LD_{50} 值。求 LD_{50} 及其标准误公式为：

$$LD_{50}=\frac{1}{n}\sum xf\qquad S=\left[\frac{D}{n^2(n-1)}\right]$$

式中：n 为使用动物总数；x 为每个剂量组的剂量；f 为每个剂量组使用动物数；D 为

$n\sum x^2 f-\left(\sum xf\right)^2$。

4.图解法

(1)将剂量变换为剂量对数值 x,死亡率查相应的统计学表变换为概率单位 y。在坐标纸上以 x 为横轴,y 为纵轴,根据每一剂量组的 x,y 作散点图。然后按点的趋势做直线,使各点至直线的纵向距离尽量短,并重点照顾 $y=5$ 附近的点。

(2)从纵轴概率单位为 5 处作一水平线,过水平线与直线的交点作垂线交于横轴,此处读数即为 M(即 $\lg LD_{50}$)。

(3)求 M 的可信区间:

$$95\%\text{可信区间}=M\pm\frac{1.96}{b}\cdot\sqrt{\frac{N'}{2}}$$

式中:N'为概率单位 4~6 范围内各组受试动物总数;b 为所拟合直线的斜率(即标准差 S 的倒数):$b=(y_2-y_1)/(x_2-x_1)$。

x_1,y_1 和 x_2,y_2 是拟合满意的直线上任意两点读出的坐标。$\frac{1}{b}\cdot\sqrt{\frac{N'}{2}}$ 为 S_M,故上式中的$\frac{1.96}{b}\cdot\sqrt{\frac{N'}{2}}$即为 $1.96\ S_M$。

(4)一般都在进行第 2、3 步之前先检验拟合的直线。也就是先求回归直线方程,并检验其拟合优度。此时先在直线上任取两点(x_1,y_1)和(x_2,y_2),按下式算出直线回归方程:

$$\hat{y}=\left[y_1-\left(\frac{y_2-y_1}{x_2-x_1}\right)x_1\right]+\left(\frac{y_2-y_1}{x_2-x_1}\right)x$$

对其拟合优度检验可用 χ^2 检验:①将各剂量对数 x($p=0$ 和 $p=1$ 两组除外)代入直线方程求得估计概率单位 $\hat{y}$;②从相应的统计表查出各个 $\hat{y}$ 相应的估计死亡率$\hat{p}$;③求相应的估计死亡数 $\hat{r}$($\hat{r}=n\hat{p}$),估计存活数 $\hat{s}$($\hat{s}=n-\hat{r}$);④由下式计算 χ^2 值。

$$\chi^2=\sum\frac{n-(r-\hat{r})^2}{\hat{r}\,\hat{s}}$$

自由度 $n=K-2$,K 为剂量组数($p=0$ 和 $p=1$ 两组除外)。

【知识链接】

1.《动物实验常用技术标准操作规程》

2.《实验动物规范》(GB 14925—2001)

3.《实验动物病理标准》(DB 13/T 213—1994)

4.《体外哺乳动物细胞 DNA 损伤与修复/非程序性 DNA 合成试验方法》(GB/T 21768—2008)

5.《哺乳动物骨髓染色体畸变试验方法》(GB/T 21772—2008)

6.《体内哺乳动物红细胞微核试验方法》(GB/T 21773—2008)

7.《啮齿类动物亚慢性经口毒性试验方法》(GB/T 21763—2008)

8.《非啮齿类动物亚慢性经口毒性试验方法》(GB/T 21778—2008)

Project 11

毒理学安全性评价

学习目标

掌握兽药残留、残留总量、适应动物或靶动物、日允许摄入量、最高残留限量、暂行允许量的概念。确定最大无作用剂量、人体每日允许摄入量、全部食品中的总最高残留限量及各种食品中的最高残留限量的方法；

理解试验前准备的基本内容、安全性毒理学评价的项目。

【学习内容】

安全性毒理学评价是指通过动物实验和人群观察，阐明化学物的毒性及潜在危害，对该化学物能否投放市场做出取舍的决定，或提出人畜安全的接触条件，即对人类使用这种化学物的安全性做出评价的研究过程。人们经常接触的外源化学物有环境污染物、工业污染物、食品(包括食品添加剂、药品、食品化学污染物)、兽药和农药等。目前，已知人类可能接触或销售的化学物有500万种，并且许多新化学物正以每年1 000种的速度不断涌现，这些化学物在使用过程中，对生态环境及人类健康造成了严重的威胁。为此，为了保证人类健康、保护生态环境，各个国家要求对各种化学物，尤其是生活和动物生产中广泛接触的化学物必须经过安全性评价，才能被允许投产、进入市场或进出口贸易。

任务五十　概述

一、基本概念

1. 兽药残留

兽药残留是指用药后蓄积或存留于畜禽机体或产品(如蛋、奶、肉等)中原型药物或其代谢产物，包括与兽药有关的杂质的残留。一般以 μg/mL 或 μg/g 计量。

2. 残留总量

残留总量是指对食品动物用药后，动物产品的任何食用部分中某种药物残留的总和，由其原型药物或(和)其全部代谢产物组成。

3. 适应动物或靶动物

鉴定药物的安全性或药效，必须直接在药厂提出的可供治疗的动物种类中进行。如治疗奶牛酮血病的药物必须用牛进行药效试验，并作出安全性评价，而不是用大鼠或其他动物。这里的牛即为适应动物或靶动物。用于食品动物的药物安全性检测和组织中药物残留的研究，也必须用靶动物进行试验。

4. 日允许摄入量(ADI)

日允许摄入量(ADI)是指人一生中每日从食物或饮水中摄取某种物质而对健康无明显危害的量。一般以人的体重为基础计算，单位为 μg/kg。

安全系数是从试验动物外推到人的，在无作用剂量上保证安全的常数，一般为100，旨在调整动物和人的易感性差异，以及小样本动物试验与大量人群接触的差异。可以理解为种间差异和个体差异各位10倍，即 $10 \times 10 = 100$。

5. 最高残留限量(MRL)

对食品动物用药后产生的允许存在于食品表面或内部的该兽药残留的最高量或浓度。检查分析发现样品中药物残留高于最高残留限量，即为不合格产品，禁止生产出售和贸易。中国作为畜禽产品生产绝对量最大的国家，食品的进出口标准必须国际化，相关法律必须与国际法接轨。由于没有做好兽药残留分析与最高残留限量标准等工作，动物源食品的出口势必受到国际上对其药物残留检验的巨大压力。无论是哪一个国家，如果不执行相关药物的残留标准，就不可避免地在食品贸易中发生拒收、扣留、退货、索赔和终止合同等事件。

我国农业部在1999年发布了《动物性食品中兽药最高残留限量》标准，其中对常用兽药及其标志残留物在不同动物品种的组织中的最高残留限量（MRL）确定了具体的标准，并且对相关的名词术语进行了解释。

6.暂行允许量

暂行允许量指有关资料尚未完全成熟，规定只在一定期限内有效的允许残留量，在掌握新资料后再行修正。

二、最高残留限量的制定

制订食品中最高残留限量以防止有害化学物质的危害，是食品卫生标准的一项重要内容。我国和其他国家一样，已规定了许多有害化学物质的最高残留限量，其制订步骤大体如下。

1.确定最大无作用剂量

确定最大无作用剂量时，不仅依据于慢性毒性动物试验，也要考虑到该物质的致突变、致癌、致畸及迟发性神经毒等毒效应。另外，对该物质在体内的蓄积作用，代谢过程也要了解。

2.确定人体每日允许摄入量

主要依据动物实验中确定的最大无作用剂量。以100作为安全系数，即按最大无作用剂量缩小100倍，作为人体每日允许摄入量。此安全系数只是一个概略估计，可根据受试物的毒性大小而适当增减。

人体每日允许摄入量具体计算如下：

某农药的动物最大无作用剂量为5 mg/kg，则此农药的人体每日允许摄入量为：

$$5\times1/100=0.05(\mathrm{mg/kg})$$

如一般成人体重为60 kg，则此农药的成人每日最高摄入量不应超过0.05×60＝3 mg。

3.确定全部食品中的总最高残留限量

全部食品中的总最高残留限量并不等于人体每日允许摄入量。因外源化学物中除食品添加剂或饲料添加剂惟一通过食品进入体内外，还有一些来自饮水、空气等途径。如已知某化学物的人体每日允许摄入量为3 mg/人，又知道化学物占总量的80％来自于食品，则该物质在全部食品中的总含量不应超过3×80％＝2.4(mg)。

4.各种食品中的最高残留限量

食品中的最高残留限量是通过调查了解含该化学物的食品种类以及各种食品摄取量后而计算出的。假定每人每日膳食总量为1 000 g，其中粮食500 g，蔬菜300 g，其他食品200 g，则可能有以下三种情况：

(1)只在粮食中含有，则在粮食中的最高残留限量为2.4×1 000/500＝4.8(mg/kg)。

(2)在粮食和蔬菜中均有，则该化学物的平均最高残留为2.4×1 000/(500＋300)＝3(mg/kg)。

(3)三者中均有，则平均最高残留限量为2.4×1 000/(500＋300＋200)＝2.4(mg/kg)。总之，不论含该化学物的食品中有多少种，均可依此计算。

任务五十一　安全性毒理学评价程序

一、试验前的准备工作

试验前应了解化学物的基本性质，以便预测毒性和进行合理的试验设计。

1.收集化学物有关的基本资料

(1)化学结构　根据结构式有时可预测一些化学物的毒性大小和致癌性。

(2)组成成分及杂质　化学物中存在杂质时，有时可导致错误的评价，特别是对于低毒化学物，在动物试验中可因其中所含的杂质而增加毒性。

(3)理化性质　主要了解化学物外观、相对密度、沸点、熔点、水溶性或脂溶性、蒸汽压及其在常见溶剂中的溶解度、乳化性或混悬性、贮存稳定性等。

(4)化学物的定量分析方法　这些资料可通过向有关部门了解，或查阅有关文献资料获得，必要时需要由实验室测定而获得。

(5)原料和中间体　了解化学物生产流程、生产过程所用的原料和中间体，可以帮助估测化学物的毒性。

2.了解化学物的使用情况

包括使用方式及人畜接触途径、用途及使用范围、使用量，这些将为毒性试验的设计和对试验结果进行综合评价等提供参考。

3.进行适用人畜实际接触和应用的产品形式的试验

一般来说，用于安全性毒理学评价的受试物应采用工业品或市售商品，以反映实际接触情况。在整个试验过程中所使用的受试物必须是规格、纯度完全一致的产品。当需要确定该化学物的毒性来源于化学物还是所含杂质时，通常采用纯品和应用品分别试验，将其结果进行比较。

二、安全性毒理学试验项目及评价

我国对农药、食品、兽药、饲料添加剂等产品的安全性毒理学评价一般要求分阶段进行，各类物质依照的法规不同，因而各阶段的试验有所不同。归纳起来，完整的毒理学评价通常可划分为以下四个阶段。

1.第一阶段(急性毒性试验)

了解受试化学物的急性毒性作用强度、性质和可能的靶器官，为急性毒性定级、进一步试验的剂量设计和毒性判定指标的选择提供依据。该阶段主要有以下试验：

(1)急性毒性试验　测定经口、经皮、经呼吸道的急性毒性参数，即 LD_{50} 和 LC_{50}，对化学物的毒性作出初步的估计。

(2)动物皮肤、黏膜试验　包括皮肤刺激试验、眼刺激试验和皮肤变态反应试验，化妆品毒性评价还应增加皮肤光毒和光变态反应试验。凡是有可能与皮肤或眼接触的化学物应进行这些项目的试验。

(3)吸入刺激阈浓度试验　对呼吸道有刺激作用的化学物应进行本试验。

2.第二阶段(亚急性毒性试验和致突变试验)

了解多次重复接触化学物对机体健康可能造成的潜在危害,并提供靶器官和蓄积毒性等资料,为亚慢性毒性试验设计提供依据,并且初步评价受试化学物是否存在致突变性或潜在的致癌性。

(1)蓄积毒性试验　应注意受损靶器官的病理组织学检查。

(2)致突变试验　包括鼠伤寒沙门氏菌营养缺陷型回复突变试验(Ames 试验)、哺乳动物培养细胞染色体畸变试验、小鼠骨髓多染红细胞微核试验、精子畸形试验、小鼠睾丸精原细胞染色体畸变试验和显性致死试验等。在我国食品、农药和兽药等安全性评价程序中,一般首选 Ames 试验、小鼠骨髓多染红细胞微核试验及显性致死试验 3 项。若 3 项试验呈阳性,除非该化学物具有十分重要的价值,一般应放弃继续试验;若 1 项呈阳性,再加两项补充试验,仍为阳性者,一般也应放弃。

3.第三阶段(亚慢性毒性试验和代谢试验)

了解较长期反复接触受试化学物后对动物的毒作用性质和靶器官,评估对人畜健康可能引起的潜在危害,确定最大无作用剂量的估计值,并为慢性毒性试验和致癌试验设计提供参考依据。

(1)亚慢性毒性试验　包括 90 天亚慢性毒性试验、致畸试验及繁殖试验等。

(2)代谢试验(毒物动力学试验)　了解化学物在体内的吸收、分布和排泄速度,有无蓄积性及在主要器官组织中的分布。

4.第四阶段(慢性毒性试验和致癌试验)

预测长期接触可能出现的毒作用,尤其是进行性或不可逆毒性作用及致癌作用,同时为确定最大无作用剂量和判断化学物能否应用于实际提供依据。本阶段包括慢性毒性试验和致癌试验,这些试验所需时间周期长,可以考虑二者结合进行。

对外源化学物按以上四个阶段一次进行毒性试验及评价的过程中,化学物在任何阶段按一定标准被判断为无毒或毒性小时,才可进入下一阶段试验,否则被放弃,依此类推。只有四个阶段都判断为无毒或毒性较小时,才能被允许考虑使用。进行安全性毒理学评价的化学物不同,判断毒性的标准也不同,如对食品的评价中,当 LD_{50} 小于人可能摄入量的 10 倍时则放弃,即不允许用于食品。

三、安全性毒理学评价的注意事项

化学物的安全性毒理学评价是根据对外源化学物进行毒性试验,并对试验结果进行分析后,对其安全性进行评价的,评价结果的正确与否,受到试验设计、试验结果及其分析的影响,最终影响着化学物对人类健康的危害性大小。所以,在进行安全性毒理学评价时必须注意以下问题:

1.试验设计的科学性

化学物安全性评价必须根据受试化学物的具体情况,充分利用国内外现有的相关资料,讲求实效地进行科学的试验设计。

2. 试验方法的标准化

毒理学试验方法和操作技术的标准化是实现国际规范和实验室间资料比较的基础。进行毒理学安全性评价的研究，必须要有严格规范的规定与评价标准。

3. 评价结论的高度综合性

在考虑安全性评价结论时，对受试化学物的取舍或是否同意使用，不仅要根据毒理学试验的资料和结果，还应同时进行社会效益和经济效益的分析，并考虑其对环境和自然资源的影响，充分权衡利弊，做出合理的评价，提出禁用、限用或安全接触和使用的条件以及预防对策等，为政府管理部门的最后决策提供科学依据。

【学习要求】

识记 兽药残留、残留总量、适应动物或靶动物、日允许摄入量、最高残留限量、暂行允许量的概念。

理解 确定最大无作用剂量、人体每日允许摄入量、全部食品中的总最高残留限量、各种食品中的最高残留限量的方法；试验前准备的基本内容；安全性毒理学评价的项目。

运用 能对某一化学物进行安全性毒理学评价。

【知识拓展】

兽药残留与动物性食品安全

兽药残留专指给动物使用药物后蓄积、残存在动物细胞、组织或器官、食用产品(如蛋、奶)中的药物原型、代谢产物和药物杂质。在食品动物饲养过程中，除了使用兽药防治动物疾病外，还使用药物饲料添加剂用于预防疾病和促生长，因此在肉、蛋、奶中存在微量的兽药残留是很难避免的。兽药残留主要通过饲料、饮水、内服、注射等方式给动物用药引起，另外，环境污染物或以其他途径进入动物体内的药物及其他化学物质也可能导致残留的发生。

为了保障动物性食品安全，经过测定兽药的无作用剂量(no observed effect level，NOEL)，并以此推断出日允许量(acceptable daily intake，ADI)，进而制定出动物性产品中最高残留限量(maximum residue limit，MRL)，即兽药在动物性食品中的残留量不能超过这个标准，否则将对食品消费者的健康产生有害作用。因此，避免兽药残留超标是合理用药必须认真遵守的原则之一。

1. 兽药残留超标的主要原因

兽药残留超标的原因很多，但主要是由于不合理用药引起的。常见的原因主要有：①不遵守休药期规定。休药期(withdrawal time)是指食品动物最后一次给药至许可屠宰或其产品(肉、蛋、奶等)许可上市的间隔时间。食品动物在使用兽药后，为使可食性组织或其产品(肉、蛋、奶)中残留兽药有足够的时间排除，国家规定了兽药用于不同动物时的休药期。达不到休药期时，将可能导致动物组织中的药物残留超标。②不按照兽医师处方、药物标签和说明书用药。每种兽药的适应证、给药途径、用量、疗程等均有明确的规定，但有的使用者随意加大剂量、延长用药时间或同时使用多种药物，造成兽药残留超标。③使用未经批准的药物。未经审批的药物，一般没有准确的用法、用量和休药期规定，用药后产生残留超标难以避免。④饲料中随意添加某些药物。有的人在饲料中添加药物,但又没有在标签(说明书)中注明品种和浓度,造成饲养者重复用药,使兽药残留超标。⑤非法使用违禁镇静药作促生长剂,如氯丙嗪等。使用某些中枢神经抑制药延长水产动物的存活时间等。此外,还有少数人使用违禁药物如克仑特罗等作为促生长添加剂。这些也是造成动物性食品中兽药和有害物质残留的原因。

2.兽药残留对人类健康和公共卫生的危害

随着科学技术的进步和研究的深入,人们逐步认识到兽药残留给人类带来的潜在危害。科学家对兽药残留的研究不断取得进展,发现许多兽药或化学物质对人类健康可能构成严重的威胁。概括起来,兽药残留对人类的危害主要有如下几方面:①一般毒性作用。许多兽药或添加剂都有一定的毒性作用,如氨基糖苷类抗生素有较强的肾毒性和耳毒性等。人若长期摄入含有药物残留的动物性食品,将造成药物在体内蓄积,可能产生急性或(和)慢性毒性作用。②特殊毒性作用。一般指致畸作用、致突变作用、致癌作用和生殖毒性作用等。在兽药中如硝基咪唑类、喹乙醇、卡巴氧、砷制剂等有致癌作用;苯并咪唑类、氯羟吡啶等有致畸和致突变作用。特殊毒性作用对人体健康危害极大。③过敏反应。如青霉素等在牛奶中的残留可引起人体过敏反应,严重者可出现过敏性休克并危及生命。④激素样作用。使用雌激素、同化激素等作为动物的促生长剂,其残留物除有致癌作用外,还能对人类产生其他有害作用,超量残留可能干扰人类的内分泌功能,破坏人体正常激素平衡,甚至致畸、引起儿童性早熟等。⑤对人类胃肠道菌群的影响。含有抗菌药物残留的动物性食品可能对人类胃肠道的正常菌群产生不良的影响,致使平衡被破坏,病原菌大量繁殖,损害人体健康。另外,胃肠道菌群在残留抗菌药的选择压力下可能产生耐药性,使胃肠道成为细菌耐药基因的重要贮藏库。⑥造成人类病原菌耐药性增加。抗菌药在动物性食品中的残留可能使动物病原菌产生耐药性,耐药基因可能通过转化、转导、接合、易位等方式在细菌之间传播,也可能通过食物链等途径扩散耐药基因,使细菌的耐药基因在人群中细菌、动物群中细菌和生态系统中细菌间互相传递,由此导致人类致病菌(如沙门氏菌、大肠杆菌等)的耐药性增加。

3.兽药残留对动物性食品安全的危害

兽药残留是动物性食品中最重要的污染源之一,与动物性食品安全息息相关,兽药残留对养殖业可持续发展会造成严重影响,给动物性食品安全造成了隐患。近年来,社会各界对动物性食品中兽药残留问题高度关注,在一定程度上影响了国内动物性食品消费。一旦发生食品安全问题,如不能得到迅速有效的解决,不仅会威胁到人民群众的健康和生命安全,还可引起社会的不稳定。

兽药残留还阻碍了动物性产品的出口贸易,损害国家形象。随着全球经济一体化和食品贸易国际化,食品安全已成为全球性的重要公共卫生问题。欧盟、美国、日本等发达国家对兽药残留监控措施日趋完善,残留限量标准日趋严格,使得兽药残留已经成为国际贸易的绿色壁垒或技术壁垒。我国动物性食品出口屡遭发达国家残留技术壁垒封阻,给我国的动物性食品出口造成了巨大影响和经济损失,并严重损害了我国的国际声誉。

4.控制兽药残留的主要措施

把兽药残留降低到最低限度,保证动物性食品的安全,是一项长期而艰巨的任务,关系到各个方面的工作。在兽药生产方面,应严格执行兽药生产质量管理规范(good manufacturing practice，兽药 GMP)制度，保证兽药质量。在兽药经营方面，通过实施兽药经营质量管理规范(good supply practice，兽药 GSP)认证，规范兽药市场秩序，调整兽药经营领域结构，杜绝假劣兽药的销售。在合理使用兽药方面，应注意如下主要事项：

(1)严禁使用违禁药物　为保证动物性食品的安全，我国兽医行政管理部门制定发布了食品动物禁用的兽药及其他化合物清单。兽医师和食品动物饲养场均应严格执行这些规定。对于出口企业，还应当考虑进口国对食品动物禁用药物的规定，并遵照执行。

(2)严格执行休药期规定　兽药残留产生的主要原因是没有遵守休药期规定，所以，严格执行休药期规定是减少兽药残留的关键措施。药物的休药期受剂型、剂量和给药途径的影响，此外，联合用药由于药动学的相互作用也会影响药物在体内的消除时间，兽医师和其他用药者对此应有足够认识，必要时要适当延长休药期，以保证动物性食品的安全。

(3)坚持用药记录制度　避免兽药残留必须从源头抓起，严格执行兽药使用的记录制度。兽医及养殖人员必须对使用兽药的品种、剂型、剂量、给药途径、疗程或给药时间等进行登记，以备检查和溯源。

(4)杜绝不合理用药　在我国现有的饲养条件下，当养殖者缺乏安全、合理使用兽药知识时，为片面追求养殖生产效率，存在盲目超量、超疗程等不合理用药现象，导致兽药残留超标的发生。不合理用药的情况之一是不按标签说明书用药，对食品动物必须严格按标签说明书用药，因为标签外用药可能改变药物在动物体内的动力学过程，延长药物在动物体内的消除时间，使食品动物出现潜在的药物残留超标。

(5)避免环境污染　动物养殖污染物排放和农家肥施用，会使兽药造成环境污染。进入环境的兽药通过富集作用蓄积在动植物体内，可能通过动物采食或饲料重新进入动物体内，造成动物产品中兽药残留的发生。另外，通过动物排泄物进入环境的抗菌药还可能使水体和土壤中的微生物产生耐药性，成为耐药基因的贮藏库。所以对兽药污染的粪肥要进行无害化处理后方可使用。

5.实施残留监控计划

我国农业部 1999 年启动动物及动物性产品兽药残留监控计划，自 2004 年起建立了残留超标样品追溯制度，建立了 4 个国家兽药残留基准实验室。十余年来，我国残留监控计划逐步完善，检测能力和检测水平不断提高，残留监控工作取得长足进步。实践证明，全面实施残留监控计划是提高我国动物性食品质量，保证消费者安全的重要手段和有效措施。

做好我国的兽药残留监控工作，一是要以风险分析结果为依据，准确掌握兽药使用动态和残留趋势，确定合理的抽检范围和数量，科学制定残留监控年度计划；二是要系统开展残留标准制定和修订工作，为残留监控提供有力的技术支撑；三是要加强兽药残留检测实验室的建设，完善实验室质量保证体系；四是要积极开展国内外兽药残留监控的信息交流与合作；五是要强化兽药使用监管，严格执行处方药和执业兽医师制度，指导正确使用兽药。

【知识链接】

1.《食品安全国家标准 食品安全性毒理学评价程序》(GB 15193.1—2014)

2.《化学品毒理学评价程序和试验方法》(GBZ/T 240.14—2011)

3.《农药登记毒理学试验方法》(GB 15670.1—1995)
4.《消毒技术规范》(2012)
5.《农药安全性毒理学评价程序》
6.《新兽药及新制剂管理办法》

附　录

附录一　实践技能考核项目

附录二　常用药物的配伍禁忌简表

附录一 实践技能考核项目

序号	项目考核	考核要点	考核办法
1	药物的保管与贮存	保管制度、贮存要求、影响药物质量的主要因素、变质药物的主要表现	在药房实地抽取药物并提问，让学生指出其保管办法与注意事项
2	处方	处方开写的格式及注意事项、处方的改错	老师命题，学生写处方，另给一错误处方，让学生分析与改错
3	药物配伍禁忌	常用药物的物理性、化学性配伍禁忌及处理方法	老师任意指出几种药物，让学生指出有无配伍禁忌并试验操作
4	调剂技术	药物浓度的计算方法，溶液剂的配制，浓溶液的稀释，碘酊的配制	老师给一浓溶液，按要求进行稀释，学会碘酊的配制
5	实验动物操作	小鼠、大鼠、豚鼠、家兔等的捉拿、保定、灌服、皮下注射、肌内注射及静脉注射等	老师给定实验动物，让学生实际操作

附录二 常用药物的配伍禁忌简表

药物 A	药物 B	配伍禁忌
阿司匹林	碱类药物如碳酸氢钠、氨茶碱、碳酸钠等	分解、失效
阿托品	碱性药物、鞣酸、碘及碘化物、硼砂	分解、沉淀
安乃近	氯丙嗪	体温剧降
氨丙啉	维生素 B_1	疗效降低
氨茶碱	酸性药液如维生素 C、四环素类、盐酸盐、盐酸氯丙嗪	中和反应，析出茶碱沉淀
氨基比林	氧化剂	氧化、失效
巴比妥钠	酸类如稀盐酸、鞣酸、醋酸、乳酸等	析出沉淀
	氯化铵	析出氨、游离出巴比妥酸
苯巴比妥钠	酸类如稀盐酸、鞣酸、醋酸、乳酸等	沉淀
促黄体素	抗胆碱药、抗肾上腺素药、抗惊厥药、麻醉药、安定药	疗效降低
敌百虫	碱类、新斯的明、肌肉松弛药	毒性增强
碘化钾	酸类及酸性盐如硫酸镁、氯化钙等	变色、游离出碘

续表

药物 A	药物 B	配伍禁忌
碘及其制剂	氨水、铵盐类	生成爆炸性碘化氮
	重金属盐如银盐、铜盐等	沉淀
	生物碱类药如毛果芸香碱、安钠咖等	析出生物碱沉淀
	淀粉	显蓝色、药效降低
	甲紫	药效减弱
	挥发油	分解失效
碘解磷定	碱性药物如碳酸氢钠、氨水等	水解为氰化物
毒毛花苷 K	碱性药液如碳酸氢钠、氨茶碱	分解、失效
二甲硫胺	维生素 B_1	疗效减低
酚磺乙胺	磺胺嘧啶钠、盐酸氯丙嗪	浑浊、沉淀
呋塞米	氨基糖苷类如链霉素、卡那霉素、新霉素、庆大霉素等	听觉损害作用增强
	头孢噻啶	肾脏损害作用增强
	骨骼肌肉松弛剂	骨骼肌肉松弛加重
甘露醇	生理盐水或高渗盐	疗效减弱
肝素钠	酸性药液如维生素 C、四环素类、盐酸盐、盐酸氯丙嗪	分解、失效
	碳酸氢钠、乳酸钠	肝素钠抗凝血作用加强
干酵母	磺胺类药物	疗效减弱
高锰酸钾	氨及其制剂	沉淀
	甘油、酒精	失效
	鞣酸、甘油、药用炭	研磨时爆炸
枸橼酸钠	钙制剂如氯化钙、葡萄糖酸钙	作用减弱
过氧化氢	碘及其制剂、高锰酸钾、碱类、药用炭	分解、失效
过氧乙酸	碱类如氢氧化钠、氨溶液等	中和失效
红霉素	碱性溶液如磺胺药、碳酸氢钠注射液	沉淀、析出游离碱
	氯化钠、氯化钙	浑浊、沉淀
	林可霉素	出现颉颃作用
琥珀胆碱	水合氯醛、氯丙嗪、普鲁卡因、氨基糖苷类抗生素	肌肉松弛过度
磺胺类药物	酸性药物如稀盐酸、乳酸等	析出沉淀
	普鲁卡因	疗效降低或药效丧失
	氯化铵	肾脏损害作用增强
咖啡因	盐酸四环素、盐酸土霉素、鞣酸、碘化物	析出沉淀

续表

药物 A	药物 B	配伍禁忌
喹诺酮类药物	呋喃类药物	疗效降低
	金属阳离子	形成不溶性难吸收的络合物
	强酸性药液或强碱性药液	析出沉淀
拉沙洛西钠	泰妙菌素、竹桃霉素	抑制动物生长，甚至中毒
链霉素	较强的酸、碱性溶液	破坏、失效
	氧化剂、还原剂	破坏、失效
	利尿酸	肾脏损害作用增强
	黏菌素 E	骨骼肌肉松弛
硫代硫酸钠	酸类如乳酸、盐酸、硼酸等	分解、沉淀
	氧化剂如亚硝酸钠	分解、失效
硫双二氯酚	乙醇、稀碱液、四氯化碳	毒性增强
硫酸镁	中枢抑制药	中枢抑制作用增强
硫酸钠	钙盐、钡盐、铅盐	沉淀
硫酸亚铁	四环素类药物	吸收减少
	氧化剂如过氧化氢、过氧乙酸、高锰酸钾等	氧化变质
氯丙嗪	碳酸氢钠、巴比妥类钠盐	析出沉淀
	氧化剂如过氧化氢、过氧乙酸、高锰酸钾等	显红色、药效降低
氯化铵	碳酸氢钠、碳酸钠等碱性药物	分解
	磺胺药	增强磺胺对肾脏损害作用
氯化钙	碳酸氢钠、碳酸钠溶液	沉淀
麻黄碱	肾上腺素、去甲肾上腺素	增强毒性
马杜米星	泰妙菌素、竹桃霉素	抑制动物生长，甚至中毒死亡
吗啡	碱类如碳酸氢钠、氨水等	析出沉淀
	巴比妥类	毒性增强
毛果芸香碱	碱性药物、鞣质、碘及阳离子表面活性剂	沉淀或分解失效
莫能菌素	泰妙菌素、竹桃霉素	抑制动物生长，甚至中毒
尼可刹米	碱类如碳酸氢钠、氨水等	水解、浑浊
多黏菌素 E	骨骼肌肉松弛药	毒性增强
	头孢氨苄、头孢羟氨苄	毒性增强
哌替啶	碱类如碳酸氢钠、氨水等	析出沉淀
硼酸	碱性物质如氢氧化钠、氨溶液等	生成硼酸盐
	鞣酸	药效减弱
漂白粉	酸类如醋酸、硼酸等	分解放出氯

续表

药物 A	药物 B	配伍禁忌
葡萄糖酸钙	碳酸氢钠、碳酸钠溶液	沉淀
	水杨酸盐、苯甲酸盐溶液	沉淀
普鲁卡因	磺胺药	药效减弱或失效
	氧化剂如过氧化氢、过氧乙酸、高锰酸钾等	氧化、失效
青霉素	酸性药液如盐酸氯丙嗪、四环素类抗生素	沉淀、分解失效
	碱性药液如磺胺药、碳酸氢钠注射液	沉淀、分解失效
	高浓度乙醇、重金属盐	破坏失效
	氧化剂如高锰酸钾	破坏失效
	速效抑菌剂如四环素、甲砜霉素	药效降低
氢化可的松等	苯巴比妥钠、苯妥英钠	代谢加快
	强效利尿药	排钾增多
	水杨酸钠	消除加快
	降血糖药	疗效降低
人工盐	酸性药液硫酸镁、氯化钙、盐酸等	中和、疗效减弱
绒促性素	遇热、氧	水解、失效
乳酶生	酊剂、抗菌剂、鞣酸蛋白、铋制剂	疗效减弱
赛拉唑	碱性药液如碳酸氢钠、氨茶碱、乌洛托品等	沉淀
山梨醇	生理盐水或高渗盐	疗效减弱
肾上腺素	碱类、氧化物、碘酊	易氧化变棕色、失效
	三氯化铁	失效
	洋地黄制剂	心律不齐
肾上腺素色腙	垂体后叶素、青霉素、盐酸氯丙嗪	变色、分解、失效
	抗组胺药、抗胆碱药	止血作用减弱
水合氯醛	碱性溶液、久置、高热	分解、失效
水杨酸钠	硫酸亚铁等金属离子制剂	氧化、变色
四环素类	中性及碱性溶液如碳酸氢钠注射液	分散失效
	生物碱沉淀剂如鞣酸、碘、重金属等	沉淀、失效
	阳离子(一价、二价或三价离子)	形成不溶性难吸收的络合物
碳酸氢钠	酸及酸性盐类	中和失效
	鞣酸及其含有物	分解
	生物碱类、镁盐、钙盐	沉淀
	次硝酸铋	疗效减弱
头孢氨苄	强效利尿药	肾脏损害作用增强

续表

药物 A	药物 B	配伍禁忌
头孢羟氨苄	强效利尿药	肾脏损害作用增强
头孢西定	强效利尿药	肾脏损害作用增强
维生素 B_1	碱或生物碱	沉淀
	氧化剂如高锰酸钾、还原剂如硫代硫酸钠、碘化物等	分解、失效
	氨苄西林、头孢氨苄、头孢西定、黏菌素	破坏、失效
维生素 B_2	碱性药液如乳酸钠、氨溶液等	破坏、失效
	氨苄西林、头孢氨苄、头孢西定、黏菌素、四环素类、红霉素、链霉素、卡那霉素、林可霉素	破坏、灭活
维生素 C	氧化剂如过氧化氢、高锰酸钾等	破坏、失效
	碱性药液如氨茶碱	氧化、失效
	钙制剂溶液	沉淀
	氨苄西林、头孢氨苄、头孢西定、黏菌素、四环素类、红霉素、链霉素、卡那霉素、林可霉素	破坏、灭活
胃蛋白酶	强酸、强碱、重金属盐、鞣质溶液	沉淀
戊巴比妥钠	酸类药液如氯化铵、葡萄糖酸钙等	沉淀
	高热、久置	分解
稀盐酸	有机酸盐如水杨酸钠	沉淀
溴化物	酸类、氧化剂	游离出溴
	生物碱类如毛果芸香碱、安钠咖等	析出沉淀
亚甲蓝	强碱性药物、氧化剂、还原剂及碘化物	破坏、失效
亚硫酸氢钠甲萘醌	还原剂、碱类药液如乳酸钠、氨溶液等	分解、失效
	巴比妥类药物	加速维生素 K_3 代谢
亚硝酸钠	酸类	分解成亚硝酸
	碘化物	游离出碘
	氧化剂、金属盐	被还原
盐霉素	泰妙菌素、竹桃霉素	抑制动物生长，甚至中毒死亡
阳离子表面活性剂	阴离子如肥皂类、合成洗涤剂	作用相互颉颃
	高锰酸钾、碘化物	沉淀
洋地黄毒苷	钙盐	增强洋地黄毒性
	钾盐	对抗洋地黄作用
	酸或碱性药物	分解、失效
	鞣酸、重金属盐	沉淀

续表

药物 A	药物 B	配伍禁忌
依地酸钙钠	铁制剂如硫酸亚铁	干扰作用
胰酶	酸性药物如稀盐酸	疗效减弱或失效
乙醇	氧化剂、无机盐等	氧化、沉淀
左旋咪唑	碱类药物	分解、失效

参考文献

[1] 周新民. 动物药理学. 北京:中国农业出版社,2001.

[2] 梁运霞,金璐娟. 兽医基础. 哈尔滨:黑龙江人民出版社,2005.

[3] 陈杖榴. 兽医药理学. 2 版. 北京:中国农业出版社,2004.

[4] 梁运霞,宋冶萍. 动物药理与毒理. 北京:中国农业出版社,2006.

[5] 陈杖榴. 兽医药理学. 3 版. 北京:中国农业出版社,2009.

[6] 史志诚. 动物毒理学. 北京:中国农业出版社,2001.

[7] 梁运霞. 动物源食品毒理学基础及检验. 北京:中国农业出版社,2004.

[8] 沈建忠. 动物毒理学. 2 版. 北京:中国农业出版社,2011.

[9] 宋冶萍. 动物药理与毒理. 北京:中国农业出版社,2014.